JN121247

新 版

人と社会に向き合う 医療ソーシャルワーク

黒岩晴子／編著

日本機関紙出版センター

はじめに

　本書は医療ソーシャルワーカー（以後、MSW）の実践をもとに、現代の医療福祉問題や医療ソーシャルワークについて論じている。人と社会に向き合い援助を続けるMSWの実践論である。疾病を個人の責任に留めず、社会的な背景や環境要因にも目を向け社会に働きかける専門職の養成も考慮している。読者が、現代の医療福祉問題を自分たちの生きる社会の問題として捉えること、患者・家族など人々のくらしの実態を把握することができるように構成した。執筆者は現職のMSWや医療福祉現場などの経験を有している者である。多様な領域の実践経験を元に現代の医療福祉問題に関わる多くの事例を提示している。事例は個人情報保護の観点からすべて創作しているが、MSWがこれまで出会った患者や家族の方々から、援助を通して学んだ体験を土台としたものである。MSWの実践から学ぶことは、困難や苦悩に遭遇した人々から学ぶことであり、ひとつひとつの事例に敬意を払いたい。

　昨今、医療や福祉に関わる制度サービスが充分に患者や家族のニーズを充足しえない状況がある。特に医療福祉問題と切り離せない貧困、公害健康被害者、広島・長崎の被爆者、性的少数者等々、社会的排除や不正義など人権侵害のもとにおかれた人々の諸問題を取り上げている。そして、患者・家族の困難の解決に向けてあきらめずに奮闘するMSWの姿を示した。

　また、さまざまな出来事や社会の変化があり、人々の暮らしや健康に関わる状況も大きく様変わりした。2011年3月11日、東日本大震災とそれに伴う東京電力福島第一原子力発電所の爆発事故（以後、原発事故）があった。震災の被災者、原発の被害者の健康や生活問題の解決も進んでいない。原発事故では、被災者数、被害面積も甚大で、依然として放射性物質の放散、汚染水の漏洩が続いている。汚染された郷里に戻れない被災者の生活の困難も続いている。さらに、原発事故の収束作業に当たっている労

働者の健康問題も深刻であり、劣悪な雇用環境におかれている実態が指摘されている。また放射能被害は汚染水の海洋への放出により、日本だけでなく世界的に悪影響を及ぼしている。原発事故による被害は深刻で収束には程遠い現状がある。

さらに昨今、気候変動による異常気象が世界の各地で起きている。わが国でも、気温の上昇、超大型台風などによる洪水、暴風などによって各地で甚大な被害が発生している。被害は自然災害としてのみ捉えるのではなく、山林や水田の保全、治水対策などの観点からも検証される必要がある。日常的な維持管理、防災の視点での取り組みが行われていれば大きな災害を防ぐことができるのではないだろうか。また、被害家屋の修繕が経済的な理由で出来ない世帯も多い。災害時の避難や復興も個人の対処に帰するのではなく、国や行政の対策が求められる。さまざまな災害時の住民への支援は重要な福祉課題である。初版でも東日本大震災の被災者支援を取り上げたが、本書でも被災者支援と福祉防災を取り上げた。

なお、地球温暖化対策は喫緊の課題であるが、改善を求めるソーシャルアクションが進みはじめている。「私たちの未来を奪わないで」と対策の強化を求めて世界の若者の活動が活発に行われている。また、核兵器廃絶への新たな活動もすすんでいる。2017年7月、国連で核兵器禁止条約が採択された。条約の推進には核戦争防止国際医師会議から独立した核兵器廃絶国際キャンペーン（International Campaign to Abolish Nuclear Weapons：以後、ICAN）など、世界の若者の活動が貢献している。ICANは広島・長崎の被爆者とともに活動をすすめてきた。このような国際的な核兵器廃絶の運動が評価され、ICANは2017年にノーベル平和賞を受賞した。世界のどこにも「自分たちのような核兵器による被害者を生み出してはいけない」と過酷な被爆体験を証言してきた被爆者の訴えが世界を動かしたといえる。戦後、日本でも被爆者とともに原水爆禁止をめざす国民的な運動が継続的に進められてきており、そのような運動も大いに貢献している。

ところで、核兵器禁止条約はアメリカやロシアなどの核兵器保有国が参加していないこと、被爆国の日本も賛成しないままであり、非常に残念な事態である。今後、核兵器禁止条約を批准する国を増やしていくことが課題である。被爆者は高齢であるが、ICANをはじめとした世界の運動と連帯しながら「核なき世界を求めて」行動している。核兵器をなくす運動は止まることなく続けられている。平和とはただ戦争がないだけではなく、社会に貧困や差別、暴力や人権侵害がないこと、安全な環境で健康に生活できることである。平和を実現することは社会福祉の重要な課題である。本書が社会福祉と平和を考える一助になれば幸いである。

2020年3月

編著者

目　次

III 医療福祉問題と医療ソーシャルワーク

IV 医療ソーシャルワーカーの継続学習

本書の用語について

※クライエント

医療の場では、患者だけでなく家族などがクライエントになることがある。また、医療サービスの利用者でもあるが、サービスを利用する前の相談もあるため、利用者という呼称が該当しない場合もある。以上を考慮して、本書では必要に応じて患者や家族、クライエント、利用者などの用語を使用している。

※医療ソーシャルワーカー

アメリカではMSWはマスター・オフ・ソーシャルワーカーで、大学院修士卒業のワーカーと呼ばれる。わが国では戦後はアメリカから紹介されたMedical social Workを訳して医療社会事業としてきたことから医療ソーシャルワーカーはMSW（Medical Social Worker）と略して称されることがある。本書では医療ソーシャルワーカー（MSW）、ソーシャルワーカー、ワーカー、援助者などの用語は執筆者に委ねている。

※援助と支援

福祉現場では同じ意味で使用されている事が多いが、支援は利用者主体、援助は援助者主体という厳密な分け方をしている場合もある。また援助という言葉は上下関係を感じさせるので支援という言葉に変えようという動きもあって、新しい社会福祉士養成のテキスト等でも支援の用語が使用されることが多くなっている。しかし、援助も支援も本来、利用者主体を原則とするものであり専門職の援助には元々対等な意味が含まれている。両者に厳密な区別はないと考え、本書では援助や支援の用語は執筆者に委ねている。

※障害者と障がい者

障害者が社会に害をもたらすというイメージがあるので、障がい者とひらがな表記が広がっている。しかし障害があるゆえにさまざまな被害を受けているという意味にも捉えることができる。また、障の文字にも「差し障り」があるという意味もある。様々な考え方があり、言葉にだけ拘って中身のない論議になってしまうことを危惧する。本書では障害や障がいの用語の使用は執筆者に委ねている。

※成人病と生活習慣病

現在、生活習慣病の呼称が普及しているが、本書では執筆者の考え方などにより両方の呼称が使用されている。

※その他

西暦と和暦の表記については執筆者に委ねている。

1　日本医療社会事業協会（2001）：保健医療ソーシャルワーク原論,p3,相川書房.

I
医療福祉問題

第1章　現代の医療福祉問題と医療ソーシャルワーク

第1章　現代の医療福祉問題と医療ソーシャルワーク

1　人々のくらしと医療福祉問題

1　疾病の社会的背景と要因

(1) 食料の安全と衛生問題

　昨今、国民の健康を揺るがす多くの事件が起きている。医療福祉問題を考える前提として、国民の生命や健康に直接かかわる食料の安全供給は不可欠である。輸入された食品の農薬混入や残留農薬とカビで汚染された輸入米の食用への不正転売、輸入牛乳に有害物質が混入するなど、食の安全に重大な脅威を与える事件が相次いでいる。現代では、輸入食品の安全に関わる問題は国境を越えて被害を拡大させ、自国だけでなく世界の人々の生命や健康に大きな影響を与える。さまざまな汚染された食料が長期に渡って流通していたこと考えると、健康問題は個人の責任では防ぎようがない。食料全体の自給率が異常に低いわが国の農業政策に根本的な問題がある。輸入食品だけでなく、国内の外食産業による国内産牛肉の偽装表示など、消費者の信頼を損なう事件も数多い。これら一連の事件は企業の利益優先と倫理や社会的責任の欠如だけでなく、食料の検査と流通、使用状況等の管理体制の問題として、事件を防ぐことができなかった国の責任が大きい。また米、麦、大豆などの種子の安定供給に大きな問題が起きている。長年、国内で守ってきた全ての作物の種子が多国籍企業に支配される危険性が指摘されている。健全な国の政策によって国民の生命や健康は守られるが、現在のわが国の食の安全や国民の健康は著しく脅かされている。

　ところで、食の安全を脅かした重大事件として、1955年の森永ヒ素ミル

ク中毒事件^(*1)を忘れてはいけない。企業の安全管理の不徹底と指導すべき国の安全監督責任が不充分で粉ミルク製造工程でヒ素が混入し、粉ミルクを飲んだ乳幼児が衰弱死や肝臓肥大を次々に起こす世界最大の食品公害となった。本事件から半世紀あまり、今も多くの人たちが後遺症に苦しんでいる。被害者は「事件は終わっていない」と事件の語り部活動を継続している。事件の被害者救済を先導した（故）丸山博医師は、公衆衛生の基礎として、住みよい国、くらしよい、美しい社会の建設はそこに住む人々がまず健康であることを保障するものでなければならないと主張している。そして、すべての科学・技術は政治につながるといって、国民の健康と安全についての国の責務を明確に指摘している。当時、充分な救済対策が取られなかったが、事件から14年後、丸山博医師をはじめとした関係者の実態調査によって被害者の後遺症が明らかになった。被害者の救済に尽力した医療関係者や家族の活動は後世に伝えるべき貴重な活動である。詳細については、第7章でとりあげている。

*1 1955年森永乳業徳島工場で、原乳の乳質安定剤を検査なしに使用したため、粉ミルク製造工程で、「森永ドライミルクMF缶」にヒ素が混入した。現代のように公害や薬害が社会問題となる前の時代であり、当時専門家も「ほとんど後遺症は心配する必要はない」との判断であった。しかし、1968年に保健婦・養護教諭（当時の名称）らが大阪大学医学部衛生学教室の丸山博教授の指導で 被害児の家庭を訪問した結果、後遺症の存在の可能性が指摘された。そして、事故発生後14年目の1969年に社会問題として再び大きく取上げられることとなった。

(2) 生活環境の変化と法制度の問題

　近年、社会保障をめぐる法的な枠組みが改変され、国民の経済的負担が増え続けている。高齢者の医療を受ける権利や倫理的観点からも問題がある後期高齢者医療制度のあり方、生活保護制度の老齢加算の廃止、生活保護基準の引き下げ、国民健康保険をめぐる問題等々、受療権や健康権の侵害が起きている。医療や福祉を後退させる政策によって、国民の住

みよい暮らしや健康を保障するシステムが崩壊している。後期高齢者医療
制度では、保険料を1年以上滞納すると保険証が交付されない事態となり、
病気がちな高齢者を医療から排除している。同じように国民健康保険料が
支払えない大勢の人たちが無保険状態におかれて、短期被保険者証（以後、
短期保険証）や被保険者資格証明書（以後、資格証明書）の発行によって
必要な医療を受けることができない深刻な事態が引き起こされている。

　ところで、今なお世界の国々では争いが絶えないが、戦争や紛争は環境
破壊と健康被害を招き人々を貧困に陥れる。しかし、わが国は戦後の平和
な時代が続き、戦争で死亡する人々がいない社会となった。戦争の放棄に
よる平和主義を規定した日本国憲法第9条が国民を護ってきたといえる。ま
た、戦後の国民の健康状態は生活環境の向上や医学の進歩、公衆衛生対
策の充実などにより改善をみてきた。そして、乳幼児や青年の死亡率が大
幅に低下し、65歳以上の高齢者の死亡率も一貫して低下傾向にある。平均
寿命の伸長をみても、男女とも世界で高位の座を占めている。

　なお、疾病構造は時代状況により大きな変化をたどっている。結核や肺
炎、胃腸炎などの感染症が減少し、現代は悪性新生物、心疾患、脳血管
疾患といった慢性疾患が増加している。また長時間労働、単身赴任、長時
間通勤による不健康状態、コンピューターの長時間使用による疲労などが
原因で引き起こされる健康被害、ストレスによる精神障害、花粉症などの
アレルギー疾患など、多様な健康問題が発生している。感染症の問題では、
現代社会は人々の交流が進み、航空機による移動によってその国を超えて
広がり世界に容易に拡散する危険性がある。鳥インフルエンザなどは流行
に備えて世界規模での対策が急務になってきている。また2014年には、ア
フリカでエボラ出血熱が発生し、米国内での感染が確認されるなど感染拡
大が世界的な問題になっている。さらにコロナウイルスの流行や、デング
熱の発生などもあり、過去に流行した感染症も含め多様な疾患の広がりが
みられる。戦前も戦後も国民病とまで言われた結核は、貧困と関係し栄養
不足の影響が大きかったが、現代においても結核は過去のものではなく貧

困と無関係ではない。日本における結核患者は、未だ1万数千人以上が登録されている。欧米諸国と比較して依然として高い状況が続いている[12]。ネットカフェで住居のない男性が結核を発症し感染が拡大したことがあった。その背景に住居が保障されない不安定雇用におかれた若者の健康問題が指摘されていた。また、ホームレスの患者や健康保険証のない患者は治療中断しやすく、その為に薬剤耐性菌による難治性結核が心配されている[13]。

　また、働く人々の労働条件などの雇用環境の悪化も進んでいる。多くの労働者が非正規雇用や期間従業員、委託、請負といった雇用環境におかれている。企業利益のために需要と供給のバランスで解雇されるなど不当な処遇を受けている実態がある。不安定な収入、長時間労働の劣悪な労働条件の下、身体を酷使し健康を害する人たちが増えている。

　さらに、大気汚染を含む環境問題考えると、1970年代からは高度経済成長政策による工場からの煤煙と自動車の排気ガスによる健康被害が拡大した。各地の大気汚染公害健康被害者の提訴によって裁判が闘われた。その後の和解を経て住民と医療従事者の運動で地域環境の改善へ向け、地域再生と健康回復事業などが取り組まれている[14]。しかし、依然として自動車の排気ガスや工場からのCO_2排出も多い現状がある。未だに大規模CO2排出事業所のうち電力・製鉄企業に集中して多いことが報告されている[15]。また、中国での工業化と車の排気ガス等の環境問題（PM2.5）[16]が、わが国の大気汚染に与える影響が懸念されている。環境問題は地球的規模での対策が求められており、次世代に豊かな環境を引き継いでいかなければならない課題である。これまでもさまざまな公害が人々を苦しめてきているが、行政指導に関わる問題も多い。子ども時代の予防接種時の注射器の打ち回しによる肝炎や多くの薬害被害の発生等[17]、多様な医療福祉問題が数多く報告されている。

（3）社会的環境との関連

　国の生活習慣病（以後、成人病）対策においては、個人の生活習慣の問

題として扱われることが多いが、必ずしも個人の責任ではなく制度政策によ\
る環境との関連要因が大きい。糖尿病や肥満の背景にも幼少時からの生\
活環境や成人期の不安定な働き方が影響していることが明らかになってい\
る。イチロー・カワチ[18]は子どもの生活環境に関して[19]、社会の責任が重大で\
あることを指摘している。疾病と生活環境との関連は、最近の医学研究に\
おいても指摘されており、成人病胎児期発症説によると、新しい成人病の\
発症概念が変わってきている[20]。胎児、子どもに対する健全な環境作りは将\
来の成人病予防に不可欠であること、戦争や紛争のない平和な社会環境こ\
そが、子どもの胎児期からの健康な身体作りに重要である。先述した森永\
ヒ素ミルク中毒事件の被害者は高齢期に様々な成人病を発症しいている。\
子ども時代の食をめぐる望ましい環境が将来の疾患の予防に不可欠であ\
る。昨今、MSWも関わっている子ども食堂や地域カフェなどは居場所の\
提供だけでなく、子どもの健康や発達保障、母親の健康維持の観点からも\
取り組むことが重要である。さらに子どもの食事に関わる政策の充実を求\
めるソーシャルアクションが求められる。

　以上のように、医療福祉問題の理解には、健康を単なる個人責任の問題\
に留めず、生活と労働の場で疾病をとらえる[21]ことである。その背景として\
の生活問題、非正規雇用の拡大などの労働問題を含めた社会問題、国の\
労働政策、雇用政策や政治の中身との関連など、幅広い視点で捉えること\
が重要である。筆者は高度経済成長政策の犠牲者である大気汚染公害健\
康被害者や戦争政策によって理不尽な原爆投下の被害を受け、今も放射\
能被害に苦しむ原子爆弾被爆者（以後、被爆者）に関わってきた経験から、\
疾病の社会的要因とその背景にある政策的要因に関心を持っている。

（4）健康の社会的決定要因

　健康の社会的決定要因（Social Determinants of Health、以後SDH）は\
マイケル・マーモット他が概念化・体系化した定義である。健康を阻害す\
る要因や健康に関わる生活習慣は個人の問題や責任ではなく、個人を取り

巻く環境に影響を受けているという考え方である。[22]世界保健機関（以後、WHO）も、SDHの視点で国の政策と健康に対する重要な指針を示している。[*2]

　しかし、この指針だけでは説明不足であり、平和と安全の課題や気候変動の問題も重要な指針としてとりあげられるべきである。さらに社会運動の視点も必要である。人々の生活と労働の視点から病気と健康を社会状況、社会問題との関係で捉え、危険要因を除去する対策を立てることが重要である。

　ところで、未だに、国がとるべき措置をとらず無責任な対処をした事件が後を絶たない。アスベスト（石綿）被害による中皮腫や肺癌などの健康被害が拡大している。[23]また、印刷会社の有機溶剤による安全管理が不十分であったために若い印刷労働者たちの胆管癌の発症もあった。[24]排気装置の設置を怠った会社の違反行為、危険物質の周知の問題等々行政指導上も問題が大きかった。若い人には極めて稀であるという胆管癌の発症に対して、医療者には患者の労働実態の把握が極めて重要であったと思われる。

SDH = Social Determinants of Health の略。健康の社会的決定（阻害）要因

*2　世界保健機関欧州地域事務局は、健康の社会的決定要因に関する意識の向上を目的として、1998年よりソリッド・ファクツ（しっかりとした根拠のある事実）を公表している。2003年には第2版が公表されている。ソリッド・ファクツでは、社会的決定要因として以下の要因を説明している。

「健康の社会的決定要因　確かな事実の探求　第2版」WHO欧州地域事務局報告2003年

社会格差 :どのような社会においても、社会的地位が低いと、平均寿命は短く、疾病が蔓延している。保健政策は、健康の社会的経済的決定要因に取り組むべきである。

ストレス :ストレスのある環境は、人々を不安と憂慮で満たし、ストレスにうまく対応すること（ストレス・コーピング）を難しくする。そして健康を害し、早世へつながる。

幼少期	：人生のスタートでは、母親と幼児の支援が大切である。早期の発達と教育の健康への影響は、生涯続く。
社会的排除	：生活の質が低いと、その人生は短くなる。苦痛、憤慨、貧困、社会的排除、差別は、命を犠牲にする。
労働	：職場でのストレスは、疾病の相対危険度を高める。仕事を管理できる人々ほど、健康管理も良くできる。
失業	：雇用の確保は、健康と快適な暮らし、働きがいをもたらす。失業割合が高いことは、疾病の蔓延と早世をもたらす。
社会的支援	：家庭や職場、地域における友情、好ましい社会的関係、協力な支援ネットワークは、健康をもたらす。
薬物依存	：人々は、アルコール飲料、麻薬、喫煙に走り、被害を受ける。しかし薬物依存は社会的状況により生じている。
食品	：食品供給を管理しているのは世界経済であるため、健康的な食生活環境の整備は政治的な課題である。
交通	：健康的な交通環境とは、公共交通機関の充実により、自動車運転が少なく、ウォーキングやサイクリングの多い環境である。

（資料出所）http://www.tmd.ac.jp/med/hlth/whocc/solidfacts2nd.pdf「健康の社会的決定要因・日本版」特定非営利活動法人健康都市推進会議

(5) 健康増進活動について

　WHOが提唱したヘルスプロモーション（Health Promoting Hospital and Health Services、以後HPH）の考え方が世界に広まってきている。WHOが1986年の「オタワ憲章」で提唱した新しい健康観に基づく21世紀の健康戦略である。「HPHとは、「人々が自らの健康とその決定要因をコントロールし、改善することができるようにするプロセス」であると定義している。[25]この新しい健康観は単に病気を治すだけでなく、健康に関する環境などを含めて改善させることを提唱し、地域の人々が生活の場で自分で健康をコントロールする資質や能力を身につけていくことであるとしている。さらにHPHを実践する病院が、患者だけでなく地域住民や職員にもさまざまな健康に関わる企画やサービス提供する拠点として位置づけられている。これまでは医療やサービスを提供する側だけであった医療専門職にも、患者・地域住民と共に自己の健康増進をすすめていくことを進言している。

従って、人々が自分自身の健康を自己管理していく力を涵養できるような援助が福祉専門職には求められる。2014年、ソーシャルワーカーの国際的組織である国際ソーシャルワーカー連盟 (International Federation of Social Workers :IFSW) はソーシャルワークを新しく定義した。[26]新定義ではマクロレベルで政治を重視しており「ソーシャルワークは、社会変革と社会開発、社会的結束、および人々のエンパワーメントと解放を促進する」として、「生活課題に取り組みウェルビーイングを高めるよう、人々やさまざまな構造に働きかける」ことを重視している。人々の健康増進に寄与するために社会に働きかける医療ソーシャルワークが求められている。

　わが国においても、日本HPHネットワーク協会に加盟する事業所が増え、さまざま創意工夫した実践が行われている。[27]

　ところで、WHOの健康の定義は「健康とは、病気でないとか、弱っていないということではなく、肉体的にも、精神的にも、そして社会的にも、すべてが満たされた状態である」[28]としている。しかし、近年、そのような「完全な健康状態」に対して、健康と病気との境界の状態を考える研究がすすんでいる。Machteld Huber医師らの国際的な研究グループは、「高齢化や疾患傾向が変化している現代において，WHOの定義は望ましくない結果を生む可能性すらある」として，新たな健康概念の開拓に取り組んできた。その成果として、「社会的・身体的・感情的問題に直面したときに適応し自らを管理する能力 (the ability to adapt and self manage in the face of social, physical, and emotional challenges)」という新しい健康概念を提起した。[29]健康とは、困難な問題に直面したときに適応し、「なんとかやりくりする能力」だとしている。これまでの健康の捉え方と違い、健康と病気をはっきり区別できるのかという視点が取り入れられている。WHOの定義が静態的な目標であるのに対して，健康と病気の連続性のある問題に対処する (cope) 能力という健康と病気の連続性のある動的な捉え方である。この健康観の転換は医療の捉え方を大きく変える可能性をはらんでいるといわれている。

　さらに新しい健康の定義は「社会的な健康」についても「人間の潜在能

力を発揮し責任を果たす力、病気があってもある程度自立して自らの生活をコントロールする力、労働等の社会的活動に参画する能力など」と提唱している。このような考え方は社会福祉や介護福祉の援助にも重要な視点を提起している。

2　複雑多様な医療福祉問題

　人はいつ病気や事故に遭遇するかもしれない。だれもが医療と無縁でその生涯を終えることは出来ない。生老病死に関わって発生する諸問題で、その治療や療養を受けることを阻害する諸要因によって派生するのが医療福祉問題である。先述したように、その要因には疾患や障害によるもの、環境や社会関係、時代状況や国の制度政策によるもの、産業構造の変化など多様である。また、医療福祉問題とそれに伴って発生する生活上のニーズは、経済問題、看護及び介護・療養問題、養育、就労や学業などを含む幅広い生活問題である。またそれぞれの問題は単一でなく相互に複雑に絡み合っている。本項では、医療福祉の諸問題の対象となる人々や起きる場所、その背景に迫って医療福祉問題を捉える。

(1) 医療福祉問題と対象
①患者及び家族
＊医療・療養費及び家族の生活
　仕事の継続が困難、収入減少による医療費支払い困難、生活費捻出困難、病気による失職、そのため家族に派生してくる就学や保育、介護などの生活問題である。
＊退院先がない
　病気による障害があって、これまでの在宅生活の維持が困難となる。一人暮らしが困難であるが在宅で受け入れる家族がいない。
＊職場・学校への復帰困難

建物のバリアフリー化や就学、就労に関わる受け入れシステムが整っていない。

② 医療従事者

* 患者よりの暴言・暴力の問題
* 日常的なトラブルや訴訟に至る問題

　医師、看護師をはじめとする医療従事者は直接、患者・家族と対応する職種である。それゆえ、病状説明から治療方針、予後まで含め患者の納得のいく治療を提供すべく日々奮闘している。しかし、患者との間に誤解や行き違いが生まれる場合もあり、直接的な苦情だけでなく、時に暴力的な事件や訴訟等が起きることがある。

* 医療現場の労働環境の悪化による医療事故

　医師・看護師不足による労働条件の悪化等による医療事故の発生がある。医療従事者が残業などの過重労働による過労によって、診療への悪影響が出ることもあり、医療事故などの発生は患者に大きな不安と不信を与える。

③患者・家族と医療従事者

* 本来、対等平等であるべき患者と医療従事者が上下関係に置かれやすく、望ましい関係を構築することが出来ない場合がある。
* 治療へのインフォームドコンセント（理解と同意）をめぐって、治療方法、手術、転院、退院などで患者の不満が募りトラブルへと発展することがある。

④医療機関や組織

* 医療経営ばかりに目が向き、医療倫理が守られていない。
* 民主的な組織形態がとられず、職員集団の意志が医療内容や運営に反映していない。
* 医師や看護師不足による医療・看護の質的低下による医療事故発生の危険がある。また、救急受け入れ困難や拒否を引き起こしやすく、患者が生命の危機にさらされる。

⑤ 近隣・地域

＊ 医療機関の統廃合による医療機関の閉鎖や倒産によって地域に病院が
　なくなる。

＊ 医師や看護師不足による専門医療機関や診療科目の減少により、住民
　が必要な医療を受けることができない。

＊ 地域に産婦人科がない、救急病院がない等によって医療福祉問題が発
　生し、住民が生命の危機にさらされる。

＊ 過疎や人口減少による地域共同体の崩壊により、地域での相互扶助機
　能が低下し、教育、養育、介護問題が発生する。

3　医療福祉問題と医療ソーシャルワーク

(1) 医療ソーシャルワークとは

　児島は、社会福祉の基本的な考え方として「今日の社会では、疾病、貧困、障害等は社会的事故として捉えられるべきであり、社会的責任においてその解決がはかられなければならない」としている。その解決方法として「社会保障制度など公的な制度対応や社会的活動によっておこなわれるべきである」としている。また、医療ソーシャルワークの対象は働く人たちを中心とした国民の抱える医療社会問題であること、その解決には患者や家族自ら社会的権利を守ることができるように権利の自覚を促し、自主的に社会保障制度や社会福祉サービスを改善充実する運動にとりくめるよう援助することであるとしている。社会福祉の発展の力として国民大衆の要求運動を重要視し、援助対象者の生活と労働を捉える視点、制度政策を改善する運動の課題を提示している。またエコロジカルな視点から個人と集団を含めた環境を援助することの重要性に言及している。1980年に著した理論であるが、この時代には広く提唱されていないSDH、HPHにつながる考え方が示されている。MSWは環境を視野に入れ複雑多様な対象を援助する。(図1-1) ソーシャルワークは社会福祉専門職教育では社会福祉援助技術と

呼称される対人援助の技術である。技術は経験を経て磨くものであり、明確な目標を立ててどのようにしてその目標を実現できるかということを、常に実践に基づいて考察を積み重ねることである。実践の緻密な観察と考察によって理論は生まれ発展し、技術は実践と理論の相互作用によって鍛えられる。これまで、多くの先達により医療ソーシャルワークの実践とその理論化が試みられてきている。

　わが国の医療ソーシャルワークは病院社会事業 (Hospital Social Work) から出発し、病院社会事業の定義、医療社会事業の定義、医療福祉の定義など歴史的に諸説ある。筆者はMSWとして働いてきた経験から次の説に関心がある。

　孝橋正一[31]は「医療社会事業とは、社会事業の一部門として、保健・衛生ならびに医療上あらわれる社会的障害の除去または緩和解決を、一定の社会的・組織的方法を通じて行う公・私の社会的施策の総体である」としている。これまでの定義の多くは、医療福祉対象を社会体制とは切り離して個人のパーソナリティーの問題と捉えその解決は個別援助による環境調整方法とする傾向があった。しかし、孝橋は医療社会事業の対象を資本主義体制から出現したものと規定し、その上で、保健、衛生、医療上の諸問題の除去または緩和解決をはかる社会的、組織的活動としている点が特徴である。当時、SDHの考え方は広まっていない時代であったが、その定義はSDHの捉え方そのものといえる。

　田代国次郎[32]によると「医療福祉とは、公衆衛生及び医療の分野において、完全な総合的医療を達成するために、社会福祉理論及びその専門技術（方法）を用い、他の医療関係者と医療援助グループを組みながら、医療利用者のニードもしくは治療や予防、社会復帰などをさまたげている社会的、経済的、文化的諸問題に対し、解決ないし調整をはかる科学的援助技術及び運動の体系である」としている。ここでは、総合的医療の文言で包括的医療の考え方が示され、総合的医療の達成に目的を定めている。それは医師による単なる患者の疾患部分の除去だけでは完全な医療とはいえない

としている。疾病のもたらす背景や回復を阻害する社会的、経済的、文化的諸問題を解決、調整、改革することによって完全な総合的医療が達成できることを指摘している。また、医療専門職相互の関係は医師を頂点としたチームではなく、医師を中心とした対等平等な関係をいっている。さらに、患者や医療従事者、国民の「運動」を加えているのが大きな特徴である。また、先の考橋の定義と同様に、本定義もSDHの視点で捉えている。さらに今日では特に重視されている多職種協働の考え方が示されている。

図1-1　医療ソーシャルワーカーの仕事

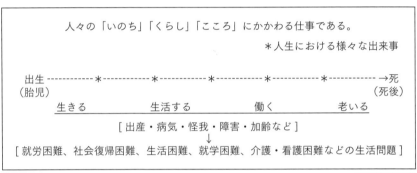

＊図は筆者作成

（2）医療ソーシャルワーカーの存在意義

　MSWは働く領域によって、一般病院、総合病院、診療所、老人保健施設などがあるが、心の問題から生活問題、病気にまつわる幅広い問題全般を対象としている。児島他の『医療ソーシャルワークの実践』[33]によると、MSWの役割について、以下のように提示している。「喪失や変化を引き起こす重い病気や災害は驚きや不確実さ、ストレスを引き起こし、緊張や危機感に導くものである。この状態にいる人々は援助を必要とするであろうし、援助を得るのは当然である。患者自身の対応策に加えて家族や友人の援助は特に有効であろう。しかし、他方、現実的ニーズや経済的ニーズ、その他のニーズが明らかになったときに、患者が充分満足に調整され、

利用できる資源から給付をうけられるようにするためには病院ソーシャルワーカーの専門的な援助が必要である。」

　MSWは専門職としての教育を受けた者として、その在るべき姿や役割は、対象者である患者・家族の立場に立って権利を擁護し、環境との間にあるギャップに入り社会資源をつなぐことである。社会資源に不足や不備があれば開発や創設に向けて、周囲の人々と協働する役割もあげられる。社会の動向や医療福祉の諸問題は、健康や生命に影響を与える国の政策によって左右される。制度そのものが人々の健康で文化的な生活をする権利を奪い、基本的人権を侵害している限り、MSWは当事者と共に理不尽な法制度の改革を志向する役割がある。児島[35]は、MSWの役割は時代とともに変化し、存在形態は多様であること、歴史的遺産を継承しつつ、MSWは時代に合わせてその存在意義を世に問い、発展させてゆかなければならないと言っている。常に変化する社会変動の中でソーシャルワークが行われていくこと、現状変革へのアプローチを惜しまない創造的な活動姿勢に言及している。

(3) 医療ソーシャルワークの方法

　医療ソーシャルワークにおける援助方法は、直接援助技術、間接援助技術、関連援助技術など、ソーシャルワークの方法と同様であるが、多様な医療福祉問題に対応する現場では、それらを統合した包括的ソーシャルワークが求められる。ソーシャルワークという基本的な援助技術を身につけて医療福祉の現場でさらに援助を発展させる必要がある。

　ここでは医療ソーシャルワークの業務の方法において基本的な個別援助に係る方法とその展開過程をとりあげる。集団援助に係わる方法は、第6章でとりあげている。医療ソーシャルワークにおける構成要素もソーシャルワークと同じなので、基本的な考え方としてパールマンの示した構成要素を確認しておく。パールマンは、著書「ソーシャル・ケースワーク：問題解決の過程[36]」の中で、個別援助技術を定義し、また、その構成要素とし

て「4つのP」をあげて説明している。後に、二つを追加して「6つのP」としている。^(注)パールマンは「問題解決過程」の中で「人々が社会的に機能する間に起こる問題をより効果的に解決することを助けるために福祉機関によって用いられる過程である」としている。クライエントを社会的に機能する人として主体的にとらえているのが特徴である。

(注) 後に加えられた2つのPとして、専門家 (professional person) があるが、MSWは人権感覚に優れ倫理観を身につけるなど専門性の資質を備えていることが求められる。制度・対策 (Provision) は患者や家族の療養生活を支援するための各種制度やサービスなどをいう。

① 援助を必要とする人（Person）

　援助を必要とする人は病気や怪我などによって社会生活上のさまざまなニーズを持つ人とその家族を対象とする。医療機関では患者や家族であるが、実践の場は多様なのでMSWが所属する機関、施設の機能との関係で把握することが必要である。
　　＊妊婦、乳幼児、子どもから高齢者まで全ての人が対象
　　＊疾患を持つ人とその家族
　　＊障害を持つ人とその家族
　　＊被害者とその家族（薬害、事故、労災、災害の犠牲者、戦争被害者、
　　　被爆者など）

② 対象となる問題（Problem）

　援助の対象となる問題は社会環境との調整を必要とする問題（抱えている困難）と捉えることが重要である。問題を持つのは対象となる人や家族に限定するのではなく、環境による問題を背景とした困難な状況である。具体的な困難としては疾病によって生じる経済的な困難、各種健康保険や難病、高齢者や障害者に対する医療費助成制度、公的医療制度、年金手当てなど制度サービスに関する事柄がある。さらに慢性疾患を抱えての療養生活上の困難、アルコールや薬物依存症などの不適応障害、社会復帰、

終末期、病気や障害の受容など心理的問題があげられる。また、医師や看護師など医療スタッフとの調整等もあげられる。

③ ソーシャルワークが展開される場所（Place）

　援助が展開される場所は医療機関、保健機関、福祉機関、教育機関、地域などがあり、それぞれの機関の機能、地域特性を踏まえた援助が必要となる。相談のための面接室はMSWの所属部署によって違いがあるが、医療相談室、医療福祉相談室が多く、近年、地域医療部、地域連携室も増えている。相談室の場所は診療部門からは遠くない場所で、人の往来が少なく目立たない場所が望ましい。患者や家族が安心して相談できる静寂やプライバシーへの配慮が行われる必要がある。

④ 援助過程（Process）

　援助過程は援助者としてのMSWとクライエントとしての患者・家族との専門的援助関係として展開する。医療福祉の現場ではMSW個人ではなく、医療チームの一員として関係機関や各職種との関係調整を含めた援助過程でもある。このように医師や看護師など、他職種との連携によって展開するのは、医療ソーシャルワークの援助過程の特徴といえる。退院援助などは、医師の治療計画や看護師の看護計画を確認し、それらの計画に添いながら援助過程を進めていく。直接、治療計画と関係がない相談においては、患者の立場に立ってMSW独自の判断と専門職としての責任で援助を展開する。

　ところで、通常の援助過程は以下のような過程を経るが（図1-2）、長期にわたる継続的な援助過程では援助過程が二重構造になることがある。特に被爆者は原爆投下当時だけでなく、年を経る毎に癌が発生するなど終わりのない被害を受けており、MSWの援助を必要とする困難が次々と現れてくる。MSWが被爆者の苦悩を気遣いながらその人生に同行し、最期まで援助を継続することが多い。

図1-2　医療ソーシャルワークの援助過程

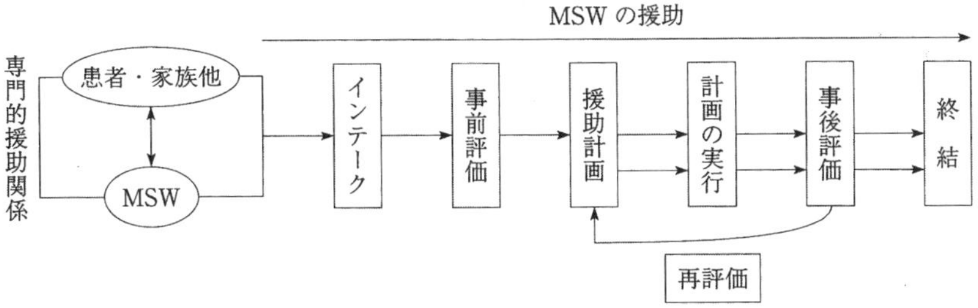

（筆者作成）

［注］

1　農林水産省資料、平成30年度日本の食料自給率」によるとカロリーベース総合食品自給率
　　は37％、生産額ベース総合食品自給率が66％である。

2　毎日新聞（2014・12・31）：くらしナビ　ライフスタイル「食の安全」混乱相次ぐ.

3　山田正彦（2009）：売り渡される食の安全、角川新書参照

4　朝日新聞（2011.10.11）：乳児130人死亡　森永ヒ素ミルク事件　工場は閉じる。教訓は残す.

5　丸山博（1974）：公衆衛生、pp13-14、医療図書出版.

6　本論では、受療権は医療を受ける権利、健康権は健康に生きる権利としている。

7　厚生労働省資料、国民健康保険局（平成30年6月1日）「国民健康保険の財政状況について」
　　では、前年度より保険料の滞納世帯が減少していると報告されている。しかし、国民健康
　　保険料滞納世帯は依然として261万世帯　短期被保険者証交付世帯は75.4万世帯、資格証
　　明書交付世帯は17.2万世帯となっている。

8　厚生労働省簡易生命表の概況（2019年7月30日）によると男性81.25歳、女性87.32歳である。

9　毎日新聞（2014.4.12）：「エボラ出血熱拡大、ギニアで患者157人　WHO「これまでで最も
　　対応困難」1978年にスーダン南部（現南スーダン）とザイール（現コンゴ民主共和国）のエ
　　ボラ川流域で相次いで発生したのが最初。95年と2000年にも、それぞれ200人以上が死亡
　　したが、感染地帯はアフリカ中部と東部に限られていた。今回は、初めて西アフリカでも
　　感染の拡大が確認された。国境を越えて病気が広がったのもこれが初めて。確実な治療法
　　は見つかっていない。感染者の50～90％が死に至る病気。医療・非政府組織（NGO）国境
　　なき医師団は「前例のない感染拡大」と警告し、WHOも「これまでで最も対応が困難な状
　　態」と深刻である。

10　NIID国立感染症研究所：http://www.nih.go.jp/niid/ja/

11　毎日新聞（2014.9.2）：「デング熱22人に　代々木公園で感染か」感染者は全員海外渡航歴の
　　なく、8月に東京都立代々木公園を訪れており、公園の蚊が媒介したとみられる。69年ぶ
　　りに国内での感染が確認された。

12　厚生労働省資料「平成30年結核登録者情報調査年表計結果について」
　　罹患率は近隣アジア諸国に比較すると低いが欧米等の先進国より低い水準にある。近年、

減少傾向が続いているが、10歳から29歳の若年層では増加している。

13 NHK特報首都圏結核特集（2007.11.9）

14 あおぞら財団（公益財団法人公害地域再生センター）http://aozora.or.jp.
榊原正士（2008）：民医連と公害環境問題について,民医連医療,No435. 参照.

15 しんぶん赤旗（2008.5.11）

16 あおぞら財団資料によると、大気汚染物質として浮遊粒子状物質、二酸化硫黄、二酸化窒素などがあるが、粒径10ミクロン以下の微細粒子（PM2.5）が健康被害との関連性が強いことが指摘されている。

17 毎日新聞（2014.3.31）：「私たちは自分の責任で感染し、苦しんでいるのではない」全国B型肝炎訴訟北海道原告の死去

18 暮らし・仕事と糖尿病についての研究～社会的な要因と糖尿病の関係,民医連新聞1541号（2013.2.4）全日本医療部学術委員会調査.

19 イチロー・カワチ（2013）：命の格差は止められるのか,小学館101新書. 参照.

20 福岡秀興（2009）：＜特集「エピデネティクスと疾患」＞新しい成人病（生活習慣病）の発症概念―成人病胎児期発症説―京都府立医大誌118（8）pp501-514. NHKスペシャル（2013.10.28）：シリーズ`病の起源`心臓病の秘密を解明.
日本学術会議臨床医学委員会・健康・生活科学委員会合同生活習慣病対策分科会（2008.8.28）：提言　出生前・子どものときからの生活習慣病.

21 全日本民主医療機関連合会綱領2010.2.25～27.

22 SDH：マイケル・マーモット（2017）「健康格差」日本評論社栗林寛幸他訳
近藤克則（2016）：健康格差社会への処方箋, 医学書院

23 環境再生保全機構：http://www.erca.go.jp/asbestos/what/higai/jittai.html

24 死者9人 でも「微罪」胆管がん労災　略式起訴　印刷会社と社長を略式起訴 国の監督も後手に,毎日新聞（2014.10.17）.

25 ハンス・ターネセン（2013）：「HPHの歴史、哲学、基準、実践・ハンス・ターネセン教授・PHP　CED」民医連医療 No,485

26 http://www.jacsw.or.jp/　IFSW（国際ソーシャルワーカー連盟）のソーシャルワークのグローバル定義

27 日本HPHネットワーク協会（https://www.hphnet.jp/）

28 WHO憲章の定義；日本WHO協会訳を参照

29 松田純（2015）：神経難病における健康概念と現代医療倫理学,総合診療　25巻3号,p258-259参照

30 児島美都子（1980）「医療ソーシャルワーカー論」ミネルヴァ書房より

31 田代国次郎（2003）：医療社会福祉研究,p39,社会福祉研究センター.

32 田代国次郎：前掲書,pp39-44.

33 児島美都子・中村永司監訳（1994）:Social work practice in health care,医療ソーシャルワークの実践,中央法規出版.

34 近年、協働という言葉は行政と住民、ボランティア等との関係や活動に頻繁に使用されている。パートナーシップを位置づけているのが特徴であるが定義は明確になっていない。筆者はこれまでも対等平等な援助関係やさまざまな人々との対等な関係のもとに力を合わせ相互作用し合う現象に対して用いている。

35 児島美都子（2004）：医療・社会福祉全体を豊かにする志向をもつ意味,pp44-46,民医連医療No,388,民医連出版部.

36 松本武子訳（1967）：ソーシャル・ケースワーク～問題解決の過程～,全国社会福祉協議会.

2　保健医療サービスにおける専門職の役割と実際

1　保健医療・分野の専門職

　保健医療機関には医療活動の中心となる医師、看護師をはじめさまざまな専門職が働いている。特にMSWが配属されている医療機関の多くは、入院ベッドを有する病院であることが多く、各専門職がチームで日常診療を行っている。MSWが院内で業務を遂行する上で、専門性を発揮しながら他職種との連携をすすめていくために、共に仕事を行う専門職にはどのような職種があり、どのような業務を行っているのかを理解することが求められる。多様な専門職とチーム医療を行っていく上では互いの理解を深めること、専門性の違いを認め合いながら、対等な立場でチームワークをとり、患者の立場に立った医療活動を推進することが重要である。

（1）医療・福祉専門職

① 医師・歯科医師・看護師・保健師・助産師・薬剤師・放射線技師・理学療法士・作業療法士・臨床工学技士・あん摩マッサージ指圧師・はり師・きゅう師・柔道整復師・栄養士（管理栄養士を含む）・歯科衛生士・歯科技工士・視能訓練士・義肢装具士・言語聴覚士

② 介護福祉士・介護支援専門員・社会福祉士・精神保健福祉士・社会福

祉主事任用資格者

(2) その他 (省令の定める公的資格や要研修修了他含む)

① 医療コーディネーター・介護職員初任者研修修了者・手話通訳士・診療情報管理士・福祉住環境コーディネーター・福祉レクリエーションワーカー・福祉用具専門相談員

② 運転手・事務職員・清掃業務従事者・調理員、調理師等々

③ 社会保険労務士 (介護保険や障害年金に関わる業務)

2 医療ソーシャルワーカーの業務

(1) 医療ソーシャルワーカー業務指針から

　医療ソーシャルワーカー業務指針 (以後、業務指針) は、医療ソーシャルワーカーの標準的業務を定めたものである。そこには業務の範囲、業務の方法などが示されている。医療ソーシャルワークもソーシャルワークであるが、対象となる領域が主として保健、医療に関わる範囲となり、社会福祉全般と結びつくもので非常に広範囲である。対象も児童から高齢者まであらゆる人々を対象とし多様であることを特徴としており、限定的ではないことから、MSWにはどのような相談内容にも対応できることが求められる。

　MSWの役割、機能、業務について考えるために、「医療におけるソーシャルワークの展開」における定義が分かりやすいので紹介する。「役割とはMSWという地位に付随してその所属する機関や組織から期待されている行動様式であり、所属機関や組織から期待される役割の遂行を通して実践は展開される。機能とは、その一定の役割によって果たされる中身のことであり、クライエントの問題解決のために個々の目的に対応してケースバイケースで発揮していかねばならないもの、そして、その機能の発揮の仕方が具体的に現れたものが業務である」と解説している。つまり、勤務

する医療機関の機能によって、MSWに期待される役割が違ってくるということである。例えば救急病院では、緊急に医療を受けることができる体制を整える役割があり、健康保険証の未確認の場合の対応や生活保護制度の活用などを行う。さらに、病状の急変に備えて家族との連絡調整や必要な転医先を探すこともある。そのために、チーム医療や地域連携を推進する役割が求められる。また、所属する機関から期待される役割だけでなく、患者の立場に立って、患者の健康に生きる権利、医療を受ける権利などの人権を擁護する役割がある。これらは、いつの時代も変わらない普遍的な役割といえる。

このような多様な役割を果たす中で、患者・家族への個別援助や人権擁護だけでなく社会への啓発活動を実際的にすすめるために、集団援助などを含めた機能が発揮される必要がある。そして、業務は患者・家族に最も近く日常的な仕事の中身であるので、チーム医療や地域との連携を具体的にすすめたり、院内カンファレンスや地域ケア会議への参加なども業務となる。その他、患者や家族との面接や電話対応、行政機関などへの同行、他の医療従事者との打ち合わせ、制度サービス利用や申請のための書類作成（代行）など、多様な業務がある。

(2) 業務指針の解説

業務指針は2002年に改定されたが、介護保険制度の創設、病床区分の見直し、医療保険制度の改訂など、保健医療を取り巻く環境の大きな変化を背景としている。業務指針に示されたMSWの役割は、疾病を有する患者が地域や家庭においてその人らしい生活を送ることが出来るよう、社会福祉の立場から患者や家族の抱える心理的・社会的な問題の解決、調整を援助し、社会復帰の促進を図ることである。以下に、業務の範囲に示された中で主たる内容について解説を加える。

（1）療養中の心理的・社会的問題の解決、調整援助

　　入院、入院外を問わず、生活と傷病の状況から生ずる心理的・社会的問題の予防や早期の対応を行うため、社会福祉の専門的知識及び技術に基づき、これらの諸問題を予測し、患者やその家族からの相談に応じ、次のような解決、調整に必要な援助を行う。

① 受診や入院、在宅医療に伴う不安等の問題の解決を援助し、心理的に支援すること。

② 患者が安心して療養できるよう、多様な社会資源の活用を念頭に置いて、療養中の家事、育児、教育、就労等の問題の解決を援助すること。

③ 高齢者等の在宅療養環境を整備するため、在宅ケア諸サービス、介護保険給付等についての情報を整備し、関係機関、関係職種等との連携の下に患者の生活と傷病の状況に応じたサービスの活用を援助すること。

④ 傷病や療養に伴って生じる家族関係の葛藤や家族内の暴力に対応し、その緩和を図るなど家族関係の調整を援助すること。

⑤ 患者同士や職員との人間関係の調整を援助すること。

⑥ 学校、職場、近隣等地域での人間関係の調整を援助すること。

⑦ がん、エイズ、難病等傷病の受容が困難な場合に、その問題の解決を援助すること。

⑧ 患者の死による家族の精神的苦痛の軽減・克服、生活の再設計を援助すること。

⑨ 療養中の患者や家族の心理的・社会的問題の解決援助のために患者会、家族会等の育成、支援すること。

---

① 患者や家族の不安は病気そのものや予後の不安だけでなく、休業中の家族の生活費の不安や医療費などとの経済的問題、社会復帰後の就労問題などによっても増幅される。また、過労や長時間労働などの労働問題や生活問題が病気の引き金になっていることも多く、病気治癒後の環境や労働条件など解決すべき問題が多い。MSWだけが解決するのではなく、患者や家族が抱えている困難を共に打開するという立場で援助を行う。そのためには、患者・家族自らどのように自分の問題に対処するのかを見極め、その力を発揮できるように必要な援助を行う。MSWは面接を通して心理療法を行うのではないが、精神的な不安を抱え苦悩の中にある患者や家族に対してカウンセリング的な関わりが求められる。精神・心理面での専門的援助が必要な場合は専門機関の紹介も必要となる。

② 社会資源とは人間らしい暮らし、生き方が出来るよう活用する諸制度、

サービス、人、物すべてを含めた資源の総称である。MSWの仕事は社会保障個別相談[2]であるとか、社会資源情報センター[3]の任務があるといわれるほど社会資源の活用は多様である。MSWは社会資源の情報を収集し提供するだけでなく、患者や家族に社会資源を届けるアウトリーチの活動が重要となる。そのためには、カンファレンスや申し送りに参加し情報収集することと併せて、カルテにも目を通し困難を抱えた患者のニーズを発見することが重要である。昨今、諸制度やサービスの改変が著しいため患者が損失を被ることがないよう、常に情報収集を行うことが求められる。地域のMSW同士の情報交換も有効である。

③ 退院援助はMSWの業務に占める割合が大きい。退院後の在宅生活の維持や施設入所などの援助をすすめるために、高齢者では介護保険やその他のサービスを活用しながら、地域のケアマネジャーや関係者と連携し援助する。地域包括ケアシステムがすすめられ、退院後は住み慣れた地域での生活を維持する援助が求められている。

④ 家族内に病人がでたことで、それまでの関係が悪化する家族も多く、MSWには家族関係の調整が必要となる。看病や介護疲れによるものだけでなく、家族内にあった潜在的な問題が浮上することも多い。

⑤ 病室が大部屋であることから、同室者のいびきで眠れない、朝早く起きてうるさい、夜遅いなど、患者同士の不満が持ち込まれることがある。また、医師や看護師などの医療従事者との関係調整もある。患者が医師にうまく思い考えを伝えることが出来なかったり、説明を誤解していたり納得できないことなどで、医師との間に入っての関係調整が求められることがある。また、患者や家族による医療従事者への暴力も増えており治療への不満や理不尽なクレーム[4]などはMSWだけが対処するには限界があるので、事務長や院長など病院管理者が調整に動く必要がある。

⑥ 日常の業務は面接や電話で行うことが多いが、相談内容によっては学校、職場、地域へ出かけていくことがある。人間関係調整やトラブルへの対処だけでなく、患者を地域、職場で見守るための援助のネットワー

クが必要とされることがある。

⑦ 患者の状態が非常に重篤であるとか、治癒困難な病気やそれに伴う障害を受容することは、患者や家族にはとても難しいことであり、受け入れられないことも多い。どのような場合においても、治療や療養を続けている患者に対し、MSWに何が出来るかを自らに問いながら、必要な援助を行わなければならない。MSWが出来ないことも含めて関わるためには、MSWの自己覚知が求められる領域である。

⑧ 難病や難治性疾患に罹患した患者や家族の苦悩は深く重いが、患者は病にうちひしがれてばかりいる存在ではないことを認識しておくことが大切である。病を持ちながら前向きに生きている人、病気と付き合いながら、死をみつめながらも成すべき事をして生きている人がいる。MSWは援助するだけではなく、闘病する患者から生きる意味を教えられ援助されていることに気づくことが出来る。患者の出来なくなった事ばかりに目を向けないで、出来ることや環境をよく観察して関わる事が必要である。患者や家族の生きがいや残された人生の質、尊厳を保つ援助が重要である。

⑨ ここで示された育成という言葉は対象者との対等な関係性を考慮すると適切な表現を検討する必要があるのではないだろうか。MSWは当事者たちが組織化できるように個人や集団を援助するが、上位にある者が下位にある者を育てるのではなく、当事者や組織と共にMSWも専門職として育っていくものであるからだ。院内患者会として、肝臓病、糖尿病などの疾患別の患者会がある。また、無年金障害者や被爆者、公害患者などの行政訴訟の支援は、朝日訴訟の時代から国民の運動として脈々と続いている。この社会の中でMSWも当事者や支援者と共にあって、社会保障や社会福祉の前進のために、運動する仲間の一員として支援する姿勢が求められる。

（2）退院援助

　　生活と傷病や障害の状況から退院・退所に伴い生ずる心理的・社会的問題の予防や早期の対応を行うため、社会福祉の専門的知識及び技術に基づき、これらの諸問題を予測し、退院・退所後の選択肢を説明し、相談に応じ、次のような解決、調整に必要な援助を行う。

① 地域における在宅ケア諸サービス等についての情報を整備し、関係機関、関係職種等との連携の下に、退院・退所する患者の生活及び療養の場の確保について話し合いを行うと共に、傷病や障害の状況に応じたサービスの利用の方向性を検討し、これらに基づいた援助を行うこと。

② 介護保険制度の利用が予想される場合、制度の説明を行い、その利用の支援を行うこと。また、この場合、介護支援専門員等と連携を図り、患者、家族の了解を得たうえで入院中に訪問調査を依頼するなど、退院準備について関係者に相談・協議すること。

③ 退院・退所後においても引き続き必要な医療を受け、地域の中で生活をすることができるよう、患者の多様なニーズを把握し、転院のための医療機関、退院・退所後の介護保険施設、社会福祉施設等利用可能な地域の社会資源の選定を援助すること。なお、その際には、患者の傷病・障害の状況に十分留意すること。

④ 転院、在宅医療等に伴う患者、家族の不安等の問題の解決を援助すること。

⑤ 住居の確保、傷病や障害に適した改修等住居問題の解決を援助すること。

　近年、平均在院日数が短いので、退院援助がMSWの業務に占める割合は大きい。高齢者は地域包括ケアシステムによって在宅での看取りまで含めた生活の維持を目標としている。しかし、医療体制や社会福祉制度やサービス体制の充実が伴わない限り、MSWは病院と患者の板挟みになって葛藤を抱えることになる。どのような状況でも、出来る限り患者の意志を尊重し、退院後の療養や介護、生活が成り立つように社会資源を有効に活用し患者の生活の質（QOL）を高めることを心がけなければならない。疾患を抱え、その後遺症や障害を抱えて退院し、これまでの生活とは全く違う生活に踏み出していく患者・家族の不安は大きい。生活の細部に渡る細かい援助が必要となる。

（3）社会復帰援助

　退院・退所後において、社会復帰が円滑に進むように、社会福祉の専門的知識及び技

術に基づき、次のような援助を行う。

① 患者の職場や学校と調整を行い、復職、復学を援助すること。

② 関係機関、関係職種との連携や訪問活動等により、社会復帰が円滑に進むように転院、退院・退所後の心理的・社会的問題の解決を援助すること。

　病気や怪我などの治療を終えても後遺症や重い障害が残ることがある。また急性期を脱し慢性期に移った場合にも職場や学校生活への復帰に支障が出ることがある。MSWは患者の意志を尊重しながら安心して患者が復帰出来るよう、職場担当者や学校関係者と復帰に向けた調整を行う必要がある。復帰に際しては電話連絡や院内の面接だけでなく、職場や学校を訪問することもある。例えば、車いす使用が出来るように職場や学校の改造が可能か、ボランティアを活用するのか、発病前と同じ仕事をすることが出来るのか、業務内容の変更を行う必要があるのかなど、復帰へ向けた具体的な準備・調整を行う。

(4) 受診・受療援助

　入院、入院外を問わず、患者やその家族等に対する次のような受診、受療の援助を行う。

① 生活と傷病の状況に適切に対応した医療の受け方、病院・診療所の機能等の情報提供等を行うこと。

② 診断、治療を拒否するなど医師等の医療上の指導を受け入れない場合に、その理由となっている心理的・社会的問題について情報を収集し、問題の解決を援助すること。

③ 診断、治療内容に関する不安がある場合に、患者、家族の心理的・社会的状況を踏まえて、その理解を援助すること。

④ 心理的・社会的原因で症状の出る患者について情報を収集し、医師等へ提供するとともに、人間関係の調整、社会資源の活用等による問題の解決を援助すること。

⑤ 入退院・入退所の判定に関する委員会が設けられている場合には、これに参加し、経済的、心理的・社会的観点から必要な情報の提供を行うこと。

⑥ その他診療に参考となる情報を収集し、医師、看護師等へ提供すること。

⑦ 通所リハビリテーション等の支援、集団療法のためのアルコール依存症者の会等の育成、支援を行うこと。

　医療機関によっては事務窓口、総合相談窓口を設け、診察の受け方な

どの相談に対応しているが、医療福祉相談室の窓口をその為に開放している病院もある。相談内容は種々多様で受診の仕方だけでなく、受診に至るまでのさまざまな相談に対処している。健康保険証の有無や医療費の心配があって受診をためらっている患者や治療が必要であるにも関わらず、診療や手術拒否をする患者もいる。患者の理解を促すために、医師や看護師から医学的な説明の機会を提供するのも大切な仕事である。その際、必要であればMSWが同席することが望ましい。医師からの説明を一緒に聞くことで、患者が説明を理解できていない場合は適切な援助を行うことが出来るからである。また、医師や看護師などには、患者・家族の思いや必要な情報提供を行い、患者への対応に配慮や協力を求めて働きかけることも重要である。そのためのカンファレンスなどの諸会議に参加し情報提供を行っていく必要がある。

---

(5) 経済的問題の解決、調整援助

　入院、入院外を問わず、患者が医療費、生活費に困っている場合に、社会福祉、社会保障等の機関と連携を図りながら、福祉、保険等関係諸制度を活用できるように援助する。

　経済的問題の解決は重要な課題である。外来通院の医療費に比して入院した場合の医療費負担は患者・家族に重くのしかかる。高額療養費の申請が可能であるが、初めて入院する場合はその制度を知らないことが多い。休職の場合には、社会保険には傷病手当金制度があるので活用をすすめる。国民健康保険（以後、国保）には本制度がないので、休業と同時に収入が途絶えることになり大きな負担となる。国保第44条で一部負担金の免除制度が規定され、第77条では保険料の支払い免除が一定の条件のもとで定められている。しかし、国が本制度の活用を積極的にすすめてこなかったことや運用は自治体により違いがあり活用がされていないことが多い。その他、医療費を軽減する制度として無料低額診療事業（以後、無低）がある。近年は全国的な運動がすすみ活用が増加している。

また、最終的な活用としての生活保護制度（以後、生保）が申請できる。しかし、他法優先により利用しにくい制度となっていることや近年とみに生活保護制度も悪化の一途をたどっており、生保基準の引き下げ、加算の廃止、運用の厳しさの問題が大きい。

　また、入院すると医療費以外の多くの出費がかさむ。入院時食事療養費などが別途必要になり患者負担はさらに膨らむ。また、手術用のパジャマ、衛生用品、家族の交通費、宿泊費、外食代など、多くの自己負担金が発生する。さらに、別途差額ベッド代金が徴収されることがある。社会保障が後退している現代においては、既存の制度活用だけに留まって援助を行うだけでなく、差額ベッド代金の問題に対しても、当事者や関係者と連携・協働して制度改善へ向けたソーシャルアクションの取り組みを併せて行うことが重要である。

*差額ベッド代：差額室料（さがくしつりょう）とは、健康保適用外で患者に請求される病室の費用をいう。差額室料を要する病室を特別療養環境室といい、差額ベッドは原則全病床の5割までであるが、その割合は病院によってさまざまである。全く差額ベッドを設けない医療機関は少ない。1日,5,000円～10,000円,都市部では5,000円が約3分の2で1万円以上もある。（朝日新聞.2008.4.7）。

　厚生労働省通知（平成18年3月13日付け保医発）では、以下のとおりとされている。特別療養環境室に係る費用（差額ベッド代）の負担を患者さんに求めてはならない場合 (1) 患者側の同意について保険医療機関が同意書で確認を行っていない場合 (2)「治療上の必要」により特別療養環境室に入院した場合 (3) 病棟管理の必要性等から特別療養環境室に入院することとなった場合であって、実質的に患者の選択によらない場合。

　患者への説明と同意が求められるとしながらも法的拘束力を伴うものでなく、治療上の必要だけでなく、説明がなく入院となる場合があること、空きベッドがなく他院への転院などの問題、医療費以外の負担の発生源となっている矛盾した問題である。国民皆保険制度に柱をすえた医療サービスは、普遍的な医療観に立っており、お金がなければ低い医療サービスでよしとしてはならない。従って、差額ベッドは「互助」と「連帯」の精神が支える医療保険制度の「連帯」の精神を壊す制度である。（磯野博泰：民医連医療No,437,pp54-55,2009）

(6) 地域活動
　患者のニーズに合致したサービスが地域において提供されるよう、関係機関、関係職種等と連携し、地域の保健医療福祉システムづくりに次のような参画を行う。

① 他の保健医療機関、保健所、市町村等と連携して地域の患者会、家族会等を育成、支援すること。
② 他の保健医療機関、福祉関係機関等と連携し、保健・医療・福祉に係る地域のボランティアを育成、支援すること。
③ 地域ケア会議等を通じて保健医療の場から患者の在宅ケアを支援し、地域ケアシステムづくりへ参画するなど、地域におけるネットワークづくりに貢献すること。
④ 関係機関、関係職種等と連携し、高齢者、精神障害者等の在宅ケアや社会復帰について地域の理解を求め、普及を進めること。

　アルコール使用障害[5]の患者や家族の支援としての断酒会や認知症高齢者の家族会など、地域には多様な当事者組織やグループがある。MSWはこのような地域の患者、家族会などの当事者組織やボランティア組織との連携が必要である。一人暮らし高齢患者の退院後の援助として、ボランティアによる見守り支援やゴミ出しの協力、話し相手などの協力を得る。また、入院中の援助として、院内ボランティアによる院内案内や図書活動、話し相手、散歩、子どもの学習支援、院内運動会などの協力もある。地域機関誌や院内ニュースの発行や患者が創作する文芸集の発行、作品の展覧会の開催、地域の人との院内コンサートの開催など、MSWと地域の人々との創意工夫で多様な活動が展開できる。これらの活動は地域に貢献したいという善意の人々と共に医療と福祉を前進させることにつながる。地域で活動している人たちとの連携で患者・家族の療養生活を援助するために、MSWは地域でのネットワークを構築する役割が求められる。

業務の方法等

(1) 個別援助に係る業務の具体的展開
　患者、家族への直接的な個別援助では、面接を重視するとともに、患者、家族との信頼関係を基盤としつつ、医療ソーシャルワーカーの認識やそれに基づく援助が患者、家族の意思を適切に反映するものであるかについて、継続的なアセスメントが必要である。
　具体的展開としては、まず、患者、家族や他の保健医療スタッフ等から相談依頼を受理した後の初期の面接では、患者、家族の感情を率直に受け止め、信頼関係を形成するとともに、主訴等を聴取して問題を把握し、課題を整理・検討する。次に、患者及び家

族から得た情報に、他の保健医療スタッフ等からの情報を加え、整理、分析して課題を明らかにする。援助の方向性や内容を検討した上で、援助の目標を設定し、課題の優先順位に応じて、援助の実践方法の選定や計画の作成を行う。援助の実施に際しては、面接やグループワークを通じた心理面での支援、社会資源に関する情報提供と活用の調整等の方法が用いられるが、その有効性について、絶えず確認を行い、有効な場合には、患者、家族と合意の上で終結の段階に入る。また、モニタリングの結果によっては、問題解決により適した援助の方法へ変更する。

　MSWの業務は患者・家族やその他関係者との個別援助が重視される。業務の方法においては、基本的な個別援助に係る方法によって援助を行う。そのために、個別面接を行うことが多く、安心して相談できる面接室が設置されているなど環境の整備が必要である。しかしまだ専用の面接室がないところもあり、事務所の片隅に机を置いて相談に対応している場合もある。

---

(2) 患者の主体性の尊重

　保健医療の場においては、患者が自らの健康を自らが守ろうとする主体性をもって予防や治療及び社会復帰に取り組むことが重要である。したがって、次の点に留意することが必要である。

① 業務に当たっては、傷病に加えて経済的、心理的・社会的問題を抱えた患者が、適切に判断ができるよう、患者の積極的な関わりの下、患者自身の状況把握や問題整理を援助し、解決方策の選択肢の提示等を行うこと。

② 問題解決のための代行等は、必要な場合に限るものとし、患者の自律性、主体性を尊重するようにすること。

　患者の主体性の尊重はエンパワーメントの視点としても重要であり、患者や家族が自ら解決の方向をとれるよう、また自分の望む方法で行えるよう援助することが重要である。従って、MSWが肩代わりすることで解決することではない。しかし、患者・家族が行うことが困難な場合や危険が予測できる場合には、そのまま見過ごすことではなく、必要な情報提供を行ったり、患者が望む方法を試みてみるとか、最善の方法をとることが出来るように援助することである。

---

(3) プライバシーの保護

　一般に、保健医療の場においては、患者の傷病に関する個人情報に係るので、プライバシーの保護は当然であり、医療ソーシャルワーカーは、社会的に求められる守秘義務を遵守し、高い倫理性を保持する必要がある。また、傷病に関する情報に加えて、経済的、心理的・社会的な個人情報にも係ること、また、援助のために患者以外の第三者との連絡調整等を行うことから、次の点に特に留意することが必要である。

① 個人情報の収集は援助に必要な範囲に限ること。
② 面接や電話は、独立した相談室で行う等第三者に内容が聞こえないようにすること。
③ 記録等は、個人情報を第三者が了解なく入手できないように保管すること。
④ 第三者との連絡調整を行うために本人の状況を説明する場合も含め、本人の了解なしに個人情報を漏らさないこと。
⑤ 第三者からの情報の収集自体がその第三者に患者の個人情報を把握させてしまうこともあるので十分留意すること。
⑥ 患者からの求めがあった場合には、できる限り患者についての情報を説明すること。ただし、医療に関する情報については、説明の可否を含め、医師の指示を受けること。

　社会福祉士及び介護福祉士法第46条では、秘密保持義務が定められている。面接では、相談内容に必要な事柄以外はむやみにプライバシーに踏み込まない配慮が必要である。また、相談内容が外部に漏れ聞こえないように面接室の確保がされること、相談記録の保管が重要である。医師や看護師など関係者への伝達時の漏洩防止、廊下やフロアなど他者に聞こえる場所で話さない、症例検討や事例検討会の報告時の名前表記はイニシャルにするなど、細かい点まで配慮する必要がある。さらに、関係機関や関係者に情報提供する必要がある場合は患者・家族の同意が必要である。

　カルテは診療録として、医師法第24条第2項「診療録の記録及び保存」に規定があり、5年間の保存が義務づけられている。チーム医療のもとでは医師や看護師だけでなくMSWなどの医療従事者が患者の情報を記載することがある。カルテの記録は医療事故の証拠になるほど大切なもので、カルテの保管は診療情報管理士によって系統的に管理が行われている医療機関もある。なお、病状説明など診療上の責任の所在は医師にあるので、医師以外の者が軽い気持ちで安易に病状の説明をしてはならない。カルテの

保管は医師の責任であるが、カルテに記載された事項は患者本人のものであると位置づけ、カルテの写しを患者に渡している医療機関もある。

（4）他の保健医療スタッフ及び地域の関係機関との連携

　保健医療の場においては、患者に対し様々な職種の者が、病院内あるいは地域において、チームを組んで関わっており、また、患者の経済的、心理的・社会的問題と傷病の状況が密接に関連していることも多いので、医師の医学的判断を踏まえ、また、他の保健医療スタッフと常に連携を密にすることが重要である。したがって、次の点に留意が必要である。

① 他の保健医療スタッフからの依頼や情報により、医療ソーシャルワーカーが係るべきケースについて把握すること。

② 対象患者について、他の保健医療スタッフから必要な情報提供を受けると同時に、診療や看護、保健指導等に参考となる経済的、心理的・社会的側面の情報を提供する等相互に情報や意見の交換をすること。

③ ケース・カンファレンスや入退院・入退所の判定に関する委員会が設けられている場合にはこれへの参加等により、他の保健医療スタッフと共同で検討するとともに、保健医療状況についての一般的な理解を深めること。

④ 必要に応じ、他の保健医療スタッフと共同で業務を行うこと。

⑤ 医療ソーシャルワーカーは、地域の社会資源との接点として、広範囲で多彩なネットワークを構築し、地域の関係機関、関係職種、患者の家族、友人、患者会、家族会等と十分な連携・協力を図ること。

⑥ 地域の関係機関の提供しているサービスを十分把握し、患者に対し、医療、保健、福祉、教育、就労等のサービスが総合的に提供されるよう、また、必要に応じて新たな社会資源の開発が図られるよう、十分連携をとること。

⑦ ニーズに基づいたケア計画に沿って、様々なサービスを一体的・総合的に提供する支援方法として、近年、ケアマネジメントの手法が広く普及しているが、高齢者や精神障害者、難病患者等が、できる限り地域や家庭において自立した生活を送ることができるよう、地域においてケアマネジメントに携わる関係機関、関係職種等と十分に連携・協力を図りながら業務を行うこと。

　連携のための業務の方法としては、個別援助だけでなく集団援助が取り組まれる必要がある。グループワークは多様な対象に対して実践が可能で、特に患者会への援助において有効な方法である。地域ボランティアとの協働、関係機関との連携を取りながら、MSWの実践が期待される領域である。地域関係機関や関係者との連携としては、患者の退院や社会復帰援助

への協力、患者会活動への援助、クリスマス会やコンサートなどを企画運営することによって、地域関係者との協働作業を通して理解を深めることができる。MSWは地域連携の要であり、さまざまな地域社会資源の接点となる必要がある。

　日常行われているカンファレンスや申し送りも具体的な院内連携である。カンファレンスは一般的にはケースカンファレンス、ケアカンファレンスと呼ばれ事例検討の一つの形態である。参加メンバーが患者に対する援助の目標を設定し、そのニーズを分析し援助計画を作成すること、参加メンバーが共通の援助目的と相互の役割分担を認識して患者に関する情報を交換しあうという二つの機能が含まれている。[6]看護計画、退院援助計画には、患者、家族の参加が望ましい。申し送りは患者の病状や医師の指示、看護業務など職員の間で行われる情報収集及び伝達である。

---

(5) 受診・受療援助と医師の指示

　医療ソーシャルワーカーが業務を行うに当たっては、(4)で述べたとおり、チームの一員として、医師の医学的判断を踏まえ、また、他の保健医療スタッフとの連携を密にすることが重要であるが、なかでも2の(4)に掲げる受診・受療援助は、医療と特に密接な関連があるので、医師の指示を受けて行うことが必要である。特に、次の点に留意が必要である。
① 医師からの指示により援助を行う場合はもとより、患者、家族から直接に受診・受療についての相談を受けた場合及び医療ソーシャルワーカーが自分で問題を発見した場合等も、医師に相談し、医師の指示を受けて援助を行うこと。
② 受診・受療援助の過程においても、適宜医師に報告し、指示を受けること。
③ 医師の指示を受けるに際して、必要に応じ、経済的、心理的・社会的観点から意見を述べること。

　MSWもチーム医療を推進する一員であるが、受診受療援助は医療と密接な関係があるので、医師の指示を受けて行う必要がある。患者・家族から相談を受けた場合やアウトリーチの援助においても、必要に応じて適時報告し指示を仰ぐことが望ましい。しかし、ただ指示を仰ぐだけでなく福

祉に関わる情報を提供しながら、福祉専門職としての独自の立場、見解を
示すことが重要である。

---

(6) 問題の予測と計画的対応
① 実際に問題が生じ、相談を受けてから業務を開始するのではなく、社会福祉の専門的
　知識及び技術を駆使して生活と傷病の状況から生ずる問題を予測し、予防的、計画的
　な対応をおこなうこと。
② 特に退院援助、社会復帰援助には時間を要するものが多いので入院、受療開始のでき
　るかぎり早い時期から問題を予測し、患者の総合的なニーズを把握し、病院内あるい
　は地域の関係機関、関係職種等との連携の下に、具体的な目標を設定するなど、計画的、
　継続的な対応を行うこと。

　疾病や傷害の状態から予後など今後の問題を予測しておくことが必要で
ある。退院後、社会復帰後に伴って予測される事態、在宅生活で起こりう
る問題点などがある。予測することによって先を見通した援助が可能になり、
患者家族のニーズに添った援助が展開される。患者・家族の抱える困難に
は個別性があるが普遍的な問題も多く、早い時期から問題を予測し対処す
ることが重要である。問題を深刻化せず予防的な援助のために求められる。

---

(7) 記録の作成等
① 問題点を明確にし、専門的援助を行うために患者ごとに記録を作成すること。
② 記録をもとに医師等への報告、連絡を行うとともに、必要に応じ、在宅ケア、社会復
　帰の支援等のため、地域の関係機関、関係職種等への情報提供を行うこと。その場合、
　（3）で述べたとおり、プライバシーの保護に十分留意する必要がある。
③ 記録をもとに、業務分析、業務評価を行うこと。

　相談記録を作成することは専門的援助には必須である。記録はどの医療
専門職も行っており、専門職として患者・家族に責任を持つ立場からも必
要である。他の職員への情報提供を行う為には正確さが要求されるため、
日時、内容を正確に記録しておくことが重要である。また、記録をもとに
業務分析、評価を行うことが可能であり、自己評価のためだけでなくスー

パービジョンを受ける資料としても活用できる。そして、病院管理部へ提出することによって、MSWの業務評価の根拠として、時には人員不足の際の増員要求の資料にもなる。

　なお、カルテ同様に相談記録は自己の所有物でなく、記録は患者のものであること社会的責任の伴うという認識が重要である。多忙な日常にあって、記録は業務終了後に行うことが多いが、個人情報保護の観点から自宅へ持ち帰ってはならない。パソコンに入力している場合は相談室のパソコンのみに入力しメモリーを持ち出さないことが重要である。

その他

(1) 組織上の位置付け

　保健医療機関の規模等にもよるが、できれば組織内に医療ソーシャルワークの部門を設けることが望ましい。医療ソーシャルワークの部門を設けられない場合には、診療部、地域医療部、保険指導部等他の保健医療スタッフと連携をとりやすい部門に位置付けることが望ましい。事務部門に位置付ける場合にも、診療部門等の諸会議のメンバーにする等日常的に他の保健医療スタッフと連携をとれるような位置付けを行うこと。

(2) 患者、家族等からの理解

　病院案内パンフレット、院内掲示等により医療ソーシャルワーカーの存在、業務、利用のしかた等について患者、家族等からの理解を得るように努め、患者、家族が必要に応じ安心して適切にサービスを利用できるようにすること。また、地域社会からも、医療ソーシャルワーカーの存在、業務内容について理解を得るよう努力すること。医療ソーシャルワーカーが十分に活用されるためには、相談することのできる時間帯や場所等について患者の利便性を考慮する、関連機関との密接な連絡体制を整備する等の対応が必要である。

(3) 研修等

　医療・保健・福祉をめぐる諸制度の変化、諸科学の進歩に対応した業務の適正な遂行、多様化する患者のニーズに的確に対応する観点から、社会福祉等に関する専門的知識及び技術の向上を図ること等を目的とする研修及び調査、研究を行うこと。なお、3(3) プライバシーの保護に係る留意事項や一定の医学的知識の習得についても配慮する必要があること。

　また、経験年数や職責に応じた体系的な研修を行うことにより、効率的に資質の向上を図るよう努めることが必要である。

① 組織上の位置づけ

　MSWが医療機関においてどの部署の管理下にあるのか、組織上の位置づけはMSWの存在意義とも関わって重要である。MSWの所属部署が医療福祉部門として独立しているのか、事務部門の配属か、医師や看護師の医療部門、リハビリテーションなどの技術部門かによって、その位置づけが変わってくる。専門職としての取り扱いは資格制度と関わってくるが、残念なことにMSW独自の国家資格がないために、現状の位置づけはさまざまである。MSWは医師や看護師など職員との媒介的機能を併せ持って働くことが求められるが、所属部署の違いはあっても、その専門的業務は組織の指示命令系統に縛られないことが重要で、患者・家族の立場に立つことやその代弁的機能を果たすことが求められる。

② 患者、家族からの理解

　院内掲示、相談室ニュース、地域機関誌などの発行によって、MSWの存在を患者・家族、院内職員、地域住民へ知らせることが必要である。地域の民生委員、ボランティア、病院の巡回バスの運転手、病室の清掃担当者など、直接患者・家族と接触する職種からMSWへ患者・家族が紹介されることもある。また病院職員だけでなく地域関係者、住民がMSWを理解できるような広報が必要である。

③研修

　MSWは専門職ゆえ自己研鑽に励むことが求められる職種である。また、昨今の制度サービスのめまぐるしい変化に対応するためには、研修会への参加により新しい制度サービスを理解すること、その問題点を把握し患者や家族の困難の打開にMSW集団としての対策を検討する必要がある。またストレスに晒される職業であるがゆえ、MSW自身が燃え尽きないための研修を受けることが必要である。日常生活の中で余暇を見つけてリフレッシュすることが必要であり、知識や技術習得だけの研修だけでなく自己をケアする研修も必要である。研修については第8章で取り上げる。

[注]
1 杉本照子他（2001）：医療におけるソーシャルワークの展開, pp36-47, 相川書房.
2 木原和美（2007）：医療ソーシャルワーカーのための社会保障論, pp204-218, 勁草書房.
3 村上須賀子（2005）：新時代の医療ソーシャルワークの理論と実践, pp17-20, 大学教育出版.
4 和田由起子・佐々木祐子「病院に勤務する看護職への暴力被害の実態とその心理的影響」
新潟青陵学会誌第4巻第1号2011年9月, 朝日新聞（2008.4.22）：患者家族の暴力・暴言.
5 アルコール依存症の呼称変更：日本精神神経学会の新指針（2014年5月）
6 牧洋子・黒岩晴子（2002）：事例から学ぶ医療福祉相談, p19, せせらぎ出版.

3 当事者・保健医療サービス関係者との連携と実際

　近年保健・医療・福祉の領域では、連携や協働、チームワークといった言葉に高い関心が寄せられてきた。その背景には、これらの領域の職種が専門分化し、国家資格を得てその地位を確立していったことや、保健・医療・福祉サービスの利用者のニーズが複合的なものとなり、それに対応するために、一人の利用者に多くの職種が関わるようになったことで、職種間の連携が必要とされてきたこと等がある。

　MSWが連携を進めているのが、近年存在感を増してきた、当事者による自助グループ（セルフ・ヘルプ・グループ）の活動である。利用者自身の力を生かして問題解決をはかってゆくその活動には、専門職も積極的に関わっていくことが求められている。

1 保健・医療サービス関係者との連携

(1) 保健・医療の専門職

　保健・医療サービスを提供する病院の組織は、かつて医師と看護師がそのほとんどを占めていた。しかし現在では、そこに理学療法士、作業療法士、言語聴覚士といったリハビリテーションを担当する専門職や、薬剤師、

放射線技師、臨床検査技師等、数多くの有資格者が働いている。これらの職種のほとんどは、国家資格を有しその役割も明確である。

　これらに加えて近年は、MSWをはじめ、栄養士や、診療情報管理士、臨床心理士等、さらに異なる領域の専門職が配置されるようになり、多様な職種の働く場所となっている。そこでまず必要となるのは、職場内でそれぞれの職種の役割と専門性について、お互いが十分な理解をもつことである。

　特にMSWは、保健・医療の領域での実践に長い歴史を有するものの、その配置が広がったのは近年になってのことで、医療チームの一員として認知され、必要性が認識されるようになって新しい。そのため、その役割や専門性が周囲に理解されているとは限らないことをよく承知しておく必要がある。

　また在宅の患者を支援する場合には、これらの専門職に加えて、ケアマネジャー（介護支援専門員）やホームヘルパー等、さらに多くの職種や機関と共に仕事を進めていかなければならない。フォーマルな組織だけでなく、ボランティア団体やセルフ・ヘルプ・グループ等のインフォーマルな組織も含めると、MSWの連携の範囲はますます広がっており、多くの職種や団体と協働する態勢を整えることが求められている。

(2) 病院組織の特性

　保健・医療の組織、中でも病院の組織は、社会福祉のそれとは異なる特性を持ち、MSWの位置づけも一律ではない。病院の組織は、一般にライン型で形成されることが多い。これは、院長や理事長、事務部長等の病院管理者を頂点とするピラミッド構造で、院内の各部門への指揮命令系統が縦に一元化されている点に特徴がある。

　病院は、職員のほとんどが専門職で占められることもあり、もともと縦割りの構造になりやすい性質をもっている。医師はその中にあって、病院長や各診療部門を統括する診療部長、各診療科の科長といった管理職と

しての役割を持つことが多い。加えて医療専門職のほとんどは、医師の指示がなければ医療行為を行うことができない仕組みであるため、医師を頂点としたピラミッド構造が生まれやすい。

　各職種は、それぞれの指揮命令系統の中で仕事をしており、患者に対しても、自身の担当する領域からはたらきかけることに専心することになる。そのため治療や社会復帰をどのように進めてゆくかについて、患者に関わる多数の職種が一同に会して、情報を共有し、方針を検討する機会が必要となる。

(3) 連携の方法

　そこで多くの病院では、ケースカンファレンスという会議を定期的に開いている。医療チームに属する職種が現在の状況を報告し合い、情報を共有して、患者の病状や生活上のニーズを確認したうえで、今後の対応を検討する機会である。ここで医師からは、患者の疾病についての所見や治療内容等が、看護師からはADLレベルや病棟での日常の様子等が報告され、さらに理学療法士や作業療法士、栄養士等、その患者に関わる職種により、それぞれの行う支援についての報告が行われる。MSWは、主に家族の状況や社会的な関係、経済状況などを報告し、また患者・家族の希望を代弁することもある。

　ケースカンファレンスに参加することで、各職種は患者の現在の状況を総合的に把握することが可能となる。そのうえで、各々の専門性に基づいて意見を出し合い、治療や社会復帰に向けての支援方針を検討し、決定してゆくのである。またケースカンファレンスには、その過程でスタッフ間のコミュニケーションが促進され、協働のための関係が築かれる効果もある。困難な事例に対するストレスは、カンファレンスの場で吐露することで緩和され、またよい結果を得た場合には、その喜びを共有することで、チームの力も高められてゆく。

　最近では、このケースカンファレンスに、患者本人や家族が同席するこ

とも多くなっている。患者、家族が専門職と対等な立場で直接話し合い、自分自身の今後の生活について自ら選択、決定することが尊重されるようになっている。MSWは、患者、家族がその意思をしっかりと表明できるよう配慮しなければならない。

　また連携の方法として、もう一つ重要なのは、専門職間の記録の共有である。MSWやリハビリスタッフ等、病院内の専門職はそれぞれの実践を部署ごと記録し、管理しているが、それとは別に患者ごとに診療録（カルテ）が作成される。以前は診療科ごと、外来・入院ごとに作られ、書式にもばらつきが目立ったが、最近では多くの病院で1患者1カルテ方式が採用されるようになっている。

　医師や看護師だけでなく、患者に関わる全ての専門職が、それぞれの実践記録とは別に、この診療録（カルテ）にも患者への対応などを記すことにより、情報の集約が可能になる。これにより、複数の診療科にまたがる治療や各職種の対応が一覧でき、お互いの動きが把握できれば、医療チームとしての連携がとりやすくなる。この記録を十分に活用できるよう、MSWにも保健・医療に関する専門用語の理解はもちろん、POS※など記録の方法についても熟知していることが求められる。

※ POS：Problem Oriented System（問題志向型システム）「患者の視点に立って、その問題を　　解決すること」

2　当事者団体とその活動の意義

　当事者による自助グループ（セルフ・ヘルプ・グループ）は、何らかの共通する問題や困難を抱えている本人や家族が、自発的に集まって活動しているグループで、アルコール依存症の人たちの会や障害児の親の会、難病患者の会等の活動がよく知られている。その問題や困難の範囲は疾病や障害ばかりでなく、結婚や出産、家族との死別等の人生の途上で起こる変

化に関連するもの等、非常に幅広い。仲間同士で支え合うことでその問題に対応していこうとする考えがグループの基底にはある。

　セルフ・ヘルプ・グループの主な特徴は、以下の6つの点である。①メンバーが共通の問題をもつ「当事者」であること、同じ疾病や障害を抱え、その苦しみを体験した者同士であるということである。②メンバー同士は対等な立場に立ち、協力し合う関係にあること、つまり医者と患者、専門家と非専門家、援助者と被援助者という縦の関係ではなく、横の関係＝仲間であるということである。③グループに共通の目標があること、例えばお酒を飲まない、励まし合う、社会の理解を深めるといったことである。④専門家との関係はまちまちだが、概してその関与は少ないこと。しかし多くの場合、協力関係は重視されている。⑤メンバーの参加は、自発的なものであること。⑥メンバーには、対面的な関係があること等である。

　活動の内容は様々であるが、メンバーが直接対面するグループ・ミーティングの場がもたれることは共通している。このミーティングで、同じ体験に基づくメンバー同士の交流の他、情報交換や自身の体験の振り返りが行われ、その過程でメンバーはお互いにエンパワーされることになる。こうした活動には、専門家による支援では得られない効果があることから、その活用は問題解決にたいへん有効である。

　そのため近年では既存のグループの活動を、それを必要とする人に紹介するばかりでなく、グループの立ち上げや活動継続のための支援をすることも、MSWにとっての重要役割となっている。ことに保健医療の領域では、従来から患者会活動が盛んに行われてきたことから、グループの支援に対してはMSWの業務として期待も大きい。

3　当事者団体、保健医療サービス関係者との連携の実際

　ここでは患者会の立ち上げから、その活動が軌道に乗るまでの過程と、そこで行われたMSWや医師、看護師、地域の保健師などの支援や連携の

実際の様子を、事例を通して紹介する。

（1）耳鼻科長からの相談

　A病院は、県庁所在地B市から200ｋｍ程の距離にあるC市中心部の500床の総合病院である。近隣の市町村からも多くの患者が集まる、地域の中核病院と言ってよい。この病院の医療相談室に、耳鼻科長松川医師（仮名）から相談があった。

　A病院には、長く耳鼻科の常勤医がおらず、県庁所在地B市にある大学病院から医師の派遣を受けていたが、松川医師が着任したことで、診療の体制が整えられたところだった。これまでは大学病院に紹介していた喉頭がんの手術も、この後はA病院で行う態勢が整っている。喉頭摘出後は発声ができなくなるので、手術を受けた人には、同病の人たちが主催する患者会による発声教室を紹介し、食道発声という代替の発声法を身につけることが勧められる。しかしこの教室は、大学病院のあるB市にあり、C市から通うには負担が大きい。発声できるようになるまでには早くても数ヶ月を要するので、C市在住の患者は、いずれも挫折してしまったり、はじめから訓練をあきらめてしまっているという。

　声を失う手術をする以上は、その後の生活に出来るだけ支障がないよう、病院としてできるだけのことをする必要がある。このA病院にも患者会をつくり、発声訓練が受けられるようにできないだろうか、というのが松川医師の話であった。耳鼻科には、以前にA病院からの紹介により、大学病院で喉頭摘出手術を受けた患者20人程が外来受診しているが、食道発声ができる人は2人だけである。その内の1人である竹村さん（仮名）が、地元に発声教室ができるなら指導者として協力したいと言っている。患者は皆不自由していると思うので、MSWに患者会立ち上げのための力を貸してほしいと、松川医師は依頼してきたのである。

（2）患者会立ち上げの準備

　MSWは、声を失う手術を行う以上、病院はその後の生活にできるだけ不自由がないよう手立てを講じなければならない、という松川医師の話に共感し、これからも喉頭摘出手術によって障害を負う人が生まれるなら、ぜひＡ病院にもその会をつくりたいと考えた。「やってみます」と返答し、早速準備にあたることにした。

　耳鼻科外来を訪ねて、梅田看護師（仮名）に事情を伝えたところ、すでに松川医師から話を聞いており、「会ができれば、参加したいという患者さんは多いと思う」と言う。患者の中には、病院の受診以外にはほとんど外出の機会がない人も多く、発声以外のニーズもあることがわかった。梅田看護師が「外来も、お手伝いします」と言ってくれたので、MSWは協力を依頼した。喉頭摘出手術とその後の障害について勉強を始め、文献でわからない部分は、耳鼻科外来で尋ねる等して、原因となる疾患や手術の方法、術後の障害、利用できる福祉制度、各地の患者会活動等について確認していった。

　そして、協力を申し出ている竹村さんの外来受診日に、医療相談室で話をする時間をもらった。竹村さんは50代の男性で、管理職として忙しく働いている人物だった。自分自身が手術後は話ができずに苦労した経験から、同じ手術を受けた人のためにできるだけのことをしたいと話した。食道発声の指導だけでなく、会の活動が軌道に乗るまで、必要なら自分がリーダーとして積極的に関わるつもりもあると言われた。松川医師とは、以前からＣ市にも発声教室をつくりたいという話をしており、Ｂ市に本部のある喉頭摘出者の会にも熱心に参加してきたことで、セルフ・ヘルプ・グループの活動の意義についてもよく理解されていた。会話は全て食道発声を用いたものであったが、滑らかで聞き取りやすいものだった。

　MSWは、竹村さんのしっかりとした考えと協力の意思を確認したことで、次の作業に入った。耳鼻科外来の協力で、受診している喉頭摘出患者のリストをつくり、その人たちが受診する際、一人ひとりに患者会を立ち上げ

ようとしていることを伝えて、参加する気持ちがあるかどうか、また現在の生活で不自由に感じていることはないかを尋ねた。その結果、18人がぜひ参加したいと回答し、同じ障害のある人と交流する場がほしいという気持ちは全員が強くもっていることがわかった。困難に感じていることは様々であったが、会話が不自由であること以外には、風邪をひきやすいなどの健康管理の難しさや外出時などに発声ができないことをどう伝えたらよいのか困る等があげられた。

　食道発声については、すでに仕事を引退し年金生活を送っている人が大半であるためか、ぜひとも話せるようになりたいという強い希望をもつ人は少数であった。女性は1人だけで、50代以上の男性ばかりと共通する部分が多いことから、会は交流の場としてなじみやすいものと思われた。

　MSWは、松川医師や梅田看護師と相談して、喉頭摘出者に対し発声訓練の場を提供すること及び患者同士が交流する場の必要性をまとめ、A病院に新たな患者会を立ち上げることについて稟議書を作成し、事務部長に提案した。院内の了解が得られると、当面月1回の例会をもつこと、日程や時間、院内の会議室の提供等の具体的な準備を行って、参加希望者に葉書で通知した。返信葉書により、18人が参加の意思を伝えてきた。

(3) 初めての例会から軌道に乗るまで

　初めての例会には、竹村さんはじめ参加予定者全員がそろった。参加者の中で食道発声ができるのは竹村さんのみで、発声器具を使用して会話する人が2人、他の人たちはいずれも筆談か身振り手振りで意思表示していた。ただ一人の女性は、食道発声を体得しており、商売のため平日は出られないが、会ができるならぜひ入会したいと希望してきた。

　当日は、院内にポスターをはり、病院玄関前の受付カウンターにも案内を依頼した。初めにMSWから、A病院では耳鼻科で喉頭摘出手術を受けた患者の会をつくり、これまでB市にしかなかった発声教室を始めて、皆さんが声を取り戻す助けにしたいと考えていること、それと共に同じ障害

をもつ人たちが集まり、交流する場として活用してほしいという病院の意図を伝えると、拍手が起こった。外来の診療のため参加できない松川医師と梅田看護師からのメッセージも、同様に拍手を受けた。その後竹村さんが司会を担当して、今後の会の活動についての話し合いが行われた。発声できない人は意見を紙に書き、MSWがそれを読み上げる方法をとった。

　月に1度例会をもち、場所はC病院会議室を借用する、会費は年3000円、毎月簡単な会報を発行しそれに同封の葉書で次の月の出欠を知らせる、事務局は当分の間はMSWのいる医療相談室とする等の事柄が決められて、その後1時間程は和やかな交流の時間となった。会計など役割の分担も行われ、皆に推されて竹村さんが会長となった。集まった人たちからは、同じ障害をもつ人たち同士気兼ねなく話ができる、このような場が欲しかったのだという声が次々に上がった。付き添ってきた妻の1人は、夫は話せなくなってから1人で外出しようとせず、初対面の人と楽しげに話をする姿など想像しなかったと、驚いた様子だった。

　その後、毎月の会報発行等、事務的な仕事はMSWが引き受けて、月1度の例会が続けられた。会のメンバーは、出欠を知らせる葉書に近況その他を自由に書き、それが会報としてまとめられ、翌月送られた。皆互いの書いたものを読むことを、とても楽しみに思っている様子であった。

　半年程経つと、発声訓練に努める人と、交流目的で参加する人がはっきりと分かれるようになった。予定の2時間の内、1時間を発声の練習に充て、残りの時間を会員同士の交流の時間としたが、発声の練習に参加せず話をしていたいという人たちには自由にしてもらった。電車を乗り継ぎ、遠方から参加する人もいたが、毎回ほとんど全員が顔をそろえた。

　またメンバー同士の情報交換も盛んに行われ、気管孔（喉頭摘出後は、鼻・口を通さず喉にあけた穴から、直接気管に空気を取り入れて呼吸する）にほこりや異物を入れないためにガーゼを重ねて縫い合わせたエプロン型の布の工夫が話された。単身で、これを自分で作ることのできないメンバー

に対しては、別のメンバーの家族が手作りしたものが贈られた。風邪予防のための話を聞きたいという要望には、梅田看護師が外来の業務をやりくりして話をした。

　ここでは、声が出ないことを気にせず楽しく過ごせるというメンバーの言葉から、日常周囲に気を遣いながら過ごしている様子が感じられ、MSWは胸を痛めた。

（4）ビデオ作成

　活動が始まってから、1年余りが過ぎた。メンバーは互いに親しい間柄となり、忘年会や花見等、病院の外での行事も行うようになっていた。忘年会の幹事が、案内の作成や出欠の葉書をとりまとめたのをきっかけに、毎月の会報作りもメンバーの手で行われるようになり、MSWは原稿の印刷と発送だけを手伝っていた。趣味の俳句を寄せる人や、毎月の釣果を報告する人等もあり、会報はページ数が増え内容も濃いものになっていった。

　またこの間に、A病院で喉頭摘出手術を受ける患者が2人出たが、その手術の前に松川医師からの依頼で、竹村さんと発声器具による会話が可能なメンバーが病室を訪問した。手術で声を失うことに不安を抱く患者に対して、別の方法で発声が可能だから安心して手術を受けてほしいと話をしたのである。病院には、同じ障害をもつ仲間の会もあり、みんなで楽しく集まっていますよという話は、患者と家族に大きな安心をもたらすものだった。これはB市の大学病院で手術を受ける際には、必ず行われていることで、竹村さんたちも当地の患者会のメンバーがベッドサイドを訪ねてくれたことが、とてもありがたかったという。そうした思いがあるので、自然に患者会の活動に力が入るのだと言われていた。

　その後も新たに喉頭摘出手術を受ける患者が出る度、竹村さんたちが訪問したが、家族も同席を希望する場合など、日程の調整が難しいことがあった。また病棟師長からも、同席できなかった家族からも、食道発声や器具を用いての発声がどのようなものか知りたいという声があることを伝えられ

た。

　こうした要望にそうために、師長から実際の発声をビデオにとってはどうかという提案があり、MSWは次の例会でメンバーに相談した。メンバーからは、そういうものがあると確かに便利だという声があがった。病院で内容を考えてくれたら、自分たちも協力をしたいという意向を示された。そこでMSWが台本を作成し、病院のカメラマンが撮影してビデオを作ることになった。できあがったものは、病院内のケーブルテレビの番組とすることで、病室内のテレビで、患者や家族が視聴できるようにした。内容は、声を出すための仕組みや、術後の発声法、患者会活動の紹介等である。竹村さんの他に、2名のメンバーが出演し、食道発声と発声器具を用いての発声の実際の様子を紹介した。

　このビデオの編集作業中に、会長の竹村さんが、がんの再発により入院した。メンバーは非常に心配したが、竹村さんの病状は重く、その後会に参加することなく亡くなった。出来上がったビデオを病室に届けたが、それも見ることはできなかった。家族からは、形見として大切にしたいという言葉があった。MSWは、メンバーからの尊敬を集めていた竹村さんが逝去したことで、会に大きな影響があるものと心配したが、メンバーは心から竹村さんを悼み、新しい会長を決めて、これまでどおりの活動を続けてゆくことを改めて確認した。

(5) 竹村さんを見送ってから

　その後は、A病院で新たに手術を受ける患者には、ビデオの視聴の他に例会の見学も勧め、活動を紹介する簡単なパンフレットも作成して、次々に仲間を迎えていった。そして会が発足してから2年が経ち、メンバーはA病院以外の患者にも、会への参加を呼びかけたいと希望した。活動が軌道に乗ってきたので、市内に住む他院の患者も仲間に迎えたいとの意向であった。これまでどおり、会場や事務作業にA病院の協力をお願いしたいとの希望に、MSWは、院内の了解を得て、市内の病院のMSWにこのこ

とを伝え、該当する患者がいたら案内してほしいと依頼した。また会長は、市の障害福祉課に出向き、喉頭摘出により身体障害者手帳の申請をする人がいたら、ぜひ案内してほしいと会のパンフレットを持参した。関心をもった障害福祉課の担当者と市の保健師が例会を見学し、発声ができない人たちが集まって活動している様子に感じるところがあったと感想を述べた。

　他院の患者4名が入会し、会はさらににぎやかになった。また市内で喉頭摘出手術を実施している病院にも、会作成のビデオを送り、術前の患者に見てもらうこととした。設立時のメンバーの内、何人かは再発のため亡くなり、その度例会には沈鬱な空気が流れた。皆、再発は人ごとではなく、自分の身にもいつ起こるかわからないと考えている。だからこそお互いを支える場として、会の活動を大切に続けていきたいというのがメンバーの気持ちである。

4　連携を進めるうえでの課題

　保健・医療領域へのMSWの配置は、近年急速に進んだとはいえ、未だ不十分な状態にある。一般病院ではMSWが置かれていない病院がまだ多数あり、また配置があっても1〜2名という所がほとんどである。

　医療チームの中に、福祉の専門職を十分な数確保できない現状では、保健・医療・福祉の連携を言うことは難しい。また、保健・医療領域の専門職の福祉に対する理解も、深まることはないだろう。MSWの採用が遅れているのは、一つには経済的な補償のないことが原因であり、診療報酬によって人件費を賄える医療の専門職と同等の仕組みを作ることが望まれる。

　また保健・医療の領域で、十分な働きをするためには、当然人体の仕組みや主な疾病の特徴等について熟知している必要があるが、そのための教育が、現在のMSWには十分確保されていないことも大きな課題である。

　社会福祉士養成の新カリキュラムでは、人体の仕組みや疾病について学ぶのは、「人体の構造と機能及び疾病」（従来の『医学一般』にあたる）の2単位のみとなっており、教授されるのはごく基本的な内容に限られている。診療報酬制度や保健・医療の専門職との連携についても、2単位の「保健医療サービス」の中でふれられるのみである。

　もっとも、「医療ソーシャルワーク論」等、MSWにとっての基本となる知識を学ぶ講義科目すら、現在の社会福祉士の指定科目には含まれておらず、その養成のあり方には問題が多い。(8章1節参照)MSWは社会福祉を基盤としているとはいえ、この程度の学習で保健・医療の専門職と同じ土俵で仕事をすることには無理があろう。

　現状では、多くのMSWが、実践の場に出て初めて、疾病の理解など保健・医療の知識の不足に気づき、他の専門職との連携にとまどっている。MSWが、社会福祉の専門性を発揮し、他の多くの職種や当事者団体との連携を進めるためには、必要かつ十分な教育課程を確保することが喫緊の課題である。

［参考文献］
1)「医療福祉論」、西谷裕監修、嵯峨野書院、1997年
2)「医療福祉学概論」、佐藤俊一・武内一夫編著、川島書店、1999年
3)「チーム医療論」、鷹野和美編著、医歯薬出版、2002年
4)「地域医療福祉システムの構築」、鷹野和美、中央法規出版、2005年
5)「保健医療ソーシャルワーク実践2」、(社)日本社会福祉士会・(社)日本医療社会事業協会編、中央法規出版、2004年
6)「セルフ・ヘルプ・グループの理論と展開－わが国の実践をふまえて」、久保紘章・石川到覚編、中央法規出版、1998年

II
医療ソーシャルワークの成り立ちと現在の保健医療制度

第2章　医療ソーシャルワークの歩み

1　医療ソーシャルワークの発生と歴史

　人間の歴史が始まって以来、疾病は常に近くにあって、身体的な苦痛や死をもたらすだけでなく、その生活に大きな困難を与え、人々を苦しめてきた。医療が未発達な時代には、中世ヨーロッパでのペストの大流行などのように、人口の多くが罹患して、社会経済的に大きな影響を与える疾病も珍しくなかった。そうした疾病に打ち克つため、人々は医学や医療技術を発達させてきたが、同時に病に起因する貧困や障害等に対する手当も行ってきた。医療と福祉は、人々の生活を守るために切り離すことのできないものとして、常に密接な関係にあったといえる。

　どの国においても、地縁や血縁による共同体や宗教的動機に基づく慈善などが病人や障害者の救済の中心であったが、キリスト教会の修道院が、病に倒れた旅人や聖地に向う巡礼者などを手厚く世話したことに、今日の病院（Hospital）やホスピス（Hospis）などの言葉の起源があることはよく知られている。やがて近代に入り、資本主義が発達する過程で膨大な貧民が発生すると、それに対応するための慈善事業が活発に行われるようになってゆく。貧民のための救貧院（Almshouse）がつくられ、さらに王立施療病院（Loyal free hospital）のような、治療費を払うことのできない人々が受診できる施設がつくられてきた。

　また医療が発展するにつれ、医師だけでは対応できない仕事も増えてきたことから、19世紀には新たな専門職として、看護婦が誕生した。そこにナイチンゲール（Nightingale,F）が大きく貢献したことはよく知られているが、医療が患部の治療だけでなく、患者という人への対応を本格的に行うようになったと言える。今日の医療ソーシャルワークの萌芽となる活動も、

この時代に見出すことができる。フランスの医師カルメット（Calmette,L. C.A）やグランシェ（Grancherr,J.J.）などが、当時蔓延していた結核の治療に画期的な方法を取り入れて成果を上げた。後にキャボット医師は、リッチモンド（Mary Richmond）に捧げたその著書『医療ソーシャルワーク』（森野郁子訳、岩崎学術出版社、1969年）の中で、彼らの業績を称え、そこにMSWの始原を見出している。

　カルメットは、結核の患者の治療のためには、診療所だけではなく、家族と連絡をとり家庭でも治療を行うことが必要であることに気づき、家庭訪問員（visite domiciliaire）を置く必要を初めて認めた人物である。彼は、自身が受けた細菌学的な教育とそれに基づく結核治療計画により、家庭訪問員の仕事を作り出した。家庭訪問員は、患者の寝具や住居の消毒を行って、公衆衛生に大きく貢献したのである。カルメットはその他にも、予防医学の考え方から無差別な投薬をせず、患者を疾患別のグループで治療するなど、多くの業績を残している。

　グランシェも、カルメット同様に細菌学の基礎の上に立って仕事を進めた人物である。蔓延する結核を予防するために、特に感染しやすい子どもを結核患者である両親や同居者から隔離して、大きな成果を上げた。ここで隔離を可能にするため、感染の疑いのある子どもを診療所に受診させ、経済面などの必要な援助を得られるような措置を講じて、家庭訪問員は重要な役割を果たしたのである。

　また彼は診療所で患者を待ち、受診してくる患者だけを治療する医師のあり方にも変化を与えた。治療を必要とする人を、医師自らが探し出し積極的に対応する方法を導入したのである。このアウトリーチの考え方によって、医師は疾病を最初の段階で治療するか、疾病が起こるのを未然に防ぐことが可能になった。

　こうした先駆的な活動の中で家庭訪問員が果たした役割が、後の医療ソーシャルワーカーの仕事の端緒となっている。しかし、専門職としての医療ソーシャルワーカーの歴史は、世界で最初に産業革命を経験したイギ

リスに始まっている。

1　イギリスでの医療ソーシャルワークの誕生

　イギリスでは、中世封建体制の崩壊により、14世紀頃から大量の貧民が発生するようになった。土地を追われ生きる術を失った貧民は、乞食や浮浪者となり、犯罪を犯す者も現れて、社会不安が増大した。そこで浮浪者に対する厳しい抑圧政策がとられたが、奏功せず、やがて労働能力のない貧民に対しては救貧法が対応するようになった。

　しかし18世紀後半に始まる産業革命が進展し、資本主義が発展すると、貧困問題はさらに深刻化した。中産階級がさらに豊かになる一方、労働者の生活は悲惨を極め、その経済的な格差が拡大していった。都市には巨大な工場が林立し、そこに大量の貧民が流れ込んで、大規模なスラムが形成されていった。人々はその狭く不潔な環境での生活によって、結核をはじめとする多くの伝染病に苦しんだ。労働者は劣悪な条件で雇用されたが、さらに不安定な景気のために困窮した。

　救貧法をはじめとする法律には、改正が重ねられたが、救貧費を抑えるために公的な救済の対象者を厳しく制限した。そのため民間の慈善事業が活発に行われ、この悲惨な状況に対応するようになった。しかし多くの篤志家が、互いに何の連絡もとらず、それぞれの判断で行う無計画な慈善には問題も多く、その規模が大きくなるにつれて、濫救や漏救などの問題は見過ごせないものとなっていった。

　そこでこうした弊害を解決するために、慈善事業の組織化を目指す運動が起こり、1869年「慈善的救済の組織化と乞食抑制のための協会」（Society for Organizing Charitable Relief and Repressing Mendicity）が、慈善団体の連絡機関としてロンドンに組織された。この協会が、翌1870年に慈善組織協会（COS：Charity Organization Society）と改称する。

　COSは、中央本部の下に地区委員会を組織し、貧民を個別に調査して

その結果を記録、登録し、救済が必要と認めた人たちに対しては経済的な援助と合わせて、友愛訪問を行った。これは、貧困は個人の怠惰などに起因するものとして、COSのメンバーが貧民の元を訪れ"友人として"の関係を築き、道徳的な感化により貧困からの救済を行うというものであった。また中央本部には有給の専任書記を置き、その他の地区にも有給のソーシャルワーカーを配置した。

　貧困のとらえ方などには限界もあったが、貧民の状況を個別に調査して、どのような給付が必要かを判断することや、そこに人間関係を結ぶことが必要であることに気づくなど、COSの活動には後のソーシャル・ケースワーク発展の契機が含まれていた。またCOSが、貧民救済にあたる従事者（ソーシャルワーカー）に対して、養成と訓練を行ったことも、社会事業の成立に対する大きな貢献であったといえる。

　このCOSの貧民救済において、病気の人たちの保護は、協会設立時から重要な仕事であった。当時の病院は、救貧施設でもあり、多くが無料で医療サービスを提供していたため、大勢の貧民が外来に押し寄せるようになっていた。それは病院の対応能力を超えていたので、入院できる患者は病院により選定されたが、必ずしも治療の必要性の高い人が優先されるものではなかった。また患者の側にも問題があり、ほんとうに治療が必要な状態の人ばかりでなく、非常に貧しくて薬よりも食物の必要な人や無知のために医師の指示が理解できない人、少し気分がすぐれないといった程度で訪れる人も多く、効果的な治療は困難な状況にあった。

　そこで、COSの総幹事となったチャールズ・ロック（Charles Loch）は、この無秩序な状況の改善の必要を強く訴え、病院を訪れる患者を正しく査定し、ほんとうに治療を受ける必要のある人を選定する専門家を置かなければならないとした。彼はその実現のために非常な努力をし、1869年にこの問題の解決の必要を呼びかけて以来、長い年月に渡って病院の外来診療部の改善を訴え続けた。病院を訪れる多くの患者をどう査定するか、施療を受ける人の判定は難しい仕事である。25年の後に、ようやく訓練され

たソーシャルワーカーがその任に充てられることとなり、1895年ロンドン
の王室施療病院に、COSの書記として働いていたメアリー・スチュアート
（Mary Stewart）が採用されたのである。

　新しい仕事を担当することになったスチュアートは、病院ではレディ・
アルマナーと呼ばれた。アルマナーとは、「14世紀の初め頃宗教上からは修
道院の門で、王室関係では城内において、貧しい人たちに施しを与えた役
人のことを称し、後にはセントスパナウやセントトーマスなどの古い病院
の院長に与えられた称号で、彼らは入院希望者を許可したり、断ったりす
る役目をもっていた」ので、病院でのこの新しい仕事を担う専門家の呼称
となった。イギリスではこの後も長く、病院のソーシャルワーカーの呼称と
して用いられ、1965年に医療ソーシャルワーカーと改められるまで続いた。

　ロックはアルマナーの業務を「①治療費を支払うべき状況にある患者や、
救貧法に基づかない治療や援助ではどうしようもない極貧の患者が外来部
門を乱用していなかったかチェックすること、②治療が施されているすべ
ての患者にとって、その治療が十分に役立っているかどうかを可能な限り
確かめること」と考えていた。それは病院の理事会の考えとは異なるもので
あったが、スチュアートは両者の間を調整しながら、実績を積んでいった。

　彼女は病院の医師やその他の職員から、好意的に迎えられたわけでは
なかった。その仕事の始まりは、外来待合室の一角に光もささない小さな
部屋を与えられてのものだったが、最初の1ヶ月間医師からの患者の紹介
はなかった。医師たちは、外来に溢れる患者の社会的な状況を調査して、
整理する仕事が自分たちの手には負えないことを承知していながら、彼ら
の管理下にない女性が現れて、新しい仕事を進めてゆくことが気に入らな
かった。彼女は医師ばかりか、他の職員からも敵意を向けられる中で、仕
事を開始したのであった。このような状況での出発は、その後もアルマナー
が採用される病院で繰り返されることになる。

　しかしスチュアートは、ソーシャルワーカーとしての訓練を受け、COS
の書記として数年間働いていた経験から、すでに貧困についてのしっかり

とした見識を備えていた。医療費の払える人の無料診療をおさえ、必要な人には救貧法の適用を行って手際よく問題を処理し、徐々に職員からその仕事に対する理解と信頼を得ていった。そして、多くの患者の経済を含めた社会状況を調査して、実際には無料診療を受けている患者の中に、その権利を乱用している人はごくわずかしかいないことを明らかにし、病院に報告した。当時は、無料診療を受けている患者の中に、費用を払うことができる者が多数含まれているのではないかと考える人が多かった中で、真実が確認されたのである。

　こうした仕事ぶりが病院内で少しずつ評価されるようになり、アルマナーの仕事は外来診療部から病棟にも広がって、1897年にはさらに2人の女性が採用される。さらに王立施療病院でのアルマナーの実績が評価され、ロンドン市内の他の病院にも、次々とアルマナーが採用されるようになっていった。王立施療病院は、そうした人たちの実習の場となり、また定期的な話し合いの場ともなった。アルマナーの配置はその後も進み、やがて1903年に、病院アルマナー協会を組織するに至る。COSの活動から始まったアルマナーの役割は、やがて貧民だけでなくすべての患者に対応する医療ソーシャルワークへと変化し、さらに発展を遂げてゆく。

2　アメリカでの医療ソーシャルワークの発展

　イギリスに始まったCOSの活動は、当時深刻な貧困問題を抱え、同様に民間の無秩序な慈善事業の弊害が生じていたアメリカにも、間もなく導入された。ロンドンにCOSが設立されてから8年後の1877年に、アメリカ慈善組織協会がバッファローに組織され、イギリスと同様の活動を開始した。アメリカ国内の貧困の拡大を背景に、その活動は瞬く間に各地に広がり、1892年までに92のCOSがアメリカ国内に設立されている。

　この新天地でも、さかんに行われた友愛訪問は、当初は貧困が道徳的な退廃によるものとして、友情を通じてその矯正をはかることで貧困の解決

を目指していた。しかし実際には、貧困の原因は失業や低賃金、疾病や多子といった問題によるものであることが次第に明らかになり、道徳的助言は解決に寄与しないことが理解されていった。

「ケースワークの母」と呼ばれるメアリー・リッチモンド（Mary Richmond）も、COSの書記として手腕を発揮し、その経験に基づいて、1917年の『社会的診断』、1922年の『ソーシャル・ケースワークとは何か』を著した。これらの著作は、医学、法学、心理学などの知見をも取り入れて、ケースワークを理論化、体系化したもので、これによってソーシャルワーカーは、経験と勘に頼るのではなく、伝達可能な共有の知識をもつ専門職として認められるようになってゆく。

こうした背景のもとで、医療ソーシャルワークは独自の発展を遂げることになる。1905年に、マサチューセッツ総合病院のリチャード・キャボット医師（Richard Cabot）が、医療の場にソーシャルワーカーを採用したのが、その始まりであった。マサチューセッツ総合病院は、困窮した移民のための慈善による病院であった。当時は貧しい人たちのための救貧院が各地に設けられており、それらがやがて病院へと移行していった時代である。

キャボット医師は、ハーバード大学の医学部を卒業して、この病院の外来診療部に勤務した。彼はそこで診療にあたる内に、大きな矛盾にぶつかることになった。治療を行ってよくなったかと思うと、しばらくしてまた再び同じ症状で外来にもどってくる患者が非常に多かったのである。医師の指示が守られ、その治療が効果を上げるためには、それができる条件が患者になければならない。しかし当時の社会では、失業や貧困、非行、犯罪などの問題が人々の生活に大きな影響を与えていた。

当時外来で診療を受けていた患者の多くは病気そのものについての情報だけでなく、その経済的な状態や家族関係、病気について理解する知的能力、職業など、多くの情報を必要とする状況であった。しかしそうした情報の入手は不可能であり、患者にとって真に必要な措置を講ずることはできなかった。キャボット医師は、当時の状況について、その著書（前掲書）

の中で、以下のように書いている。

「私が処方した治療の多くは、明らかに患者の手の届かないものだった。私がある男に休暇が必要だと言ったり、婦人に赤ちゃんを田舎に預けるべきだと言ったとしても、彼らがこの処方を実行に移すことができないことは明らかだった。だがそれ以外に患者のニードを満たすことはできなかった。医療を与えることは、しばしば、重すぎる荷物を引いて疲れた馬に薬を与えると同じように不合理なことだった。

必要なことは、荷車の荷を軽くするか、馬を休ませることであった。または人間にあてはめれば、彼らが重荷を軽くすることができない時には、重荷に耐えられるように個人を助ける方法を工夫してつくることであった。」[3]

キャボット医師には、マサチューセッツ総合病院に勤務する以前に、ボストンの児童援護協会の理事を務めていた経験があり、社会事業との接点をもっていた。そこで職員が、子どもの生活歴などを詳細に聴き取り、その情報を基に適切な判断をして問題解決を図っていく仕事の進め方や、子どもへの対応の仕方などにふれて感銘を受けると共に、こうした社会的な環境条件が医療に与える影響について深く知ることになった。この経験によって、ソーシャルワーカーの働きについて理解を深めていたのである。

そこでキャボット医師は、病院に有給で専任のソーシャルワーカーを採用することを求めたのであった。最初に採用されたのは、ガーネット・ペルトン(Garnet Isabel Pelton)であった。彼女は、ウエルスレー大学を卒業後、ジョン・ホプキンス大学で医学と看護学を学んだ後、セツルメントの看護師として主にシリア移民のために働いていた。患者を連れて病院の外来を訪れることも多く、キャボット医師ら病院の医師たちとは以前からの知り合いであった。

彼女は期待に応え、パイオニアとして非常に精力的に働いた。特に結核患者に対して、医師の治療方針が理解できなかったり、あるいは療養所に入ることを勧められてもそれができない患者に対して、適切な治療が受けられるよう援助することが主な仕事であった。

　しかし残念なことに、ペルトンは結核を発病し、療養のため8ヶ月で病院を去ることになってしまった。そして彼女が取りかかったこの仕事は、アイダ・キャノン（Ida M. Canon）に引き継がれることになった。

　キャノンもまた、裕福な家庭に育ち当時の女性としては高い教育を受けた女性であった。彼女は、訪問看護婦としてスラムに暮らす人たちの世話をした経験があったが、そこで貧困な人々の問題を解決するために学ぶ必要を感じて、ボストンの社会事業学校の学生となった。そのときにキャボット医師と知り合い、学校が休みの日などにマサチューセッツ総合病院を手伝い、卒業後に職員として就職した。

　当時、医師をはじめ、マサチューセッツ総合病院の職員たちは、病院にソーシャルワークが導入されることに、けっして好意的ではなかった。イギリスでのアルマナー導入と同様の状況である。アメリカにおいても、医師と看護婦が中心的な役割を果たしている病院という組織の中に、新たな専門職が入り、その立場を確立することには非常な困難があったと思われる。今日でも、多くのMSWが直面するこの問題は、キャボット医師とキャノンにとっても、苦労を伴うものであったことが想像されるが、彼らはそれに怯まず積極的に仕事を進めていった。

　キャボット医師は、多忙な中でも医療ソーシャルワーカーのために時間を割いて、様々な患者について相談にのり、医師としての助言を与えて、病院にソーシャルワークが根付くための努力を惜しまなかった。そして彼らは、患者の社会的な状況の問題を改善することが、治療の上でも非常に有効であることを多くの事例で確認していった。キャノンは着実に実績をあげ、そしてその効果をキャボット医師が講演やレポートなどで積極的に発表したことで、他の病院からもMSWのはたらきに関心が寄せられるようになっていった。マサチューセッツ総合病院に続けて、ニューヨーク市のベルビュー病院、ボルティモア市のジョン・ホプキンス大学附属病院に医療社会事業部が設けられ、その後もMSWの配置は全米に広がっていく。

　当初は貧困な患者を主な対象とする病院を中心に採用が進んだが、やが

て一般の総合病院でもMSWを雇い始め、また精神科の病院でも患者のアフターケアなどの面で役立つことが認識されたことで、配置されるようになった。その後もMSWは増え続け、1919年に総合病院と精神病院で働く医療ソーシャルワーカーによって、アメリカ病院ソーシャルワーカー協会が結成された。1925年には、情緒障害児の治療機関がソーシャルワーカーを採用するようになり、その人たちが協会を作っている。その後1926年に、精神科のソーシャルワーカーが別の団体をつくったが、1955年に全米ソーシャルワーカー協会が結成されたことで、すべての団体が統合されることになった。こうした歴史を経て、アメリカのMSWは医療チームの一員としての地位と役割を確立し、今日に至っている。

　イギリス、アメリカの両国では、医療ソーシャルワークは、産業革命を経て資本主義が発展する過程で、多くの貧民が発生し深刻な社会問題となった時代に生まれている。またその時代に、貧民の治療を行う病院が設立されるようになったことで、そこに社会的な問題が集積し、対応する専門職が必要とされたことが共に背景としてある。社会保障制度が未熟な社会にあっては、医療ソーシャルワーカーの働きなくして、十分な治療はできなかった。貧民救済のために、欠くべからざる存在となった医療ソーシャルワーカーは、その後大きく役割を広げ、一般市民を対象とした仕事をする方向に変化していった。こうした発展の過程は、次の章でみる日本の医療ソーシャルワークにも共通するものである。

［注］
1 『医療ソーシャルワーク』p 29、中島さつき、誠心書房、1975年
2 『医療ソーシャルワークの実践』p 2、ミーケ・バドウィ、ブレンダ・ビアモンティ編著、児島美都子、中村永司訳、中央法規出版、1994年
3 『医療ソーシャルワーク』、R・C・キャボット著、森野郁子訳、岩崎学術出版社、1969

［参考文献］
1）『医療ソーシャルワーク』p 29、中島さつき、誠心書房、1975年
2）『医療ソーシャルワークの実践』p 2、ミーケ・バドウィ、ブレンダ・ビアモンティ編著、

児島美都子、中村永司訳、中央法規出版、1994年

3）『医療ソーシャルワーク』、杉本俊夫、岡田和俊編著、久美出版、2004

4）『社会福祉のあゆみ－欧米編―』一番賀瀬康子監修、山田美都子著、一ッ橋出版、1999

5）『医療ソーシャルワーク』、R・C・キャボット著、森野郁子訳、岩崎学術出版社、1969

6）『病気の社会史』、立川昭二、日本放送出版協会、1971

2　日本における医療ソーシャルワークの歴史

　我が国では古代から、病気や障害を抱えた人たちに対しては、欧米と同様に宗教的な動機、仏教の慈悲の心による救済が行われており、それは皇室や幕府、藩主などにより施される憐みという形式をとってきた。キリスト教の伝来後は、慈善のあり方も影響を受けるが、我が国で医療ソーシャルワークの兆しがみられるのは、明治期以降資本主義が一定の段階に達したことで、貧困が社会問題化した時期である。

1　近代以前の病者救済活動

　生産性が低く、自然条件に大きく影響を受けた古代社会では、頻繁に飢饉が起こり、疫病が流行して人々を苦しめた。山上憶良の貧窮問答歌などにも、当時の農民の苦しい生活状況が描かれている。しかし律令国家が行う救済は、その対象を厳しく限定しており、親族による助け合いが基本であった。

　6世紀に仏教が伝えられると、これを基調とする国家の建設を目指した聖徳太子は、推古天皇元年（593年）に四天王寺を建立する際、貧民や孤児などを収容する悲田院、貧民に薬を与える医療施設である施薬院、病者の救済施設である療病院、仏教の修行道場である敬田院の四箇院をつくったと伝えられている。仏教の慈悲による救済の始まりである。その後、光

明皇后は熱心に仏教を信仰し、皇后職に施薬院を設けたり、夫である聖武天皇に勧めて各地に国分寺、国分尼寺を建立し、そこでも貧民救済が行われた。

さらにこの時代、僧行基は、当時禁じられていた民衆への仏教の布教活動に力を尽くし、諸国を旅して各地に橋や堤防を築いたことで知られているが、合わせて救済活動を行った。中でも特筆に値するのは、旅人のための宿泊施設、布施屋の設置である。当時、年貢の運搬や宮殿の造営などの労働のために都と往復する人々の中には、病や飢えなどのために行き倒れが多く、布施屋はこれを救う救護施設の役割を果たした。やがて仏教は民衆の生活から遠ざかり、救済活動も衰退してゆくが、鎌倉時代に僧である叡尊や忍性らが、貧民やハンセン氏病の患者などの救済を行ったこともよく知られている。

戦国時代になると、キリスト教が伝来し、イエズス会により民衆への伝道が始められた。彼らは布教活動と共に、貧民救済や病人の治療、孤児の保護などの慈善事業を積極的に行った。ポルトガルの医療修道士アルメーダ（Luis de Almeida）は、1555年に現在の大分県に育児院を開設して捨て子を養育し、ハンセン氏病を含む患者を収容する病院を設立して、自ら治療を行った。当時は仏教による慈善が衰退していたため、こうしたキリスト教の修道士による活動は人々の心をとらえ、布教にも役立つものとなった。

江戸期に幕藩体制が整ってからは、幕府と諸藩により、飢饉や災害の際の救済が組織的に行われるようになった。また八代将軍徳川吉宗は、1722年に貧民の治療施設として小石川養生所を設立し、その後130年にわたり病人の治療と看護が続けられた。

2　医療ソーシャルワークの成立

幕末の1885年、アメリカ、イギリス等との間に5カ国修好通商条約が結ばれると、多くの宣教師が来日し、横浜や静岡、神戸など各地にキリスト

教の団体による病院設立等の活動が行われた。その後も学校設立などの教育活動や、児童の養護等の事業が活発に行われたが、明治期に帝国主義の時代を迎えると、キリスト教は社会主義と共に徐々に圧迫されるようになっていった。

　その後の明治から大正にかけての時代に、我が国は産業革命の波に洗われ、欧米と同様の社会問題を経験する。資本主義の発展は、都市部のスラム形成や労働者に対する過酷な労働条件等多くの問題を生み出し、人々を苦しめた。政府は明治7年に恤救規則を定め、公的な救済を行っていたが、これはイギリスの救貧法同様に、対象を厳しく制限する不十分な制度であった。そこで民間の慈善事業が盛んに行われるようになるが、急増する貧民に社会不安が増す中で、大正7年には米騒動が全国に広がった。そうした時代背景のもとで、民間の社会事業が活発に行われるようになってゆく。

　そこで、医療ソーシャルワークの先駆となる活動が始められた。明治39年、三井家によって、貧困のため必要な治療が受けられない人たちのために三井慈善病院が創設される。その後泉橋慈善病院と改称された病院に、大正8年病院賛助夫人会が結成され、貧困な患者の相談に対応する「病院相談所」が設置された。そこには、女性の相談員が2名配置され、幅広い相談に対応していたが、趣旨書に認められた主な内容は、退院が許可されても帰るべき家がなくて困る人、眼鏡・杖などの使用を医員から言いつけられて困る人、お産をしても子供に着せるものがないので困る人への対応や、退院患者の職業斡旋など、今日の医療ソーシャルワークと大差ないものとなっている。[1]

　これに少し遅れて、大正14年に東京市療養所内に「社会部」が設けられ、同時に療養所付属の「結核相談所」が開設された。その創設は、「本所社会部ハ欧米ニ於ケルSocial Serviceノ主旨ニヨッテ生レタ[2]」ものであると記されている。背景には、多くの結核患者が貧困のために必要な治療を受けられない状況があった。当時は結核に罹患すると、回復に非常に長い期間が

必要だったため、失業、貧困、一家離散や、さらに感染の拡大といった状況に至ることが多かった。こうした結核患者の社会的な問題の解決のため、専門的な活動が行われたことには、大きな意義があった。

　これからさらに1年後の大正15年、済生会芝病院に「済生社会部」が設置されて、本格的な医療ソーシャルワークが開始された。済生会病院は、明治天皇の御下賜金を元に明治44年に設立された恩賜財団を母体に、十分な医療を受けられない貧民のための病院として設立されたものである。

　こうした性格から、当初より社会事業に理解が深かったと考えられるが、その参事であった日本女子大学教授の生江孝之らが、熱心に病院社会事業を提唱してきたことがその開設につながった。彼が病院にソーシャルワークを導入することを主張したのは、1919年にアメリカ政府の招聘で訪米した際、キャボット医師の業績にふれたことにあった。MSWの活動は、当時すでにボストン、ニューヨークといった大都市に限らず大規模な病院の多くに広がっていた。生江はこれを調査してその必要性を痛感し、帰国後はその実現のために努力して、病院外の独立した機関としてこれを設立した。

　彼は自らこの「済生会社会部」の理事長となり、日本女子大学の教え子である清水利子を専任のMSWとして採用した。創立時には、活動資金面での困難もあり、売店の売り上げ金の利潤をあてたり、済生会賛助夫人団体などから寄付金を仰ぐなどして、事業が進められた。「済生会社会部」の役割は、「第一に貧困患者を医療機関に結びつけることに始まり、経済的な相談に乗ってやることであった。第二に、巡回看護婦等と医者の知らない貧困患者の社会的側面を調査し、治療上に効果あるよう援助する仕事であった。第三に貧困患者の医療費や生活費を補助し、回復後の就職先や身のふり方について相談・援助することである、第四は、貧困患者の家庭を訪問し、患者を受け入れ、また家庭内での治療効果の増進や回復のための調整をはかること」[3]であった。

　病床の不足で入院希望に応じられない不十分な医療体制、未整備の社

会保障の中で、清水は苦労しながら、多くの患者の相談に対応した。昭和に入って、金融恐慌により貧困な患者がさらに増大する中で、済生会では病院に社会部の必要性が認識され、設置の要望がなされるようになる。

　昭和11年頃にはその業務も拡大されて、「(1) 滋養品、被服、旅費などを給付・貸与、埋葬料や生活費を補助する救済事業、(2) 予防衛生知識などの教化事業、(3) 患者慰安事業、(4) 相談事業、(5) 各種施設との連絡、(6) 入院患者や要生活者の生活調査、(7) 売店事業、(8) 託児事業、(9) 月報発行、(10) その他必要なる諸事業」[4]のような幅広いものとなった。社会部には複数のスタッフがいたが、その相談は年間に3,000件以上に達していた。済生会は、戦後は社会福祉法人となり、病院や乳児院などを経営し、医療と福祉にまたがる活動を展開する団体として今日に至っている。

　昭和に入ってから、済生会病院に続き医療ソーシャルワークを導入したのは、聖路加国際病院であった。この病院は、貧困な患者の治療に従事していた、アメリカ聖公会の宣教師であるトイスラー医師 (Teusler R,B) が1902 (明治35) 年に創設した。医療と公衆衛生の向上のために先駆的な役割を果たしたことで知られ、戦後は財団法人の病院となった。

　ここに社会事業部が設置されたのは、1929 (昭和4) 年のことである。最初のMSWとして採用されたのは、アメリカのシモンズ女子大学社会事業学校を卒業し、ボストンのマサチューセッツ総合病院でキャノンに指導を受けた浅賀ふさであった。浅賀は、アメリカ留学中に、一時帰国したトイスラー医師に面会して、病院でのソーシャルワークの重要性を訴え、日本でその仕事に就きたいと希望を伝えていた。社会事業に十分な理解をもっていたトイスラー医師に、それが受け入れられたことで、聖路加国際病院での活動が始まったのである。最初は主に結核患者のための仕事を行い、家庭訪問なども行って医療を支えた。

　社会事業部での取扱事項は、主に「1. 患者の社会的地位及び生活状態並びに其の為、人を調査して病気に関係ある資料を医師に報告、提供すること。2. 医師の指導に従ひ、患者に対して其の必要に応じて援助の計

画を立てること。3. 患者に静養の機会を与へ、或いは療養所に入る事、其他に就て適当の計画を立てること。4. 病気に就ての知識を患者に与へて療養上の指導をすること。5. その他患者の経済状態を調査して、その必要に応じて入院料を定めて事務部に報告すること。」の5項目であった。1931（昭和6）年には、社会事業部主任としてアメリカからヘレン・シップス女史を迎え、本格的な医療ソーシャルワーク活動を進めていった。

　しかしその後は、第二次世界大戦が激しくなり、社会事業部の活動もその影響を受けて縮小していく。戦前の医療ソーシャルワークは、多くが何らかの社会福祉教育を受けた人たちによって行われ、先駆的な活動を含むものであったが、それが上記の病院の他に広がるまでには至らなかった。

3　第二次大戦後の医療ソーシャルワーク

　戦前の医療ソーシャルワークは、限られた民間の病院での実践であったが、戦後はアメリカ占領軍総司令部（GHQ）により、公的な機関である保健所にMSWが配置され、それが徐々に一般病院に普及してゆくという経過をたどったことに特徴がある。国民に理解され、必要とされて導入され、根付いたものではないことが、現在までMSWのあり方に大きな影響を与えてきた。

　1945（昭和20）年の終戦時には、国内はひどく混乱した状態にあり、多くの国民が衣食住に事欠く厳しい生活を強いられていた。戦災で荒廃した国内に、さらに海外から数十万の軍人や引揚者が帰国し、貧困が深刻化し社会情勢も不安定であった。結核などの病気も蔓延したが、多くの人が十分な治療を受けられないままであった。

　こうした状況を危惧したGHQによって、強力な公衆衛生対策が指示され、1947（昭和22）年に保健所法の改正が行われた。12種の保健所事業の一つとして、「公共医療事業の向上及び増進に関する事項」が定められ、これにより初めて医療社会事業の法的根拠が与えられた。だが、当時医療社

会事業（Medical Social Work）という本来の用語を用いず、医療ソーシャルワークを正しく位置づけなかったことと、予算措置がとられなかったという問題を残した。翌年、杉並保健所がモデル保健所として整備され、その後全国の都道府県に各1ヶ所のモデル保健所が設けられ、1名ずつ専任職員が置かれることになった。しかし、医療ソーシャルワークについての理解が全くない公的な機関には、当然それを受け入れる体制ができていなかった。にもかかわらず行政指導により設置したこと、またその任にあたったのが、社会福祉を学んだ者とは限らなかったことなど、保健所による医療ソーシャルワークには課題も多くあった。

　その後1948（昭和23）年、国立国府台病院に2名のMSWが採用され、1949（昭和24）年には国立東京第一病院に医療社会事業係が設置された。これに続けて、全国各地の病院に徐々に医療ソーシャルワークが導入されてゆく。日本赤十字社は、全国の日赤病院で医療社会事業を実施することとし、1949（昭和24）年に各病院の管理者を集めて、日本で初めての医療社会事業についての講習会を行った。さらに同年、中央社会事業協会（現：全国社会福祉協議会）を中心として、日本赤十字社、済生会、結核予防会等の後援で、MSW対象とした第一回医療社会事業従事者養成講習会が開催され、以後継続して毎年行われるようになる。34名が参加したこの第一回の講習会がきっかけとなり、愛知、東京、岡山に医療社会事業協会が設立された。

　その後各地でMSWの配置が進む中、1953（昭和28）年にはこの講習会の修了者が中心となって、約200名の会員で職能団体である日本医療社会事業家協会が発足した。その後、日本医療社会事業協会と名称を改め、1964（昭和39）年には社団法人の認可も得て、今日までその活動を続けている。協会の活動は、会員であるMSWの知識や技術の向上だけでなく、当時の社会保障予算の削減等への反対運動等、社会問題に積極的に対応しようとするものだった。

　1956（昭和31）年には、日本政府の要請によりWHOから派遣されたベッ

クマン（Beckman,G）が、日本の医療ソーシャルワークの現状について視察を行った。その結果が、「日本における医療社会事業視察計画に関する報告書」として発表されるが、そこには、保健所で医療ソーシャルワークに従事する人が、本来の役割でなく事務的な仕事を主にしている例が多いこと、MSWとしての専門的な教育を受けた人はわずかで、ほとんどが短期間の講習受講者で占められていること等、日本の医療ソーシャルワークの問題点が指摘されていた。患者を支援のための社会福祉制度の創設と共に、MSWは専門的な業務を担当する仕組みとすること、その養成教育体制を整えることの必要が述べられている。

　これが契機となって、1957（昭和32）年、全国社会福祉協議会の医療部会が設置した医療社会事業研究会が、MSWの身分法と養成教育機関についての改善案を作成した。またこの年、同じ医療部会の答申によって制定された、社会福祉法人病院の基準である「生計困難者のために無料または低額な料金で診療を行う事業」の中に、「医療ソーシャルワーカー」を配置して相談事業を行うことが規定された。

　さらに1958（昭和33）年、現任者からの要望もあり、当時の厚生省は「保健所における医療社会事業の業務指針」を公衆衛生局長通知として出した。これは医療ソーシャルワークを医療チームの一部門として位置づけ、その定義や業務内容などが明記されたものであった。その後、国立病院や国立療養所等をはじめとする多くの病院で、「医療ソーシャルワーカーの業務指針」が作られていった。しかしいずれも、それぞれの病院の事業を規定するものであり、その業務内容を統一するものとはならなかった。1962（昭和37）年には、公衆衛生教育審議会が「公衆衛生教育制度の将来について」答申し、MSWの専門的な地位を確立するため、速成的な養成を改め専門の教育機関を卒業した者を充てるよう要請した。

　1966（昭和41）年に、（社）日本医療社会事業協会と日本精神医学ソーシャルワーカー協会、日本ソーシャルワーカー協会の三者が協同で「身分制度調査委員会」を発足させ、基本的な身分法として「医療社会福祉士法案」

を作成した。これは、大学もしくは大学院の社会福祉を専修する学科で、医療社会福祉に関する科目を修めて卒業した者を基本として、国家試験の受験資格を与えるというものであった。その役割を「疾病（障害を含む）の予防、診断、治療より社会復帰までの全医療過程を通して、医療関係者と協働し、社会福祉の技術を用いて次の各号の業務を行う。」と規定した。その業務とは、患者及び家族の心理・社会的諸問題を発見、調査すること、患者及び家族への個別的・集団的援助と地域・機能集団への働きかけを行うこと、地域社会の要求を把握し、医療、保健、更生の地域福祉計画及び活動に参与すること、診断および治療に資し、医療と社会福祉の達成を図ることの4点である。しかし内部に意見の対立もあり、この法案の立法化は実現しなかった。

　その後も職能団体を中心に、MSWの国家資格を求める運動が続けられ、1982（昭和57）年には、（社）日本医療社会事業協会が、「医療福祉士法試案」を作成した。だが行政改革が進められる時代背景もあり、これも実現を見なかった。

　1981（昭和56）年に「老人の診療報酬に関する留意事項について」（通知）、1983（昭和58）年に「老人保健法による医療の取扱及び担当に関する基準並びに医療に関する費用の額の算定に関する基準について」（通知）が出され、MSWも医師の指示のもとで診療報酬が請求できることになった。診療報酬に「医療ソーシャルワーカー」という職種が明記されたことは、社会的認知を高めるうえでも非常に意味あることであった。

4　社会福祉士・介護福祉士法の制定後

　1987（昭和62）年、社会福祉士・介護福祉士法が制定され、我が国の社会福祉領域に初めて専門的な資格制度がつくられた。しかしMSWは、制定時には社会福祉士法の対象からは除外され、社会福祉士の業務の対象は、「心身に障害のある者」であり、MSWは「傷病者」を対象とする職種で

あることが、その理由とされた。厚生省は別に医療福祉士の資格をつくるとしたが、現任者はこれを支持する者と、MSWも社会福祉士を基礎資格とするべきという者に二分され、論争が続くことになる。

このような時代に、1988（昭和63）年厚生省に「医療ソーシャルワーカー業務指針検討会」が設置され、検討が始められた。翌1989（平成元）年には、業務指針として通知されている。社会福祉士法の成立後の論争の中で、国が「医療ソーシャルワーカーの業務の範囲」が明確に示したことには、大きな意味があった。

1997（平成9）年、精神科のMSWのみを対象とした精神保健福祉士法が成立した。MSWの資格が分断されたことは、現任者の間には大きな波乱をもたらした。（社）日本医療社会事業協会では、激しい議論が行われたが、結局社会福祉士を基礎資格とする意見がわずかながら多かったことで、MSWを社会福祉士に含めるための運動を展開していくこととなった。職能団体のこの方針により、その後のMSWをめぐる動きは、MSWが社会福祉の専門職であることを確認し、社会福祉士を基礎資格化するためのものとなる。

精神保健福祉士法成立と（社）医療社会事業協会の方針、2000（平成12）年の介護保険制度の創設等を受けて、厚生労働省は2002（平成14）に、「医療ソーシャルワーカー業務指針改正検討委員会」を設置し、1989（平成元）年に定められた業務指針の見直しを行った。保健医療制度が大きく変化する中で、MSWは、保健医療の場において社会福祉の立場から患者を支援する役割を負っていることを明記している。また精神保健福祉士についての記述を削除し、精神障害者社会復帰施設や精神保健福祉センター等に勤務する人も含めて、MSW全体の業務の範囲、方法等についての指針であるとしたことも特記すべき点である。

1998（平成10）年に、「社会福祉士・介護福祉士法施行規則」が改正され、社会福祉士の実務経験の場として、病院・診療所が追加された。これに伴い、社会福祉士の相談援助の業務に該当する業務として、新たに医療ソーシャ

ルワークを認めるとする厚生省局長通知の改定が行われている。2003（平成15）年には、人事院規則の一部改正が行われ、国立病院に勤務するソーシャルワーカーに対して、福祉職の俸給表を適用することが決められた。国立病院のソーシャルワーカーには、医療職か福祉職かという論争があったが、この改正はそれに福祉職という答えを出したものと言える。

　さらに2006（平成18）年度からは、社会福祉士の指定実習施設として病院・診療所・老人保健施設が追加された。2008（平成20）年度には、社会福祉士の退院支援業務が、看護職と共に診療報酬上に位置付けられる等、近年特に、MSWの職に社会福祉士を充てるための施策が進められている。

[注]
1　「医療社会福祉研究」、p58〜59、田代国次郎、童心社、1969年
2　同上、p61
3　同上p70
4　同上p73,74
5　同上p81、『聖路加国際メディカルセンター要覧』p31より、1937年
6　同上p103

[参考文献]
1)「社会福祉のあゆみ−日本編−」、一番ヶ瀬康子監修、一ツ橋出版、1998年
2)「医療社会福祉研究」、田代国次郎、童心社、1969年
3)「医療ソーシャルワーク」、中島さつき、誠心書房、1975年
4)「保健医療ソーシャルワーク実践1」、（社）日本医療社会事業協会・（社）日本社会福祉士
　　会編、中央法規出版、2004年

第3章　社会保障をめぐる状況

1　社会保障制度の歴史と体系

　現代の医療福祉問題を正しく理解し、MSWの役割を学ぶためには、社会保障という視点が必要である。MSWはおもに医療機関などに勤務して、患者や高齢者や障害者、その家族や地域住民などが直面している社会的問題について、個別相談対応をしている。対象者が直面している社会的問題について心暖かく正確に聴き、必要な社会保障情報を提供しながら、話合い、ともに考え対応していく。そのMSWの仕事には社会保障という視点が必要である。

1　社会保障をめぐる世界の歴史

(1) 社会保障の誕生
　社会保障の土台となる考え方が生まれたのは、ようやく20世紀になってからである。
　貧困や失業、病気やけが、障害や老齢などによる社会生活の不安は"個人の責任"ではなく、"社会の責任"であり、「国がすべての人に人間らしい生活を保障する」というものである。
　この考え方の背景には、18世紀の後半にイギリスから起こった産業革命に端を発する、大量の失業と貧困の発生があった。その後、19世紀を通じてさらに失業と貧困は拡大し、とくに20世紀にはいって第1次世界大戦と第2次世界大戦の間で起こった世界的な失業と貧困は、資本主義社会における深刻な社会問題として現れてきた。第1次産業（農業・林業・水産業など）から第2次産業（鉱業・製造業・建設業など）への移行にともない、工業化、

都市への人口集中、雇用労働者の増大、大都市の貧困問題、慢性的失業者数の増大などの膨大な社会問題の発生が失業・貧困の深刻化・激化を招き、こうした状況が社会保障を生み出す最大の契機となった。

その後の世界各国は「労働力の保全」や「治安的な機能」から、また第2次世界大戦後は「人権保障」や「生存権保障」を理念としてかかげながら、社会保障を具体化していった。こうして社会保障という考え方は第2次世界大戦後には全世界に広がっていった。

社会保障制度という言葉や概念が生れてきたのは、世界的には1930年代以降のことである。世界の社会的潮流は、社会的問題の解決のための、ある種の社会的方法を社会保障という名称で提示するようになった。この名称については1935年のアメリカ合衆国の「社会保障法」で最初に使われたが、1938年ニュージーランド、1945年フランス、1946年スウェーデン、1945～1948年イギリスに相次いで、しかもより充実した内容でつくられ、日本では、その課題が登場したのは1950年前後のことである。

この1930年代以降の世界の歴史をさらに詳しくみてみると、社会保障に関わる根本的な考え方の基盤が、第2次世界大戦（1939～1945年）中に、つくられている。1929年以降、世界の資本主義社会各国は世界大恐慌による経済的・政治的危機の克服という共通の社会状況に直面し、各国は植民地の再分割のために第2次世界大戦を引き起こした。このとき各国はこの危機管理に対し、民主主義を抹殺するファシズム体制をとる後発の資本主義国である日本・ドイツ・イタリアなどと、反ファシズム＝民主主義をかかげる、イギリス・アメリカ・フランスなどの2つの潮流に分かれて戦った。そして後者のこれらの国では国民に対しては権利保障や社会保障を取り決め、国際的には民主主義や社会保障について宣言した。社会保障はこの大戦中には具体的には実現しなかったが、大戦中のこの準備時期を経て、戦後、各国で具体的に発展していくことになる。

社会保障の構成要素としての社会保険・公的扶助・社会サービスは、1930年代以前にも、慈善や救貧や治安防止や労働力保全を目的とした各国

それぞれの取り組みの歴史があり、第2次世界大戦後は各国の社会保障は
それらの歴史を土台にしながら展開されていくが、社会保障としての結実
には、さらに次のような契機が必要だった。
① 産業構造の変化による雇用労働者の増大と、その社会生活の不安など
　　で、社会的問題対策の対象が、国民の大多数になったこと。
② 救貧や慈善ではなく「権利」「生存権保障」という意識が労働運動などで
　　追求されてきたこと。
③ 社会的問題対策が多様化したこと。

(2) 世界的潮流の歴史のポイント
①ILO「社会保障への途」1942年
　国際労働機関（ILO International Labor Organization）は社会保障という
用語を広く普及させ、国際的に定着させ、社会保障の国際的な展開の中で
最も大きな影響力をもった公的な機関といわれている。第1次世界大戦後、
ヴェルサイユ条約に基づき1919年に国際連盟と同時に設立されたこの機関
は、当時、産業革命と社会主義革命が進む中で、労働者の権利を国際的
に協調して保護するべきだという考えのもとにつくられた。1942年にILO
は「社会保障への途」をまとめ出すが、その社会的背景には、20世紀に入り、
第1次世界大戦をへて、1929年アメリカの世界恐慌と、その世界不況への
対応としての1935年アメリカ政府による「社会保障法」の制定と、1938年
ニュージーランド「社会保障法」の新たな用語や思想の存在があった。第
2次世界大戦後は、1946年に、ILOは国際連合と協定を結び、国連の専門
機関として、その目的達成の一翼を担うようになった。
②イギリス「ベヴァリッジ報告」1942年
　このILOの報告書のあと、同1942年11月にイギリスで社会保障制度改革
の構想といわれる、ベヴァリッジ卿を委員長とする委員会の報告、「社会保
障改革（社会保険および関連サービス）」がだされる。先のILO「社会保障
への途」も、1941年の「大西洋憲章」（第2次世界大戦中にイギリス首相チャー

チルとアメリカ大統領ルーズベルトが大西洋上で会談し、ファシズムに反対し人権と民主主義を表明した。社会保障に関する提案も盛り込まれている）に触発され、出されたものだが、この「ベヴァリッジ報告」もその「大西洋憲章」を受けイギリスで国民の人権・生存権保障としての社会保障計画をつくるためのものだった。第2次世界大戦終了後、すぐ実施され、世界の注目を浴び、第2次世界大戦後の「福祉国家」形成の潮流を作った。

③ILO「フィラデルフィア宣言」1944年

　上記の流れの中で、第2次世界大戦終結前1944年のILOの各種の社会保障関係勧告（「所得保障への勧告」「医療保障への勧告」「雇用への勧告」さらにその後の社会保障関係諸条約など）が具体化されていった。これらの勧告は、第2次世界大戦後のILOのあり方と方針、目的を決めたものである。

④世界労連「社会保障綱領」1953年

　このような社会的情勢のなかで労働組合運動の領域でも、国内的にも国際的にも、社会保障の実現と充実の運動が増大していく。第2次世界大戦後、世界の労働組合は1945年に世界労連（世界労働組合運動）を結成し、1953年にウイーンで、国際社会保障会議を開催した。そしてこの会議で採択したのが働くものの立場からの社会保障への提言である「社会保障綱領」である。

⑤世界労連「社会保障憲章」1961年

　世界労連の第5回大会がモスクワで開催され「社会保障憲章」が採択された。④の「社会保障綱領」を基本にして、世界の潮流になった福祉国家政策による社会保障の実現と普及の方法などが新たに付け加えられた。

　その後、この「社会保障綱領」と「社会保障憲章」は世界各国で、労働運動による社会保障実現の指針として、大きな意義をもつものとなった。
　「社会保障憲章」には次のように社会保障の基本原則が明記されている。「真の社会保障制度は、自分の労働で生活しているひと、働くことのできないひと、一時的または永久的に労働能力を失ったひとのすべて、およびそ

の家族構成員に、本人による何らの財政的負担なしに、法律で保障された基本的な社会的権利を承認することを土台としなければならない」「社会保障制度は現金および現物の諸給付によって、働くひとびとに正常（normal）な生活手段を保障しなければならない」「社会保障の財源は、雇用主あるいは国家、またはこの双方によって保障されなければならず、労働者の拠出によってはならない」

　以上のような経過で、社会保障は20世紀後半以降の、世界各国の重大な課題になっていくが、やがて世界各国とも「社会保障の転換期」を迎え、その潮流が今日に至っている。

　1973年秋のオイルショックをきっかけにした、多くの先進諸国の長期的な経済成長の停滞と失業の増大と、高齢化とその対応策としての福祉国家体制のもとでの社会保障支出の増大が、不況による税収不足のなかで深刻な財政危機をもたらすという「福祉国家の危機」と呼ばれる状況があった。この社会的状況を背景に戦後の福祉国家体制を批判して、新自由主義とよばれる世界的な思想的潮流が台頭してくる。

　この点については、次に日本の社会保障の歴史と体系についてふれながら、社会保障の現状と課題として具体的に述べることとする。

2　日本の社会保障の歴史

（1）戦後の社会保障生成期

　日本でも戦前、急速な資本主義社会の発展による失業・貧困が社会問題として現れ、公的救済制度が図られたが、それは戦時統制経済の下で、人的資源確保の要請からなされたもので、不十分なものだった。

　欧米では第1次大戦後の不況で失業問題や貧困が深刻化し、それが社会保障生成の土壌になったが、日本では、世界恐慌下でも失業対策はとられず、都市に移住した人々に対して、再び「帰農」することで半封建的な家族扶養に問題を吸収させようとした。また海外侵略により、移住をさせる

ことで、失業や貧困などに対応しようとした。こうして日本は1937年に日中戦争を起こし、その後、東南アジアへの戦線の拡大、日米開戦に至り、泥沼の戦争に突き進んだ。そして、1945年に広島・長崎に原子爆弾が投下され、無条件降伏するまで、悲惨な戦争を続けた。1937年の日中戦争から、第2次世界大戦に至る日本人戦死者だけでも300万人を越えたと言われており、この戦争による国民の生活破壊には想像を絶するものがあった（第2次世界大戦での東南アジアの戦死者は500万人以上、全世界では5000万人以上と言われている）。この戦争は日本の政治、経済、社会のあらゆる面において、国民生活の破壊を招き、戦後日本の出発は、失業とインフレと食糧危機に直面した国民の生存をいかにして保障するかということが最大の課題だった。そして、この課題に取り組む過程において、戦後日本の社会保障は整備されていった。

　この時期は主に最低限度の生活水準の維持向上に向けられた立法が多くを占め、なかでも「生活保護法」「児童福祉法」「身体障害者福祉法」は福祉3法と呼ばれ、戦後の生活を支える社会保障の中心的役割を果たしてきた。

　このように、戦後の社会保障制度は、日本国憲法の基本的理念の具体化と現実社会への直接的な対応として整備されてきた。

　戦後の社会保障制度のあり方を検討していた社会保障制度審議会は、憲法第25条に基づき「このような生活保障の責任は国家にある」と明言し、その後の日本の社会保障制度の基本的指針として理念の具体化に貢献することになった「社会保障制度に関する勧告」を1950年に公表している。

(2) 社会保障の充実化と新たな課題

　その後、日本経済は朝鮮戦争による特需景気をきっかけに回復の兆しをみせ、1955年に始まった大型景気により、本格的な高度経済成長の時代に入っていく。この高度経済成長は1973年のオイルショックまで続くが、この経済成長の過程で人々の所得水準が向上していく一方で、農林水産業

国から工業生産国へという産業構造変化に伴い新たに多くの社会的問題が噴出してきた。大都市への大規模な人口流動による生活の劣悪化や低所得の問題、過疎の問題、多くの公害問題や、自然破壊の問題もあった。1970年には高齢化社会にも入った。

　こうした中で「国民健康保険法」や「国民年金法」が制定され、1961年には全国で実施され、「国民皆保険・皆年金」となった。こうして、疾病や老齢などにも対応する社会保障制度が整備されていく。

　そして、1960年には「精神薄弱者福祉法」の制定、1963年には「老人福祉法」の制定、1964年には「母子福祉法」が制定され、先の「生活保護法」「児童福祉法」「身体障害者福祉法」とあわせて「福祉6法」の時代を迎える。

　さらに1970年代に入ると、1973年には老人医療の無料化が実現する。そしてこれに先立って整備された「福祉6法」や「国民皆保険・皆年金」がうたわれて、この1973年は“福祉元年”とよばれた。

(3) 社会保障の転換期

　しかし、この1973年の秋には、第4次中東戦争が勃発し、第1次石油危機（オイルショック）が発生し、その後の世界的な資本主義社会の経済的危機・変動と、日本経済の高度成長路線の行き詰まりで“福祉見直し論”が登場してくる。

　続く80年代になると、1983年に「老人保健法」は、老人福祉法にもとづく老人医療費の公費負担無料化制度を廃止しただけでなく、老人に対して、一般の医療とは別の医療をおこなうことを医療機関に義務づける診療報酬制度を導入した。

　こうして1980年代から今日まで、日本の医療・介護・障害などをめぐる社会保障制度は大きく変貌しつつある。そして何といっても、この社会保障の激変・変貌の基本的流れを決定づけたのは1981年に始まる第二次臨時行政調査会の答申だった。この第二次臨調は「活力ある福祉社会の実現」という理念に、国が国民の生存権を保障する責任を曖昧にして、「個人の自

立・自助」と「民間活力」や「市場原理」（福祉サービスの商品化・営利事業化）にゆだねていく方針を打ち出した。こうした福祉見直しの背景には、高齢化社会の到来とともに年々社会保障支出が増大することに対し、石油危機（オイルショック）に続く国家財政の問題のみならず、新自由主義とよばれる考え方があったと考えられる。新自由主義は"自由競争原理"と"市場原理"を中心に、政府の規制を少なくして（規制緩和）、財政支出の少ない「小さな政府」による社会保障給付費の伸び率の抑制や支出内容を見直すというものである。新自由主義は、誰もが自由に競争できる社会は平等社会だという理念を持つが、自由主義の道を歩む世界各国で、失業の増大、貧富の格差の拡大、貧困層の急増など矛盾が表面化し、その過程は今も進行中で、日本も例外ではない。具体的には社会保障費の削減、公的責任の後退であって、社会保障制度そのものを縮小し、その上、対象者の自己負担を大きくしていく方向、すなわち社会保障の否定・崩壊へ向かって進みつつある。そして1995年7月、社会保障制度審議会が、勧告「社会保障体制の再構築」を出した。この「95年勧告」は、従来の社会保障の制度のみならず理念をも大きく変えた。

(4) 社会保障理念の変貌

　1995年勧告の特徴は、「思いやり」「助け合い」「社会連帯」などの言葉で表されている相互扶助の強調と「自己責任」「自助努力」の強調、国家の責務の後退である。このような理念を強調した1995年勧告のねらいはなんだったのか、この勧告以降の新たな社会保障制度の展開も含めて、勧告が示す具体策をまとめてみると、以下の5点が浮かび上がってくる。

① 措置制度という公費負担制度を廃止し、国庫負担の削減をする（国家責務の後退）。

② 医療保険制度の抜本的な改革や、それにも関連して、新たに公的介護保険を創設して、保険料の徴収や自己負担金を設定、増大させていく保険方式により新たに社会保障費を徴収する（この2年後の1997年「介

91

護保険法」制定、2000年より実施）。

③ 保険の給付制限を設け、給付を縮小していく。

④「民間活力」や「市場原理」（医療や介護や福祉のサービスの商品化・営利事業化）にゆだねる。

⑤ 公的介護保険の創設を契機に社会保障制度全体にわたった見直しをおこなう。

　総じて、この「1995年勧告」は社会保障の根本理念である国家責務を後退させ、低福祉・高負担と受益者負担強化による、国民1人ひとりの負担と相互扶助に転嫁する方向を示している。

　これは明らかに、憲法25条や1950年勧告の目指した、社会保障理念の変貌であり、逆行するものである。

（5）社会保障変貌の現状と課題

　このように変貌しつつある現在の社会保障制度が、実際にはどのような問題を引き起こしているのかについてくわしく見ることにする。

3　日本の社会保障の体系

（1）構成と内容

社会保障の構成とその内容をみるときには、いくつかの座標軸がある。社会保障が対応する分野別に「医療保障」「介護保障」「所得保障」としてみることもできるし、また社会問題の解決のための諸制度がもつ、それぞれの固有の本質的概念の構成を、考えることもできる。ここでは社会保障の方法・手段別に構成とその内容をみておく。

　日本の社会保障は1950年の「社会保障制度に関する勧告」以来、下記の①〜④に、近年では老人保健や介護保険も加わり、構成されている。

＊社会保険（年金・医療・雇用・労災）

＊公的扶助

＊社会福祉

＊保健（公衆衛生）・医療

　広義にはこれに恩給、戦争犠牲者援護が加わり、社会保障関連制度として住宅対策や雇用対策の一部があげられている。

　この構成要素を社会保障の方法・手段別に、「社会保険」「公的扶助」「社会手当て」「社会サービス」「公費負担医療制度（社会福祉関連法・その他）」ととらえ、それぞれ具体的にどのような制度があるのかみておく。

① 社会保険

　日本の社会保障制度の中核となっているのは社会保険制度である。そしてその社会保険制度を、公的扶助および社会サービス、社会手当の方法が補填している。またそれに、保健（公衆衛生）・医療・住宅・教育政策などの公共一般施策が関連している。

　社会保険は、国民が直面する危険（リスク）の共同負担の原理に基づき、一定の保険料の払込に対して、所定の保険事故（貧困・疾病・障害・介護・出産・育児・失業・老齢・死亡・遺族など）が発生した場合に、所定の保険給付が権利として支払われる、規定の金銭、物品（現物）、ないし労力（サービス）が給付される方法である。所定の保険事故による損害の保障および生活の保障を目的とする、国による強制保険である。通常、保険料の負担は事業主・国民（従業員）の共同負担で（事業主負担がない国民健康保険や国民年金保険もある）。保険料以外に国庫負担金が出されている。

　日本では健康保険・国民健康保険・各種共済保険・労働者災害補償保険（労災保険）・雇用保険（失業保険）・国民年金保険・厚生年金保険・介護保険などがこれにあたる。

② 公的扶助

　公的扶助というのは、原因を問わず、なんらかの事情で、所得を得る能力や機会を欠き、貧困に陥り、生活（の一部または全部）が成り立たない場合に、最低限度に必要な生活費を国が保障する方法である。日本では「生活保護制度」がこれにあたる。公的扶助を受けるためには、資力（資産）

調査（means test or needs test）（収入認定）を受けることが必要である。扶助の種類には生活扶助・教育扶助・住宅扶助・医療扶助・出産扶助・生業扶助・介護扶助・葬祭扶助の8種類がある。

③ 社会手当

　生活保護制度は資産調査や家族調査などのプライバシー侵害の問題や、個人が被る屈辱的な思いが指摘され、また収入認定の簡略化の点からも、所得制限（緩い資産調査）の基準を作ったうえで特定の集団に限って一定額の支給を行う制度が作られ、これが社会手当といわれている。社会手当は社会保険と異なり、（保険料などの）拠出を前提とせず無拠出である。児童扶養手当、特別児童扶養手当、特別障害者手当などである。

　日本では、この社会手当はあまりなく、いわゆる社会福祉の諸制度に組み込まれている。

④ 社会サービス

　社会サービスの本来的意味は、社会的な何らかの保障を必要としている人に、資格や条件などをまったく問わず、保険料の支払いや資力（資産）調査も必要とせずに、無料または軽費で、各種の施設、設備、知識、情報、技能や労務（人的サービス）などを提供する方法である。たとえば「イギリスの社会保障制度では、保健・医療が国営の社会サービス的方法で提供されている」というように使われるが、昨今の日本では、とくに"サービス"という言葉がさまざまな意味合いで使われているので、注意が必要である。

⑤ 公費負担医療制度

　公費負担医療制度の根拠法なとと医療給付名をあげておく。（表3-1）医療費保障は医療保険が基本になっているが、その一部負担金などを補填する形で、社会福祉意関係法などで医療費が公費負担になる方法がある。

　それぞれに対象となる条件や、給付率、保険の自己負担分（保険優先）か全額公費か、費用徴収（一部負担金）の有無や、徴収方法などが違うので注意が必要である。

表3-1　公費負担医療制度

法律	根拠条文	医療給付名	費用負担区分			保険との関係	費用徴収・利用者負担
			国	都道府県	市町村		
戦傷病者特別援護法	10	療養の給付	10/10			全額国庫	無し
	20	更生医療	10/10			全額国庫	無し
原子爆弾被爆者に対する援護に関する法律	10	認定疾病医療	10/10			全額国庫	無し
	18	一般疾病医療	10/10			保険優先	無し
予防接種法	11,12	医療費	1/2	1/4	1/4	保険優先	無し
災害救助法	23	医療の給付	50/100	50/100		全額公費	無し
感染症の予防及び感染症の患者に対する医療に関する法律	37	入院医療（新感染症）	3/4	1/4※5		保険適用なし	無し※4
		入院医療（1・2類）	3/4	1/4※5		保険優先	無し※4
	37の2	適正医療（結核）	1/2	1/2※5		保険優先	有り
精神保健及び精神障害者福祉に関する法律	29	措置入院医療	3/4	1/4		保険優先	有り
麻薬及び向精神薬取締法	58の8	措置入院医療	3/4	1/4		保険優先	有り
生活保護法	15	医療扶助	3/4	保護の実施機関1/4		保険優先※1	原則無し
中国残留邦人等の円滑な帰国の促進及び永住帰国後の自立の支援に関する法律	14④、附則4②	医療支援給付	3/4	支援給付の実施機関1/4		保険優先※3	原則無し
児童福祉法	20	療育医療	1/2	1/2		保険優先	有り
	21の5	小児慢性特定疾病治療研究事業	1/2	1/2		保険優先	有り
	53	児童保護措置	1/2	1/2※2		保険優先	有り
	24の20	障害児入所医療	1/2	1/2※2		保険優先	有り
	21の5の28	肢体不自由児通所医療	1/2	1/4	1/4	保険優先	有り
母子保健法	20	養育医療	1/2	1/2		保険優先	有り
ハンセン病問題の解決の促進に関する法律	7,8,9	療養	10/10			全額国庫	無し
心神喪失等の状態で重大な他害行為を行った者の医療及び観察等に関する法律	81①	医療	10/10			全額国庫	無し
障害者自立支援法	58	自立支援医療（更生医療）	50/100	25/100	25/100	保険優先	有り
		自立支援医療（育成医療）	50/100	50/100※6		保険優先	有り
		自立支援医療（精神通院医療）	50/100	50/100※7		保険優先	有り
	70	療養介護医療	50/100	25/100	25/100	保険優先	有り
	71	基準該当療養介護医療	50/100	25/100	25/100	保険優先	有り
新型インフルエンザ予防接種による健康被害の救済に関する特別措置法	3,4	医療費	10/10			保険優先	無し
特定B型肝炎ウイルス感染者給付金等の支給に関する特別措置法	12	定期検査費	10/10			保険優先	無し
	13	母子感染防止医療費	10/10			保険優先	無し
	14	世帯内感染防止医療費	10/10			全額公費	無し

予算事業	費用負担区分			保険との関係	費用徴収・利用者負担
	国	都道府県	市町村		
特定疾患治療研究費（スモンの治療研究事業分に限る。）	10/10			保険優先	無し
特定疾患治療研究費	1/2	1/2		保険優先	有り
先天性血液凝固因子障害等治療研究事業費	1/2	1/2		保険優先	無し
肝炎治療特別促進事業費	1/2	1/2		保険優先	有り
毒ガス障害者救済対策事業費	10/10			保険優先	無し

※1　生活保護法による保護を受けている世帯に属する者は、国民健康保険の被保険者としない。
※2　指定都市及び児童相談所設置市を含む。
※3　中国残留邦人支援法による支援給付を受けている世帯に属する者は、国民健康保険の被保険者としない。
※4　患者等に負担能力がある場合、その限度で自己負担
※5　保健所設置市及び特別区を含む。
※6　指定都市・中核市を含む
※7　指定都市を含む

（出所）厚生労働省関係資料2014より

2 社会保障制度の現状と課題

　ここではMSWの仕事に関わりのある「医療保障」と「介護保険制度」の関連に焦点をしぼって、その問題点の典型例から、現在の社会保障制度の現状と課題を考える。

1 医療保障と介護保険制度

　1956年に「医療保障制度に関する勧告」が出され、その後、日本は1961年から国民皆保険制度になった。

　1980年代に入ると医療費の抑制策からも医療提供体制が問題だとされて、以下のように医療法による医療提供の法的枠組みが決められていった。具体的には、診療報酬制度による病院の機能分化と、平均在院日数の短縮化が推し進められていった。医療費の抑制策では1982年の老人保健法制定で一般の医療と老人の医療が区別されるようになった。

　2000年からの介護保険法は、とくにそれまで老人保健法で対応していた、この高齢者の医療制度の延命作とも言われた。この老人保健法の制定以来、国の高齢者施策は、治療（cure）と介護（care）を分ける方針になったが、日本の介護保険制度が慢性期医療の一部をも給付範囲としていることには注意を要する。高齢者医療をはじめとする若年患者も含んだ、「慢性期・長期療養患者」については「介護保険」も含んで考えられていることに、大きな注意が必要である。

　このように医療保障のあり方と介護保険制度は密接に関係しながら変貌している。この関係性と経過については『介護支援専門員　標準テキスト』第1巻のなかでも次のように述べられている。

※「介護保険制度の保険給付には、従来医療保険制度や老人保健制度において給付されてい

たものを含んでおり（給付の介護保険制度への移行）、また、制度創設後も両制度間の給付には関連の大きいものもあり、さらには、介護保険の若年世代の保険料負担は医療保険料として徴収することとされており、医療保障の体系は、介護保険制度と密接な関係を有している」（厚生省、1998、p33−34）

その後も上記の動向は、2006年の代5次医療法改正をへて、2014年に「地域医療・介護総合確保推進法」として成立した。一段と進む高齢化に対して医療や介護のあり方を、低所得の一部の高齢者に限定して、減額・免除を設けつつ、全体的には負担金の増大とサービスの利用制限で総額を抑制するというのが特徴である。

2　さまざまな給付制限と負担金の増大

(1) 療養型病床の6割削減

　2006年6月、医療制度改革関連法の成立によって、「療養病床」が大幅に削減されることになった。今後の国民の生命や社会生活に直結する重要な法律が、十分な審議がないまま成立してしまった。ここにも医療保険と介護保険に関わる重大問題が潜んでいる。

　主に高齢者が長期入院する「療養病床」には、医療保険から費用が支払われる医療型療養病床が全国に25万床あり、介護保険から費用が支払われる介護療養型医療施設の介護型療養病床が全国に13万床ある。今回、これら現在38万床ある「療養病床」のうち、2012年3月までに、介護型13万床を全廃することを決定した。さらには、医療型も25万床から15万床にまで削減しようとしている。その後、さまざまな矛盾の中で削減の予定期日を延長している。地域の受け皿の準備がされないまま、実行されたらどんなに困る患者・要介護者が続出するか正確なデータもなく、十分な論議もなしのこの法律決定はまったく無謀としか言いようのないものである。6割削減される療養病床の多くを老人保健施設や、有料老人ホームやケアハウスなどの居住系施設に転換することが想定されている。介護施設への転換を進める経済誘導策である。しかし医療の必要度が高い患者が、医療スタッフの少ない介護施設に移れば、適切な医療や看護が受けられないことが予想される。患者や要介護者だけでなく、介護職員の負担も想像を絶するも

のがある。一般病院が短期入院に制限されているなかで、これまでも療養型病床は不足して、介護老人福祉施設（特養）や介護老人保健施設にさまざまな症状のある患者が入所して、老人病院化しているともいわれてきた。今後ますます高齢化が進み、高齢者のための病院も、療養病床も介護施設も必要になるなかで、これまでにも増して、ますます行き場を失う高齢患者が続出することが予想される。

(2) リハビリ治療の日数制限

　上記の療養型病床6割削減も医療保険と介護保険の間隙をたくみに突いた、社会保障給付費の強引な抑制策の典型的パターンだが、次に述べる「リハビリ治療の日数制限」もそのやり方を象徴している。医療保険と介護保険の双方に矛盾や限界があるにもかかわらず、それぞれの根本的問題やその対応には触れずに、ほとんど国民には知らさずに、唐突に強引に国民の命や健康、社会生活に重大な影響を及ぼす施策を決定してしまった。その矛盾や問題を、国民や医療や介護の現場にすべて押し付けるものである。

　2006年4月の診療報酬の改定で、医療保険の対象となるリハビリテーション治療に日数制限が設けられた。この新制度では、2006年4月1日を起算日とし①脳血管疾患は発症から180日まで、②心大血管疾患と運動器疾患は発症から150日まで、③呼吸器疾患は発症から90日まで、などと疾患ごとに、医療保険でできるリハビリの上限日数が（ごく一部の例外的疾患を除いて）設定された。病気やけがの治療やリハビリは、たとえ同一病名でも、患者1人ひとりで病状の進み具合や、病状が違いその必要性も必要な期間も異なるものである。しかし今回の改定では、個々の患者の病状や障害の程度は考慮されず、そんなことには無関係に機械的に日数のみで、リハビリを打ち切るというものであり、多くの問題点がある。

　厚生労働省は、ここでもまた（「療養病床の6割削減」の時と同じ言い方で）「医療と介護の区別を明確にした」「医療保険は機能回復に限定」「維持期リハビリは介護保険で」としているが、現状では介護保険でのリハビリは、

質（レベル）的にも、量的（人員配置基準）にも十分にリハビリができるシステムにはなっていない。現状でもその準備もなく、医療保険でのリハビリを打ち切られた人たちの受け皿がない。今後必要で十分な整備がされる見通しもない。

(3) さまざまな負担金の増大

　医療保険の自己負担割合の増大、介護保険や障害者自立支援法に導入された受益者負担という定率自己負担金の問題が、格差と貧困層が増大する現代社会の中で、患者や障害者、高齢者を直撃している。最も問題なことは、患者・障害者・高齢者・要介護者・生活保護受給者に自己負担の増大が集中していることである。

　社会保障制度とは本来、社会的問題に対応して、健康で文化的な生活を営むことを保障する制度であり、国民が安心して生活できるための社会的方法である。しかし現在のような、社会保障給付費の抑制・制限と国民の自己負担の増大は、国民の社会生活をますます不安定にするものである。

　社会保障の視点を生かしてより充実した社会保障を求めていくには、現在の日本の社会保障制度が直面している課題の克服が大切である。以下に5つの課題としてまとめた。これら5つの課題は、バラバラではなく相互に深く関連しているので注意が必要である。

3　雇用の流動化や、雇用の不安定に対応する社会保障の構築

　市場主義経済化の中で、各企業は生き残りをかけて合理化を推し進めている。技術革新、IT化、人件費の削減が柱だが、いずれにしてもリストラという解雇の促進、非正社員化、正社員も含む長時間労働の恒常化や、労働強化が進んでいる。厳しい賃金の圧縮は、非正社員はもちろんのこと、正社員もまぬがれない。企業の倒産もあとを絶たない。労働者はもちろん

のこと、家族や地域社会も含めて生活破壊が進んでいる。中高年の生活不安も増大しているが、雇用の機会から排除されたニートやフリーターと呼ばれる若年労働者群も増えて低所得化している。病気の人、障害者、高齢者は、さらに厳しい雇用状況に直面している。このような社会生活の不安や困難は個々人の責任ではなく、雇用構造の変化と雇用の機会の創出にかかわる社会問題で、国の責任が問われている。社会保障の前提である完全雇用の実現と最低賃金制の引き上げと、社会保障として失業時や所得のないすべての人たちへの所得保障が必要である。

(1) 家族を支える社会保障の構築

少子高齢化という家族構造の変容が進んでいる。平均して3人にも満たない核家族では、高齢者の介護も困難になり子育ての負担も増大している。家族を支える新しい社会保障が必要である。これまでの比較的安定した家族を前提にしていた社会保障は変化する必要がある。たとえば現代の子供たちは、過酷な労働条件のなかで、時間に追われて働く母親や、毎晩、真夜中にしか帰宅できない父親、あるいは、リストラで職場を追われて、雇用保険も給付期限が切れて、体を壊しストレスが溜まるばかりの親に育てられ、ともに生きている。また病気の人や高齢者や障害者などの医療や介護の問題も、このような生活不安や困難のなかにある。

(2) 医療や介護、障害にかかわる必要にして十分な社会保障の構築

国は医療保障や介護保障などの費用抑制のために、近年ますます給付の抑制や保険料や自己負担金を増大させている。国民の不安は増大するばかりである。病気や介護が必要になったときの不安は非常に大きいので、医療保障や介護保障に不備や問題点があり社会生活の不安や困難が増幅すると、必要な医療や介護が受けられないだけでなく、社会全体が活性化する方向にはいかない。医療保障や介護保障の極端な費用抑制は、アメリカやイギリスや昨今の日本の実例が物語るように、その現場の荒廃をまねく。

　少子高齢化のなかで医療や介護や障害にかかわる社会保障こそ、年金や失業給付や生活保護などの安定した所得保障とともに、真に国民が希求している生存権保障としての社会保障なのである。

(3) グローバリゼーションの時代に対応した社会保障の構築

　企業や人、モノ、お金、そしてさまざまな情報が国境を越えて移動することが、日常的になった。交通・運輸手段やＩＴの発達によるもの、政治状況や文化、宗教の問題もかかわっている。地球規模で進む環境問題の存在もある。国を超えた新たな雇用状況や旅行者、大規模な移民や難民の生活保障も含めて、グローバリゼーションの時代に対応した社会保障の構築が必要である。

(4) 新しい社会保障理念の構築

　社会保障についての考え方を変える必要がある。国は (1) 〜 (4) を見据えた大きなヴィジョンをもち、企業の利潤追求が最優先される、現代の資本主義 (市場原理) 経済の本質を見据えて、「働けない人」(疾病、要介護、高齢、障害、子育てなどによる働けない人加えて、仕事がないために働けないひとも含む) への社会保障を最重要課題として、責務を果たす必要がある。

　社会保障のその目的は、思いがけない、予想できない社会生活上の問題 (貧困、失業、疾病、介護、老齢、障害、出産、育児、死亡、遺族など) から国民を社会的に守り、同時に所得の再分配を行って、社会的に公正な格差のない社会を創り、維持することである。

[参考文献]
1) 厚生省編 (1999)『平成11年版　厚生白書　社会保障と国民生活』
2) 角田豊 (1978)：佐藤進 (1994) 校訂　［新版］『社会保障法　［新版］』
　　現代法律学全集49　青林書房
3) 三塚武男 (1997)『生活問題と地域福祉　ライフの視点から』ミネルヴァ書房

4）孝橋正一（1977）『新・社会事業概論』ミネルヴァ書房

5）二木立（1999）「介護保険と『保健・医療・福祉複合体』」『経済』No42　新日本出版社

6）社団法人全国腎臓病協議会『ぜんじんきょう』（2005）No.207

7）京都府保険医協会編（2001）『'80・90年代の医療保険の歴史と現状』

8）厚生省高齢者ケアサービス体制整備検討委員会監修（1998）
　　『介護支援専門員　標準テキスト』第1巻　財団法人長寿社会開発センター

9）京都府保険医協会（2004）『社会保険診療提要　2004年4月改定版』

10）厚生労働省（2002）「医療提供体制の改革に関する検討チーム」中間まとめ
　　『医療提供体制の基本的方向』

11）厚生労働省（2003）「医療提供体制の改革に関する検討チーム」まとめ
　　『医療提供体制の改革のビジョン案』について

12）医療福祉相談研究会編集（2004）『医療福祉相談ガイド』中央法規出版社

13）尾藤廣喜・木下秀雄・中川健太郎編著（1991）『誰も書かなかった生活保護法』
　　法律文化社

14）広井良典（2002）「福祉国家の接近と多様性　社会保障政策の新たな展開のために」
　　『社会保険旬報』No2153

15）戸津崎茂雄（1995）「透析患者の通院について」『京都南病院医学雑誌』第14号

16）松井二郎（1977）『難病と社会福祉』編集・発行　北海道難病団体連絡協議会

17）大谷藤郎（1993）『現代のスティグマ』勁草書房

18）佐和隆光（2003）『日本の「構造改革」』岩波書店

19）橘木俊詔（2006）『格差社会　何が問題なのか』岩波書店

20）伊藤周平（2000）『介護保険と社会福祉』ミネルヴァ書房

21）相澤興一（1996）『社会保障の保険主義化と「公的介護保険」』あけび書房

22）エスピン－アンデルセン／渡辺雅男・渡辺景子訳（2001）
　　『福祉資本主義の三つの世界』ミネルヴァ書房

23）木原和美（2007）『医療ソーシャルワーカーのための社会保障論』勁草書房

24）その他

第4章 保健医療サービス

1 医療保険制度

1、社会保険制度における医療保険制度

　私たちは幸福に暮らしたいと思う。それは一定の経済的な安定の上において可能となる。日々生活に困窮、すなわち生活を維持することが困難な収入しかなければ、幸福になることはむずかしい。

　社会保障制度は生存権を守るためのものであるが、実際に生存権を守ることができないほど低い収入しかない場合は、「公的扶助」（生活保護）が機能する。その前にそういった状態にならないように「社会手当」（児童手当など）、「公衆衛生」（感染症の予防など）、「社会福祉」（対人援助サービスなど）とともに「社会保険」は私たちの生活に欠くことのできないものになっている。

　私たちの生活にはいろいろなリスクがある。経済的に安定した順調な人生であっても一転して生活基盤が損なわれるリスクがある。そのリスクのうち、私たちが共通して持っているリスクについて収入に応じた保険料を出し合い、リスクによって生じた事故に応じて給付を受けるというのが「社会保険」である。我が国では「医療」「年金」「雇用」「介護」などの社会保険がある。

　医療保険は健康保険とも一般に言われているが、私たちには病気やケガをするというリスクがある。病気やケガをすることで多額の医療費を要するばかりか、治療のために仕事を休めば収入が得られず、生活に困窮するという事態に直面する。そこで医療保険は病気やケガの治療に要した費用を医療機関で全額払わなくてもいいようにし（現物給付）、また長期や多額の医療費の支払いがあった場合、あるいは病気を理由に休業した場合には

その補償（現金給付）も行っている。もちろん社会保険としての医療保険だけで、病気やケガに対するリスクすべてに対応できるものではないが、被保険者証（いわゆる「健康保険証」のこと）を持っていることで、医療の提供者側（医療機関）も安心して医療を提供することができる。

　今日「国民皆保険」といわれ、制度上は生活保護受給者を除いてすべての国民が何らかの医療保険に加入している。（実際にはきわめて多くの無保険者が存在する事については後述する）この「国民皆保険」に行き着くまでには戦争を挟んで長い時間を要している。

　1922年健康保険法が制定、1927年施行されるが、当初適用事業所は従業員10人以上で被保険者本人のみを給付の対象とし、（現在と違って）業務上の傷病を含み、給付期間が180日間とされていた。健康保険法というが対象は工場法・鉱業法適用事業の労働者に限られ、農山村の住民やその他の零細企業で働く労働者はこの法律の対象ではなかった。

　1938年になって国民健康保険法制定され、この時期任意加入ではあるが一般国民に対象を広げている。更にその翌年には船員法上の船員を対象にした船員保険法が制定。また健康保険法の改正により労働者の家族給付も開始した。一般労働者を対象としていた我が国の医療保険は、広く一般国民を対象に変わっていった。

　1950年社会保障制度審議会の「社会保障制度に関する勧告」において、全国民に対して医療保険を適用すべきであるという提唱もあり、対象者をその後急速に広げていた。　任意加入であった国民健康保険は市町村公営、強制加入の原則を確立し、日雇労働者に対しても「日雇労働者健康保険法」が制定された。こうして1961年「国民皆保険」として、制度上は我が国の国民は何らかの健康保険に加入していることになった。

2、現在の医療保険制度

　「国民皆保険」が策定され約60年を経ているが、この間制度維持のため

に何度も制度改正が行われてきた。その最も大きい要因の一つは高齢化による医療費の増加である。医療保険が社会保険であるということは、収入（保険料）と支出（医療費）のバランスが問われる。我が国の医療保険制度は被用者を中心とした「健康保険」と、自営業者や非被用者を中心とした「国民健康保険」の2つの大きな制度によって維持されてきた。

　安定した収入、それに基づく安定した保険料収入があり、稼働年齢層が多く病人も少ない「健康保険」に対して、「国民健康保険」は収入が不安定な自営業者・非被用者、非正規雇用や失業者、そして年金収入を中心とする（74才までの）高齢者で占められ、保険料収入が少ないのに病人は多いという現状がある。

　「国民皆保険」制度となって、国民の医療へのアクセスはよくなった。しかし国は医療費の伸びに対して、患者負担の増加と保険給付の守備範囲の縮小という形、保険給付を抑制する制度改正を重ね、特に高齢者の医療は大きな制度改正を行ってきた。

　1973年、老人福祉法改正によって「老人医療無料化」が行われた。無料化の実施により高齢者の医療費は大幅に増え、高齢者の加入の多い「国民健康保険」はより深刻な保険財政の危機を迎えた。そこで1983年高齢者の医療費に新たな制度「老人保健制度」を導入した。 老人保健法により70才以上（のち75才以上に段階的に移行、65〜69才の重度障害者を含む）の高齢者医療費は、加入している医療保険制度にかかわらず各保険者が拠出し、国・各自治体も公費によって支えていくというものであった。また高齢者の窓口負担無料化をやめ、自己負担を求めた。

　この老人保健制度も更なる高齢者医療費の伸びにより新しい制度が検討され、2008年「後期高齢者医療制度」が創設され、後期高齢者を独立させた医療保険制度となった。

　我が国は「国民皆保険」であり、何らかの医療保険制度に加入しているが、そこには「個人」と「世帯」という考え方がある。75才以上の高齢者は「個人」として独立した医療保険制度である「①後期高齢者医療制度」に加入する。

後期高齢者夫婦なら一人ひとりが加入していて、各々が所得に応じた保険料を納め、別々の被保険者証を持っていることになる。74才以下の被用者は「②健康保険」に加入する。また被用者であるが船員である者は「③船員保険」に加入することになる。これらの被用者に扶養家族がいる場合は、その家族（子・配偶者・親など、ただし75才になれば後期高齢者医療制度に加入する）は被用者の加入している健康保険で「世帯（家族）」として給付を受けることになる。被用者は扶養家族の有無、人数に関係なく給与・賞与に応じた保険料を納める。また事業主も保険料負担が求められる。

74才以下の被用者でない者、例えば自営業、農業、またフリーターなどの非正規雇用、あるいは失業などで無職の場合「④国民健康保険」に加入する。（健康保険の扶養家族の者を除く）この場合国民健康保険には「個人」として加入することになるが、被保険者証は「世帯」単位に発行される。（最近は便宜上被保険者「一人一枚」発行している保険者も多くなっている）保険料は世帯員の所得の合計等によって決められ、世帯主が納める。

一軒の家であっても、夫婦共働き、子どもも働いていればそれぞれ別々の健康保険に「個人」で加入しているということもあるし、専業主婦と幼児といった扶養されている家族の場合「世帯」で一枚の被保険者証を使っていることもある。加入の仕方が「個人」でも「世帯」であっても、国民一人ひとりが何らかの医療保険に入っている「国民皆保険」制度である。（生活保護受給者を除く）

次に我が国の①から④までの医療保険制度について説明をする（船員保険については省略）が、保険給付の内容は重複するところも多いので、各医療保険制度の説明のあとで行う。

(1) 後期高齢者医療制度

それまでの老人保健制度にかわり、2008年後期高齢者の新しい医療制度としてスタートした。対象は75才以上及び65才から74才の重度障害者を対象にしている。74才までは家族の健康保険に入っていたり、夫婦で一緒

の国民健康保険に入っていた者も、75才になると個々の所得に応じて一人ひとり保険料が決められ、一人一枚の被保険者証を持つことになったが、それまでの老人保健制度とのもっとも大きな違いは後期高齢者のみの独立した保険制度であることだ。

　しかし年金暮らしで病気になるリスクの高い後期高齢者の保険料だけでは、保険制度は成り立たない。よってかかった給付の約半分は税金で、約40％は他の医療保険制度からの支援金で、そして残り約10％が後期高齢者の納める保険料を財源にしている。保険財政上医療費が増えれば、保険料も連動して上昇する仕組みである。更に都道府県ごとに作られた広域連合が保険者であるため、同じ収入でも都道府県によって保険料が異なることになる。

　本制度は発足当初から様々な問題点が指摘された。子どもから高齢者まで、収入がある人もない人も同じ医療保険制度に加入していたのが、本制度では「後期高齢者」のみを従来の医療保険の対象から外したこと、健康保険扶養家族になっていた人は新たな保険料負担を要するようになったこと、また年金から保険料が特別徴収（天引き）されることなどに対する反対意見が多かった。（特別徴収以外の納付方法については2008年一部認められた）。

　このほか、かかりつけ医構想（一患者一医療機関とする考え方）、保険料滞納による「資格証明書」発行の容認（後述する国民健康保険と同内容）、なども制度発足当時問題点として指摘されていた。

　保険料等制度全般を2年ごとに見直すこととなっているが、医療費の増加は確実であり、その伸び率と保険料が連動しているため、今後保険料の大幅なアップが予測され、原則保険料が年金から天引きされるため、3年ごとの介護保険料の改定と合わせて、年金の手取りが一層減ることが予測される。

(2) 健康保険

被用者（事業所に勤める会社員や公務員など）が加入している医療保険を健康保険という。（一般には「国民健康保険」の対の用語として「社会保険」とも言われているが）従業員5人以上及び5人未満の法人事業所等は強制適用事業所として、その事業所の被用者は加入することとされている。被用者は他の社会保険料（厚生年金保険・雇用保険・介護保険等）と一緒に給与・賞与から天引きの形で保険料を納めている。また事業主も保険料を負担している。

　なお、2ケ月以内の期間を定めて、または季節的業務に使用されるなど短期に事業所に勤める被用者は「法第3条第2項被保険者」（一般には「日雇特例被保険者」）と呼ばれ、事業主は被保険者の持つ被保険者手帳の該当欄に健康保険印紙を貼る形で保険料を納付し、被保険者の賃金から労働者負担分を控除する。

　健康保険の保険者（運営主体）は大きく3つある。

　大企業は単独でまたはグループ企業で「健康保険組合」を作っている。同業種の企業が集まって健康保険組合を作っているところもある。被保険者は約1667万人、被扶養者は約1296万人（2018年度）が加入している。

　中小企業は「全国健康保険組合」が保険者となり、一般に「協会けんぽ」と呼ばれている。被保険者は約2376万人、被扶養者は約1564万人（2018年度）が加入している。公務員や私立学校の教職員は「共済組合」を作り、業務を行っている。組合員は約451万人、被扶養者は約418万人（2016年度）が加入している。

　保険料率は健康保険組合と共済組合は各保険者によって定められ、被保険者と事業主との負担割合も保険者ごとに定めている。協会けんぽは都道府県ごとに保険料率が定められ、保険料は被保険者と事業主が折半で負担している。

　これまでも医療費が増えていく中で保険料率は上昇し、また保険給付の範囲は小さくなってきている。（患者一部負担金の割合の引き上げ、食事費用の患者負担化等）

　また被保険者・事業主から集められた保険料は高齢者医療への支援金にもあてられる。その支援金のため財政に窮している保険者が多く、特に健康保険組合においては財政上の理由で解散したところが増えている。

　健康保険は被用者（組合員・加入者）が保険料を納めること（実際は給与からの天引き）で被保険者証が発行され、被用者と生計を一にする家族・親族は扶養家族として保険給付を受けることができる。一方パート・アルバイトといった非正規雇用労働者のうち、短時間就労の場合は健康保険に加入することはできない。

（3）国民健康保険

　「国民皆保険」制度である医療保険において、我が国では生活保護受給者を除いて、何らかの医療保険に加入していることになる。健康保険（法第3条第2項被保険者を含む）・船員保険の被保険者（組合員・加入者）及び被扶養者、後期高齢者医療制度の被保険者を除いたものが国民健康保険の対象者となる。

　国民健康保険には、自営業主（開業医、工務店等）らで作る「国民健康保険組合」と、その他の人々が加入する「市町村国民健康保険」がある。市町村国民健康保険は市町村が保険者となり、他の医療保険に加入していない住民を対象にしている。国民健康保険組合には約281万人、市町村国民健康保険には約3012万人（2016年度）が加入している。市町村国民健康保険は、自営業・農林水産業従事者と、(75才未満の）サラリーマン退職者を世帯主とする世帯員が被保険者の多くを占めている。

　保険料は国民健康保険組合においては各組合ごとに収入等によって定められ、市町村国民健康保険は市町村ごとに所得割（収入）、　資産割（固定資産）、均等割（被保険者の人数）、平等割（世帯ごとの定額）のうち2〜4つを組み合わせて定められている。健康保険の場合は扶養家族が何人いても保険料率は変わらなかったが、市町村国民健康保険の場合「均等割」により被保険者の数が多ければ保険料は高くなっていく。

健康保険が月々の給与・賞与から保険料が天引きされるのに対して、市町村国民健康保険は納付書で被保険者（世帯主）が自主的に納付するものである。保険料算定のもとになっている所得割は前年分の収入に基づいている。失業などで現在収入がなくても前年の収入で保険料が決まる。よって失業してアルバイトで生計を立てている被保険者（世帯）にはきわめて重い負担となり、滞納に至っている被保険者（世帯）も少なくない。

しかし災害等の特別な事情がないのに1年以上保険料を滞納した場合は、保険者は被保険者証を返還させ被保険者資格証明書（以後、「資格証明書」）を交付することがある。この「資格証明書」が発行されると、被保険者は医療機関の窓口で一旦医療費全額（10割）を支払い、後日保険給付分（7割）を保険者に請求することになる。またその償還される分を滞納している保険料と相殺されることもある。保険者としては保険料徴収を円滑に行うための手段であるが、滞納している被保険者にとっては医療を受けることをより困難にする仕組みであり、被保険者証を取り上げられて（事実上の「無保険状態」である）病院に受診できず悪化し、死に至った事例は数多く報告されている。滞納が1年6ケ月以上続くと保険給付の全部または一部が停止されることになる。

今日の「無保険者」の多くは失業または低賃金の非正規雇用のため、国民健康保険の保険料の支払が困難となり、被保険者証が発行されないケースが多い。第6章の事例で詳述している。

3、保険給付の内容

健康保険・国民健康保険には共通して、傷病給付・出産給付・死亡給付の3つの給付がある。後期高齢者医療制度は傷病時・死亡時に給付がある。

傷病時に受ける傷病給付には、（1）療養の給付、（2）入院時食事療養費、（3）入院時生活療養費、（4）高額療養費、（5）傷病手当金（健康保険被保険

者のみ）、(6) その他の傷病給付、(7) 出産給付・死亡給付、がある。（表4-
1、参照）

表4-1　医療保険別給付内容

制度		被保険者	保険者	窓口	自己負担額		
					自己負担（本人・家族）	高額療養費	入院時食事療養費
国民健康保険		農林水産業者自営業者等	市区町村組合	市区町村組合事務所	0歳～小学校就学前＊:2割	①上位所得者（区分ア）252,600円+（総医療費－842,000円）×1%	1食につき460円
		65歳未満の被用者保険の退職者（2014年までの退職被保険者が65歳になるまで）	市区町村	市区町村	小学校就学後～70歳未満:3割	②上位所得者（区分イ）167,400円+（総医療費－558,000円）×1%	住民税非課税世帯は210円
被用者保険	健康保険	組合管掌健康保険	主として大企業の会社員等	健康保険組合	健康保険組合		③一般所得者（区分ウ）80,100円+（総医療費－267,000円）×1%	
		全国健康保険協会管掌健康保険	主として中小企業の会社員等	全国健康保険協会	全国健康保険協会都道府県支部		④一般所得者（区分エ）57,600円	
	船員保険		船員	全国健康保険協会	全国健康保険協会都道府県支部		⑤住民税非課税の人（区分オ）35,400円	
	共済組合		国家公務員地方公務員私立学校教職員	共済組合	共済組合			
前期高齢者医療制度		高齢受給者証対象者（70～74歳の人）	各医療保険者	各医療保険者	2割または3割	【外来と入院】（世帯単位）①現役並みⅢ 252,600円+（総医療費－842,000円）×1%	1食につき460円
後期高齢者医療制度		75歳以上の人 65歳以上で一定の障害をもつ人	（実施主体）後期高齢者医療広域連合	市区町村	1割または3割	②現役並みⅡ 167,400円+（総医療費－558,000円）×1% ③現役並みⅠ 80,100円+（総医療費－267,000円）×1% ④一般所得者 57,600円 ⑤住民税非課税世帯区分Ⅱ 24,600円 ⑥住民税非課税世帯区分Ⅰ 15,000円	住民税非課税世帯区分Ⅱは210円 90日を超えると160円 住民税非課税世帯区分Ⅰは100円

＊小学校就学前とは6歳に達した日以降の最初の3月31日までです。

（出所）「2019医療福祉総合ガイドブック」48頁（NPO法人日本医療ソーシャルワーク研究会編、2019年、医学書院）

(1) 療養の給付

　医療機関で被保険者証を提示することで、私たちは医療費総額の3割の一部負担金で保険診療を受けることができる。医療機関での通院はもちろん、訪問診療、入院、そして調剤薬局においても3割負担で、残りの7割は「療養の給付」がされている。ただし乳幼児は6才になって最初の3月31日までは2割負担（8割が療養の給付）、また70才以上75才未満の者は所得によって2割負担または3割負担（一定以上の所得の者）、その他の者は3割負担となっている。75才以上の後期高齢者医療制度においては、1割負担または3割負担（一定以上の所得の者）である。

(2) 入院時食事療養費

　入院中には食事療養を受けるが、一食当たり460円（低所得者は210円、低所得者の91日目以降は160円、更に減額の基準もある）の標準負担額が定められ、国が定めた食事療養の費用から標準負担額を差し引いた「入院時食事療養費」が医療機関に支払われている。

(3) 入院時生活療養費

　「入院時生活療養費」は65才以上の療養病棟に入院している者が対象になっている。

　急性期を過ぎた高齢者の入院が多い療養病棟において、食事以外に生活に欠くことのできない光熱費等にかかる費用を居住費とし、食費と居住費の合計を生活療養費として、2006年に導入された。
標準負担額は一日あたり（三食として）1850円（低所得者には減額の規定あり）であるが、難病等の患者は食事分のみの負担額となる。

(4) 高額療養費

　「高額療養費」は被保険者・被扶養者が1ケ月に支払った一部負担金（1〜3割負担分）が国の定める自己負担限度額を超えたときに支給される。い

くら3割負担といっても高額であったり、また同じ世帯に複数の入院患者がいると医療費の負担で生活が苦しくなる。

　そこで被保険者証単位（同じ被保険者証を使っている被保険者・被扶養者は合算できる）で、かかった医療費を合算して、国の定めた自己負担限度額（高額療養費算定基準額）を超えた場合は、その差額が支給される。

　健康保険・国民健康保険の場合、自己負担限度額は「70才未満の世帯」「70才以上75才未満の世帯」「70才未満と70才以上75才未満の者がいる世帯」の3つが各々定められている。（同じ被保険者証を使っている）複数の人の医療費を合算できるのは、各々月21,000円を超える自己負担額のものに限られる。

　自己負担限度額は「70才未満の世帯」の場合5区分され、（健康保険は標準報酬月額83万円以上）は「252,600円＋（かかった医療費─842,000円）×1％」、（同53万～79万円）は「167,400円＋（かかった医療費─558,000円）×1％」、（同28万～50万円）は「80,100円＋（かかった医療費─267,000円）×1％」、（同26万円以下）は「57,600円」、市民税非課税世帯は「35,400円」となっている。領収書を添えて保険者に申請する必要があるが、保険者によっては「受領委任払」および「限度額適用認定」という制度があって、手続きをすれば患者は自己負担限度額（と食事にかかる標準負担額）だけを病院で支払い、限度額を超えた金額は保険者が医療機関に直接支払うというもので、患者の利便性を図っている。

　更に長期にわたって高額の医療費を要するとき、生活困難も予想されるので1年間に3度高額療養費に該当した場合、4度目からは「長期該当」として別途自己負担額限度額が設定され、被保険者の実質負担額が引き下げられている。

　また75才以上の後期高齢者医療制度においても同様の制度があるが（自己負担限度額は異なる）、75才未満の者との世帯合算はない。

(5) 傷病手当金

「傷病手当金」は健康保険の被保険者が傷病により4日以上仕事を休み賃金を受け取れない場合、4日目から標準報酬日額の3分の2を最高1年6ヶ月間受け取れる制度である。

　傷病により長期にわたって治療を要することになったとしても、高額療養費制度で医療機関に支払う窓口負担もある程度抑えられる。また欠勤で収入がなく生活が困窮する心配に対しては、3分の2ではあるが傷病手当金を受け取ることで急激な生活破綻を防ぐことができる。重度の場合発症して1年6ヶ月後に受給資格が発生する障害基礎年金につないでいくこともできる。国民健康保険では市町村が保険者のところでは実施されていないが、国民健康保険組合の多くでは給付の内容は異なるが実施しているところもある。

（6）その他の傷病給付

　傷病給付にはこのほか保険外併用療養費、療養費、訪問看護療養費、移送費、高額介護合算療養費がある。「保険外併用療養費」については次項にて説明する。「高額介護合算療養費」は2008年からの制度で、介護保険によるサービスを受けている場合、介護保険にかかる一部負担金と医療保険にかかる一部負担金を一年分合算し、それが別に定めた自己負担限度額を超えた場合償還される。

（7）出産給付・死亡給付

　出産給付には出産育児一時金、出産手当金がある。　出産育児一時金は被保険者・被扶養者が出産をしたときに支給される。出産手当金は健康保険被保険者が出産のために給料を得られないとき、産前42日産後56日を上限に標準報酬日額の3分の2が支給される。
死亡給付は被保険者・被扶養者が死亡したときに給付される。

4、公費医療制度

　「国民皆保険」の下、医療機関を受診した患者はかかった医療費の3割（乳幼児は2割、高齢者は1〜3割）を窓口で支払う。しかし特定の病気や障害を持った患者、あるいは乳児や高齢者に対して窓口負担を免除または減額する制度がある。これを公費医療制度という。

　公費医療制度には国が行うものと都道府県や市町村が独自に行うものがある。

　国の制度としては①感染症法（結核など）による一般医療・入院勧告、②戦傷病者特別援護法による療養の給付と更生医療、③自立支援医療制度における更生医療・育成医療・精神通院医療など、④児童福祉法による療育の給付、助産施設入所措置者・各種施設入所措置児・障害児施設医療にかかる費用、⑤特定疾患治療研究事業・小児慢性疾患治療研究事業、⑥生活保護による医療扶助など他にもいくつかの制度がある。

　③と⑤は病気やケガの発症によって長期の療養を必要とする患者を対象としているが、患者の申請によって給付されるものである。そのため病院のＭＳＷの制度紹介によって利用に結びつくことが多く、患者が安心して治療を受けることができる。

　このほか都道府県や市町村が独自で行っているものには、重度障害者やひとり親世帯、乳幼児医療、公害患者の自己負担分を助成しているものがある。

　健康保険制度と比べ公費医療制度は内容を知らない患者も多く、また国の制度、自治体独自のものなど複雑である。安心して治療を受けられるように貴重な社会資源としてＭＳＷは制度を把握する必要がある。

＊　本項中の患者の自己負担額や高額療養費については2019年度現在のものである。

2、診療報酬制度の概要

1、保険診療と自由診療

　私たちが医療機関に行く理由のほとんどは病気やケガの治療のためである。病院の受付に行って医療保険の被保険者証（一般に「保険証」と呼んでいる）を提示し、診察を終えて支払をする。カゼ、下痢や糖尿病、自己転倒によるケガ、こういうものは医療保険による給付（7〜9割給付）を受ける「保険診療」である。しかし健康診断や予防接種、ピアスの穴あけ、業務中のケガ、他者の不法行為による交通事故による傷害などは医療保険の給付対象外となり、病院で被保険者証を提示しても使うことができない。これら保険診療にあてはまらないものを「自由診療」という。

　「保険診療」については人員や設備等に細かい規定があり、個々の医療行為や使用できる薬剤もその規定の上に価格が定められ、医療機関が独自に価格を定めることはできない。

　それに対して「自由診療」は個々の医療機関が医療行為について、値段を定めることができる。例えば健康診断やインフルエンザの予防接種などは、医療機関によって料金が異なっている。またけんかや飲食店の食中毒など他者の不法行為については「自費扱い」（診療行為を保険診療で計算し、10割負担とするところが多い）に、また交通事故や労災事故、公害医療についても「保険診療」ではないが、それに近い独自の診療費体系がある。

　「混合診療禁止」の原則により、同時に受けた診療を「保険診療分」「自由診療分」と分けて医療機関が患者に請求することは禁止され、少しでも「自由診療」にかかる診療を行った場合はすべて「自由診療」として患者に請求されていた。しかし結果として患者に多大な負担を強いることから、保険診療・自由診療を同時に受けた場合、別に定めた自由診療にあたる医療行為等については一部医療保険から給付を行うとした「保険外併用療養

費」という制度がある。これについては本項の最後で述べる。

診療報酬制度

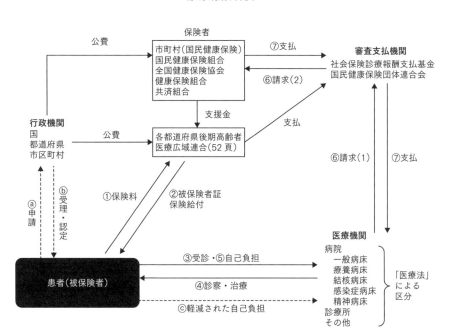

(出所) 2019医療福祉総合ガイドブック48頁 (NPO法人日本医療ソーシャルワーク研究会編、2019年医学書院)

2、診療報酬と薬価基準

　医療機関のほとんどは保険医療機関指定、すなわち医療保険の使える病院・診療所である。被保険者証一枚で全国どこでも受診できる仕組みになっている。医療保険から医療機関に支払われる診療報酬は、厚生労働大臣が中央社会保険医療協議会 (中医協) に諮問し、そこでの議論を経て「告示」され、ここ最近は2年ごとに改定されている。現在は6000以上の医療行為の個々について点数が定められている。

こうした点数単価方式は医療行為の難易度を表すものとされ、単価は「1点＝10円」である。受けた医療行為の合計点数を10倍したものが医療費とされ、各々の患者の自己負担割合に応じて一部負担金を医療機関の窓口で支払う。

　医療機関にとって診療報酬は収入の大部分を占める。よって2年ごとの診療報酬改定は、医療制度の大きな枠組みを示す医療法の改正と共に、経営上大きな意味を持っている。

　国は医療の目指すべき方向性を診療報酬に反映させてきた。例えば「薬づけ検査づけ」をなくすためには、検査・レントゲンにかかる点数を大幅にカットしたり、包括化を導入した。小児医療の充実のためには、乳幼児の診察料の引き上げを行った。その時その時の情勢に応じた「操作」を、診療報酬を通じて行っている。後に述べるが一般病棟がその存続のために平均在院日数を短縮させたり、療養病棟が医学的管理の高い患者しか受入をしなくなっていることも、診療報酬改正による「操作」である。診療報酬という経営の根幹部を「操作」されることで、医療機関は生き残りのために自院の方向性の転換にいつも迫られている。

　診療報酬は1996年頃までは2年に1回の改定でも毎回3〜5％の引き上げがされていたが、医療費をはじめ福祉予算の削減から2002年には初めての引き下げが行われ、それ以来微増と微減を繰り返している。

　薬価基準は保険診療で使うことのできる医薬品の患者に対する請求価格を定めたものである。医薬品は製薬会社から卸売業者を経て医療機関が購入するが、これらの価格を厚生労働省は毎年調査し、診療報酬と同じく2年に1度全面改定している。医療機関が卸売業者から買った値段と患者・保険が負担した値段の差である「薬価差」が問題となり、その解消を図っている。医療機関（調剤薬局を含む）は薬価基準で定められた値段に基づいて患者・保険に請求している。一万を超える薬剤が収載されているが、ほぼ毎回引き下げられている。

3、診療報酬と医療施設類型化

　我が国の医療機関にとって診療報酬と医療法の動向が経営上大きな意味を持つことは先に述べた。とくに平成になってからの30年診療報酬はマイナス改定もある中で、医療機関は生き残っていくための様々な方策・転換をとってきている。1970〜80年代頃は新病院の開設や増床など拡大基調だったが、1990年代以降病院数・病床数とも減少に転じている。

　このような病院・病床を維持できない結果に至った要因として診療報酬があげられる。以前の一般病棟は入院期間に応じて入院料（入院時医学管理料）が個々の患者ごとに逓減する仕組みだったが、現在は（看護体系ごとに定められた）「平均在院日数」という要件が加わり、病棟（病院）全体がそれを守らないと、病棟（病院）全体が報酬をカットされることになった。一般病棟は急性期医療を担うところである、ということが診療報酬によってより明確になった。

　また「モノ」と「技術」の分離も長い間議論されてきた。　薬剤や検査を多用すること、すなわち「薬づけ検査づけ」により収益をあげていた時期もあったが、薬価改定、医薬分業推進、検体検査の点数引き下げで「モノ」で収益をあげていた病院は打撃を受けた。

　診療報酬の改定を通じて、診療所が外来機能を持っているのに対し、とりわけ200床以上の一般病床を持つ病院は、他の医療機関からの紹介による入院機能に徹するような形になりつつある。一方200床未満の中小病院と診療所はプライマリケア（身近な総合的な診療）を担う位置づけとなっている。療養病棟は単に慢性期の患者が対象ではなく、真に医学的管理を要する患者のみを対象となりつつある。

　また更なる高齢者の増加を見込み、「入院から在宅へのシフト」を診療報酬においてより鮮明にしている。一般病棟では「平均在院日数」の短縮を改定のたびに行っていたが、2014年改定では「自宅退院率」を導入し、「転院の退院」ではなく、「自宅に帰す退院」を強く打ち出している。

診療報酬は医療行為の点数表というだけではなく、個々の医療行為について必要な人員や設備、算定にあたっての要件が書かれている。その要件の内容や個々の医療行為に対する点数の推移によって医療機関は国の意向を読み取り、新たな対応（看護基準の引き上げや、病棟種別の変更など）に迫られている。

　診療報酬は基本診療料と特掲診療料に分けられる。　基本診療料は医師の診察にかかるもので、診察料、入院料等があり、特掲診療料は個別の医療行為についてのものとなっている。次にこれらの概要をみる。

4、基本診療料、出来高払いと包括払い

　診療報酬のうち医師の診察による部分を基本診療料と呼び、初診料、再診料、入院料の3つに分かれている。初めてその医療機関を受診した時、または新しい病気で受診する時「初診料」を、同一疾病での2度目以降の外来受診では「再診料」（診療所または一般病床が200床未満の病院）・「外来診療料」（一般病床が200床以上の病院）を算定する。また乳幼児や標榜時間外（休日・深夜）の受診の場合各々加算がつく。

　「入院料」は病棟ごと（一般病棟・結核病棟・精神病棟等）に「入院基本料」と呼ばれるものと、特定の患者を対象とした「特定入院料」がある。

　以前は入院も外来も出来高払い（実際に行った医療行為を合算して診療報酬が支払われる仕組み）であった。しかし「薬づけ検査づけ」という批判を受けて、1990年高齢者を多く入院させている病棟（当時の特例許可老人病棟）に対して、投薬・注射・検査等を一日あたりの定額制による診療報酬を導入して以来、包括払いは主として慢性期の入院に広まった。対象となる医療行為も処置・レントゲンの一部まで広がっている。また現在は慢性期医療だけではなく、回復期・亜急性期医療、一部の急性期・精神科医療にも導入されている。

（1）入院基本料

　一般病棟の「急性期一般入院基本料」は、看護職員（看護配置）・入院患者の医療必要度（重症度）の割合によって7類型化され、その各々に平均在院日数の要件がつく。いくら看護職員を揃えていても入院患者の医療必要度（重症度）の割合や、平均在院日数が守られなければ、規定の点数は算定できない。入院中の投薬・注射等はすべて出来高で算定できるが、90日を超える長期入院患者に対しては例外となる。ガン末期や神経難病等医学的管理を常時要する患者は、一般病棟に長期に入院することができる例外的な取扱いがあったが、2012年の改定以降その例外を原則認めないこととなった。

　また同一疾病により、一般病棟入院基本料算定病棟に（複数の病院であれば通算して）180日を超えて連続して入院した場合は、（国の定める病状の患者を除き）年齢に関係なく入院基本料の一部が保険適用外となり、その外れた部分は全額患者負担となる。

　よって一般病棟には①「平均在院日数」で病棟全体、②個々の患者に対して「原則90日までの入院」、③一般病棟で（複数の病院でも）「通算180日までの入院」、④7対1看護の病院（急性期一般入院基本料1を算定）に限っては「80％以上の在宅復帰病床機能連携率」導入され、「自宅等への退院」が促される、以上により長期入院を避ける仕組みとなっている。

　④の「在宅復帰機能病床連携率」は2014年「自宅退院率」として導入され、一般病棟のうちランクの最も高い7対1看護の病院（急性期一般入院基本料1）からの退院先は、自宅、介護老人保健施設と療養病棟、自宅に準じる施設（有料老人ホーム・サービス付高齢者住宅等）、回復期リハビリテーション病棟と地域包括ケア病棟、介護医療院を80％以上としなければならない。

　療養病棟の「入院基本料」は、入院患者の医学的管理の必要度（医療区分）とADLの度合いによって点数が分かれている。2006年の改正までは療養病床は患者の状態を問わず同じ点数であったが、国は療養病床に相当数社会的入院の患者がいるとして、入院対象を診療報酬を用いて大幅に絞り

込んだ。

　2006年 改正以降療養病床は医学的管理を常時要する患者の病床に変わってきている。具体的には中心静脈栄養、人工呼吸器、酸素療法等を要する患者に対しては高い点数を設定する一方、医学的管理の必要が低い患者は大幅に点数を引き下げた。療養病棟の「入院基本料」は、（一般病棟入院基本料と異なり）投薬・注射・検査等を包括化した点数である。

　更に2018年改正において「療養病棟入院基本料」の病棟には、先に述べた医学的管理を常時要する患者が80％以上占めるようにした。（経過措置あり）これによって一般病院からの医学的管理の低い患者の入院はきわめて困難になった。

　精神病棟の「入院基本料」も看護職員の割合によって類型化されている。これまで看護職員が少なく長期入院の多い病院が多かったが、退院促進を図る国の施策は看護職員の配置基準をあげ、最も配置基準の高い「10対1入院基本料」は平均在院日数40日以内という規定もある。

　看護職員が多ければよりよい看護が提供され、退院に向けた取り組みも進みやすいため平均在院日数のハードルも高くなる。また以前は療養病棟や精神病棟には平均在院日数という概念はなかったが、医学的管理を要する慢性期患者や軽快している精神障害者の長期入院を解消するべく、診療報酬の側から「退院」を促す仕組みを作っている。

　一般病棟・療養病棟・精神病棟などの「入院基本料」とは別に、特定機能病院（大学病院等）には「特定機能病院入院基本料」が、障害者施設（一般病棟での指定）には「障害者施設等入院基本料」がある。また診療所で入院設備を持っているところは「有床診療所入院基本料」「有床診療所療養病床入院基本料」がある。

（2）特定入院料

　「特定入院料」は一般病棟・療養病棟・精神病棟であって病棟単位（一部病室単位も）で、特定の患者に対して治療・療養を行うもので、診療行

為の一部は包括化されている。急性期のものでは「救命救急入院料」「新生児特定集中治療室管理料」、亜急性期では「地域包括ケア病棟入院医療管理料」（2014年新設）、リハビリ回復期では「回復期リハビリテーション入院料」、慢性期では「特殊疾患入院医療管理料」「緩和ケア病棟入院料」、精神科では「精神科急性期治療病棟入院料」「認知症病棟入院料」など約20の特定入院料がある。

　「地域包括ケア病棟入院医療管理料」は、急性期病棟での治療を引き継ぐ、あるいは慢性疾患の一時的な増悪に対応する亜急性期を担う病棟（一部病室単位）であり、入院には上限日数があり、自宅退院を勧めている。「回復期リハビリテーション入院料」は、骨折・脳卒中・その他の手術後のリハビリテーションを行うことが必要な患者に対して病棟専従の理学療法士・作業療法士等による集中的な訓練を行い、入院には上限日数があり、自宅退院を勧めている。「緩和ケア病棟入院料」は、末期がん等の患者が療養するいわゆるホスピスと呼ばれている病棟である。

（3）特掲診療料

　診察（入院・外来）によって医師またはその指示により行われる医療行為のうち診療報酬に定められているものをいい、13の区分に分かれている。「医学管理等」は慢性疾患や特定の疾患の患者に対する生活上の指導、服薬指導、栄養指導，医学的管理、また他の医療機関への情報提供等を評価するものである。「在宅医療」は在宅、もしくは居住系施設（特定施設・グループホーム・サービス付高齢者住宅等）での訪問診療・訪問看護、また訪問リハビリ等を評価するものである。介護保険の要介護者については制度間の給付調整があるものもある。「検査」は患者の尿・血液・穿刺液・喀痰・組織を調べる検体検査と、患者の体を使って調べる生体検査に大別される。「検査づけ医療」という批判から回数制限のあるもの（3ヶ月に1回等）、包括化されたもの（血液検査の項目数等）がある。「画像診断」はエックス線（レントゲンの一般撮影・造影撮影）、核医学（シンチグラム等）、コン

ピューター断層撮影（CT・MRI）がある。「投薬」は院外処方の場合は処方箋料が、院内処方や入院の場合先に述べた薬剤の値段に調剤費用が加わる。「注射」は薬価基準で定められた薬剤の値段に注射手技料が加わる。

　「リハビリテーション」は対象疾患によって4つ（心大血管疾患・脳血管疾患・運動器・呼吸器）に分けられ、発症日または治療開始日から算定できる日数が疾患ごとに制限が設けられている。すなわち何年も前の骨折や後遺症に対するリハビリテーションには原則として保険適用がされない。これについては悪化の防止や廃用症候群に対する、いわゆる「維持期リハビリ」は医療保険ではなく介護保険の対象であるとされ、2019年4月以降要介護認定を受けた者の「維持期リハビリ」は医療保険では認めないこととなった。「処置」には擦過傷や火傷に対する処置、心臓マッサージ、酸素吸入、人工透析、ギプスなど外科・整形外科にとどまらず救命的なものも含まれている。その他「手術」「麻酔」「精神科専門療法」「放射線治療」「病理診断」がある。

5、保険外併用療養費

　本項の最初に「混合診療の禁止」の原則から「自由診療」「保険診療」を同時に受けた場合はすべて「自由診療」になることを述べた。しかし別に定められた「特別なサービス」（自由診療を含むもの）については、通常の保険診療と共通の部分は現物給付（保険適用）され、それ以外の部分（特別なサービスの「特別」な部分）は自費負担するというしくみが認められている。これを保険外併用療養費といい、「特別なサービス」には①評価療養、②選定療養がある。

　評価療養は、厚生労働大臣が定めた高度の医療技術を用いたもので、現在は保険適用ではないが将来その判断がされる可能性のある療養である。「先進医療」「薬価基準収載前の医薬品投与」「適用外医薬品の投与」「新薬・医療用具の治験」がある。例えば脳死肝臓移植手術といった「先進医療」

を目的に入院した場合、手術そのものは保険適用されていないため自由診療となるが、そのための投薬・注射・検査・入院に要した費用は保険外併用療養費の対象として保険給付される。

　選定療養は、患者の要望によって行われる療養であり、「特別の療養環境の病室への入院」（差額ベッド料のいる個室等）、「入院の必要性が低い場合の長期入院」（一般病棟に通算180日以上の入院）、「200床以上病院の初診」（紹介状を持たない初診）、「200床以上病院の再診」（他の診療所等への紹介状が出たあとの再診）、「予約診療」、「時間外診療」（急病は除く）、「制限回数を超えて受けた診療」（検査、リハビリ等）、ほか歯科においても定められている。例えば個室に入院した場合、個室料（差額ベッド料）は自由診療となるが、投薬・注射・検査等に要した費用は保険外併用療養費の対象として保険給付される。

　ただこの混合診療については制限を緩和しようとする動きが政府の中にある一方、我が国の健康保険制度の根幹を揺るがすものとして反対の声も強く、ここ数年議論されている大きなテーマでもある。

6、介護保険制度への影響

　増え続ける高齢者の医療費の伸びを抑えるため、長期入院を認めず在宅医療に誘導する仕組みを診療報酬を用いて行っていることを述べた。在宅介護を支える介護保険にも似たサービスがあるため、「医療と介護」の線引きを図っている。

　医療保険と介護保険に共通しているものには、①訪問看護、②リハビリテーションがある。これらについては制度間の優先順位が定められている。特にリハビリテーションについては、「予防」「維持」を目的としたものは医療保険の対象外であることを鮮明にし、介護保険の通所リハビリテーション（デイケア）への誘導を行っている。

　また一般病棟入院基本料や回復期リハビリテーション病棟入院料、地

域包括ケア病棟入院料の一部において「在宅復帰病床機能連携率」や「在宅復帰率」が設定されたり、療養病床の一部においても「在宅復帰率」「病床回転率」が設けられている。自宅（もしくは居住系施設）への退院を強力にすすめることで、地域におけるとりわけ医療系介護サービス（訪問看護、通所リハ、訪問リハ）の充実が求められる。

（本項中の診療行為の名称、要件については2019年9月現在のものである）

3、保健医療サービスの概要

1、医療施設の概要

　医療機関には「病院」と「診療所」がある。入院用病床が20以上あれば「病院」と呼び、19以下もしくは外来機能のみのところを「診療所」と医療法では区別している。病院には地域に根ざした内科のみの小さなところもあれば、他の医療機関からの紹介患者を診療する大学病院まで全国に8439ケ所ある。病院のうち高度な医療の提供、医療技術の開発、研修を行っている大学病院等86の病院を「特定機能病院」、また二次医療圏ごとに地域の病院・診療所を支援し、紹介外来の形をとる高機能の536の病院を「地域医療支援病院」と呼んでいる。（病院数はいずれも2018年1月現在）
　一方、診療所のほとんどは入院用病床を持たず　、外来患者のみを診療している。診療所以外に「医院」「クリニック」という名称もあるが、法的にはすべて「診療所」になる。病院の入院施設は病棟からなり、大きな病院となると外科、内科など診療科目ごとに病棟を分けたり、急性期や慢性期など入院患者の状態によって病棟を区別している病院もみられる。
　病院・診療所のほとんどは保険診療を行っているため、健康保険・国民

健康保険の扱いができる「保険医療機関」の指定（生活保護の扱いは「生活保護法指定」）を受けているが、美容整形や人間ドックなど自由診療に特化している医療機関も少数だが存在している。

　病院も他の産業と同じく自由開業ができたが、医療費抑制の観点から都道府県が策定する「地域医療計画」によって、二次医療圏域ごとに必要病床数が定められている。人口の増減や高齢化などによる見直しはされるが、これにより病院の新規開業や増床（病院が病床数を増やすこと）が困難である二次医療圏域が都市部に多くなっている。更に病床数だけではなく、病床区分（一般病床・療養病床など）にまで制限が及んでいる。

　また診療報酬の引き下げなどにより、病院自らが生き残りのため病床数の削減・病棟閉鎖を行ったり、急性期医療からの撤退も増え、病院数はここ数年減少を続けている。

　さらに2006年頃から病院勤務医の退職が社会問題化し、その影響でとりわけ公立病院に閉鎖や診療休止が相次ぎ、山間部だけではなく都市部においても産科や小児科、救急医療の維持が困難になり患者の「たらい回し」による悲劇も多くなっている。2005年頃から「医療制度構造改革」と呼ばれる医療費適正化政策が進められ、その方針に沿って法律・制度・診療報酬の改正が今日まで着々と行われているが、その概要については本項の最後で述べる。

（1）一般病棟

　病棟の中で最も多いのは一般病棟である。　精神や結核病棟などは公衆衛生的な側面から早い時期に整備されてきたが、一般病床は国民皆保険になって、医療へのアクセスが整いつつあった1960〜1970年代に急速に増えていく。結核をはじめとする感染症から循環器疾患やガンといった生活習慣病が主な死因となるなど国民の疾病構造が変化していく中で、一人の病気を一つの病院が診るのではなく、急性期と慢性期、手術とリハビリテーションと病院間の機能分化が進められてきた。

機能分化により一般病院（一般病棟のみからなる病院）の大多数は急性期医療を担っている。「急性期」を過ぎれば他の医療機関に移っていく。例えば診療所でガンがみつかった患者は紹介状を書いてもらって地域の一般病院に転医し手術を受ける。術後亜急性期や慢性期を担う病院に転院して点滴等を受け、経過良好であれば自宅に退院してから再び診療所で医学的管理を受ける。また自宅で転倒し骨折した高齢者は手術のできる一般病院に行き、術後すみやかにリハビリを専門とする回復期リハビリテーション病棟に転院し、しっかりと機能訓練を受け、その後介護保険サービスを受けながら地域の診療所で在宅医療を受ける、といったように地域の中でも機能分化がされている。

　医療法では一般病棟は入院患者3人につき1人以上の看護職員（実際は2～3交替勤務であるため、常時3人につき1人の看護職員がいるわけではない）が必要とされているが、重篤な患者に対して手厚い看護をすることが症状の改善、離床を早めることがあきらかになり、一般病棟は多くの看護師を雇用した。2006年入院患者1.4人に1人という看護基準（診療報酬上の7対1看護）が新設されると、地域の基幹病院は競うように看護師を雇用し、一部地域では看護師不足が起こっている。

　入院時には「入院診療計画書」を医師は患者にわたすことになっていて、そこには病名や入院中の治療計画とともに、入院見込期間が書かれている。病院によっては疾病ごとに入院中の治療計画を標準化したクリティカルパスというツールが作られ、患者に入院初日から毎日の検査や治療内容、安静度など退院までの治療計画が示されている。

　入院診療計画書やクリティカルパスは患者に対する情報公開という意味合いのほかに、おおよその退院日（入院期間）を入院早々に示すことで、一般病院の役割（完全な治癒までが入院治療の役割ではないこと）を患者家族に伝えている。診療報酬上の「誘導」により、一般病棟の平均在院日数は年々短縮されている。

　一般病院の収益は病床稼働率と患者あたりの単価で決まる。単価を上げ

るために診療報酬上の看護基準を上げる一方、算定要件とされる平均在院日数の厳守に努めてきた。MSWの退院援助業務もチーム医療の中の一つの役割である。しかし収益のためには、平均在院日数を維持できる退院患者数に見合った入院患者数を確保しなければならない。病床稼働率向上と平均在院日数短縮という相反する2つの要因を満たすことで収益はあがる。

　病床稼働率向上のために一般病院は外来患者を増やすこと、救急医療に力を入れてきた。　外来患者、救急搬入、時間外患者が増えれば新入院患者が増える可能性が高い。そのために医療機器を揃え、診療時間の拡大、救急医療のために医師・看護師の当直を増やした。

　しかし国は病院と診療所の機能分化（大病院は入院機能、診療所・中小病院は外来機能）のため、200床以上病院の初診患者の一部保険はずし（選定療養）や、在宅療養料の算定制限を導入している。更に病院の初診患者の中で、診療所や他の病院からの紹介状を持って初診を受けた患者の割合を「紹介率」とし、この紹介率を上げることを評価する仕組みを診療報酬の中に作った（導入後見直しもされたが、地域医療支援病院など高機能病院では算定要件とされている）。

　このことにより一定規模以上の一般病院は外来患者を単に増やすのではなく、紹介状を持った患者の確保に重点がおかれ、「病診連携」「病病連携」なる方針が採られるようになる。一般病院の中には地域の診療所のために入院病床を確保したり、紹介入院後病院の主治医と診療所の医師が一緒に診察できるシステムを作ったり、退院後は病院ではなく診療所に戻るように「逆紹介」しているところも多い。また病院ができる特殊検査を電話やFAXで予約できるシステムを作り、MSWの患者支援機能、地域の社会資源の窓口としての機能と合わせて「地域連携室」というような部署を設けているところが増えている。こうした部署においては、社会福祉士であるMSWと看護師が共同で、在宅療養をサポートしている。これにより地域の中で病院と診療所が連携する「病診連携」が作られてきている。

　平均在院日数厳守のために一般病院の役割が急性期に限定されているこ

と、そのためには外来機能を診療所と競合するのではなく、連携をとる方にメリットがあることが「病診連携」が進んできた背景にある。同様のことが「病病連携」にもいえる。一つは療養病棟や亜急性期を対象とする病棟を持つ病院との連携である。一般病院で急性期の治療を受けた患者すべてが自宅に軽快退院するわけではない。骨折後の患者であればリハビリテーション、重症で人工呼吸器や経管栄養を要する患者もいる。一般病院にとっては積極的な治療を要しなくても、医学的管理が必要な場合は療養病棟や亜急性期対象の病棟を持つ病院への転院となる。退院（転院）先が確保できなければ、平均在院日数の維持・短縮は困難となり、そのためにも後方病院との連携は必要となる。もう一つは一般病院同士、得意な分野・領域での連携がみられる。とりわけ手術を要する外科系全般では、手術や検査機器の効率的な利用の観点から行われている。

　一般病棟の大部分は平均在院日数に規定される「一般病棟入院基本料」を算定しているが、それ以外に少数ではあるが救急医療や緩和ケア、小児科医療に特化した特定入院料を算定している一般病棟もある。この他亜急性期（急性期の医療を引き継ぐ以外に、慢性疾患の急性増悪に対応する機能）を担う「地域包括ケア病棟」が2014年に新設（それまでの亜急性期入院医療管理料の要件を変更し改称）され、入院期間を定めて自宅退院、在宅医療への橋渡しを担っている。

(2) 療養病棟

　療養病棟はかつて高齢者を多数入院させていた老人病棟（特例許可老人病棟を含む）がその起源である。1970〜80年代にかけて介護施設不足を背景に、一般病棟から退院した介護を必要とする高齢者を対象とした病院が都市近郊に多数作られた。一般病棟ほど医療機能はいらないが、介護に適した環境を整えるべく、一般病棟とは異なる人員と施設の設備基準を持つ病棟を療養病棟とした。　一般病棟に比べ、医師・看護師数は少ないが介護職員を配し、車いすやポータブルトイレの使用を想定し、廊下幅や病室

面積は広いものとし、長期入院を見込むため障害者用浴室や食堂・談話室の整備、訓練室の整備も義務づけられた。

またかつて「薬づけ検査づけ」と批判された高齢者医療の反省から、制度発足時より定額制を原則とし、薬や注射（点滴）よりも食事やリハビリに重点を置いたものとした。定額制は病状・症状によらず、一日あたり決まった費用が医療保険から支払われる仕組みである。よって必要性のない薬・検査は防げるが、コスト意識が働き高価な注射や検査を必要とする患者は受け入れを敬遠されることもあった。がん患者や中心静脈栄養を必要とする患者は定額制で支払われる以上の高い薬を要するからである。投薬・注射が少なければ差額は病院の利益になるため「粗診粗療」という批判、また一般に民間の介護施設より安価な費用で入院できる場合もあり「社会的入院」を生むという批判もあった。

2000年介護保険がスタートすると、多数の高齢者が入院している療養病棟は介護保険から保険給付を受ける「介護療養型医療施設」（以下「介護型」とする）と、従来通り医療保険から保険給付を受ける療養病棟（以下「医療型」とする）に分かれた。「介護型」は要介護度によって介護報酬が定められ、要介護4・5の患者が多い。一方「医療型」は年齢を問わず、当時は医療行為を要しない患者も多かった。

しかし厚生労働省は医療制度改革の一環として療養病床の大幅削減を打ち出した。それは本来療養病床に入院すべき医学的管理を要する患者は、現に療養病床に入院している患者の半分以下であり、残りの半分以上の患者は在宅あるいは（医師・看護師の配置の少ない）他の介護施設でも対応できると考えたからであった。

「介護型」は他の介護施設よりも介護保険の負担が高額である割に、要介護度が高くても医学的管理を必要としない患者も多かったため、2023年度末をもって廃止となる。国の方針転換に廃止が決まった「介護型」は次々と「医療型」にシフトするほか、一部は介護保険施設として新設された「介護医療院」に移行している。

「医療型」は対象患者の絞り込みをしている。2006年の診療報酬改定では「医療型」の一つである「特殊疾患療養病棟」の対象患者を神経難病に厳格化し、さらに「医療型」の大部分である「療養病棟入院基本料」に「医療区分」という概念（医学的管理の必要な症状・病態によって3段階に区分）を導入して、これまで均一化していた診療報酬を医療区分によって3つに分けた。2006年当時「医療型」の患者の6割は最も報酬の低い「医療区分1」とされ、それまでの6割程度に診療報酬をカットされることになった。結果多くの「医療型」の病院は医療区分の低い患者（軽度）を退院させ、医療区分の高い患者（重度）を集めることになった。2018年改定では医療区分の高い患者（重度）の割合の厳格化がなされた。

一般病床が平均在院日数に規定されるのに対して、療養病床（「医療型」「介護型」とも）は急性期医療を過ぎた患者を対象としているため、入院期間に上限はなく保険給付上ほとんど定額制となっている。また「医療型」である慢性期医療においては食事代（入院時食事療養費の標準負担額）以外に、光熱費等の部分も患者負担とすべきであると、2006年から難病等を除く65才以上の高齢者は、居住費を合わせて負担（入院時生活療養費に係る標準負担額）することとなった。この結果「医療型」の患者負担額は大きく引き上げられた。

また療養病床にはいわゆる「医療型」（療養病棟入院基本料）、「介護型」（介護療養型医療施設）以外に、回復期リハビリテーション病棟がある。（一般病棟の指定を受けている回復期リハビリテーション病棟もある）これは脳卒中や骨折などの手術後、積極的なリハビリテーションを集中して行うべく、それに応じた病棟専属の理学療法士等と十分な訓練施設等を有した病棟であるが、入院できる患者・入院期間に厳しい制約があると共に、自宅等に退院させることが求められている。2014年改定では社会福祉士の配置が施設基準に一部導入され、人員や在宅復帰率などを指標に2018年改定では6類型化されている。

一般病床から退院した患者が利用できた療養病床が将来半減され、「医

療区分2」「医療区分3」の患者しか「医療型」に入院できないとなると、一般病床からの退院先の多くが「自宅」を選ばざるを得ない。介護保険や障害者福祉制度を利用するのに必要な要介護認定や身障診断の結果待ちも「自宅」ということになるだろう。一般病院のMSWの退院援助は、平均在院日数と自宅退院率厳守の下ますます困難になることは明らかである。

(3) 精神病棟

　精神障害の患者は戦後長い間福祉の対象にならなかった。　鉄格子や鍵のかけられた閉鎖病棟の中で、患者の人権が脅かされている事象も数多く報告された。精神保健福祉法の制定によってようやく福祉の対象となり、長期入院から退院に向けた施策が行われるようになった。またそれまで無資格だった精神科医療ソーシャルワーカーが 精神保健福祉士の資格制度化により、診療報酬上の誘導もあってほとんどの病院で有資格者が配置されている。

　精神疾患は年齢も疾患も多岐にわたっているが、アルコール依存症、薬物依存症、認知症などの専門病棟を持っているところもある。それは精神疾患といっても治療方針が各々異なるためである。統合失調症、ノイローゼ、うつ病などの精神疾患の病棟がもちろん多いが、徐々に（閉鎖病棟からの）開放化が進み、作業療法など薬に頼らない治療が行われ、退院に向けた積極的な取組みがされている。退院患者の支援のため、生活訓練施設（援護寮）、通所授産施設・就労移行支援施設、グループホーム（精神）、精神科デイケアを持っている精神科病院も多い。

　精神病棟は入院形態が他の病棟と大きく異なる。　一般病棟や療養病棟は医師の入院決定に対して、患者の同意の下で入院（「任意入院」）となるが、精神疾患の場合医師の診断に対して、必ずしも本人に病識があるとは限らない。病識がなければ医師が入院を勧めても患者本人が同意することはない。精神疾患の中には疾患が原因で自傷他害行為などが生ずる場合もあるため、症状によっては本人の意思に拠らずに入院をさせる場合がある。

症状が重く自傷他害の恐れがある場合は、2名の精神保健指定医の合意による「措置入院」、1名の精神保健指定医しか確保できない場合、緊急性が高ければ72時間の条件つきでの「緊急措置入院」（72時間以内にもう1名の指定の診療が必要）となる。また自傷他害の恐れがなくても、1名の精神保健指定医が入院の必要を認め、本人の家族または後見人、保佐人が同意した場合には「医療保護入院」、身元不明などで同意できる保護者がいない場合「応急入院」（入院できる期間・病院に制限あり）という制度もある。

　かつて精神科病棟は5年、10年と長期の入院患者が珍しくなかったが、地域で生活できる体制が整備されつつある中で、入院期間が短くなってきている。　特に医療保護入院に対する精神保健福祉士等による退院生活環境相談員の導入は、早期退院と退院後の地域生活への移行を支援するものである。（2014年制度改正）その一方、認知症高齢者は退院後の施設不足、費用の問題（介護老人福祉施設は原則要介護度が3以上が入所要件である。グループホームは都市部では月20万近い利用料となっている。）があって入院が長期化している。

（4）診療所

　外来機能を持つ診療所の中には、通院が困難な高齢者の訪問診療を行っているところも多い。在宅介護を続けていくにあたって訪問診療はどうしても必要である。介護者にとって特に夜間や休日などの様態の急変はとても不安である。

　2006年より患者家族からの要請で、24時間往診や訪問看護に対応できる体制をとっている診療所を「在宅療養支援診療所」とした。この診療所の患者は医師から時間外の連絡先を文書で受け取り、また入院が必要な場合はあらかじめその入院先を医師が確保することになっている。一般病棟が早期退院を促す中で、外来患者だけではなく在宅介護を支える在宅医療を担う診療所の役割は年々大きくなっている。

2、保健所・保健センターの役割

　病院・診療所といった医療機関と共に、各地域には保健所・保健センタ
があり、地域住民に保健サービスを提供している。高齢化と少子化、疾病
構造の変化などの地域住民のニーズに対応するため、都道府県・政令指
定都市・中核市などが設置している保健所と、市町村が設置している保健
センターの役割を見直し、住民に身近な母子保健サービスや高齢者保健
サービスを市町村の保健センターで行うような権限移譲が行われている。
　医療福祉に関するところでは、保健所では結核、感染症、難病に関して
の相談援助・保健サービスを保健師が中心に提供し、保健センターでは
健康増進、介護予防、母子保健の保健サービスが行われている。また精
神保健は都道府県などが設置する保健所から、住民が相談しやすい市町
村に相談窓口が広がっている。特に市町村保健センターは市町村が策定し
ている介護保険事業計画や地域福祉計画、障害者基本計画などの審議に
も参加し、地域での福祉・医療との連携の役割を担っている。

3、医療制度構造改革と2025年問題

　増え続ける医療費の抑制（医療費適正化）のため、厚生労働省は「医療
制度構造改革試案」を 、政府・与党医療改革協議会は「医療制度改革大
綱」をいずれも2005年決定した。それに沿った「医療制度改革関連法案」
が2006年可決成立し、2012年にかけて順次制度改正、保険給付の見直し
が行われた。
　具体的には、高齢者患者負担の見直し（一部患者負担引き上げ）、新た
な高齢者医療制度の創設（後期高齢者医療制度）、政管健保の公法人化（「協
会けんぽ」に）、高額療養費自己負担限度額引き上げ、介護療養型医療施
設の廃止、療養病棟の再編成（真に医学的管理を要する者に利用を限定し、
大幅削減）、療養病棟に入院している高齢者の居住費負担（入院時生活療

養費の新設）などがあった。そのほとんどが医療費削減のため患者負担を増やし、保険給付を縮小する内容となっている。

　この医療制度構造改革のあと、「2025年問題」という言葉がよく語られている。いわゆる団塊の世代がすべて後期高齢者となり、医療・介護にかかる費用が増加する。この構造改革を受け、今後2025年に向けた医療保険・介護保険一体となった制度改革により今後一層の公的保険の守備範囲の縮小、患者負担の引き上げが進められることが予想される。

［参考文献］
1）「保険と年金の動向」厚生労働統計協会　2018年
2）「診療点数早見表　医科　2019年4月増補版」医学通信社　2019年

III
医療福祉問題と
医療ソーシャルワーク

第5章　実践を深める知識・技術・倫理

1　対象者理解

1　対象者理解の視点

(1) 援助の視点

　ソーシャルワークは人と人の関係に立脚するため、人とかかわるということを真剣に考えて実践を行うことが重要である。アセスメントは事前評価、評価、事後評価などに訳されているが、従来、アセスメントでは援助者が対象者を観ることばかりが強調されてきたのではないだろうか。専門的援助関係の原則のひとつである受容も援助する側に視点をおいて捉えられることが多い。しかし、援助者がクライエントを受容するだけでなく、援助されるクライエントが援助者を受容して援助関係は成立する。アセスメントには、援助対象者の視点がないと援助者とクライエントの間に垂直関係を意識しやすいので注意が必要である。従来のリハビリテーションがあまりにも専門家主導であったとの反省から、アセスメントや評価という言葉に対して、特に障害当事者は否定的なイメージをもちやすい[1]といわれてきた。同じように観察という言葉も医療、看護、福祉分野など、多方面で普段に使われているが、ソーシャルワークにおいて、援助者はニュートラルな無人格な主体として[2]、他者を観察していることがないよう注意したい。医療や福祉現場では観察が強調されることが多く、医師による的確な診断、治療や看護、介護のための観察は重要である。しかし、ソーシャルワークは観察だけでは不十分であり、思いやる、想像することも大切にしたい。クライエントが何を思っているのか、何を示そうとしているのか、何をこちらに届けてくれているのかという視点に立つアセスメントや観察が重要

である。その為に、援助する側と受ける側の対等な関係に配慮し、相手の立場に立って理解する態度を表す用語が必要であると考えている。しかし、筆者には適切な用語が思い浮かばない。アセスメントという用語が一般的であるので、本書でもアセスメントを使用している。

　アセスメントや観察は問題志向に向かいがちであるが、それを軌道修正する為には、先述した援助視点の転換が必要である。介護保険が医療ニーズのある者に対して医療サービスを提供するものを一部取り入れているので、対応する高齢者、障害者には容態の急変もあるため、よく観察し問題点を把握する医療的視点は重要である。しかし、MSWはこのような問題点把握の見方だけではなく、全体的な福祉的視点を持つことが必要である。MSWが安心できる人間か、緊張しない人間か、受け入れてくれそうかどうか、患者や家族から観られているのである。アセスメントとは、相手の立場で理解することであり、MSWはクライエントとの対等な関係に配慮し、相手の立場に立って理解する態度を育くまなければならない。

（2）援助者が留意すること

　患者の問題や困難が解決し援助の終結を迎えても、MSWと患者の関係が続くことがある。院内でMSWと挨拶を交わすだけの交流や外来に来た時に立ち寄ることがある。そのようなつながりによって、患者は何か困難が発生した時にMSWに援助を求めやすくなる。このような交流の過程で、普段、何気なく過ごし患者が気づいていないような事柄の中に、MSWは解決すべき問題や事柄が隠れていることを発見することがある。日常の交流での面接では、会話の中に重要な情報が含まれていることがあるので注意を払う必要がある。そして、高齢者や障害を持つ患者の日常生活、身体及び心理状態などを充分把握する上からも、日常的な交流は重要であり、必要な時に必要な援助を依頼することができるMSWの存在は、患者や家族の安心感につながる。

　しかし患者自ら交流を求めない場合は注意を払う必要がある。MSWに

相談したことを周囲の人に知られたくない場合があるからである。患者や家族は何か困難や解決すべき事柄が起き、自力での解決が困難な場合に相談室を訪れる。そして、誰かに相談をしようとする場合、やむにやまれずに、他に方法がなかったという場合が多い。MSWは相談に訪れる人々の心理を理解しておくことが重要で、病院内や地域で出会っても、MSWから不用意に声かけをしないことが大切である。患者の相談内容を他に漏らさないことと同様に、守秘義務にはこのような配慮も含まれる。

2　全体像の把握

ソーシャルワーク本来の対象者理解のためには、困難という相談の一部から患者・家族を理解するのではなく、生活者として存在していること、困難や問題は抱えているが、それは一側面を表しているに過ぎないことを理解することが求められる。例えば、高齢者であればどのような時代を生きてきたのか、仕事に邁進していた時代があり、子育てに一生懸命だった時代があったことなど、全体像を捉えることである。目の前の状態のアセスメントは重要であるが、部分の切り取りで終わってはいけない。全体像の把握は患者・家族が自分の力に気づく、エンパワーメントにつながる援助となる。

(1) 援助者のあり方
①視点の転換
援助する側の視点からクライエント側に視点を転換する。MSWは常に他者視点を育成する努力が求められる。
②観察と想像
上から下を見るように他者を観察しているということがないように、問題点探しの観察でなくプラス面も観察する。相談として示される一部分を観るのではなく、聴くこと、触れること、感じることも含めて全体、

全身から発していることを理解する。

③全体像の理解

クライエントから相談として提示されている事柄だけでなく、生活や労働、生活史を含めてクライエントの全体像を理解する。

(2) 相談記録の項目

以下にアセスメント項目を列挙しているが、相談記録は所属する病院機能によって違ってくるので、独自に作成することがのぞましい。

① クライエントの属性

・年齢、性別、住所
・職業（雇用形態）
・医療保険の有無・種別、年金加入の有無
・経済状況
・住宅状況
・家族構成及び状況

② 相談内容

・主たる困難
・相談に至った経過（いつから、どのような経過をたどってきたのか）
・対処の経過（クライエントや家族関係者がどのように取り組み、対処してきたのか）
・主たる相談者、キーパーソン
・紹介経路

③ 環境

・クライエントと家族との関係、家族間相互の関係
・関係者の状況（友人・職場・近隣他）
・キーパーソンの確認
・生活史（教育、職歴、結婚他）

・生きてきた時代背景
④ 現疾患と病歴
・病状、障害の状態
・ADL・IADL、要介護度
　　＊ Activities of daily Living　日常生活動作
　　Instrumental Activity of daily Living　手段的日常生活動作
　　（家事、買い物、通院、家屋の維持、運転などADLの周辺動作をいう）
・身体障害者手帳、精神保健福祉手帳、療育手帳等の障害種別と等級
⑤ 社会資源
・既に活用している社会資源
・今後必要とされる社会資源
⑥ エンパワーメントの視点
・クライエントの持つ力
・その人らしい生き方

3　対象者理解の方法

(1) ジェノグラムの活用

　ソーシャルワークにおける実践のアセスメントの道具としてジェノグラムやエコマップがある。ジェノグラムは家系図であり、血縁を媒介とした人間関係を表しており、今まで何世代にもわたっての自分の系譜やおいたちを知ることができる。私たちは、通常は行き来のある健在の家族や親戚縁者については記憶しているが、何世代も前や故人については記憶が曖昧であることが多い。ところで、一組の父母から家系図をたどると、40世代前は約1兆人になることが計算されている。かつて地球上にそれほど多くの人口はいなかったので、どこかで先祖が重なり人と人はつながっていることが分かる。現在の自分と社会の人との関係を見つめると、おのずと自分と他者の存在のかけがえのなさが立ち現れてくる。

ジェノグラフの確認作業はクライエント理解に役立つだけでなく、クライエント自身が、現在の自分と社会や人との関係を見つめることに有効であり、また、そのような視点が援助する者にも必要な資質としてそなわっている必要がある。

(2) エコマップの活用

　エコマップは, ハートマン〔Hartman,A〕により1975年に考案された。生態地図や家族関係地図と呼ばれている。システム論や生態学のものの見方や考え方を基礎にして作られており、クライエントの置かれている状況を具体的に描き出すことができる。クライエントと家族との関係やその他の社会資源との複雑で多岐にわたる情報について、関わりを表す円や関係線からなる図式で表現する方法である。特徴は一目で人間関係や社会関係、あるいは社会的な支援ネットワークの実態を的確に把握することが可能である。医療機関や福祉施設での面接記録として、また事例検討や事例研究、スーパービジョンの様式として活用することができる。社会福祉の専門職教育においても実習や演習教育で活用されている。

　エコマップのメリットとしては図式化していく過程で、今まで漠然とした人間関係が一元的に一目瞭然となることである。希薄、険悪な人間関係が再認識でき、今後改善していく課題を提供してくれる。客観的な視点と、総合的・全体的な把握をすることが可能である。漠然とした考えは、偏在化する危険性があるので、感情や考えを整理する上でも、図式化という作業は有効である。また、エコマップの体系的な積み重ねと分析により、実践の理論化や経験法則の抽出が可能となる。

エコマップの表記法

　既にエコマップは幅広い分野や対象者に対して活用されているので、それぞれが自分の分野で使い勝手が良い表記法で使用することができる。統一様式は無いが、ハートマンのエコマップを元に解説する。(図5-1)

図5-1　エコマップ記入用紙

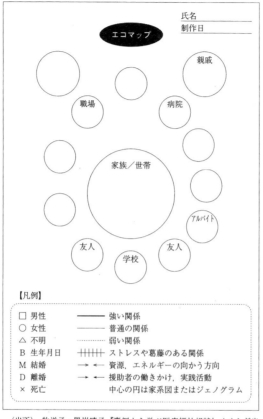

（出所）　牧洋子・黒岩晴子『事例から学ぶ医療福祉相談』せせらぎ出
　　　　版，2002年，133ページ.

① 図の中央の円は家族（または同居者）を示す。

② 周辺の円には、クライエントと関係のあると思われる環境を示す。

③ 何も項目のない円には、そのクライエントに関わりのある重要な項目を
　追記する。

④ クライエントとその環境との関係については、実線あるいは点線を使っ
　て示す。それぞれの関係の質（つながりが深いかどうかなど）を表す為
　に、三つの線を使用する。（太い線は強い関係、ふつうの線は通常の関係、

点線は弱い関係）

⑤ 線上に細かい刻み目をつけてストレスや葛藤を表す。線の横に両者の
関係がわかる方法として矢印を使用する。どちらが関わりを求めている
のか、エネルギーの向かう方向を示す。[4]

⑥ 一時期の表記だけでなく、長い生活史の一部を表すためには、関係を
示す矢印とは異なる時間的な経過を示す矢印（色別で区別してもよい）
に年月日を記述すると分かりやすい

(3) 生活史の把握

　ソーシャルワークはクライエントの抱える困難を軸に展開されるが、ク
ライエントの生活そのものを捉えようとすることが重要である。そして、生
活の中の問題の発生から現在に至るまでの変化やそれに伴うクライエント
と周囲の変化を理解することである。先述したが、対象者理解は目の前の
観察だけでなく、全体像を理解することから出発したいものである。その
ために生活史把握が重要となる。生活史把握とは福祉専門職が利用者を理
解する際、目の前の状態を部分的に観察するだけでなく、生きてきた時代
や社会状況、生活環境との関係性で捉え、その全体像を理解することであ
る。

　ソーシャルワークにおける生活史の定義は、古くはリッチモンドによる
「社会状況の調査（study）」であり、「クライエント個人とその家族の生活史
であって、クライエントが当面している社会的な困難がどのようなものか、
どんな解決方法があるかということを示す資料である」と示されている。[5]
社会福祉の実践現場において対象者理解の方法として生活史把握が取り
組まれてきたのは、貧困者や児童、高齢者などさまざまな領域である。[6]

　筆者は、医療福祉現場で実践されてきた被爆者や公害健康被害者への
援助を行ってきたMSWの援助に注目してきた。被爆者への相談援助を通
してMSWが確認している生活史把握は、単なる年表的な出来事の把握で
はなく、いのち（健康史）、くらし（生活史）、こころ（精神史）を歴史的、

構造的に把握し、過去につながる現在の生活や思い、願いをとらえることである。構造的とは社会の仕組みだけでなく国の制度政策に関係する社会資源や社会関係を包含した概念である。従って、生活史とは人間の営んできた個人の生活、人生の歴史であるが、自ずと個人を越えたものとなる。国の戦争政策の犠牲者である被爆者の生活史把握においては特に重要な視点である。長年、MSWは被爆者が歴史の大局から自分を振り返る視点の獲得へ向けて援助を行ってきた。生活史把握の手法はエコロジカル・パースペクティブ（Ecological-Perspective）そのものであり、人と環境の関係性を捉える視点である。人と環境は切り離しては考えられない関係性を有している。ジャーメイン（C・Germain）が1980年代に理論化したのであるが、日本ではすでに被爆者援助の医療福祉現場でMSWによってその実践がされていた。被爆者への援助はエコロジカル・パースペクティブそのものである。戦後の混乱期、MSWは専門職としての養成教育も充分ではない中、援助実践に精一杯で実践の理論化までには至らなかったが、被爆者のニーズを把握し、誠実に援助を行ってきた。その実践そのものがジェネリックでエコロジカルなアプローチであった。人権の尊重や生命の尊厳を考える際、この生活史把握の視点は基軸となる。（図5-2参照）

図5-2　ジェノグラム・エコマップと生活史の関係

ジェノグラム（時間軸）

エコマップ（面・流れ flow）

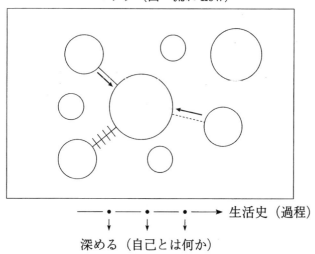

生活史（過程）

深める（自己とは何か）

（筆者作成）

〔注〕
1　石渡和実（2001）：知的障害者のケアマネジメントとアセスメント, ソーシャルワーク研究 vol26,No 4,pp27-29.
2　谷川俊太郎・竹内敏晴の世界「表現としてのことば」大阪吃音教室ＪＳＰ年報Stuttering Now 第4号.1998年,pp7.
3　読売新聞（2006年11月1日）：教育ルネッサンス「命」を学ぶ. 加古川南高校の生物教師原実男先生は「教育ルネッサンス『命』を学ぶ生物の授業」を通して「死」語るというテーマで授業を行っている。人の受精卵1つが生まれるのに染色体の組み合わせは64兆以上、「死」を通してひとつひとつの「命のかけがえのなさ」が立ち現れてくるという。
4　牧洋子・黒岩晴子（2002）：事例から学ぶ医療福祉相談,pp129-132,せせらぎ出版.
5　Richmond,M,Social Diagnosis.New York,Russell Sagc Foundation,1917.
6　佐藤豊道（1992）「ソーシャルワークにおけるライフヒストリー把握の史的変遷」『ソーシャルワーク研究』Vol.18,相川書房:pp132-143.
7　三村正弘（1981）：社会福祉学,第22巻第1号,日本社会福祉学会, pp89-90.

［参考文献］
1）小松源助・田代国次郎・山崎美貴子・松原康雄『リッチモンド　ソーシャル・ケースワーク』有斐閣新書,1979年,135－142ページ.
2）カレル・ジャーメイン他著・小島蓉子、編訳・著『エコロジカルソーシャルワーク』学苑者、1992年.

2　ソーシャルワークプロセス

　ソーシャルワークのプロセスは、一般に問題の発見、インテーク（受理面接）、アセスメント（事前評価）、プランニング（援助計画の作成）、インターベンション（介入）、モニタリング（事後評価）、終結・フォローアップという過程で、時間軸にそって進められる。この流れは一方向に限定されたものではなく、援助計画を実施して十分な効果が得られなかった場合には、もう一度アセスメント、プランニングにもどり、再度問題を分析して計画を作成することになる。これは効果を得られるまで、または利用者がここまででよいと判断する段階まで、原則として何度でも繰り返されるものである。

　MSWの支援も、基本的には同様の過程で進められる。以下に、それぞれの過程でMSWが行う支援の内容について解説するが、この章では、近年MSWの業務の中で大きな割合を占めるようになっている、退院支援を例にとる。

1　問題の発見

　かつてのソーシャルワークは、何らかの困難を抱えた人が、その解決のために自ら相談機関を訪れることを前提として、インテークの段階から始まるものとされていた。しかしソーシャルワークの支援を必要とする人た

ちの中には、自分や家族の困難を、問題として認識することができない人も多く含まれる。あるいは問題のあることを認識していても、その解決への意欲が低い人や、相談機関につながる手立てをもたなかったり、拒否的である人など、困難な状況にあってもソーシャルワーク支援につながらない人たちが存在するのである。

　こうした人たちの存在は、近年の多問題家族の研究などによって明らかにされてきたものである。そこで、ソーシャルワーカーが相談機関で来談を待つのではなく、困難を抱える人の元に自ら出向いて支援を行う、アウトリーチ（Out Reach）の方法がとられるようになっている。さらに、自分自身の力で相談機関を訪れることが難しい人には、その困難を自ら訴える力がなかったり、能力はあってもあきらめてしまっている場合もある。ソーシャルワーカーには、こうした人たちのニーズを丁寧に引き出し、さらに本人に代わってそれを伝えてゆく代弁機能（アドボカシー　Advocacy）も求められる。

　このような対応がとられることによって、困難を抱えた人は、初めてクライエント（支援の利用者）—自らの問題を認識し、それを相談機関の支援を利用して、自ら解決してゆこうとする意思をもつ人—としての立場に立つことが可能になる。こうした人たちの問題が深刻化する前に、できるだけ早期に発見し対応する体制をつくるためには、地域のネットワークを整えること等も必要であり、問題を発見する過程の重要性が、近年強く認識されるようになってきている。

　医療ソーシャルワークが支援の対象とする人の中にも、MSWの側からのはたらきかけがなければ、問題が放置されてしまう人は非常に多い。疾病を抱えていても、医療費の支払いができないために受診できずにいる人や、介護が必要な人を抱えていながら、どこに相談してよいかわからないまま、十分な世話ができない家族などである。MSWは、勤務する医療機関に受診する"患者"だけを支援するのではなく、地域の中に隠れている立場の弱い人たちの存在に常に意を払う必要がある。

2　インテーク（受理面接）

　上述の問題の発見の過程を経る必要がない場合、困難を抱えた人が問題を認識しており、その解決のためにソーシャルワーカーに相談しようと、自ら進んであるいは紹介を受けて相談機関を訪れるときには、この段階から支援が開始される。このインテークの段階で、MSWと患者・家族が初めて出会うことになる。両者の間に援助関係の基礎が築かれる、非常に重要な過程である。

　ここでの面接で、持ち込まれた問題がその相談室で対応すべきものかどうかの判断を行い、必要なら相談内容に応じて他機関に紹介することになる。その判断のために必要な情報収集を行い、問題点を明確にすることがインテークの第一の目的である。その機関が対応する場合には、インテークを行ったMSWから、別の担当者に引き継がれることもある。

　この段階の支援で特に意識しておかなければならないのは、患者・家族が置かれている状況についての理解である。相談に訪れた時点では、患者・家族は自分たちの力だけでは解決できない困難を抱え、これからどうしたらよいのかと、この先の生活に展望をもてず強い不安を抱いていることが多い。加えて、見知らぬ人にその困難な状況を伝えることへの不安、さらにそこでどのような対応がなされるのかについての不安などを抱え、非常につらい状況に置かれている。そのことに配慮した、幾重にも重なる不安を緩和するための対応が、インテーク時のMSWの重要な仕事である。十分な傾聴を行って、MSWに対してはもちろん、相談機関、ひいては社会福祉に対する信頼を得ることが、その後の支援を円滑にする。

　またこの段階では、MSWの役割が十分理解されていないことも多いので、丁寧に説明する必要がある。医療チームの一員であるが、特に患者・家族の立場でその生活について考え、支援を行う職種であることを、はじめにしっかりと伝えることが必要である。患者・家族には、治療の中心となる医師や日常身の回りの世話を受けている看護師に対しては遠慮がある

ことが多く、本心を十分に伝えられないこともある。許可なく相談の内容を伝えることはしないという秘密保持と共に、そうした医療スタッフとの立場の違いを理解してもらうことが、質のよい情報を得ることにもつながる。

　患者の立場を理解し、支援する専門職として認識されることが、よい援助関係を築くための第一歩となる。問題解決までには困難を伴うことが多いが、しっかりとした援助関係がその助けとなる。その出発点として、インテークが特に重要な意味をもつことを、十分に意識しておく必要がある。

3　アセスメント（事前評価）

　アセスメントは問題解決のために必要な情報を収集し、分析を行う段階である。面接により、患者・家族から直接話を聴くことが中心となるが、主治医をはじめ、病棟や外来のスタッフ、福祉事務所や在宅サービスを調整するケアマネジャー等病院外の関係機関や、診療録（カルテ）等からの情報収集も行われる。そこで病歴や生活歴、家族の状況、現在の問題へのこれまでの対応等について確認してゆく。

　患者・家族に対しては、機械的、一方的に聴き取るのではなく、患者・家族自身が話をする過程で情報を整理し、現在の状況を改めて認識できるよう配慮して対応する。MSWは、得られた情報を専門的な視点で捉え、真に解決しなければならない問題を明らかにしていく。それが、患者・家族が最初に訴えてきた問題とは異なる場合も多いので、そのことを当事者である患者・家族が納得したうえで支援ができるようにすることが大切である。

　在宅への退院を支援する場合には、特に丁寧なアセスメントが行われなければならない。患者・家族の退院後の生活についての希望や、そのために必要な条件がどの程度整えられるのか等詳細に聴き取ったうえで、自宅への退院が可能かどうか判断される必要があるからである。一般には、ケース・カンファレンスの場で、患者に関わる全ての職種がそれぞれの情報を

持ち寄り、協議して主治医の判断を仰ぐことになる。MSWが得る社会的な背景に関する情報は、その際非常に重要なものとなる。また、患者と家族、また患者と医療チームとの間で、退院後の生活についての考えが異なることもしばしばあるが、その場合にはそれぞれからよく話を聴きながら、調整を図っていかなければならない。

　これらの役割の他にも、医療ソーシャルワーカーは、退院後に生活する住居の状態や周囲の環境等を確認するために、リハビリスタッフらと共に直接出向く必要もある等、在宅への退院支援には非常に多くの情報の収集、分析が求められる。特に重篤な病状の患者や単身の患者の自宅退院にあたっては、患者の安全が確保されることが前提であり、その確認ができなければ、施設入所という選択肢も検討しなければならない。ここで十分に情報を収集することができるかどうかが、患者・家族のこれからの生活に大きく影響するのである。

　アセスメントをしっかりと行うためには、多くの時間と労力を要する。しかし社会的な条件の調査は、ソーシャルワークの本来の役割であり、ここに他職種にはない、MSWの専門性を示すべきであろう。

4　プランニング（援助計画の立案）

　アセスメントで明らかになった課題を、どのような方法、手順で解決してゆくか、具体的な計画を立てる段階である。これはMSWが主導して進められるのではなく、患者・家族が参加して、共同で作成することが原則である。一気に最終的な問題解決に至ることは困難なので、何段階かに分けて課題をあげ、その課題を解決するためになすべきことをわかりやすく示してゆく。

　その際には、自身の役割と患者・家族がすべきこと、利用する制度・サービス等を確認し、さらにそれをいつまでに行うのか等について明確にしたうえで、計画に同意を得ることが必要である。医療の領域では、インフォー

ムド・コンセント[1]の考え方が浸透している。MSWによる支援においても、援助計画を作成するためのそれぞれの過程で、この手続きを踏むことが必要である。

在宅への退院支援の場合、利用できる福祉制度やサービスについての情報量は、ほとんどの場合MSWのもつそれが圧倒的に多く、治療に際しての医師と患者・家族との関係に近い状況にある。そのため、MSWのペースで計画作成が進められる問題が起こりやすい。自宅退院にあたって、あるいはその継続のために解決しなければならない問題と、医療保険や介護保険、その他利用できるサービスや費用負担等について、患者・家族によく説明し、その選択を助けることが重要である。患者自身と家族が、在宅での生活がどのようなものになるのか、具体的にイメージできるようなはたらきかけを行って、解決までの道筋を示し、自らの生活を自らが決定するという主体的な姿勢をもてるよう支援するのがMSWの役割である。

最近では、退院前に医師、看護師、リハビリスタッフ等病院内の医療スタッフと、ケアマネージャーやホームヘルパー等在宅サービスの担当者が一同に会して直接協議し、支援計画を調整し、最終確認する場をもつことが一般的になっている。そこに、患者・家族が参加する例も多い。こうした機会を作ることは、患者・家族を支えるスタッフのチームとしての機能を高め、この後の支援計画の実施を円滑にすることにもつながる。

5　援助計画の実施・介入（インターベンション）

援助計画に基づき、段階的に課題解決のため、具体的に決められた内容を実施してゆく過程である。MSWは、自身が担当する部分の仕事を進めるとともに、患者・家族が課題に取り組み、達成してゆく過程を見守り、支持することが大切である。必ずしも計画通りに課題達成ができるとは限らないので、必要に応じて計画を見直すこともしながら、患者・家族の主体的な取り組みを支える。

　在宅への退院支援の場合には、支援計画が本格的に実施されるのは、退院後のこととなる。そのためそれに先立ち、試験的に外泊を行って、退院前にその計画に問題がないか十分な確認を行うことが望ましい。もし可能なら、MSWとリハビリスタッフや看護師等が同行して、患者が自宅で安全に過ごすことができることを確認したうえでの外泊とするべきだろう。こうした過程を経ることにより、支援計画作成時には気づかなかった問題点等も明らかになり、退院までに対応することが可能になる。患者・家族にとっても、現在の身体レベルや病院と自宅との環境の違いを実感する機会となり、障害の受容が促される面もある。住み慣れた自宅での外泊であっても、入院中と大きく異なる環境は不安も大きく、患者・家族にストレスとなることも多い。MSWは、こうした点にも配慮して、患者・家族が安心して在宅での生活に踏み切れるよう支援してゆく。

　次の実際に支援計画が進められる段階では、在宅サービスを担当する様々な職種が自宅に入ることになる。MSWはこれらの関係者とも連携を密にして、自宅での生活状況を把握する必要がある。高齢者や障害者などは、病状が変わりやすく、また介護者の条件による影響を受けることも多い。そのため患者や介護する家族の状況について、定期的に情報収集を行って、計画に問題が生じていないかを常に確認することが求められる。MSWが訪問する等して、直接状況を把握することがもっとも確実な方法ではある。MSWの訪問が困難な場合は、担当のホームヘルパー等、頻繁に患者宅を訪れてその様子を詳しく知る立場にある職種から、状態の変化等の連絡を受けられる体制を整えることが望ましい。

　また、介護保険を利用する場合には、退院後はケアマネジャーが中心となって在宅サービスを調整することが多い。その場合でも、MSWはケアマネジャーと連絡をとり、患者のその後の生活状況についての情報を定期的に収集することが望ましい。前述のとおり、高齢者や障害者は容体が変わりやすく再入院の可能性も高いため、特に継続的な支援体制が必要となる。再び入院が必要になったときには、在宅での状況をMSWから主治医

や医療スタッフに伝え、また自宅に退院する際にもMSWを通してケアマネジャーに引き継ぐことで、保健・医療と福祉が途切れることなく提供できる。それは患者・家族にとって大きな安心感となり、在宅での生活の支えとなるはずである。

6　モニタリング（事後評価）

　ここまで実施してきた支援計画によって、当初の目標が達成されているかを確認し、評価する段階である。医療ソーシャルワーカーと患者・家族とで行われることが多いが、場合によっては所属する病院や関連機関により行われることもある。目標達成の度合いや、それが患者・家族の能力に適したものであったか、他に利用するべき制度やサービスはなかったか等について確認してゆく。支援計画が十分な効果をあげていなかったときには、再びアセスメントやプランニングの段階にもどって、支援を見直す必要がある。そして、新たな支援計画が効果をあげたことが確認されるまで、あるいは患者・家族が継続の必要がないと判断するまで、この過程が繰り返される。

　通常は支援の目標が達成されたことが確認されれば、MSWはその時点で終結の準備に入る。しかし在宅への退院支援の場合には、退院を果たした時点ではなく、その後の一定期間自宅での生活を継続した上で評価を行う。往診や訪問看護、ホームヘルパーの派遣等を組み入れた支援計画は、最初の評価後も長く継続することを前提としており、患者の病状や家族の変化等の影響を受けやすいため、定期的な状況の確認が欠かせない。継続して様子を見守り、その時々の状況に合わせて支援体制を見直すことが求められるので、定期的に再アセスメントを行うことが望ましい。介護保険の場合には、6カ月毎にこれを行うことが決められているが、それ以外の場合もこれに準じた確認が必要だろう。

　患者・家族が不自由なく安心して生活できているか、現在の状況を確認

することは言うまでもないが、症状の進行等この先予想される問題についても、できるだけ早めに対応できるよう準備してゆくことが肝要である。また患者・家族の努力を、MSWが肯定的に評価し、ねぎらうことも、在宅での療養の継続のために意味のあることである。

7　終結・フォローアップ

　終結は、支援の対象とした問題が解決したときに行うことを基本とする。支援の過程で生じた問題や当初から対象としなかった問題が残っていても、それが生活に大きく影響するものでないとき、またはこの後は患者・家族のみで対応が可能であると判断されるときには、支援を終結する。これ以外に、患者・家族の転居、死亡といった理由で継続ができないときにも、支援は終結される。終結により、MSWと患者・家族との専門的な支援関係は、いったん解消されるのが原則である。問題が解決された後も支援関係が続くことは、依存を招くことにつながりかねず、患者・家族の問題解決能力を低下させる原因ともなるので、終結の時期が来たことを明確に伝える必要がある。モニタリングの段階で、終結時期が近いこと、そのための準備に取りかかる必要のあることを伝えて、患者・家族が受け入れやすいよう配慮するべきであろう。

　ソーシャルワークの目的は、第一義的には問題の解決そのものであるが、同時に支援の過程で患者・家族の問題解決能力を高め、今後の人生の途上で同様の問題に出会ったとき、自分自身の力でそれを解決できるだけの力を身につけてゆくことにある。その妨げとなることのないよう注意深く対応しなければならない。

　また終結にあたっては、患者・家族と共にこれまでの過程を振り返る作業を行うことが大切である。患者・家族の能力や置かれた環境は様々であり、問題解決に伴う苦労もまたそれぞれ異なる。順調に問題解決がはかられた場合はもちろん、当初目標としたレベルには達しなかった場合でも、

一定の成果をあげることができたこと、加えてその過程で為された努力について十分に評価しねぎらうことが、患者・家族にとっての自信につながり、終結後の生活を支えるものとなる。

　さらに、将来起こると予測される問題、例えば高齢者は加齢により身体レベルが低下し、やがて自宅での生活が困難になる、いずれ子供が就職や結婚で自宅を離れれば、介護の手が不足するといった事柄については、終結時に予め伝えておくことが必要である。それによって患者・家族は、将来に備え対応を考えることが可能になる。またそうした問題が生じたときには、いつでもMSWの支援が利用できることを、患者・家族によく理解してもらうことも重要である。

　病院等の医療機関では、ソーシャルワークの支援が終結しても、治療は継続して行われることが多い。必要なときはいつでも声をかけられるよう、MSWもフォロー・アップを行ってゆくことが望ましい。外来受診時にMSW自身が様子を確認したり、電話で様子を尋ねるといった方法もとられている。在宅サービスの担当者と適切な分担を行って、終結後も状況の変化に対応できるよう準備を整えておくことは大切な役割である。必要なときはいつでも対応可能なことを、患者・家族が十分理解していることが、安心して支援の終結を迎え、自立した患者・家族へと成長するために必要なのである。

［注］
1　インフォームド・コンセント：患者またはその家族が、手術や投薬等の医療行為の内容やその結果について、予め十分な情報を得て、その医療行為を受けるかどうか自ら決定する権利と、それを可能にするために医師が十分に説明する義務、及びそれらを前提とした医療行為についての両者の合意

［参考文献］
1) 杉本照子監修『医療におけるソーシャルワークの展開』　相川書房　2001
2) 杉本敏夫監修『医療ソーシャルワーク』　㈱久美　2004
3) 村上須賀子他編著『在宅医療ソーシャルワーク』　勁草書房　2008

3　ソーシャルワークスキル

　医療ソーシャルワークの対象は、疾病や災害等でさまざまな生活困難な状況を抱えている患者とその家族の生活である。医療ソーシャルワーク実践では生活困難な状況に陥っている「人」とその人の「生活」を理解することが求められる。

　本節では、医療ソーシャルワーク実践の展開における専門性に基づいた知識・技術・視点と記録の方法を理解し、実践的に習得できるようにする。

　ソーシャルワークの展開過程は、「開始期」「展開期」「終結期」の三段階であり、「開始期」は相談依頼を受けた時点から援助が始まる。通常、それはインテーク面接から始まる。インテーク面接では、患者・家族が抱えている生活困難な状況を情報収集し、生活課題を明確にすることになる。そこでは、辛さ・苦しみ・不安を抱えた患者・家族に関わって、安心・信頼を得られるようにしていく面接が重要となる。

　ソーシャルワークの援助関係は患者・家族であるクライエントから信頼される関係が形成され、維持されていくことが重要であり、クライエント中心の面接を基本として展開されなければならない。

　そこで、面接時における信頼関係の形成に関わる2つの面接場面の事例を取り上げて考えてみよう。

1　信頼関係の形成

面接場面1
　フィリピンから来て住み込みで働いている29歳の女性患者Kさんに対して、MSWが病気の理解を働きかけている場面である（病名：軽度の脳出血）。
Kさん①：
　早く退院して仕事をしたい。フィリピンにいる父は半身麻痺状態。介護している兄が無職で、弟と妹が学校に通っている。フィリピンの家族に仕送りをしなければ困ってしまう。

159

MSW①：
　今無理すると再発の可能性がありますよ。退院してもすぐにフルタイムで働くことは避けて、在宅生活に慣れながら少しずつ仕事に復帰できるようにしましょう。
Kさん②：
　私が働いて仕送りしなければフィリピンにいる家族が困ってしまう。家族のために早く退院して働きたい。
MSW②：
　でも、今無理すると再発する可能性が高いんですよ。主治医からもそのように説明されたでしょう。まずはしっかり治すことを考えましょう。
Kさん③：
　医療費や自分の生活費のこともあるので、早く働いて少しでも稼がないと困るから退院したい。（やや口調が強くなって）分かってほしい……。
MSW③：
　（MSWは、本人に何とか病気の理解をしてもらい悪化させないように患者さんを守りたいという思いがあった。国の文化や考え方が違うので、理解を得られないのではと考えながら）
　何度も同じことを言いますが、せっかく良くなってきたのに今あなたが無理したら病気が悪化するかもしれませんよ。あなたの体のことを心配してるんですよ。
Kさん④：……（黙ってしまった）。
MSW④：……（困った。どうしたら良いんだろう？）。

面接場面2
　心臓病で検査入院が必要となっている患者さん夫婦に対して、MSWが入院をすすめている場面である。
（患者Aさん50歳、妻、大学生の長男、高校生の長女との4人暮らし。医師が特定疾患《拡張型心筋症》の疑いがあるために検査入院をすすめたが、経済的不安が強く拒否している。）

MSW①：
　疑いのある病名は、放置すると心筋梗塞で死に至る危険性があるようです。胸痛で苦しい思いをされてきたのですから、早くはっきりさせなければ大変なことになりかねませんよ。
Aさん①：
　妻と宅配業をしていて、夜は郵便局で非常勤で働いているんです。健康保険は郵便局で入らせてもらっているんです。このご時世で郵便局も4月より人員削減があり休めないんです。病気が分かると解雇されてしまいそうで、やっぱり入院は無理です。解雇されたら国保に入らなければならないですよね。保険料が高くてとても払えませんよ。やっぱり退職はできませんし。

MSW②：

　経済的にお困りのようですね。まず休業補償のことを説明しましょう。健康保険では傷病手当金が受給できます。一時的にそれではいかがでしょうか。仮に退職となった場合には、失業給付が受けられると思います。また、ハローワークでの転職相談も利用できますよ。長期の治療が必要となり働けない場合には、生活保護のことも考えましょう（具体的に制度の説明をする）。

Aさん②：

　実は言いにくいことなんですが、父が借金を残したまま死んだのでその肩代わりをしているんです。他にもいろいろとローンがあって今より収入が減ることはとても無理です。子どもたちの学費もあるし。やっぱり今のままで働かないとだめですわ（妻も同様に頷いている）。

MSW③：

でも病名をはっきりして治療を受けていかないと、またとこで倒れるかもしれませんよ。倒れてからでは手遅れになってしまうかもしれません。経済的に大変なことはよく分かりましたので、何とかお手伝いさせていただきますよ。とにかく検査入院を受けましょう。

Aさん③：

　妻ともよく相談してみます。また、出直します。

※MSWは、Aさんに早く検査入院してもらうために他に利用できる福祉制度はないかと考えてみたが、解決方向がつかめないままとなった。

　面接場面1のプロセスを整理してみよう。

　Kさん①と②では、家族のために早く退院して働きたいと訴えている。対して、MSW①と②では、病気の理解と療養生活の安定を働きかけている。そこでKさん③は、感情的になってきて、分かって欲しいとやや強く訴えた。MSW③では、あなたのことを心配しているんですよと援助者の思いを伝えている。結果、Kさん④は、MSWが分かってくれない相手と思い、黙ってしまった。

　面接場面2のプロセスも整理してみよう。

　MSW①では、検査入院をすすめている。対して、Aさん①は、仕事や家計のことで不安を訴えている。そこで、MSW②では、不安軽減を図るために経済的な制度利用の説明をしている。それでもAさん②では、経済

的に追い詰められていることを訴えている。しかし、MSW③は、検査入院を強く働きかけた。結果、Aさん③は、具体的に何の問題解決も見いだせず相談を打ち切った。

(1) 面接場面の共通する問題点

　この2つの面接場面から共通してみえることは次の通りである。KさんおよびAさんは、MSWに対して自分の置かれている立場や考えを訴えている。対して、MSWは病状に対する理解を求めて説得している。そこで、KさんおよびAさんには、支援者であるはずのMSWが分かってくれない人と映ってしまった。このことをソーシャルワークの援助における関係性に焦点を当てて問題点を考察してみよう。

　1点目は、援助者であるMSWと患者との双方向のコミュニケーションが成立していないことである。2点目は、聞いてくれない、分かってくれないMSWに対して、患者は"語る"意思を失っていったことである。3点目は、患者にとってMSWは、安心・信頼できる援助者ではなくなったことである。4点目は、その結果、専門的な援助関係が形成できなかったことである。

　図5-3の通り、逆転移の関係が生じ、援助者側が創り出してしまう援助困難事例の特徴でもある。「生活問題が解決しない、援助者が分かってくれない」というクライエントが抱える辛さ・苦しみが存在する。それに対して、「一生懸命努力しているが思うようにならない、クライエントが理解してくれない」という援助者が抱える辛さ・苦しみが生じる。この辛さ・苦しみのズレが両者の安心・信頼関係を生み出さなくしてしまう。それは専門的な援助の関係性を創れないことになる。上記の2つの面接場面はこの典型的な例である。望ましいのは転移の関係性が構築できることに他ならない。

図5-3　援助困難事例の特徴

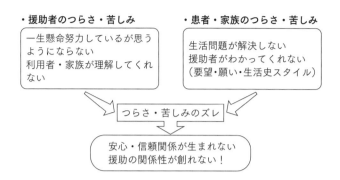

ソーシャルワークにおける援助者は、自分とは異なる人の"痛み"を感じ取り、その人の辛さ・苦しみに関わっていくことになる。そこでは、人間を理解することに関連する知識が必要となる。人間の発達理論、社会のしくみ、人間の情動と行動等から見られる特徴があげられる。援助対象者としての患者・家族の理解を促進していくために必要な専門的知識の一つである。

(2) 安心・信頼を得るコミュニケーションの考え方

ソーシャルワーカーが関わるクライエントとの援助の過程は、言語表現やコミュニケーションを中心に展開される。そこでは患者・家族から安心・信頼されるために、コミュニケーションは双方向に展開されなければならない。

図5-4　コミュニケーションの方向（相互作用）

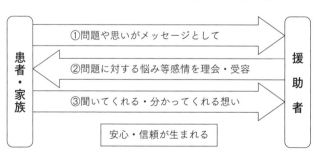

図5-4に示したように、インテーク面接では患者・家族の側から抱えている問題や悩みなどのさまざまな思いがメッセージとして援助者に語られるはずである。援助者は、語られたメッセージの内容を整理し、理解・受容したというメッセージを患者・家族に返していくことで、問題に対する共通理解が可能となる。そこで、患者・家族は発信したメッセージを分かってくれた援助者に対して安心し、信頼できるようになる。この関係を構築することが専門的援助関係を確立することになる。また、患者・家族の抱えた生活問題解決の方向性を明らかにする協働作業に繋がっていく大切な取り組みである。

　専門的なコミュニケーションの方法は後述する。

2　スキルアップのためのソーシャルワークの視点・考え方

　クライエントである患者・家族は、生活上の困難やさまざまな不安などに遭遇している状態である。自ら置かれている生活環境等に対する適応能力や問題への対処能力、社会への応答性などが低下している状態である。それらを取り戻す、あるいは回復することが必要となっている。MSWはそれらに焦点を当てて、患者・家族に対して社会的に機能する力の強化を図っていくために援助介入していく。そのためには、ストレングス視点やソリューション・フォーカスト・アプローチなどが参考になる。

　ストレングスとは、クライエントが元々もっている強さ、能力、忍耐力、生活環境の強さのことである。「こうしたい」「こうなりたい」と思うクライエントの自己像を引き出し、現実に立ち向かっていける力や意欲を高めていく方法である。

　ソリューション・フォーカスト・アプローチ（解決志向アプローチ）とは、ストレングス視点を基盤に、問題の原因を探るというより、解決を探していくことが有効な方法であるとして問題状況を変化させていく方法である。たとえば、過去の問題解決などの取り組みや現在できていること、これか

らできそうなこと、例外等に注目していくなどクライエントが元々有している強みや資源に着目していく方法である。ソーシャルワークに活用していくことで、ストレングスを発見するための効果的な取り組みである。

　具体的には、患者・家族の長所や今まで気づかなかったこと、頑張り耐えてきたことを見いだすことである。そのことは、患者・家族がおかれている生活困難な状況を跳ね返す力を見いだし、生活形成力の育成に向けて働きかけていくことができる。たとえば、患者・家族を「困難を抱えながらも頑張って生きている存在」であると肯定的に受け止め、評価していくことが重要である。肯定的評価はクライエントの強さや長所を発見していくことができる。これは相手を分かろうとするポジティブなコミュニケーションを創出し、ソーシャルワーカーが真剣に関わろうとしている姿勢を伝えていくことができる大切な関わりとなる。あわせて、患者・家族が自らの内にある力を発揮できる経験やその機会を拡大していくことと、その環境を整備していくことが必要である。それは患者・家族の日々生活する意欲を高め、ポジティブな生き方になれる機会を生み出すことに繋がる。

3　ソーシャルワークのスキル―「語り」を「聴く」姿勢

　ここでソーシャルワーカーが面接場面を基本とした援助過程で求められる姿勢を明確にしておこう。バイスティックの7原則はソーシャルワーカーの基本的姿勢であることはいうまでもない。面接場面では、とくに傾聴と共感の姿勢が重要となる。

　傾聴とは、クライエントから語られている言葉の意味を理解しようと努める姿勢であり、言葉の背景にあるクライエントの感情も受け止めて理解しようとする関わりでもあり、信頼関係の形成のための重要な技法である。クライエントの表現から、注意深く何が語られているのか、どのように語られているのか等を「聴く」ことが大切な姿勢であり、根気よく、かつ語り手のペースにあわせていかなければならない。時には時間と忍耐が必要に

なる。

　共感とは、傾聴し、クライエントの苦悩・不安・恐れなどの感情を十分に理解しようとする姿勢である。ソーシャルワーカーが自分の身になって聴いてくれる、受け止めてくれる味方であるという信頼感がクライエントに生じる関わりになる。これは同情とは相容れない。同情は、聞き手の体験や価値観の枠組みの中で語り手の気持ちや考えを決めてしまうような聞き手から語り手への一方的な感情の動きだからである。

　面接場面ではクライエントが何を表現しているのか「聴く」ことを重視していかねばならない。質問ばかりして「聞く」ことではない。クライエントの語る内容を理解しようと努めていることを伝えることであり、傾聴しながら適宜質問もすることである。

　つぎに、「そんなにお困りなんですね」とか、「そんなに大変でも何とか頑張ってこられたんですね」などと肯定的な評価をしていくことである。これが、聞き手（ソーシャルワーカー）に対して、語り手（患者・家族）が「聞いてくれた」「分かってくれた」という安心感・信頼感をもつことになる。面接のポイントは、患者・家族が語ることである。ソーシャルワーカーが聞き出すのではなく、患者・家族がMSWの前で自由に表現できる環境を提示できなければならない。

　また、スキルアップの方法として次のような姿勢で関わっていくことが大切である。

　問題解決の答えはMSWが提示するのではなく、患者・家族に答えを考えてもらうことである。そのうえで患者・家族が考えて提示した答えに対して、MSWは傾聴し、支持していくことである。そして、患者・家族の「語り」を「聴く」ことから取り組めるように、専門的コミュニケーション技法を駆使していくことが必要である。

4　専門的コミュニケーション技法

　ここでは、ソーシャルワークの面接技術に活用できるいくつかのコミュニケーション技法を紹介する。

①繰り返し

　否定、肯定、解釈を一切入れないでクライエントの話したことについて、重要なポイントを確認したり、話したことをそのまま述べる技法。

②受けとめ、促し

　クライエントの話を聞いていることを示す相づち、うなずきなどの表現。促しは相手の話を促す目的で行われる表現。

（例）「ええ」「そうですか」「どうぞ、続けてお話しください」「それで？」「そうでしたか」など。

③要約

　クライエントの話をまとめる技法。話の内容に理解を示す効果がある。また話が混乱しそうなときに効果的である。

④言い換え

　クライエントが話した内容を異なる表現で言い直す技法。抽象的、あるいは独自の表現を明確化するには効果的。長くなったクライエントの話を短い言葉で言い換える技法でもある。

⑤感情の反射・感情の明確化

　共感的コミュニケーションを図る効果的な技法。クライエントの気持ちを理解しようとしていることを示す効果がある。

（例）「○○というお気持ちだったのですね」「私には○○さんが○○だったように思われます」など。

⑥明確化・認知確認

　クライエントが話した内容と援助者の理解の一致を確認する技法。共通理解を図るには効果的である。

（例）「今、話されたことは○○と言うことでしょうか」「あなたは○○と言われたのですね」など。

⑦質問

話題をすすめる、深める技法。「開かれた質問」と「閉ざされた質問」、「具体性を追求」する技法がある。質問の意図を明確にすることにもなる。「○○についてお伺いします」など。ただし質問のしすぎはクライエントの閉塞感を生み出し、しんどくさせてしまう。

　理由を尋ねる場合「なぜしないのですか」という質問は詰問につながることもあるので、「それをしていないのは何か理由があったのでしょうか」等と言い換えてみる。

「開かれた質問」は、クライエントに自由に語ってもらう質問技法で、本人に答えを考えてもらう、あるいは自己決定の力を引き出す方法として効果的である。「どうしたらよいと思いますか」「あなたはどうしたいのですか」など。

「閉ざされた質問」は、はい、いいえなど簡単に答えられる質問技法。具体的な事実の明確化や確認等に有効である。

　インテーク面接時の情報収集には、両方の質問技法を効果的に駆使していくこと。

　話を展開させる効果的な開かれた質問例

　「そうお感じになるのはどうしてですか」「具体的に思い当たることはありますか」など。

　事実と感情を顕在化する閉ざされた質問例

　「いま、○○についてどのようなことをお感じになっていますか」

　「今後○○をするには何か問題か、戸惑いがあるでしょうか」など。

⑧支持・是認・保証

　クライエントの語ってくれたことを認める、支持する、あるいは安心を与える効果的な技法。また、クライエントの意欲や潜在的な力を引き出す効果がある。

⑨対決・焦点化

　問題解決の方向に導いていく効果的な技法。クライエントの言動と感情のズレを指摘したり、自分自身に向き合わせる方法である。上記のさまざ

まな技法を組み合わせて使われることが多い。

　以上が主なコミュニケーション技法である。面接場面では単一の技法だけでなく、いろいろと組み合わせてより専門性の高い面接技術にスキルアップしていくことである。

5　望ましいコミュニケーション例

　ここで、本節の最初に取り上げた面接場面の望ましいコミュニケーション例を紹介するので、理解を深めて欲しい。

「面接場面1」のコミュニケーション例
MSW①　（傾聴・言い換え・明確化）
「そうなんですか。お父さんも大変なようですね。フィリピンにいる<u>家族の生活は、Kさん</u>にかかっているんですね。」
MSW②（感情の反射・開かれた質問・焦点化）
「Kさんは早く退院し、働いてフィリピンの家族へ仕送りしたいのですね。今回のような病気でも<u>何とか頑張らなければと思っているのですね。それをこれから続けられるようにするには、どうしたらよいと思いますか。</u>」

「面接場面2」のコミュニケーション例
MSW①（開かれた質問）
「検査入院を躊躇されているようですが、お困りなことがあるようですね。<u>差し支えなければ聞かせていただけませんか。</u>」
MSW②（言い換え・感情の反射・閉ざされた質問）
「昼も夜も働いて、かなり無理をされているのですね。職場の事情もご不安なようですし、家計の方もお困りなようですね。<u>それで、胸痛があってもすぐに受診できなかったわけで</u>すね。」
MSW③（要約・言い換え・明確化・支持・閉ざされた質問・開かれた質問・対決など）
「亡くなられたお父さんの借金を肩代わりされたうえに他にもローンを抱え、お子さんの学費などともあって、<u>とても休めない状況なんですね。それで奥さんとも無理され、頑張って</u>働き続けてこられたのですね。今は仕事のことや家計の目途ができないと入院ところでは

ないのですね。」
「でも、今度胸痛発作が酷くなったり、倒れられたらどうしましょう?」
(社会福祉制度の紹介は、問題点や解決の方向性を明確にしたうえで、手段として考えること)

6 インテーク時の面接技術のポイント

　いままで述べてきたソーシャルワーカーがインテーク面接時に専門性を発揮するための実践的ポイントを簡単にまとめておく。

① クライエントから安心・信頼を得られるようにし、援助関係の形成を意識的に取り組むこと。転移・逆転移の関係について意識的に取り組むこと。

② クライエントの"語り"を中心に展開すること(面接はクライエント主導である)。

③ 傾聴、共感の技法を効果的に駆使し、バーバル・ノンバーバルな表現の背景を読み取ること。"語り"や感情などの意味を的確に理解すること。

④ コミュニケーション技法を効果的に組み合わせて活用すること。
　クライエントの"語り"を引き出し、的確な情報収集のためのコミュニケーション技法を駆使すること。

⑤ 事実の収集だけに終始しないこと(クライエントの閉塞感につながる)。情緒的な面にも触れること。
　クライエントの心理的・感情的な側面を理解すること。

⑥ クライエントの人間像と生活を理解するために的確な情報収集をすること。
　人間の発達理論や環境理解のための考え方を理解すること。

⑦ クライエントのストレングスを発見し、高めること(ストレングス視点による支援)。
　クライエントのその人らしさや強みを引き出すこと(解決志向アプロー

チ）。

クライエントが元々有している強みや資源に着目すること。

「開かれた質問」技法を効果的に駆使し、クライエントのストレングスを発見すること。

7　記録の方法

　ソーシャルワークの記録は専門性を示す重要な意味を持つ。とくにケース記録と呼ばれているものは、クライエントへの援助内容、援助経過などを記したソーシャルワークの実践記録である。退院援助等の日常業務が多忙でケース記録がなかなか作成できない状況に多くの医療ソーシャルワーカーが悲鳴を上げている。しかし、記録を書くことによりクライエントに関わる情報を客観的に整理することができ、クライエントの人間像や生活全体を総合的に理解することができる。専門性を高めるうえでも疎かにできない。記録への取り組みが実践できているソーシャルワーカーとそうでないワーカーでは、専門性に基づいた援助の質は明確に差が生じてくる。

　また、近年では病院の近代化に伴い電子カルテが導入され、医療ソーシャルワーカーの記録も電子媒体として組み込まれている医療機関も増えている。医師をはじめとした多職種に医療ソーシャルワーカーの専門性を示す重要な方法の1つにもなっている。

(1) 記録の目的

　記録を書くことの目的は、①ソーシャルワークの質の向上、②施設・機関の機能向上、③教育訓練や調査研究、④法的な証拠資料の4点である。

　ここでは、記録の様式と方法について触れる。

(2) 記録の様式

　記録様式は事実を記録する叙述体、要約体と、事実の解釈・見解を説明

体として記録する方法がある。事実とは、「……である」「……であった」等観察や把握したそのままを記録することであり、客観的に物事（ケースや対人）を検討して改善や解決をめざす重要な内容となる。解釈・見解とは、「……と思う」「……と考える（考えた）」と援助者が理解や判断、共感した内容を記録することであり、援助者に対するスーパーバイズを得たりして援助者の成長を促進することにつながる。

①叙述体

　叙述体とは時間の経過に沿って起こった出来事のみをソーシャルワーカーの説明や解釈を加えずに記述する文体である。クライエントやソーシャルワーカーの発言をありのままに記述する文体を逐語体といい、叙述体に含まれる。

　叙述体には、クライエントとソーシャルワーカーのかかわり（面接過程や援助過程）を時系列に詳細に記録する過程叙述体と、面接や会話記録など要点を絞って一部に短縮して記述する圧縮叙述体がある。

②要約体

　要約体とは、事実やその解釈・考え方の要点を整理して記述する文体である。単に文章を短くしただけではなく、事実のポイントを明記したものでなければならない。これが圧縮叙述体との違いである。

　電子カルテ方式でのソーシャルワーカー記録は、この方法が一般的に用いられている。

③説明体

　説明体とは、クライエントに関わる客観的事実やソーシャルワーカーの解釈、見解を説明する文体である。記録作成時には、事実と解釈・見解を明確に区別して記述することが重要である。

　他に図表を用いた記録として、ジェノグラムやエコマップの活用もあげられる。援助の効果測定の際に、援助介入前と介入後のクライエントを取り巻く環境の変化を明確にする方法として、ジェノグラムやエコマップの

活用は効果的である。

(3) 記録の方法

　記録の方法として、問題志向型記録（POR：Problem Oriented Record）の方法を紹介する。

　この記録方式は、情報を客観化していく重要な作業として、SOAPの記録の方法で記述する。図5-5のとおりSubjective、Objective、Assessment、Planに分けて記述し、援助者の思考過程をわかりやすく示すことができる。

図5-5　記録の方法（SOAP）

Subjective	**クライエントの主訴、起こったこと等** （利用者・家族等の言動、態度、考え要望等を含む）
Objective	**援助者が見たこと、聞いたこと、体験等** （援助者が対応したことも含める）
Assessment	**問題の明確化、援助者の専門的判断** （解決課題・ニーズの明確化）
Plan	**解決目標・計画・方法の明確化** （Aの内容に基づく今後の予定や計画、修正）

　他にも、看護分野で開発された記録方法として、フォーカス・チャーティングがある。患者中心の看護記録といわれ、クライエントの言動に焦点を当てることが特徴である。クライエントの言動や変化に関する内容をフォーカスとして記述する。記述項目は、D（クライエントの情報、主観的事実と客観的事実を含む）、A（ソーシャルワーカーの介入の方法）、R（介入に対するクライエントの反応、結果）の3項目である。クライエントの言動のみにとらわれることなく、ソーシャルワーカーの援助内容を振り返ることも可能な方法である。

［参考文献］
1）北川清一「ソーシャルワーク実践と面接技法」相川書房　2006
2）岩間伸之「対人援助のための相談面接技術」中央法規　2008
3）副田あけみ／小嶋章吾編著「ソーシャルワーク記録・理論と技法」誠信書房　2006

4　専門的援助関係と専門職倫理

1　人間らしく生きる権利と社会福祉の理念

（1）社会福祉の理念とソーシャルワーク

　本項では、対人援助専門職としてのMSWと患者・家族など、援助対象となる人々との援助関係の構築と専門職倫理を取り上げる。まず社会福祉の理念を理解し、社会福祉専門職の専門性と専門職としての自己覚知の重要性について深める。

　社会福祉は人間らしく生きる権利と切り離して考えることはできない。そのため、社会福祉を形作る基礎的な考え方として日本国憲法を据えたい。憲法には、人権の尊重、権利の保障と人間の全面発達、ノーマライゼーションを基礎とした人間尊厳の価値の実現が明記されている。そして、人間らしい生活を営むことができるよう、健康で文化的な生活水準を保障することを国の責務として定めている。

　国際ソーシャルワーカー連盟（IFSW）の新しい定義では「ソーシャルワークは、社会変革と社会開発、社会的結束、および人々のエンパワーメントと解放を促進する、実践に基づいた専門職であり学問である。社会正義、人権、集団的責任、および多様性尊重の諸原理は、ソーシャルワークの中核をなす。ソーシャルワークの理論、社会科学、人文学および地域・民族固有の知を基盤として、ソーシャルワークは、生活課題に取り組みウェルビーイングを高めるよう、人々やさまざまな構造に働きかける」としている。

ソーシャルワークと専門職としてのソーシャルワーカーの定義に立脚すると、MSW はいつの時代においても、人権侵害を許さない立場を貫く社会正義の実践家であり社会変革者といえる。

(2) 専門職と職業倫理

専門職の基盤となる専門性の構造は、倫理を土台として知識と技術をもって援助することである。しかし、高度科学技術が戦争に使われていることからもわかるように、知識や技術は悪用も善用もされる。そこに歯止めをかけるのが倫理である。先に述べた IFSW の新しいソーシャルワークの定義では、「ソーシャルワークは、生活課題に取り組みウェルビーングを高めるよう、人々やさまざまな構造に働きかける」とあるように、ソーシャルワーカーは社会構造に働きかけ社会の仕組みを変えなければ平和や安全は構築できない。そして、生命を脅かさない、人権を侵害しない職業倫理が土台になって専門性を構成する。さらに、筆者は専門性の基盤に自己覚知を据える。援助者の自己覚知がすすむことで、クライエントとの対等な関係の構築や人権尊重が可能になる。社会の見方、捉え方の理解が深まり社会変革の行動につながる。

MSW は社会福祉に関するさまざまな知識や方法論などその援助方法を身につけて援助を行う。社会福祉における援助は人間の生活や精神・身体・財産・権利に深く関わり、困難を抱えた人々の苦悩や悲愁にふれる実践であるからこそ倫理が求められる。その専門職業上の行為規範を定めたものが倫理綱領である。これには基本的人権の尊重に加えて関わる側のあり方、踏み外してはいけないことが明記されている。日本医療社会福祉協会、日本社会福祉士会などの職能団体が特に必要を認めて定めている。

ソーシャルワークは、利用者が主体となって人生を切り開くための援助であり、専門的知識や技術は当然のこと、倫理観を兼ね備えるためにも常に自己を理解する努力を行っている者、それが専門職といえる。しかし、過去も現在も、福祉専門職によるクライエントへの不適切な対応や人権侵

害事件は後を絶たない。MSWもそのような最悪の事態に陥ることがないよう、困難を抱えている人々の人間性や人権を侵さない高度の職業倫理が要求される。

　専門職による人権侵害の問題では個人の責任は問われるべきであり、福祉専門職としての資質を向上させるために、倫理の基盤となる自己覚知を伴った福祉専門職としての自己形成に努めなければいけない。しかし、個人の資質だけでなく、労働環境の悪化など社会環境との関係も視野に入れて考えるべきである。社会とつながりのない自己形成はなく、その前提としての自己覚知も狭い意味の自己を知ることだけに留まるものではない。個人の視点だけで捉えるのではなく、福祉労働者の労働条件の問題も含めて社会的に捉える視点をもつことで、利用者への虐待などの重大な事態に陥ることを避けることができる。そのような社会的視点の獲得も自己覚知の作業を通して可能となる。

2　専門的援助関係の確立

　MSWは患者・家族の立場に立って考え、その困難な状況を改善するために必要な援助を行うが、自分の考えや価値観を押し付けないなど、専門的援助関係の原則に留意しながら援助を行わなければならない。専門的援助関係と援助過程は第1章に図示しているが、クライエントとの対等な関係を維持しながら援助過程を展開させる。専門職としての倫理観を身につけて、技術、知識をもち、なおかつ暖かい心をもって働くことで利用者との関係をつくるのである。従って、援助関係は個人的な関係ではなく、専門的な援助関係として構築するものである。

(1) バイスティックの原則
　専門的援助関係を構築するために、ソーシャルワークではバイステイックの原則が重要である。原則とは、一般的には共通の法則の意味に使われ

るが、人間の行動、人間の生活は、こうすると必ずこうなるとはいえない。援助関係の原則は実践の場で貫くとすぐ解答が得られるというものではなく、自身の援助を問い直しながら実践の中で貫く努力が求められるのである。バイスティックの原則は古くからとなえられてきたが、優れた援助関係の基本として大切にしたいものである。例えば自己決定の自己の捉え方について考えてみると、問題解決の過程にクライエントが参加し、解決へ向けた計画を立てこれを決定し生活の方策を具体化できるように援助することを基本とする考え方である。しかし、現代の若者の職業選択において、その半数が非正規雇用におかれているような状況では、若者が望む雇用形態の職業を自由に選択が出来ない社会状況がある。そのような社会状態のままで自己決定だけを取り上げることには大きな問題がある。職業を自由に選択し自己決定することができる条件があるのかどうか、所与の枠組みの背景にまで迫って考えるべきである。

　また筆者は自己という言葉はよく吟味し捉え直す必要があると考えている。D.K.レイノルズ[2]は、西欧では成功した人の多くが「self made man」と考えているという。自分ひとりの力で今の自分を作り上げたもので、その成功も自分が頑張った結果と考えるのである。日本でも近年よく言われるが、自分が頑張ったから自分へのご褒美をという考え方にも通じるものである。しかし自己の見方として、自分の力といえるもので自分ひとりの力は何かを突き詰めていくと、自己とは全て借り物であることに行き着くのではないだろうか。その考え方と「self made man」では大いに違いがあるといえよう。クライエントの自己決定を尊重する際に周囲に支えられてある自己への気づきを促す援助も重要である。

① クライエントを個人として捉える

　個別性を尊重するこの原則を貫くために、援助者側の意識に目を向けるとよい。日本は人と違ったことをすることが認められやすい社会かどうか、学校教育の中で画一化されてきた部分がないか、これまで受けた

学校教育のマイナス面が援助者自身に影響していないかどうかを自覚
しておくことが大切である。

② **クライエントの感情表現を大切にする**

クライエントが自分の感情を自由に表現出来るように援助することであ
る。特に否定的な感情（悲しい、みじめ、情けない、憎らしいなど）の
表出をしやすくする。援助者がそれらの感情を自然なこととして受け入
れてくれる体験を積み重ねていくことでクライエントに安心感が生まれ
る。

③ **援助者は自分の感情を自覚して吟味する**

援助関係の中には感情が行き交うことは当然である。しかし、クライエ
ントと同じように一緒に泣いたり、怒ったりすることではない。援助者
はクライエントに対する感情を客観的に自覚しておくことである。その
ために自己の援助を振り返ること、自己を知ることの必要性が出てくる。

④ **受け止める**

クライエントのありのままの姿やその存在を無条件に受け入れることで
あって許容ではない。例えば、死にたいというクライエントに対して、
死ぬことを受け入れるのではなく、死にたいほどの悲愁をかかえ、苦悩
しているクライエントの気持ちを受け止めることである。

⑤ **クライエントを一方的に非難しない**

ソーシャルワーカーは審判を下す裁判官ではなく弁護士に似た役割が
ある。クライエントの失敗や弱点への理解を示す立場で関わることであ
る。

⑥ **クライエントの自己決定を促して尊重する**

クライエントが自己の主体的な意志と判断によって生き方を選択し決定
する原則をいう。人間は誰も自己の思想や行動、生活様式を他から強
制されない権利を有しており、援助者が一方的に問題解決策を強要す
ることは個人の尊厳を侵すことになる。

⑦ **秘密を保持して信頼感を醸成する**

社会福祉士及び介護福祉士法第46条では、「社会福祉士又は介護福祉士は、正当な理由がなく、その業務に関して知り得た人の秘密を漏らしてはならない。社会福祉士又は介護福祉士として仕事をしなくなった後においても同様とする」と秘密保持義務が定められている。業務上知り得たクライエントの情報を漏洩してはならないという当たり前のことだが、実践上は注意を要する。相談記録の保管だけでなく、クライエントの許可を得ないで関係者に情報を伝えることがないよう特に注意しなければいけない。

(2) 自己覚知を深める

　対人援助は援助対象となる人々との関係をつくることなので、他者理解、自己理解は重要である。自分の援助の仕方だけでなく、自分の価値観や認知の特性、内面的な反応に関する自己覚知、時代状況、社会関係の中での自分の立場や役割などを含めて捉えることである。また自己の所属する機関の目的や機能、援助者としての役割と能力、クライエントの援助者に対する認識に関する覚知なども含まれる[3]。援助する者として特に重要なことは、自分の行動が援助される他者にとっての環境となって影響を与えていることを自覚することである。

　先述したバイステックの原則は優れた実践原則であるが、自己覚知の作業が伴わなければ実行するのは難しい。例えば「クライエントを受け止める」ことが出来るためには、援助者は自分を受容することが求められる。また、「自己の感情を自覚して吟味する」ためには、自己の感情や価値観形成を探る必要が出てくる。従ってクライエントの「権利擁護」を行う「人」が大きな問題となる。法律があってもそれを運用し実践する「人」が真に対等な立場で人権を尊重して対応できるのかが問われる。

　ソーシャルワークは利用者が主体となって人生を切り開くための援助でありその利用者に寄り添うことである。ソーシャルワーカーは利用者が緊張しない関係を構築するための穏やかさや困難な状況を思いやる気持、想

像力が必要となる。そして対象となる人々に誠実であるための清々しさ、やさしさなどが必要とされる。そのような援助者の心があってはじめて知識も技術も生きたものとして機能する。自分を知るのは大変難しいことであるが、ソーシャルワーカーはこの自己を知る作業を行わなければならない。(図5-6参照)

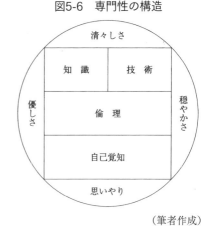

図5-6 専門性の構造

(筆者作成)

3 自己覚知の方法

(1) 援助の振り返り

　自己覚知の目的は、クライエントに対してより良い援助を行う援助者になることである。その方法として、ひとつには自己の援助を振り返り、援助の方法や援助者としてのあり方、役割などに関する自己覚知を行う。そのためには、記録の活用が重要である。記録とは自分と自分の援助実践をいったん外に出し客観化する作業である。単なるやりっ放しの実践ではなく、実践の整理、文章化、記録化することで援助課題が見えてくる。また、クライエントの行動や言動に対する意味づけに役立つことで、クライエントの行動や今後の展開の予測を立てることができる。

　例えば、認知症高齢者への援助方法として、事例の個別性と普遍的なものを抽出することにより、その後の援助に活用することができる。部分の実践から普遍的な広がりを持つことが重要で、日々の実践の蓄積によって実務体験の概念化や理論化が可能となる。

　また振り返りの視点の持ち方としては、このような「感じ」だったということから、このような「事」という事実に基づいて客観的に記録することが大切である。そして人間は忘れるということを認識しておくこと、事実とそ

の時の思いを記録しておくとよい。記録はクライエントの相談を通してその生活や人生の一部にかかわらせてもらった者が書く、クライエントの生活や療養の記録であり、記録するMSWのものであるが、クライエントのものでもある。

　次に事例検討を行うことやスーパービジョンを受けることをすすめたい。事例検討は、自分が援助した事例を他者の意見を通して振り返り客観化することで学ぶ。また他者が援助した事例を、これまで学んだ知識や体験、技術をもって理解し評価することで学ぶことである[5]。スーパービジョンとは監督指導と訳されるが、熟練したソーシャルワーカーである指導者（スーパーバイザー）と学生や経験の浅いソーシャルワーカー（スーパーバイジー）との間で行われる研修や訓練の形態で、援助の方法などについて指導を受けるものである。

　その方法として個人、集団、仲間で行うなどいろいろな方法をとることができる。その機能は、管理監督的な機能や教育訓練的な機能、支持的な機能がある。クライエントの相談内容はそれぞれに個別性があり、MSWの援助も個別的となり、同じ援助でもクライエントの反応が異なることがある。あるクライエントには適切な援助であっても、別のクライエントには不適切なこともある。相談業務はこれでよいという正解のない仕事であり、MSWは自分の行った援助に対して不安になりがちである。そのような時、援助者をサポートし、客観的な立場で指導してくれる指導者の存在は貴重である[6]。スーパービジョンを受け自分が行った援助や自分自身を見つめ直すことによって援助者として成長する機会となる。福祉の援助は待ったなしであり、「教わったことを思い出しますからちょっと待って下さいね」とか「いい返事をするから待って」「いい対応をするからちょっと考えてから」というわけにはいかない。すぐに対応しなければならないことが多く、即応する時には知識や技術、その人の価値観が総動員される。その一瞬に「自分」が出るのである。MSWなど福祉専門職は常に自己研鑽に励む必要がある職種である。

（2）自己の振り返り

　この複雑な現代社会の中では、人はいろいろな困難、矛盾、厳しい労働条件の中でさまざまな葛藤を抱えて仕事を続けている。仕事上のストレス含め、善意の社会福祉実践者が福祉現場を去るなど憂慮すべき状況が起きている。このような状況下では、援助者も自分をケアしなければいけない。自分のケアを自分ですることは、自己を見つめていくことによって可能となる。MSWもその資質の向上を含めて取り組まなければならない課題である。社会福祉分野でもさまざまな自己覚知の方法が試みられているが、筆者が重視しているのが生活史把握である。生活史把握とは福祉専門職が利用者を理解する際に活用するが、援助者が自分自身を理解するために自分の生活史を作成するのである。MSWの経験者である荒川[7]は、自身のライフヒストリーの振り返りを通して自己覚知の重要性に触れている。

　ここに紹介する生活史年表は自分ひとりで書く自分史ともいえるものであるが、単なる年表的な出来事の把握ではなく、自分と人生を共にして来た人々との関係や社会状況の中で振り返りを行う事が出来るように構成している。過去の出来事を想起し、その時の生活や思い、願いをとらえるものである。医療の現場で、病気と向き合う患者に接するMSWは、自分自身の医療の変遷（健康状態の歴史）も含めて振り返っておくとよい。幼少時の記憶をたどるために母子手帳を活用することも有効である。

＜生活史年表＞

名前（　　　　　　　　）　　　　　　　　　　　　　年　月　日作成

		（　）	（　）	（　）
自分	西暦（年齢）			
	居　所			
	（出来事）			
母・代わりの人	居所（年齢）	（　）	（　）	（　）
	（出来事）			
父・代わりの人	居所（年齢）	（　）	（　）	（　）
	（出来事）			
家族・友人他	居所（年齢）	（　）	（　）	（　）
	（出来事）			
社会状況・遊び				

（筆者作成）

(3) 自己を見つめる

　人々の生活、身体、心に関わるMSWは、根源的な自己とは何かに向き合う機会が必要である。筆者はそのための方法として内観の活用に意義を見出している。内観の創始者である吉本伊信は生前、自己内省それ自体が悟りであると述べて内観の指導を行ってきた[8]。社会福祉では自己を知ることを自己覚知と表すが、覚知は悟り、気づきを含む用語であり内観との共

通点を見出すことが出来る。内観は吉本伊信が日本古来より伝わる求道法を基盤として開発した自己探求法である。吉本は浄土真宗の僧侶であったが、一宗一派の求道法にとどめるのではなく宗教に関心のある人もない人も、誰でもできる自己探求法とした。そのため、宗教的色彩は取り除かれ、1941年頃、現在のような形が整えられ自己の内面を観察するという意味で内観と名づけられた。[9] 一般の人の自己理解や自己啓発として行う場合は内観や内観法と呼ばれ、医療や心理分野で治療的に行う場合は内観療法という呼称が使われている。

　一時、宗教者が開発した方法であることから内観は宗教ではないかとの批判や偏見があったが、吉本は少年刑務所を始め矯正教育に積極的に導入し普及活動に取り組んできた。医師である奥村[10]は精神医学の立場とその仏教理解から内観による変化は自己変革の達成であり精神の弁証法的発展を呼び起こすことであると説明し、内観が必ずしも仏教につながるものではないこと、様々な人たちの自己理解の助けとなるものであると紹介している。現在ではその効果に注目した精神医療や心理療法の領域に広がり精神心理療法として確立されている。通常、内観は内観研修所に1週間泊まり込み行われる。そして親族、友人、同僚などさまざまな人達との関わりの中で、過去から現在までの自己を相手の視点に立って振り返る。その方法として「してもらったこと」「して返したこと」「迷惑をかけたこと」の3つの課題が示されている。内観は迷惑をかけられたことに焦点をあてないのでふり返る者に大きな精神的負担をかけない方法といわれる。社会福祉援助の起点は相手の立場に立つことであるが、内観の3つの課題そのものが、必然的に相手の立場に立つことを要請し訓練するものであり、[11]自分を知る方法としての内観は社会福祉援助の価値や社会福祉援助の基となる他者視点を養うことに有効である。内観は集中内観が基本であるが教室内観、記録内観、短期内観等の応用が可能であり学校教育には早くから導入されている。[12]

　岩田（1996）[13]は福祉専門職になるための過程と課題として、自己覚知を

課題として自分を援助する方法を学びつつ他者を援助する技能を体得すること、他者を援助する方法を学びつつ自分を援助する技能を体得し自己覚知を深めることをあげている。これはまさに、自己覚知の方法としての内観の体験と他者理解のための生活史把握と同義である。

[注]
1　ケースワークの原則[新訳改訂版]F・P・バイスティック（2006）；尾崎新・福田俊子・原田和幸訳,P27,誠信書房.
2　デイビッド・K・レイノルズ（2004）：内観療法と森田療法の実際的な統合,CL（Constructive Living）教育研究会.
3　岩田康夫（1995）：ソーシャルワーク実践の方法と課題,桃山学院大学「総合研究所紀要」第21巻,第1号 p 13.
4　岩田康夫前掲書
5　岩田康夫前掲書
6　牧洋子・黒岩晴子（2002）：事例から学ぶ医療福祉相談,pp126-129,せせらぎ出版.
7　荒川義子（1992）：ワーカーの自己覚知とクライエントとの関係―ライフヒストリーを通してー、ソーシャルワーク研究VOL.18.
8　川原隆造・編（1998）：内観療法の臨床 理論とその応用,pp1-16,新興医学出版社.
9　三木善彦：自己の探求―内観入門,内観研修所,1,1981.
10 奥村二吉：精神の弁証法的発展としての内観,内観と精神衛生.1-7,1978.
11 村瀬嘉代子：こころの気づきを生み出すもの,育むものとしての「素直」.内観研究,10（1）,7,日本内観学会, 2004.
12 川原隆造・編前掲書（1998）:p10,1962年から生徒指導の一環として取り入れられている.
13 岩田康夫（1996）：ソーシャルワーカーになっていくための過程と課題,桃山学院大学「総合研究所紀要」第22巻,第1号,pp37-38.

5　権利擁護・成年後見制度

　社会福祉基礎構造改革によって、利用者主体の理念の下、福祉サービスの提供システムが行政による「措置」から「契約制度」へと大きな転換が行われた。2000年には「社会福祉事業法」が改正されて「社会福祉法」が

成立し、あわせて社会福祉関係法も改正された。

　「社会福祉法」では、「福祉サービスの基本理念」として個人の尊厳の保持を旨とし、その有する能力に応じた日常生活を営む事ができるように支援するものとしており、「個人の尊厳」が法の中に明記された。

　契約によりサービスが提供されるということは、利用者の選択性の確保であり、利用契約の締結に際しては、両当事者が対等な関係にあることを前提としているが、契約能力が十分でなかったり、選択できない環境にある人たちの権利擁護の仕組みの構築が契約制度の円滑な実施に向けて重要となってきた。

　そこで「社会福祉法」は、自己決定能力の低下した人たちの福祉サービス利用を支援するしくみとして、日常生活自立支援事業（旧；地域福祉権利擁護事業）を設けるとともに、情報選択に資する仕組みとして「福祉サービス第三者評価事業」を位置づけ、サービスが開始された後サポートするしくみとして施設内や運営適正化委員会における「苦情解決制度」などを規定し、円滑な契約締結とサービスの実施が図れるようにしている。

　また、自己決定の尊重、残存能力の活用、ノーマライゼーションなどの新しい理念と本人の保護を旨として、民法においては「成年後見制度」が、判断能力が不十分で契約締結が困難な者に対してその判断能力を補うために、介護保険制度の導入に合わせて2000年4月に施行された。

　医療の現場では、認知症高齢者や知的障害者、精神障害者など成年後見制度等権利擁護制度を利用する必要のある人は、不安を抱えて受診し、その結果に対して事実を受けとめる心の準備すら出来ていない中、自己決定するための知識や情報を得る手段を十分持ち合わせていないことが多い。また、自ら主張すること、支援を求めることや制度を活用することができにくい。この人たちが制度を利用し、その利益を享受することができるようにするためには、MSWは権利擁護の制度についてきちんと理解するとともに、これらのニーズの発見と制度へつなぐためのコーディネート力が求められる。

1　成年後見制度の概要

　成年後見制度は認知症、知的障害、精神障害などの理由で判断能力の不充分な人は、不動産や預貯金などの財産を管理したり、介護などのサービスや施設への入所に関する契約を結んだり、遺産分割の協議をしたりする必要があっても自らこれらの事を行うことが困難である。また、自分に不利益な契約であってもよく判断ができずに契約を結んでしまい、悪徳商法の被害にあうおそれもある。このような判断能力の不充分な人を保護し支援する制度である。

(1) 成年後見制度とは

　成年後見制度は、「法定後見制度」と「任意後見制度」から成り立っている。法定後見制度には、本人の判断能力の状況に応じて、「後見」「保佐」「補助」の3つにわかれており、判断能力の程度など本人の事情に応じた制度を利用できるようになっている。

　家庭裁判所によって選ばれた成年後見人等（成年後見人・保佐人・補助人）が本人の利益を考えながら、本人を代理して契約などの法律行為をしたり、本人が自分で法律行為をするときに同意を与えたり、本人が同意を得ないでした不利益な法律行為を後から取り消したりすることによって、本人を保護・支援する。

　家庭裁判所が選任する成年後見人などには本人の親族が選ばれる場合が多いが、本人の状況に応じた保護や支援の内容によっては、法律や福祉の専門家その他の第三者や福祉関係の公益法人その他の法人が選ばれる場合がある。かつ複数の成年後見人の選任もできる。また、成年後見人などを監督する成年後見監督人などが選ばれる場合もある。

<成年後見制度の概要>

	後見	保佐	補助
対象となる方	判断能力が欠けているのが通常の状態の方	判断能力が著しく不十分な方	判断能力が不十分な方
申立てをすることができる人	本人、配偶者、四親等の親族、検察官、市町村など[注1]		
成年後見人等（成年後見人・保佐人・補助人）の同意が必要な行為		民法13条1項所定の行為[注2][注3][注4]	申立ての範囲内で家庭裁判所が審判で定める「特定の法律行為」（民法13条1項の所定の行為の一部）[注1][注2][注4]
取消が可能な行為	日常生活に関する行為以外の行為	同上[注2][注3][注4]	同上[注2][注4]
成年後見人に与えられる権利権の範囲	財産に関するすべての法律行為	申立ての範囲内で家庭裁判所が審判で定める「特定の法律行為」[注1]	同左[注1]
制度を利用した場合の資格などの制限	医師、税理士等の資格や会社役員、公務員等の地位を失うなど[注5]	医師、税理士等の資格や会社役員、公務員等の地位を失うなど	

（注1）本人以外の者の請求により、保佐人に代理人を与える審判をする場合、本人の同意が必要になります。補助開始の審判や補助人に同意権・代理権を与える審判をする場合も同じです。

（注2）民法13条1項では、借金、訴訟行為、相続の承認・放棄、新築・改築・増築などの行為が挙げられています。

（注3）家庭裁判所の審判により、民法13条1項所定の行為以外についても、同意権・取消権の範囲を広げる事ができます。

（注4）日常品の購入など日常生活に関する行為は除かれます。

（注5）公職選挙法の改正により、選挙権の制限はなくなりました。

（出所）パンフレット「いざという時のために知って安心　成年後見制度　成年後見登記」法務省民事局

（2）申し立ての流れ

　成年後見制度の手続きは、家庭裁判所への申し立て（請求）から始まる。申立人は、本人、配偶者、四親等内の親族などだが、身寄りがいないなどの理由で申し立てをする人がいない認知症高齢者、知的障害者、精神障害者の保護や支援を図るため、「本人の福祉を図るため特に必要があると認めるとき」には市町村長に申立権が与えられており、市町村は住民の権利擁護を迅速・適正に実施する責任がある。

　申し立ての後、家庭裁判所調査官による事実の調査や本人の判断能力について鑑定が行われ、成年後見人などの開始の審判が成年後見人などに選任される者などに告知される。申し立てから審判まで通常ではおおよそ2〜4カ月かかる。審判が確定すると（告知後2週間）、裁判所書記官が後見などの内容を法務局に登記され、後見が開始となる。

＜成年後見等の手続きの流れ＞

（出所）パンフレット「いざという時のために知って安心　成年後見制度　成年後見登記」法務省民事局に一部加筆作成

（3）任意後見人制度

　任意後見制度は、本人が十分な判断能力のある間に、将来、判断能力が不十分な状態になった場合に備えて、あらかじめ自らが選んだ代理人（任意後見人）に、自分の生活、療養看護や財産管理に関する事務について代

理権を与える契約（任意後見契約）を公証人の作成する公正証書で結んでおくものである。そうすることで、本人の判断能力が低下した後に、任意後見人が任意後見契約で決めた事務について、家庭裁判所が選任する「任意後見監督人」の監督のもと本人を代理して契約などをすることによって、本人の意思にしたがった適切な保護・支援をすることが可能になる。

　法定後見と任意後見については、自己決定の尊重という理念から原則として任意後見が法定後見に優先する。

（4）成年後見人等の義務と責任

　成年後見人の法律上規定されている基本的な義務に善管注意義務がある。この善管注意義務に反して成年後見人が成年被後見人に損害を与えると賠償責任を負う。例えば、子の財産管理に親権者が成年後見人となった場合、子の財産はあくまで「他人の財産」であるという認識を持って、成年被後見人と成年後見人の収支をしっかり分けて財産管理しなければならない。また、法律専門家、福祉の専門家が自ら定めている倫理綱領などの職業倫理、会則等を組み合わせることによって執行にあたる義務が課せられる。さらに、「成年後見人は、成年被後見人の生活、療養看護及び財産の管理に関する事務を行うに当たっては、成年被後見人の意思を尊重し、かつ、その心身の状態及び生活の状況に配慮しなければならない」（民法第858条）という「身上配慮義務および意思尊重義務」を設けている。成年後見人は、財産管理のみをしていたら良いのではなく、本人の状況に合わせて、必要な福祉サービスや医療が受けられるよう手配しなければならない。また、本人はどのような生活を望んでいるのかという「本人の意思」を聞き取っていく力が求められる。本人が自分の人生を自分らしく歩むためのものでなければならない。

2　日常生活自立支援事業

　成年後見制度は、民法に規定された制度であるが、制度上の限界もある。判断能力が不十分で法的な援助が必要な場合でも治めるべき財産がない人は、適切な専門職の成年後見人を得ることは決して容易ではない。また、成年後見人が必要に応じてきめ細かな日常生活上の見守りや支援を行うことは、現実的とは言えない。日常生活自立支援事業はそのような成年後見制度の限界を補い、資力の有無にかかわらず、判断能力が不十分な人が地域において自立した生活を送れるよう福祉サービスの援助等を行う仕組みとしてあらたに導入された。成年後見制度と日常生活自立支援事業は車の両輪として位置づけられる。

(1) 事業の実施体制

　日常生活自立支援事業は、各都道府県・指定都市社会福祉協議会が実施主体となり、事業の一部を市区町村社会福祉協議会に委託できるとされている。委託を受ける市区町村社会福祉協議会は、必要に応じて近隣の市町村エリアも事業の対象地域としてカバーする体制をとることができる。そのため、事業を委託、実施する市区町村社会福祉協議会は基幹的社会福祉協議会と呼ばれる。一方、基幹的社会福祉協議会による事業の実施体制がとられない市区町村においては、都道府県・指定都市社会福祉協議会が直接、利用者と契約を結び、援助を行う。

　基幹的社会福祉協機会には、初期相談から支援計画の策定、利用契約の締結までを担う専門員と、支援計画に基づいて具体的な援助を行う生活支援員が配置されている。

(2) 事業の対象者

　日常生活自立支援事業の対象者は、次の二つの要件を満たす人である。
① 判断能力が不十分であるために、日常生活を営むのに必要なサービスを利用するための情報の入手、理解、判断、意思表示を本人のみでは適切に行うことが困難であること。

② 日常生活自立支援事業の利用契約の内容について判断し得る能力を有していること。

　判断能力が不十分でありながら、契約の締結能力があるという基準は曖昧なように思えるが、具体的な契約締結能力の有無はあらかじめ定められた「契約締結判定ガイドライン」に基づき判定する。このガイドラインだけで判断できず、契約能力に疑義がある場合には、医療、福祉、法律の専門家からなる契約締結審査会にて判断することとされている。

(3) 援助の内容及び方法
　日常生活自立支援事業により実施される具体的な援助の内容は、以下のとおりである。

①福祉サービスの利用援助
・さまざまな福祉サービスの利用に関する情報の提供、相談
・福祉サービスの利用における申し込み、契約の代行、代理
・入所、入院している施設や病院のサービスや利用に関する相談
・福祉サービスに関する苦情解決制度の利用手続きの支援

②日常的金銭管理サービス
・福祉サービスの利用料金の支払いの代行
・病院への医療費の支払いの手続き
・年金や福祉手当の受領に必要な手続き
・税金や社会保険料、電気、ガス、水道等の公共料金の支払いの手続き
・日用品購入の代金支払いの手続き
・預金の出し入れ、また預金の解約の手続き

③事務手続きの支援
・住宅改造や居住家屋の賃借に関する情報提供、相談
・住民票の届出等に関する手続き
・商品購入に関する簡易な苦情処理制度（クーリング・オフ制度等）の利用手続き

④書類等の預かりサービス

・年金証書、預貯金の通帳、権利証、保険証書、実印・銀行印等の預かり

援助の方法としては、相談、助言、情報提供を基本とし、必要に応じて契約手続き・利用手続き等の代行による支援、福祉サービスの利用手続きと預金の払い戻しの代理による支援を行う。また、利用者と支援計画をつくり、支援計画にそって定期的な訪問し、生活状況を見守る。

(4) 援助の流れ

　利用希望者は、実施主体（住む町の社会福祉協議会）に対して申請（相談）を行う。

　実施主体は、利用希望者の生活状況や希望する援助内容を確認するとともに、契約の内容について判断できる能力の判定を行う。対象者の要件に回答すると判断したら利用希望者の意思を確認しつつ、援助内容や実施頻度等の具体的な支援を決める「援助計画」を策定し、契約が締結される。援助計画は、利用者の必要とする援助内容や判断能力の変化等利用者の状況を踏まえ、定期的に見直され、サービスの提供がおこなわれる。

　なお、このうちサービスの提供には利用料が発生する。利用料の額は実施主体によって異なるが、平均的には援助活動1回あたり1,200円程度である。だだし、契約締結前の相談等に係る経費や生活保護受給者の利用料については無料である。

3　権利擁護活動の課題

(1) 医療行為の同意について

　医療ソーシャルワーカーとして患者の権利擁護として知っておかなければいけないのが、医療行為の同意についてである。わが国では、判断能力が低下し、自ら医療行為に同意出来ない人の医療行為に関しては法的枠組みの整備がほとんどなされていない現状にある。

「成年後見制度」は「財産」を管理する制度であり、「財産行為の延長と考えられる診療契約を締結する権限はあっても、医療侵襲を伴う医療行為についての同意権はない」とされている。はしばしば家族による代行決定が行われことが多いが、これに関しても特段の法的根拠があるわけではない。しかし、成年後見人には、療養看護に関する職務があり（民法858条）、本人のために医療契約を締結する権限が与えられ、契約締結後の医療の履行を監視する義務がある事から、レントゲン検査、インフルエンザの予防注射等当該診療契約から当然予測される生命身体に危険性の少ない軽微な医療行為については成年後見人に同意に関する代行決定権があると解釈する見解が発表され、実務においても一定の影響を与えている。

(2) 市民後見人の育成

　2000年からスタートした成年後見制度は、制度開始からしばらくはほとんど知られることなく利用されなかったが、2005年に発生した、「認知症高齢者姉妹悪質リホーム事件」を契機に成年後見制度の利用の必要性が叫ばれるようになった。

　また、「介護保険法」の改正、「高齢者虐待防止法」「障害者自立支援法」（現在は「障害者総合支援法」）などに成年後見制度の利用が義務づけられたことも、成年後見制度の利用促進に影響を与えた。具体的に利用状況を見てみると2000年と2011年の申立件数の伸びは3倍以上となっている。また、本人との関係では親族が減少し、司法書士、弁護士、社会福祉士などの専門職後見人が過半数を占めるようになってきた。

　今後の課題として注目したいのが、市民後見人の養成である。今後、認知症高齢者の増加、少子化や家族意識の希薄化、一人暮らし世帯の増加など、判断能力が不十分で支援が必要な人びとは急速に増加している。その一方、専門職後見人には数に限りがあり、後見を必要とする住民のニーズに応えることができる後見人の数が、絶対的に不足している。このことから、地域に密着して、一般市民が後見人として役割を担う市民後見の必

要性が出てきた。

　また、一般市民が成年後見制度の活用を含め、権利擁護事業に参画することは地域住民の関心を福祉に向ける観点から地域福祉の増進に大きな意味を持つことになる。今後は、その制度の充実と後見活動に必要な知識や倫理観を備えた専門性の確保に期待が寄せられる。

(3) その他

　日本は、世界で類を見ないスピードで高齢化が進んでいる。また、65歳以上の高齢者の4人に1人が認知症かその予備群である軽度認知障害である事も2014年の厚労省の調査で明らかになり、今後の医療・介護の在り方がとわれている。その中で、今後の施策として出てきたのが、団塊の世代が全員75歳を超える2025年をめどに医療や介護の在り方を総合的に見直そうという「地域包括システム」の構築である。「地域包括システム」とは「重度な要介護状態になっても、住み慣れた地域で自分らしい暮らしを人生の最期まで続ける事ができるようにする」事を目的としたしくみであり、具体的な手法としては、「医療・介護・予防・住まい・生活支援が一体的に提供される」システムであり、地域の特性に基づいて作り上げていこうというものである。

　医療ソーシャルワーカーは入院患者の退院後のマネージメントを行う場合が多い。一旦入院すると、身体的状況や環境の問題から在宅への復帰が困難な場合が多い。しかし「地域包括ケアシステム」では、病床機能の再編を受けて「在宅療養の限界点を高める」という方向性が打ち出されており、今までは在宅生活が難しいと思われていた医療ニーズの高い人や認知症などとの重複した問題を抱えた人が在宅で暮らすこととなり、ますます権利擁護活動が必要になってくる。これからの権利擁護活動は生活の主体者である本人の自主性を尊重し、さまざまなネットワークを本人の周りに作り上げ、住み慣れた地域で自分らしい生活を続けられるためのソーシャルワークが、重要となってくる。そのためには、医療ソーシャルワーカーは、

専門家によるホーマルサービスのみならずイン・ホーマルサービスを含めたネットワークを地域に作り、さまざまな権利擁護事業の特性を知り、活用していくことが求められる。

4　権利擁護の実際

事例1
　住み慣れた地域で暮らし続けたい

事例の概要

　井上さんは24歳で結婚し、26歳で娘をもうける。一人娘の成長を楽しみに親子3人仲良く暮らし、晩年は畑仕事と趣味で裁縫を手掛けていた。井上さんが70歳の時、娘にがんが見つかり懸命に看病するが、3年後亡くなる。その後、傷心を癒してくれる夫の支えがありなんとか立ち直るも、井上さんが79歳の時、突然の交通事故で亡くなる。その後娘が残した孫が、心の支えとなり、暮らしてきたが、その孫は縁があり、遠くに嫁ぐ事となった。しばらくは畑仕事やご近所の知り合いと手芸などをして暮らしていたが、寂しさからか、
猫を飼い始めた。

　80歳になり井上さんに認知症の症状が現れ始めた。近所の集まりにも行かなくなり、猫がどんどん増えて10匹にもなっており、家の中に猫の餌が散乱し、片づけることも出来ず、家はごみ屋敷となっていた。夏のある日、近所の人が回覧板を持って行くと井上さんがうずくまっており、すぐに救急車で総合病院に運ばれた。熱中症による脱水症状であった。

事例の展開

　病院で点滴治療を行い、体力も回復し、退院の運びになった。担当のMSWは、退院にあたり家を訪問して驚いた。家が散らかっていることもさ

ることながら、そこには色々な健康食品が山積みにされていた。すぐに孫
に連絡を取り、今後の生活をどのようにするか相談した。孫は、すぐに行っ
てあげたいが、子どもが生れ身動きが取れない状態であるので、近くで介
護してもらえるところと訪問販売から財産を守る方法を考えてもらいたい
との事であった。

　MSWは、井上さんに今後どうしたいか尋ねた。孫は一人での生活は心
配なので、入所施設で介護してもらえるところをさがして欲しいとの意向
であったが、井上さんは「施設に入るのは嫌だ、守り続けた家で暮らしたい」
と強い意思があった。MSWは介護サービスを探し、認知症高齢者の独居
生活であり、生活全般の見守りが出来る小規模多機能居宅介護施設^(*)をあ
たった。訪問販売のクーリング・オフも念頭に置き、成年後見制度の利用
は開始までに時間がかかることから、社会福祉協議会の日常生活自演事業
の利用を進めた。合わせて成年後見制度の利用手続きの準備も始めた。

日常生活自立支援事業の利用

　MSWは市の社会福祉協議会に「日常生活自立支援事業」の相談を行っ
た、井上さんに担当者が説明を行い調査の結果、利用可能となった。訪問
販売のクーリング・オフは期間が過ぎており出来なかったが、今後の日常
的な金銭管理や通帳等の預かりサービス、また、支援員が定期的に訪問し、
その後の訪問販売に対しては見守りをすることとなった。

　また、介護サービスの小規模多機能居宅介護の介護支援専門員と相談
し、まずは「訪問」から人間関係を作ることとなった。散乱していた家は市
の社会福祉協議会が手掛ける住民参加型の掃除サービスと小規模多機能
の職員により片づけを行った。

　退院に当たって、地域担当の民生委員にも会い、今後の見守りや話し相
手、地域のサークル活動へ誘うことも合わせて依頼した。

　始めは小規模多機能施設の「通い」に行くことをためらっていた井上さ
んであるが、MSWや支援員、介護支援専門員の粘り強い声かけで「通い」

にも行けるようになった。寂しさを猫だけで埋めるのではなく、楽しいつながりを地域で持つことができたことで、猫は3匹に減った。小規模多機能のサービスにより食生活も整い、体調管理も出来るようになった。

成年後見制度の利用

MSWは、井上さんが退院する前から成年後見制度の申し立ての準備を始めた。申し立ては孫が行った。審査の結果、「保佐が適当」との判断であった。保佐人には孫は遠くて出来ないとのことであったので、親族以外の「第三者後見人」として社会福祉士があたることとなった。現在では、保佐人がついた事で訪問販売は来なくなり、家の中も定期的な掃除が入るのできれいに保たれている。

小規模多機能施設で懐かしい知り合いに会った井上さんは、週3回行く「通い」の日をとても楽しみにしており、「施設では得意な手芸を教えている。」と、定期的に訪ねてくれる保佐人に嬉しそうに話している。

考察

MSWは何より井上さんの気持ちに寄り添い支援を行った。孫は施設入所を望んでいたが、本人は住み慣れた家で暮らし続けたいと願っている。MSWは、在宅における問題点は多々あるが地域のネットワークを組めば、井上さんが地域で暮らし続けられるのではないかと考えた。井上さんが家に帰るにあたっての問題点をあげ、その解決をめざすために一日でも長く住み慣れた地域で暮らし続けられる支援を行った。財産管理のみならず、フォーマルサービス・インフォーマルサービスを繋げ、ネットワークを地域に作ったのである。認知症高齢者は今後ますます増え続ける。フォーマルサービスだけでは一人暮らしの認知症の方を支えるのは限界がある。いろいろな専門家と地域をつなぐ役割こそ今求められている。

MSWは、訪問販売業者との関係を切り離し、猫への執着を軽くするには、寂しい心の隙間を埋める必要があると感じた。井上さんが今までの地域のつながりを取り戻し、また、自分が必要とされる居場所づくりを行ったのである。

＊小規模多機能居宅介護
　2006年4月より誕生した地域密着型の高齢者介護施設。
　利用者が可能な限り、自立した日常生活を送るよう、利用者の選択に応じて、施設への「通い」を中心として、短期間の「宿泊」や利用者の自宅への「訪問」を合わせ、家庭的な環境と地域住民との交流の下で日常生活の支援や機能訓練を行う。

事例2
難病患者における院内外との多職種連携に基づいた支援への介入
〜人権の尊重、権利擁護について考える〜

事例の概要

年齢：64歳
性別：男性
病名：進行性核上性麻痺（Progressive Supranuclear Palsy）
家族構成：妻・長男夫婦と4人暮らしであり、キーパーソンは妻。自宅は持ち家で3階建て住宅。近くには次男夫婦が住んでいる。同居している長男夫婦は共働き。食事も共にすることなくすれ違いが多い。次男からもあまり支援はなされていないが相談にはのってくれている状態。
経済状況：年金
保険：国民健康保険
社会資源の活用：特定疾病

事例の展開

　A氏64歳　男性　進行性核上性麻痺（Progressive Supranuclear Palsy：以下PSP）にて入院。患者は4年前より症状が現われ、2年前にPSPと確定診断された。

　職業はサラリーマンであったが、物忘れや歩行しづらさが出現し、仕事に関してもさまざまな影響を及ぼす可能性があると判断されたため、会社は解雇となった。1年ごとに症状は悪化し、日々の生活の中で転倒が多くなり、入院時には運動障害を初めとして、垂直性注視障害・構音障害・嚥下障害が著明に出現。入院時はADLほぼ全介助状態で立ち上がりのみ一部介助。

自宅での食事摂取も困難であることから胃瘻造設（妻として胃瘻造設をしてもゼリー等の柔らかい物が少しでも食べられれば食べさせてあげたいという気持ちがあった）に向けて進めていき、その後は在宅での生活をおこなうという家族の強い希望により在宅移行支援での介入をおこなうこととなった。PSPと診断される前から夫婦関係は良く、どのような状況でも自宅で介護していきたいとのことであった。在宅では胃瘻による管理や吸引が必要な状態。

　当院での関わりとしてはまず妻の意向を確認した。PSPの症状が出現したときから妻は常に本人の介護に尽くしていた。歩行のしづらさが出ていても手を繋ぎながら散歩にも出かけていた。そのため施設入所・医療機関への転院というのではなく自宅で共に生活していきたいという思いがあった。その半面では本当にできるだろうかという思いも交差しながらも、一方で大きな不安も抱えていた。面談を何回か重ねていると妻から家庭内の事情についての話があり同居している長男夫婦のことに関して語り始めた。長男夫婦とは食事も別々にし、A氏の状態や病気に関しても十分に理解できておらず、気持ちにも寄り添ってもらえないような状況で日々の会話もなかった。現状では介護度の高いA氏を支援するには妻のみならず家族全体の協力が必要であった。妻はため息をつきながら、なんとか家族との繋がりを持ちたいという思いがあったため、地域の専門機関との連携の前に、長男夫婦を呼び、担当医を交えて病状説明をおこなった。病状説明の際には妻の思いを伝えてもらい現状の理解と在宅でのサポートをお願いした。その結果、長男夫婦の理解を得ることができた。コミュニケーションがとれていなかったため、何をどのようにしたらいいのか長男夫婦側も分からなかったとのこと。妻は今までの経過や思いを話し終えた後、涙を流していた。お互いの思いを確認し、理解が深まったところで妻にも笑顔がみられるようになり、次第に胃瘻・吸引の手技にも積極的に取り組まれるようになった。胃瘻の物品や吸引の手技については看護師から説明をおこなってもらい、自己喀痰できないA氏は吸引器に関して身体障害者手帳による

助成が受けられるよう情報提供をした。吸引器については妻の不安軽減のため院内にあるものではなく自宅で使うもので練習していく形とし、医療機器の事業所へ連絡して当院まで持って来てもらうようにした。

　また、胃瘻での管理をおこなうも、人間として少しでも経口摂取できればという妻の思いにより、言語療法士の介入も開始し、楽しみ程度ではあるが、ゼリー等を摂取してもらうこととした。誤嚥について妻には十分リスクを説明した上でおこなったが、今の状態を継続していくことは難しい中での介入であった。経口摂取が難しいことに妻の表情は暗かった。A氏の表情はないが問いかけに対して、意思伝達装置により指で指示してもらうことによりコミュニケーションを図ることが可能であり、指示入力は比較的保たれている状況であった。「お腹が空いた」や「いつもありがとう」と伝えることができ、それをみている妻の心境は言葉にできないような心境であった。この件についてはA氏の思いや希望に沿うこと・経口摂取はリスクを伴うということをよく考えていく必要があった。以上の内容以外にも、時折A氏はトイレに行きたいという思いから、独歩は難しい状況下にも関わらず立ち上がってベッドから下りようとする傾向もみられ転倒もしている。PSPはパーキンソン病とよく似た動作緩慢や歩行障害があるため、転倒に関しては十分に気をつけなければならないため、妻の付添いと他の関係者の見守りが必要である。

　その後、経過をみながら退院日について話しをしていくこととなり、在宅で必要な資源として地域のケアマネージャー・訪問看護・往診医・リハビリ可能な医療機関を探して行く形とし、退院前の合同カンファレンスを退院日の6日前に実施することとなった。居宅介護支援事業所の選択としては自宅近くの事業所を選択し、往診医と訪問看護はお互いが連携し合っている施設を選択。また、その中でも難病患者を在宅で多くみている往診医を呼んだ。カンファレンス当日の出席者はA氏・妻・往診医・訪問看護・ケアマネージャー、院内スタッフ（病棟看護師・医師・PT・OT・ST）等々十数名が参加。

カンファレンスでは在宅でのケアプランを話し合い、妻の介護負担が少なくなるようヘルパー・入浴介助・福祉用具貸与・通所介護（週1〜2回）の導入を検討。通所リハビリ可能なクリニックも話し合い、言語療法による継続リハは当院外来にてフォローしていく形になった。当院では出来る限り経口から物を摂取できるように支援する。訪問看護は、週3日程度の介入とし、バイタルチェックを初め、胃瘻管理・吸引の指導等で訪問することとした。往診医からは胃瘻の注入物処方と胃瘻交換・バルン水の交換を依頼。そして急変時の対応として第一時的に判断をおこなってもらうようにした。

　A氏の入院先は急性期であるため急変時の内容やベッドの確保の問題で受け入れ困難となる場合があるため、後方病院の選択もおこない地域にある医療機関へも事前に打診していく形とした。自宅での準備内容についても検討できたところで、A氏には退席してもらい将来についての話をおこなった。PSPは除々に進行していき最終的に気管切開をおこなうかどうかという問題にぶつかる。その内容についてはA氏に伝えておらず、A氏の意思があるうちに伝えて希望を確認しておく必要があるという難しい選択を迫られることとなった。気管切開の件は今すぐの答えを出すということは難しかったため、自宅退院した後の外来通院にて様子をみながら検討していき、必要があればその都度介入してフォローしていくこととなった。

※課題とポイント
・胃瘻、吸引による手技の指導と妻の不安軽減
・経口摂取を望む妻へのアプローチ　誤嚥性肺炎のリスク
・継続リハビリの必要性
・長男夫婦の受け入れ体制と意向の確認
・介護負担が増大するため妻への支援
・妻は全て自分自身で抱えてしまうため、悩みを語れる環境が必要
・各種社会福祉制度の利用

・地域の専門機関との連携
・将来について（気管切開・呼吸器管理後の問題）意思決定支援への介入

考察

　PSPは難病であり少しずつ病状は進行し、痰による誤嚥性肺炎等のリスクも伴う。本事例では、難病患者を支援する際、患者の思いを汲み取りながら家族へアプローチすること、今後の進行具合も視野に入れた在宅支援を検討していく必要があった。A氏・妻との関係は良好であり、不安や心配はあるがA氏を自宅で介護したいと思う気持ちは強く大きなものであった。その時の状況をみても妻には問題を一つずつでも乗り越えようとする問題解決能力があると考えたため、それを支えていく職種として院内でも日々連携し合いながら妻への支援をおこなった。時には精神的・心理的な面でのフォローも必要であった。

　A氏に関しては垂直性注視障害・構音障害等がありコミュニケーションを図ろうと言葉をかけるも反応がないこともある。当初は、一見みれば理解できていないのかと思われたが、意思伝達装置により自分の意思を指で指示して伝えることができた。またゆっくりではあるが言葉かけの内容に対して手を挙げて意思表示することも可能であった。

　病状的なことも含め構音障害等があるから患者の意向や気持ちが確認することができないと判断してしまいがちになるが、本事例では「患者を知ること」について考えなければならない。A氏は、理学療法士や言語療法士によるリハビリにも意欲みられており拒否をすることもなく、リハビリ中には妻への感謝を伝える場面もあった。

　本人の意思があるがゆえに妻も何とかして経口摂取で食事を食べさせてあげたいこと、自宅に戻っても継続した専門リハビリをさせたいという強い願いがある。また、A氏を支えていく上で妻はキーパーソンになるが、在宅支援では他の介護力も必要であり長男夫婦の存在も重要な要素となっていた。家族関係が不安定であれば妻の気持ちや負担も安定せず、A氏と妻

の生活にも影響を与える。本事例では、家族による関係性の構築により妻の動機が大きく変化することに家族という力強さがあること、ソーシャルワーカーとして患者・家族の相互関係を十分にアセスメントして支援するいくことが重要となる。

　退院前の合同カンファレンスでは、在宅療養及び環境調整に関して話し合いをおこない、A氏の生活全般の検討をおこない密なサービスプランの計画を立てた。妻への介護負担も考慮し、週に1度のペースでショートステイも導入することにした。また、同じ疾患を抱えた家族とも話をしたり悩みを打ち明けたりもしたいという妻の言葉から、ＰＳＰの家族会についての情報を提供。しかし、あまり頻度が多くなく実施される会自体も市内でなく他県ですることも多いためＰＳＰの症状とも重なる部分のあるＡＬＳの患者会も紹介した。カンファレンス終了後、ＡＬＳ患者会にも連絡し現状を伝え、参加の了解を得ることができた。地域の関係機関も積極的な介入をしてくれたため、なるべく負担がないようなプランで検討し、妻はなるべく人との関わりを持ちたいという方であったため訪問看護やホームヘルパーは時間を多くとるようにした。プランとしては希望に沿いながら各関係機関と介入時期や時間等を決定して、地域へ戻る準備として様々なアプローチを展開していくことが必要であった。

　今後の経過として、難病のため除々に病状は進行しA氏の理解がどこまでできるのかという問題が挙げられる。このことについては支援の最後にも話をしたが気管切開の決定をどの時点で誰に決めてもらうのかを決定しなければならない。

　A氏に今後起こりうる状況を説明し、それを決断してもらうということも妻から切り出せない状況であった。A氏は発語が難しい状態であるが、理解はできているため本人の気持ちを考えると妻としては決断までに至らなかった。意思表示ができないようになった時のことを考えると、伝えるべきかどうか、倫理的にどうするべきなのかを考えさせられる事例である。合同カンファレンスでは、往診医から今後の経過として気切の判断、延命の

問題等の確認があったが、このような場合にも対応の仕方が見えていないと受け入れできないような機関もある。ＰＳＰはゆっくりとした経過を辿るため、すぐの判断ということは必要なかったが、将来を考えるとＡ氏の居場所、安心して生活できる環境はどこに設定するのかは慎重に検討していかなければならない。こうした中で、神経難病患者の支援としては、現状だけでなく将来の経過までを見据えた話し合いも重要であるが、患者のライフストーリーを捉えていき、性格や好んでいたものなどにも着目し、患者の権利を尊重した支援が大切となる。

　退院後のフォローとしては、急変時の対応や介護の変化に合わせて対応していかなければならず、入院時だけでなく外来でも継続フォローとして依頼した訪問看護・往診医・居宅介護支援事業所の担当者と連携してくこととなった。難病患者は、地域の医療機関でも専門的に診療できるところが限られているため、再入院してくることが多々ある。そのため、地域の医療機関や介護事業所とも繋がりを持ちながら地域で支えていくが重要となる。

　本事例では、Ａ氏の権利を考えながらも、生活に視点をおき、疾病により引き起こされた障害とどう向き合って生活していくのかを総合的に捉える力が必要となる。

　医療ソーシャルワーカーの倫理綱領にもある、利用者の意思決定能力への対応では、「ソーシャルワーカーは、意思決定能力の不十分な利用者に対して、常に最善の方法を用いて利益と権利を擁護する」と明記されている。患者の権利、家族の意向を捉えた上で、MSWはそれらを多職種や地域へアドボケイトしていく役割と機能が求められている。

　難病患者以外にも、認知症高齢者、身寄り無し、重篤な意識障害など、医療の現場においても患者の権利擁護や意思決定支援に深く関わる場面も多々あり、現代においては大きな課題となっている。常に患者の最善の利益とは何かを考え続ける必要があり、知識や技術だけではなく、価値と倫理の視点が求められる。

［参考文献］
1）岩間伸之『成年後見制度と社会福祉』大原社会問題研究雑誌　No. 627　2011年
2）金子和夫『社会福祉セミナー　―　社会福祉の行政と制度、権利擁護と成年後見制度』
　　NHK出版　2014年、56-63
3）社会福祉士養成講座編集委員会編『権利擁護と成年後見制度』第4版, 中央法規出版
　　2014年、
4）堀田　力『地域後見の実現』日本加除出版　2014年
　　日本弁護士連合会『医療同意能力がない者の医療同意代行に関する法律大綱』2011年
5）厚生労働省資料　「日常生活自立支援事業」　2014年
6）法務省民事局　パンフレット「いざという時のために知って安心　成年後見制度　成年後
　　見登記」2013年
7）全国社会福祉協議会　パンフレット「ここが知りたい日常生活自立支援事業」2009年
8）京都市長寿すこやかセンター　「すこやかかわらばん」vol.30　2013年

第6章 多様な領域に挑戦する医療ソーシャルワーク

　本章では多様な領域の事例を紹介しているが、個人情報保護の観点から全て創作している。事例から学ぶということは、クライエントの人生の過程で起こる出来事から学ぶことである。そして、他者が援助した事例を自分が学んだ知識と技術をもって理解することである。患者や家族のおかれた状況、様々な困難の背景や要因を想像するために、事例には全ての情報を詳細には記載していない。MSWは援助を求めたクライエントの心理の理解、困難な状況に思いめぐらせる想像力が求められるからである。そして、MSWはどのようにアセスメントを行い、どのような援助計画が立て援助を行ったのか、課題は何かなど、さまざまな視点から事例を検討することが重要である。なお事例検討は、自分が援助した事例を他者の意見を通して振り返り客観化することで学ぶことができる。クライエントそれぞれの人生である事例はすべて個別性があり、その援助から学ぶことは、別の事例を理解し援助実践の力をつける上で役立つ。

＊事例紹介について
　事例の表内は以下の項目を示している。

① 事例タイトル（事例の内容を分かりやすくするため）
② 名前（仮の名字を設定）
③ 年齢・性別（実年齢でなく年齢層を記載）
④ 病名・障害名（主病名を記載）
⑤ 病院名・事業所名（アルファベット表示）

1　個別援助の実際

1　低所得者に対する支援

(1) 国民健康保険の問題を通して

　国民健康保険（以後、国保）の加入者は農業従事者や自営業者、定年退職後の高齢者等であるが、近年では失業した人や、派遣労働やアルバイトといった非正規雇用の労働者の加入も増加している。国保は休業中の生活保障となる傷病手当も無いため、疾病を機に仕事ができなくなった場合、大きな医療福祉問題を発生させることになる。

　例えば、非正規労働で収入が不安定であったり失業し無収入であれば、生活費そのものが不足し、保険料を支払いたくても支払うことができない。このような状況から国保料の滞納世帯数は2006年には約480万6千世帯にまで増加した。その後、保険料滞納世帯数は2018年度には約267万1世帯にまで減少したものの、全世帯に占める滞納世帯の割合は14.5%となっており、依然として2割もの世帯が保険料を支払うことができない世帯が存在している[2]。

　そして重大な問題は、2000年の国保法の改定によって、保険料滞納世帯には被保険証を発行せず、代わりに被保険者資格証明書（以後、「資格証明書」）の発行が市町村の義務となったことである。「資格証明書」の交付数は2006年には約35万世帯となった。その後、若干減少傾向となっているが、2018年度においては約17万1千世帯が「資格証明書」の交付を受けている。また、2008年に厚生労働省が行った調査では、国保の保険料滞納のために保険証を返還し無保険になっていた子ども（中学生以下）が全国で3万2903人もいることが明らかになった。さらに2008年4月から開始された後期高齢者医療制度においても、保険料を1年以上滞納すると「資格証明書」が発行されることになった。

　「資格証明書」で医療機関を受診すると、いったんは医療費の全額を窓口で負担し、その後手続きをすれば医療費の7割が返金されるという仕組みになっている。そのため、保険料負担が困難な世帯の受診を妨げている。全国保険医団体連合会の調査では、資格証明書の交付を受けた被保険者の2007年度の受診率（推計）は、一般被保険者の受診率に比べると52分の1という著しく低い結果となった。また、全日本民主医療機関連合会は2005年より「国保など死亡事例調査」を実施し、に国保料や医療費の支払いができないといった「経済的な理由」により治療が受遅れ患者が死亡した事例をまとめている。これによると、2018年においては少なくとも全国で77人の死亡が確認されている。この調査によると、死亡事例77人のうち、22人は無保険状態であった。また、死亡事例の54人（約7割）が60歳以上の高齢者であった。さらに、外国籍の若者が無保険のために受診が遅れ命を落とす事例も報告されている。このように、今の私たちの社会は、誰もが保険証を失い命の危機に晒される可能性がある状態となっている。

　ただし、「資格証明書」の発行に至らずとも、保険料の滞納が数ヶ月以上続くと、有効期限が数ヶ月の短期被保険者証（以後、「短期保険証」）が発行される。「短期保険証」の発行数は2018年では75万4千世帯となっている。通常の保険証は1年間有効なのに対し、短期保険証の場合はすぐに有効期間が切れるため、継続した治療が必要な場合は何度も更新手続きをくり返していかねばならない。また更新手続きの際には、新たな保険料の納付が求められる。しかし経済的な問題が解決されていなければ、その世帯は保険料を支払うことができず、その状態が継続すると「資格証明書」が発行され、無保険状態となって受診することが困難になる。従って「短期保険証」の発行を受けた世帯は「資格証明書」の予備軍であるとも言え、これらの世帯が「資格証明書」の交付に至らないように、経済的な問題を解決していくことが必要である。

　なお、親の無保険によって子どもの無保険状態が発生していた問題、いわゆる「子どもの無保険問題」については、関係団体や当事者からの運動

により、2008年12月に「改正国保法」が成立し、中学生以下の子どもには無条件に6ヶ月間の「短期保険証」が発行されることになった。さらに翌2010年の改正により、対象が高校生世代（18歳未満）に拡大され、一定の改善はみられた。

このように、経済的困窮は医療費の一部負担の支払い困難や、無保険状態といった医療へのアクセスを閉ざす大きな原因となる。その結果、受診が遅れ、治療が長期化したり後遺症が残るといった日々の生活に様々な影響を及ぼすことにつながってしまう。これは「医療権の侵害」として捉えなければならない問題である。

医療ソーシャルワークにおいては、国保の問題など経済的な困窮状態に関連する生活問題を「医療権の侵害」と捉え、目の前の患者・家族に適切な医療が保障されるように様々な社会資源を駆使しつつ、直面する生活問題の解決に取り組む。そして、その問題解決過程において、一人ひとりの患者・家族が健康や生きる力を取り戻すことができるよう、支援しなければならない。さらに、制度を知らない患者・家族に向けた情報提供を積極的に行っていくことも重要な役割である。

そして、問題を一事例としてとどめるのではなく、同様の問題を抱える患者・家族へ援助がもれなく提供されるように院内外に働きかけていくことが重要である。そして、実態調査や政策提言といったソーシャルアクションにも取り組み、社会的に解決する道筋を探らなければならない。個別の問題の解決と同時に社会問題としての解決を見据えることこそ、医療ソーシャルワークの大切な役割といえるだろう。

事例1
①「国保料の滞納が受診遅れに」　②近藤さん　③55歳男性　④進行性胃ガン　⑤A病院（二次救急指定病院）

事例の概要

　近藤さんは、55歳。高校卒業後よりB運送会社に勤務し、ダンプカーの運転手として働いていた。しかし、B運送会社の上司と意見が合わず、8年前に退社。その後は、C運送会社に勤務するが、3年前に会社が倒産し失業した。以後は正規社員になることができず、いくつかの運送会社でアルバイトとして採用され、軽トラックの運転手として勤務していた。しかし半年程前より腹部に違和感を感じ始め、食後の気分不良や吐き気が頻繁に起こるようになり、軽トラックの運転が満足にできなくなったために解雇された。

　C運送会社退職後は国保に加入したものの、アルバイトの収入は少なく、保険料は滞納している。またアルバイトを解雇された後には生活費が不足し、消費者金融数社から借金をしていた。しかしその返済も半年前から滞り、さらに2ヶ月前からは家賃を滞納していた。

　腹部の違和感や嘔吐は日を追う毎に激しくなってきたものの、国保料も支払っておらず、また日々の生活費も事欠く状況であったため、医療機関は受診せず自宅で様子を見ていたとのことであった。1週間程前からは「水を飲んでも吐いてしまう」という状態になり「もうしんどくて、しんどくて、我慢できなくなった。お金も保険も無いし、医療費の支払いができないのはわかっていたけど、このまま家にいたら死んでしまう」と考え、救急車を呼び、4月のある日、自宅よりA病院へ救急搬送された。救急隊からA病院へ「近藤さんが『保険もお金も無いので、医療費の支払いができない』と話していた」という申し送りがあり、入院時よりMSWが関わることになった。

事例の展開

　救急隊から申し送りを受けた救急外来の看護師よりMSWへ「医療費の相談をしてほしい」と依頼があった。MSWは近藤さんに自己紹介し、保険料も滞納し、失業中でお金もない、という事実を確認した。そして、国保料の納入状況を調べてみると「1年以上保険料を滞納しているので、保険料を支払わなければ保険証の発行はできない」という状態になっている

ことがわかった。そこで近藤さんへ「国保での受診は保険料も一部負担の支払いも発生し、負担が大きい。でも、生活保護を利用すれば、医療費の心配をしなくても治療を受けることができるので、福祉事務所へ相談してみませんか」と提案した。近藤さんは生活保護のことは知らなかった様子で「お金が無くても治療できるなら、申請したい」と希望したため、福祉事務所へ連絡し手続きを進めることにした。

　主治医は診察後、MSWへ「進行性胃がんの末期である。恐らく以前から症状はあったはず。症状が出た時に受診すれば完治できたかもしれないが、かなり進行しておりどこまで延命できるかわからない。すぐに手術が必要で、入院は長期化するかもしれない」と病状について説明した。

　近藤さんには家族がいないため、主治医からの病状説明にはMSWが付き添った。主治医から近藤さんに対して「病名は進行性の胃がんで、かなり進んだ状態であり完治は無理である。すぐに胃や他の臓器も含め切除する手術が必要である。しかし手術をしても癌が摘出できない場合があり、その際は食道と胃にバイパスをつなぎ、食事がとれるように処置していく。手術後は、抗ガン剤を使用することになる」といった説明があった。近藤さんは、胃を切除すると体力が落ちると聞いたことがあったようで、「胃を切ったら仕事ができなくなるから手術はしたくない」という。しかし、主治医より「今手術しなければ命に関わってくる状況です」と説明があったことや、MSWから「仕事は治療が終わってからゆっくり考えたら良いので、まずはしっかり治療を受けましょう」と説得したところ、「わかりました。手術した方が良いのであればお願いします」との返事が返ってきた。

　医師の病状説明後、病室へ戻ってからは「水を飲んでも吐いたし、おかしいなとは思っていたけど、まさか癌やとは思わんかった」とショックを隠せない様子であった。しかし「でも、まだ死にたくないし、やりたいこともあるし、嫌やけど手術するしかないな」と語った。手術前に「必要なものを家へ取りに戻りたい」と希望があり、MSWが付き添って外出した。自宅には家賃や借金の督促状が届いており、それを見た近藤さんは「お金が無い

のにどうしよう」と不安な様子であった。

　近藤さんは外出した翌日に、改めてMSWに家賃や借金の督促があったことについて相談した。近藤さんは「アパートを追い出されたら帰る家がなくなる」「だいたい家賃が毎年どんどんあげられて高くなった。その上こんな病気の時に督促状を送りつけるなんて、ひどい不動産屋や。どうしたら良いんや」と住宅管理会社への不満を訴えた。さらに「お金がないから、しんどくても家でじっと我慢してきた。病気にもなるし手術もしなければいけないし、その上、家もなくなるなんて、この先どうしたらいいのかわからへん」と不安な気持ちを吐露した。MSWは近藤さんの気持ちを受け止めながら「今は治療が一番大切。主治医や看護師も全力を尽くすし、私も手伝いますから、一緒に頑張りましょう。家のことは不安だと思いますが、当面は住宅管理会社へ連絡をし、家賃の支払いを延期してもいましょう。場合によっては転居が必要かもしれませんが、その点は福祉事務所も力になってくれると思うので、手術が終わってからゆっくり話し合いましょう」と伝えた。

　手術後の病状説明では、再度MSWが近藤さんに付き添った。主治医からは、胃がんは予想以上に進行しており、胃の全摘出は不可能だったこと、食事ができるように食道と胃のバイパス手術となったので、徐々に食事を開始していく予定である、といった説明があった。

　病状説明後、近藤さんはMSWにアパートの家賃や借金について相談した。近藤さんは「このままやったら、わしもテント暮らしやな。どうしたらええんやろ」と途方に暮れていた。MSWは「生活保護では転居費用も支給されるので、この際家賃の安いアパートへ転居してはどうですか」と提案した。近藤さんも納得したので、体力の回復を見ながら、転居や退院後の生活を整えていくことにした。その後、術後の経過は順調で、食事も摂取できるようになっていた。6月上旬には抗ガン剤1クール目が終了し、2週間の休薬期間となるため、その時期に退院できるようにアパートを探すことにした。アパートの見学や契約手続きにはMSWが同行し、体力的にも精

神的にも近藤さんの負担が少なくなるように援助した。手続きは順調に進み、6月下旬に退院となった。その後、順調に外来受診を継続していたが、8月に入り「食べられない。体がしんどくて動けない」と近藤さんよりMSWへ連絡が入った。MSWが近藤さんのアパートを訪問したところ「水も喉を通らない」と話していたため、すぐに主治医に連絡しA病院へ再入院することになった。再入院後、近藤さんは「また新しいアパートに戻って、仕事できるようになりたい」と語っていたが、病状は回復せず、9月中旬に亡くなった。

[注]

1　厚生労働省資料「保険局国民健康保険課　平成 29 年度国民健康保険（市町村）の財政状況について」
2　厚生労働省 (2019)「平成29年度国民健康保険（市町村）の財政状況について」
　　https://www.mhlw.go.jp/content/12401000/000508323.pdf
3　全国保険医団体連合会「国保資格証明書を交付された被保険者の受診率 の調査結果（2008年度、2009 年度）について」2010年11月29日
　　http://hodanren.doc-net.or.jp/news/index.html
4　全日本民主医療機関連合会 (2019年3月6日)「2018年経済的事由による手遅れ死亡事例調査概要報告」
　　https://www.min-iren.gr.jp/wp-content/uploads/2018/06/190306_04.pdf

[参考文献]
1）子どもの貧困白書編集委員会『2009年子どもの貧困白書』 明石書店
2）吉永純・京都保健会編 (2015)『いのちをつなぐ無料低額診療事業』クリエイツかもがわ

(2) 無料低額診療事業の活用を通して

　医療機関を受診すると、多くの人は窓口一部負担金を支払うことになる。しかしスーパーで売られている商品のように、値札で診療費がわかるものではない。「いったいいくらかかったのか」、保険点数を見てすぐに理解できる人は少ない。保険証はあるが、窓口で払う一部負担金がどうしても払えない生活困窮の人たちは実に多く、自ら受診を控える「受診抑制」となってしまう。疾病が重篤になってから救急搬送という例も少なくない。

　医療保険制度によって医療機関は窓口一部負担金を勝手に「値引きする」ことはできない。法的に減免できるのが、健康保険法第75条、国民健康保険法第44条と、社会福祉法にある無低診活用によるものだ。ここでは無料低額診療事業（以下、無低）について考える。

　無低は、社会福祉法第2条第3項第9号 において、「生計困難者のために、無料又は低額な料金で診療を行う事業」と定め、生活困窮者が医療機関にかかる際に生じる窓口一部負担金を、生活困窮の度合いによって当該事業所・法人の規程をもとに減免するものである。無低は社会福祉事業法（1950年代）に位置づけられ、戦前の医療保護事業を受け継いだものである。しかしながら、1961年以降の国民「皆」保険体制が目指され、国民は被用者保険加入者や生活保護受給者等を除いて国保に加入が義務づけられ、制度上、無保険者は存在することはなくなった。

　なお、無低の基準として、医療ソーシャルワーカーの設置が以下のように示されている。

(1) 医療ソーシャルワーカーは、社会福祉主事任用資格をもち、かつ、病院にあっては専任であることを原則とする。

(2) 医療ソーシャルワーカーの活動に必要な施設は、専用室であることが望ましいが、これによりがたい場合は、専用室であることが望ましいが、これによりがたい場合は、カーテン、ついたて等で他と明確に区別すること。

(3) 医療ソーシャルワーカーの数は、医療施設の利用人数等に対応して必要な数とするがおおむね200床あたり1名とすること。

(4) 医療ソーシャルワーカーの設置に必要な経費は医療施設の負担とすること。

（昭和49年12月21日社庶第181号、各都道府県民生主管部（局）長宛、厚生省社会庶務課長・児童家庭企画課長通知）

国民「皆」保険体制は、国庫負担を充実させて「社会保障としての国保」を明示し、第44条では窓口一部負担金減免を、第77条では納付する保険料減免を定め、被保険者として自営業者等のほか、無職の人たちや失業者の想定もされていた。国保がその通りに機能すれば、無低はその役割を終えたとも考えられる。しかし実際には、雇用の流動化による非正規雇用者の増大等により、国保は、無職、失業者、さらに被用者保険に入れない非正規雇用の人が多く加入する保険となった。国保加入者は低所得者層が多く、当然、窓口一部負担金が支払えない人も少なくない。無低はこうした状況下で「必要とされる制度」として見直されている。

事例　2
①首をつるしかないのですか　②伊藤さん　③70歳代女性　④高血圧　⑤A病院

事例の概要

　医療生協の組合員である伊藤さんは「出資金をおろしたい」と言って医療生協本部事務局を訪れた。医療生協は消費生活協同組合法に基づき、組合員が出資する出資金に支えられて医療や介護事業を行っている。本部事務局では日々組合員の新規加入や増資、減資、脱退の処理を行っている。出資金は銀行預金と異なり加入者による「医療生協の事業と運動に資する運営賃金」が大きな特徴で、医療生協の病院や介護事業所等を地域の出資者である組合員が支える仕組みとなっている。伊藤さんも30数年前からの組合員で、病院に定期的に通院している。

　出資金担当者が伊藤さんに出資金残高と減資理由を尋ねると、「実は、年金が入るまでに手持ちで200円しかないのです。確か出資金はまだ5000円あったと思いますから、2000円を引き下ろして生活費にしたいのです」と話したのだった。この日は2日。年金支給まで2週間弱あった。

　ここ数年、出資金残高が数千円の組合員さんが、遠路わざわざ自転車で事務局を訪れて、脱退（出資金全額引き出す）や減資（1000円程度残して

引き出す）を行う例が増えている。いずれの場合も、生活費が底を尽きそうになるというもので、組合員の生活困窮の状況が出資金から見えてくる。伊藤さんもそうした一人だった。出資金担当者は出資金処理を進めながら、伊藤さんの申し出のあった「無低の話」を事務局担当者につないだ。

　出資金を受け取った伊藤さんは別室に案内され、生活相談の担当者が対応することになった。担当者が「無料低額診療事業についてお聞きしたいのとことですが…」と切り出すと、伊藤さんは開口一番「もう、首つるしかないのでしょうか」と訴えた。担当者は伊藤さんがどんなことが困っているのか整理して解決方法を見出すべく、伊藤さんの今の生活状況や困ったことを率直に語ってもらうことにした。

　伊藤さんは70代の主婦。夫と二人暮らし。夫は糖尿病で入退院を繰り返している。年金も加入期間等の関係で少なく、貯金もなく国民健康保険料（以下、国保料）や医療費をなんとか工面して払ってしまうと、家賃が払えず滞納が続いているという。さらに食事も1日1食または2食などにしないと生活ができない状況だと話した。

　伊藤さんはこうした生活に耐え兼ねて民生委員に生活困窮を相談していた。民生委員は市役所の生活保護課へ預貯金や収入等を証明するもの一式をもって話をすれば生活保護が受給できるのではないかと助言したという。伊藤さんはすぐに家にある書類をかき集めて、生活保護申請を準備、貯金や年金関する書類一式を持って市役所へ相談に行った。しかし生活保護課で面談し、手持ち金や収入等を調べていくと、基準より100円超えていることがわかった。生活保護課で「すぐに生活保護は難しいですね」と言われ、「どうしたらいいのか……」と考えた時に医療生協の出資金の存在を思いついたようだ。生活保護にある基準生活費を100円上回ってしまえば申請は難しいかもしれない。やるせない気持ちを持ちながら、明日の生活をどうすればいいのかと医療生協事務局にやってきたのだった。

事例の展開

本部事務局で伊藤さんの対応をした生活相談担当者は、生活保護の再申請を考えながら、伊藤さんが通院している医療生協のA病院のMSWに援助を引き継ぐことを考えた。生活相談担当者は伊藤さんに「大変につらい状況ですね。まず、医療生協でできることをして、生活をどうやって立て直していくか考えていきましょう」と話し、医療生協ですぐに対応が可能な方法として、①無低の適用に向けた準備、②生活保護の再申請の準備を提案した。

　幸い伊藤さんは収入等に関する書類一式を持参していたので、生活相談担当者はA病院の相談室まで伊藤さんを同行しMSWに援助を依頼した。そして、その日のうちに無低に関する手続きを終えることができた。伊藤さんは「首をつるしかないのですか」とのやるせない気持ちから、少しでも問題解決の方向が示されて安心したようだった。特に、伊藤さんの夫の入院費用が無低で軽減できること、また年金支給日までの間は出資金を引き下ろしてなんとか生活ができるとの方向性も見いだせ、安堵の表情を見せた。生活保護申請はできなかったが、伊藤さんは具体的な対応策を得て家に帰ることができた。

　A病院では無低の申請を受けて1週間後に、伊藤さんの無低適用が決まった。伊藤さんは夫ともに無低の適用を申請日にさかのぼって受けられ、医療生協で受ける医療については窓口一部負担金が免除されることになった。MSWが伊藤さんに無低の適用について電話で報告すると、伊藤さんはとても感謝していると返答があった。またこれからも大変な生活状況が予測できることから、何かあったらすぐに連絡をするようにと、今後の援助の継続を伝えた。

　1ヶ月後、伊藤さんはA病院通院後に相談室を訪れた。「夫がまた入院になりました。おかげで最小限の負担金で済むようになりました。ありがとうございます」と、今まで入院にかかる医療費が免除になったことを話した。続けて「夫の入院費用はなんとかなったのですが、発作を起こしてタクシーで病院に連れて行ったり、その他入院でかかった費用が多くて、また手持

ち金が少なくなってしまいました。私も高血圧で病院にかかっているけど、今回、もらった処方せんを薬局に持っていけないのです。先月と同じ金額が薬局で必要となると、もうお金がなくて払えないのです」と訴えた。

　伊藤さんは無低の適用となったが、先月同様にやはり経済的に行き詰っている状況には変化がなかった。特に、夫が発作を起こして入院した際に使った深夜のタクシー代、入院医療費以外の出費に伊藤さんは苦しんでいた。また今回はこうした大きな出費があったからか、自分の通院の際に必要な薬代が払えない状況に陥っていた。

　伊藤さんの話を聞いたMSWは、生活保護の申請を提案した。伊藤さんは「また市役所でつらい思いはしたくないです」と言って申請をためらったが、MSWが一緒に申請に付き添うこと、また現在の生活状況であれば基準を超えることはないこと等を伊藤さんに説明した。

　伊藤さんは、再度生活保護申請を行うことを決め、先月のように必要書類一式を携え、MSWに付き添ってもらって市役所生活保護課へ相談にいった。MSWの話したように、基準を上回ることはなく、申請書類はスムーズに受理され、14日後に生活保護支給決定の通知を受けることとなった。なお、支給決定までの14日間は、再び医療生協の出資金を2000円引きおろした。また伊藤さん本人の薬局での薬代については、薬局に分納して支払うことで対応した。

事例の考察
生活費を圧迫する国保料

　伊藤さんは入退院を繰り返す夫のことを考えて、貯金もなく低年金の中、「医療が受けられなくなるのは困る」との一心から、国保料だけは必死に支払い続けてきた。国保料の収入に占める比重がかなり高い中、国保料を納めることが、結果として厳しい生活状況を作り出してしまった。夫の介護のために介護保険料も滞納することなく払い続ければ、食費削減や家賃滞納等も起きてしまう。伊藤さんは国保料を滞納することなく払い続けたが、

219

窓口一部負担金が支払えない、また生活そのものが営めない状況に追い詰められてしまった。医療機関でできることは、窓口一部負担金減免の検討と生活保護申請の援助等になるが、伊藤さんの場合、まず即効性のある無低を適用し、入退院を繰り返す夫や伊藤さん自身の医療費減免を行って、減免される分で生活が営めるかどうか考えたのだった。しかし、翌月に急な出費（深夜にタクシーで病院へ行った等）もあり、生活再建には至らず、生活保護申請を行うことで生活再建を果たし、適切な医療を受けることができる状況を作ることができた。

　本来、窓口一部負担金減免制度は無低ではなく、国保法第44条による一部負担減免制度を利用すべきだが、伊藤さんが住む自治体では、、国保法第44条の適用には「失業等で収入が激減したとき」のような基準があり、恒常的な低所得者は国保法第44条を適用ができない状況にあった。したがって、他の社会資源活用の「つなぎ」として、無低の活用を行ったのである。

無低における保険薬局での一部負担金問題

　伊藤さんは1ヶ月後のMSWとの面談で「薬局でもらう薬代が払えない」と訴えていた。事実、無低の適用を行っても保険薬局では窓口一部負担金が発生してしまう。院外処方せんによって薬をもらう保険薬局では適用外となっているからだ。これは社会福祉事業法制定当時の1950年代、現在のような医薬分業が制度化されていなかったことに起因する。保険薬局で無低診が適用されない状況は、いわば「完結しない医療」であって大きな問題となっている。一部の自治体では、条例によって薬代補助をしているが、単純に社会福祉法に医療提供施設となった保険薬局を認めれば済む問題ではない。そもそも無低診は国民「皆」保険体制ができる前の、保険がない人への対応であったはずだからだ。国民「皆」保険体制のもとでは、本来は国保法第44条対応が第一のはずだ。

今日、明日の生活を考える

　MSWは無低を他の社会資源活用のための「つなぎ」として活用した。生活保護を申請しても決定には14日、遅くなると30日もかかる。「それまで待ってくださいね」というわけにはいかない。伊藤さんの場合、出資金の引き出し（生活資金の確保）と医療費減免（無低診の活用）、薬代の分割支払い（保険薬局と相談）等を行って、生活を維持するための方策を考えて実行した。今日、明日の生活費をどのように確保していくか、伊藤さんの立場に立って援助を進めたのである。

2　周産期における支援

　一般的には、妊娠・出産は喜ばしいことと考えられる。しかし、経済的な問題を抱えながら出産を迎える場合、家族が増えることから今まで以上に厳しい経済的・精神的負担を抱えることになる。経済基盤が脆弱な状態で出産を迎える場合、子育てが出来る環境が整っているか、育児支援者はいるのか等、養育が困難となる事態が予測されないかを出産を迎える本人との関わりの中で把握し、関係機関と連携しながら判断・支援をすすめていく必要がある。

　また、本人に関わるタイミングを逃がさないように支援をスタートさせ、なぜ関わりが必要なのかその理由を伝えると同時に、本人のニーズを把握しながら関わることが重要となる。経済的な問題をきっかけとして、その他の生活問題が浮き彫りになることも多い。以下の事例のように複雑な家庭環境で育っている場合、家庭の中で生活についての必要な学びを得る機会が少ない傾向がある。その際、本人自身が具体的なイメージを持って産まれてくる赤ちゃんとの生活をスタートするために、MSWが必要なことを一緒に考え確認することは重要な支援である。また「本人自身の力で物事に対処する力を高める支援」を行うこともMSWの大切な機能の一つである。そのような本人の力に留意し、寄り添いながらその力を高める支援を

を行うことが重要であると考える。

(1) 妊産婦への支援

事例　3
①経済的問題を抱える妊産婦への支援　②福山さん　③20歳代女性　④妊娠6ヶ月
切迫早産　⑤A病院

事例の概要

　福山さんは妊娠6ヶ月。パートナーとは2年前から交際を続けており、一緒に暮らしている。妊娠がわかるまでは工場でアルバイトをしていたが、妊娠がわかると同時に退職となった。収入源はパートナーの建築関係の仕事（日雇い）や登録している派遣の収入のみであり、安定した収入を得ることが難しい状況だった。これまでパートナーは、正社員として採用されることもあったが、人間関係のトラブルから長続きしない状況があり、パチンコなどの遊興費のために家賃や光熱費の支払いが滞る等、生活費が圧迫されることも度々あった。そのため友人などから借金をして生計を成り立たせていた。経済的な事情から、医療機関には一度しか受診しておらず、母子手帳は取得していなかった。国民健康保険にも加入はしているが、パートナーの収入が安定しないため保険料は滞納している状況であった。

　福山さんは数日前から腹部の違和感には気づいていたが、生活することもままならない経済状況のため自宅で様子を見ていたという。そのような中、症状の進行があり自分で救急車を呼びA病院に救急搬送された。診察の結果、切迫早産のため入院が必要と判断されたが、福山さんは入院費用のことが心配なため入院を拒否し続けた。しかし、医師・看護師からの再三の説得のもと入院することとなった。

　福山さん、パートナーともに実家とは音信不通であった。福山さんは両親の離婚後、母親に引き取られ生活をしていた。福山さんが中学生の頃、

母親が再婚し新しい家族ができたが、馴染むことができず親せき宅を転々としていた経過があり「早く自分の居場所となる家族をもちたい」という思いを抱きつづけていたという。

　病棟看護師より「健康保険がなく、経済的にかなり困っている様子がある。実家とは音信不通、外来受診も一度のみであり、入院費用の支払いが難しいことが気になり早く相談をしたいと言っているので病棟まで来てほしい」と連絡があり、MSWが関わることとなった。

事例の展開

　MSWは福山さんの病室を訪問し自己紹介を行った。切迫早産で安静が必要なため、ベッドに横になった状態でMSWとの面談をスタートした。入院期間は未定であり、出産予定日まではあと3ヶ月間あったため、おなかの中で赤ちゃんが一日でも長く過ごせるように点滴治療を行っていた。面談当初、福山さんの言葉数は少なく、伏せ目がちであったが、面談が進むにつれて話を始めるようになった。「病院に行きたかったけど、お金がないから行けなかったんです。このまま家で我慢しようと思ったけど、おなかの赤ちゃんが苦しんでいると思ったら何とかしないといけないと思って、救急車を呼びました。彼は就職が決まって働いても、いつも人間関係でつまずいてすぐに辞めてしまって……。国民健康保険の保険料の請求書が届いていたことは知っていたけど、こんな状況だから払えなくて、保険証がもらえなくなってしまいました。実家とは色々あって連絡がとれないからお金の相談なんてできないんです。本当は入院もしたくなかったんです。入院をしたら彼にまたお金の負担をかけてしまうから……。早く帰りたいんです。」と涙を流しながら話をした。

　現在の生活状況から考えると、生活に困窮している様子があるため生活保護制度について説明を行うが「なんとか自分たちの力で頑張りたい」と申請を希望しなかった。入院費用については、負担軽減のため国民健康保険証（以下、国保証）を受けとるにあたり必要な手続きをMSWが国民健康

保険係（以下、国保係）に確認をした。また国保証があることで、高額療養費の限度額適用認定証の手続きができることについての説明も行った。国保係への確認の結果、保険資格の継続のためには保険料の支払いが必要であり、福山さん自身が国保係へ行き支払いができなかった事情について話をする必要があった。しかし、切迫早産のために入院しており外出は困難であるためMSWが国保係に何度も交渉を行った。その結果、保険料の分割払いについても対応してもらえることとなった。そして、退院後に必ず福山さんが国保係へ行き保険料の支払い方法の相談をすること、保険料は可能な範囲で一部支払いを済ませることを条件に国保証と高額療養費の限度額適用認定証が発行されることとなった。母子手帳の取得についてもMSWから保健福祉センターへ連絡し、手続き方法の確認を行った。本来は福山さんが保健福祉センターへ手続きに行く必要があるが、今回は入院中という事情があるためパートナーが手続きに行くことで発行してもらえることとなった。

　MSWは福山さんへ確認ができた諸手続きについての説明を行った。「よかった。これで少し安心できます。彼と連絡がついて今日来てくれることになりました。新しい仕事が入ったみたいで、面会に来るのは夜になるんです。明日は仕事が休みだと言っていたので手続きに動いてもらえると思います。手続きの方法について彼に説明するので紙に書いておいてもらえませんか？」と言われ、手続き方法について記載した用紙を渡した。その時の福山さんには安堵の表情がみられた。

　翌日、パートナーと話ができたかどうか、わかりにくい点がなかったかを確認するために福山さんと面談するも、パートナーは面会に来ておらず、連絡もつかなかったという。福山さんからは、終始パートナーを心配する発言が続いていたが、数日間パートナーからの連絡を待つことを伝え様子を見ることとした。数日経過してもパートナーからの連絡はなかった。MSWは福山さんへ、大切な時期に連絡がつかなくなることは今後の生活を営む上で非常に心配が残ること、このままパートナーと連絡がつかず家

に帰れない時は、区役所などの公的機関の担当者にシェルター等への入所の相談をしていくことが出来ることを伝え、安心して入院生活が送れるように、心理面でのサポートを続けた。同時に病棟看護師へも現在の状況を伝え、心理面でのサポートの依頼を行った。時間の経過とともに福山さんからは「元気な赤ちゃんを産むために、私、頑張ります」と出産にむけて前向きな発言も聞かれるようになっていった。

　その後、切迫早産の症状も落ち着き、約一ヶ月の入院生活を経て退院を迎えた。パートナーとは退院の数日前に連絡がつき、迎えに来ていた。MSWはパートナーに対して、連絡がつかず心配していたこと、出産に向けて区役所などへ手続きに行く必要があるので、福山さんの体に負担がかからないようにサポートが必要であることについて説明を行った。今回の入院費用については、分割支払いの相談が可能であることをMSWが福山さんに説明し会計担当者へ連絡を行った。出産費用については、福山さんもパートナーも前年度が市民税非課税世帯であり、実家や親族の援助も望めず現在の収入も不安定で生活をすることに精一杯な状況があるため入院助産制度の活用について説明し、福山さんが手続きを進めることとなった。説明を進めていくにつれて、福山さんの不安な様子が見受けられたため、MSWから区役所の各担当係へ連絡を入れておくことについて提案し了解を得た。その際、MSWは福山さんが区役所の各担当窓口で困らないように手続きができることを心掛けて支援を行った。

　一週間後、外来受診のために来院した福山さんにMSWは、退院後の生活状況と区役所での手続き状況を確認、また不安や心配なことについても確認し少しでも安心して出産を迎えられることを心掛けて面談を行った。福山さんは区役所での手続きは済ませており、国保証、限度額適用認定証、母子手帳を持参し、入院助産制度の相談も行い結果待ちの状態であるということだった。「入院した時は、赤ちゃんのことよりもお金のことばかり気になっていました。彼は新しい仕事を頑張ってくれていますし、退院して一つずつ手続きを済ませることが出来て気持ちが落ち着いてきまし

た」と言って、落ち着いた様子がうかがえた。MSWは、何か困ることがある時は一人で悩まず、パートナー・友人・保健センターの保健師や病院のスタッフなど必ず周囲の人に助けを求めることの大切さについて話をした。今、心配に思っていることについて尋ねると「赤ちゃん用品の準備をしたいけど、お金に余裕がないから何をどれだけ準備したらいいかわからなくて……」ということだった。そのため、福山さんの事情を産婦人科外来の看護師に伝え、必要最低限の物品の準備について福山さんへの説明を依頼した。また、「一度に沢山の説明を聞くことが苦手な様子があるため配慮しながら説明してほしいこと」も併せて看護師に伝えた。外来受診時には、出産に関して必要な事柄全般についての説明も依頼した。その後の妊婦健診は欠かさず来院し、出産に向けての準備も整った。出産費用に関しては入院助産制度が決定した。MSWが福山さんと面談を重ねていく中で、パートナーは困難な事態に直面すると音信不通になることが度々あること、福山さんとしては頼れる人がいないので、それでもパートナーには側にいてほしいという思いがあることがわかった。育児をスタートするにあたり、経済的な問題を抱えていることだけでなく、福山さん、パートナー共に複雑な生育歴であることが分かった。また、福山さんのパートナーは、困難と向き合うことが難しく未熟さをもっている。そのパートナーが唯一の支援者となることは、育児が困難になる状況が発生することも考えられるので、MSWは保健師などの地域の関係機関とケース会議が必要であると判断し、区役所へケース会議の開催を要請した。ケース会議では、情報の共有をはじめ、各関係機関の役割の確認と支援方針をたてることとした。

　福山さんは、出産予定日より二日遅れて女児を出産し、母子ともに経過は順調であった。MSWは病棟看護師に対し福山さんが初産婦であること、外来受診時からの関わりの経過やケース会議が行われている背景を伝え、必要な育児指導の依頼を行った。初産婦ということもあり授乳・おむつ交換・沐浴の手技などぎこちなさはみられたものの、看護師の説明はきちんと聞き、わからないことは自分から質問し一生懸命取り組んでいた。退院前に

は疲れもあってイライラした態度が目立ち、赤ちゃんに対して声のかけ方が荒くなる場面があったと看護師から報告があった。そのため地区担当の保健師へ連絡し、早めに訪問してもらい自宅での育児の様子について確認してもらうことを依頼した。福山さんに対しては、退院後に必要な手続き（出生届の提出・健康保険の加入・乳幼児医療／児童手当の手続き）方法の説明を行った。パートナーとの入籍について尋ねると、「彼のこれからの行動をみてから決めます」と返答があり、パートナーに依存するばかりではなく、母として赤ちゃんとの今後を大切に考えているように見受けられた。また、これから始まる赤ちゃんとの生活について、心配なことや困ったことがある時は、どんな些細なことでも一人で悩まずどこかに助けを求めていいこと、助けを求めることは問題を解決するきっかけとなるとても大切な行動であることを伝えた。MSWは、育児を行う母親自身が、子どもにとって必要なことに取り組む力をつけること、困りごとがある時には相談ができるように、母子が孤立しないような関係作りを行うことが、母子が安全に暮らせることにつながると考え、支援を行った。福山さんの了解のもと、地区担当の保健師へ無事に出産を終えたこと、本人から相談の電話があるかもしれないことを伝えた。そして、出産して五日後に退院となった。

　退院後、二週間が経過した頃、パートナーが失踪し、福山さんが保健師に助けを求めた。生活費もなくミルクやおむつも購入できない状況となり、緊急で母子生活支援施設に入所し、生活保護の申請を行うこととなった。その後、一ヶ月健診に来院し、健診の結果は母子ともに問題ないことが確認できた。健診後、MSWとの面談では「この子を産むまでは、相談しても何も変わらないと思って誰にも相談しませんでした。さすがに今回のことはショックでしたが、この子もいるので何とかしなければと思い保健師さんに相談したんです。この子のおかげです。」と話をし、赤ちゃんを愛おしく見つめる母の表情をした福山さんを見ることができた。その後も保健師や母子生活支援施設のスタッフの支援を得ながら母子ともに生活を続けている。

3　退院・在宅への支援

(1) 高齢者への支援

```
＊事例　4
①救急搬送されて身元がわからなかった高齢患者の退院支援　②西田さん　③70代前半
女性　④脳梗塞　⑤Ａ病院（一般病院）
```

事例の概要

　病院近くのアパートから意識を失った独居の高齢者が救急搬送された。救急車に付添っていた近所の方から氏名は聴き取ったが、年齢や家族のことはわからず、健康保険証を持っているのかもわからなかった。脳梗塞と診断されたが意識の戻らない状態が続いた。

　病院としては、①家族に連絡をとること、②医療費の支払を確保するため健康保険証を確認すること、がまず必要とされる。以上のような患者が救急搬送された場合、MSWが対応の窓口になることが多い。

　まずは②の医療費の支払の問題である。我が国は国民皆保険ですべての国民が健康保険に加入しているはずであるが、保険料が高くて滞納し「無保険」になっている人も少なくない。高齢者や非正規雇用の者（パート・アルバイト・フリーター等）の多くは市町村国民健康保険に加入しているが、国民健康保険は保険料を滞納すると、年1回の被保険者証の更新が受けられず「無保険」となる場合がある。「無保険」のまま何年と暮らし、その間慢性疾患は放置され、悪化してから救急搬送される患者は多い。

　MSWは無保険の可能性がある場合、生活保護の申請を福祉事務所に行う。本来申請は本人にしか出来ないが、本人の意識がないとき「救急搬送をされ意識がない状態である」という事実を福祉事務所に残す（伝える）ことで、福祉事務所は職権で本人についての調査に動くことがある。被保護世帯か、住民登録の有無、民生委員の地域でのかかわりなどがわかり、そ

こから日頃のかかりつけ医や病状、親族などの情報がわかることもある。（しかし「個人情報保護」を理由に、門前払いや情報提供されない事例も多い）

　①については病状の説明、治療方針の決定はもちろん退院後の生活について一緒に考えていく必要があるためである。

　この病院のMSWは救急搬送のあった日に、福祉事務所に西田さんについての一報を入れた。4日目に意識が少し戻り、11日目には話ができるようになった。この時福祉事務所のケースワーカーが面接を行い、本人の同意をとって預貯金を調べたところ、数十万の預金があるため、生活保護受給ができなかった。あわせて国民健康保険に加入していないこと、その市に住民登録がされていないこともわかった。

　生活保護にかかれず、また「無保険」であれば必要な治療を受けられない。MSWは国民健康保険を作る援助をすることとした。国民健康保険は住民票のある市町村で作ることができるため、今、西田さんの住民登録（住民票）がどこにあるのかを調べなくてはならない。意識や記憶が回復してきた西田さんに本籍地をたずね、その役場から戸籍抄本と戸籍の附表を取り寄せた。

　取り寄せた戸籍には出生地・生年月日などの他、附表には住民票の異動が書かれている。私たちは転居をすれば役所に転出届・転入届を出す。これらの届出は本籍地に伝えられ、戸籍の附表に記されていく。しかし「（借金の取り立て、交際相手からの暴力を理由に）引越先を知られたくない」からと転出届を出さない人もいる。実際に住んでいないのに住民票が残っていることを役所が把握する（税金・保険料徴収の郵便が返送されたり、次に住んだ人からの申し出があるなど）と、市町村役場は実際に住んでいない人の住民登録を「職権消除」することがある。西田さんの戸籍では前の住所地から「職権消除」されていた。

　失われた住民票を回復するには、現に住んでいる事を証明する書類（アパートの賃貸契約書など）と戸籍抄本・戸籍の附表を添えれば可能である。そして住民登録がされれば国民健康保険や介護保険の被保険者証を作ることができる。MSWはこれらの援助をして、西田さんの国民健康保険と

あわせて介護保険の被保険者証も作った。

　西田さんの病状はリハビリテーションにより歩行ができるまでに回復した。家族のことは本人の口から話されなかったが、施設ではなく在宅での生活を希望されたため、自宅近くのケアプランセンターに連絡し、ケアマネージャーと在宅での生活を一緒に考えている。また西田さんは無年金で預金を切り崩して生活していることもわかった。

事例の展開

　急性期病院のMSWは突発的な相談が生じることが多い。この事例のように、救急搬送され意識がなく家族もわからない、となると一度にたくさんの問題が生じる。西田さんが安心して治療を受けるためにはまず医療費の問題があった。

　福祉事務所への一報は生活保護の適用（医療費や入院中の日用品費など）の可能性のためである。本来は患者の意思を聞いてからと思われるが、生活保護は申し出た日（一報を入れた日）を申請日にするという規則がある。3日後に連絡をすれば最初の2日間は適用されない。よって本人の意識回復を待たずしてすすめられた。所持金のない住所不定者の救急搬送も同様で、即福祉事務所に一報を入れなくてはならない。

　次に西田さんの本籍地から戸籍抄本を取り寄せているが、当然本人の名前で申し込むものであるので、西田さんにその目的をしっかりと説明しなければならない。

　急性期病院は長期入院ができないため、転院や施設に紹介することもある。被保険者証がなかったり、支払困難とわかっていて他機関に紹介すれば、次の受け入れ先が困ることになる。次に紹介するためにも最低限の援助をする。それが被保険者証（国民健康保険・介護保険）を作ることだった。まず必要な医療を確保するために国民健康保険を作ったが、無年金である西田さんはやがて預金が底をつくだろう。

　退院し在宅に帰ってから予測される問題を今度は誰に相談するのか。本

人の同意をとって次の機関（ケアマネージャーや転院先のMSWなど）に本人に関する情報を申し送ることが必要である。急性期病院の場合は入院期間も短いため、一日一日が非常に大切である。

この西田さんとは少し違うが「住民票をどこにおいたらいいのか」という相談は時々ある。例えば長期入院をきっかけに借家を解約しようとしたり、老人ホームに入所中に長期入院となり、ホームに戻れなくなったとき「転出」を迫られる。公営住宅では自治体によっては半年とか1年の入院があれば住宅の明け渡しを求められる。親族のところに住民票を置くことができればいいが、そういう当てがなければ病院に住民票を置くことを考える。

「転入」して住民票を置くということは、その市町村の国民健康保険（75才未満の場合）や介護保険に加入することになる。その人が将来入院や介護サービス（在宅・施設とも）を利用すれば、その住民票を置いている保険者（市町村・広域連合）がその費用を負担する。高齢者が転入すると医療や介護の自治体負担が増えるため、「病院に転入」することを阻止する役所も多い。しかし住民登録をしていなければ保険証を作ることもできないばかりか、社会資源や各種制度は利用できないものが多い。

患者本人は寝たきり、あるいは意識がなかったとしても、それこそ職権で転出届が出され、本人の知らないところで「無保険状態」になるかもしれない。こういう問題に直面して苦悩するMSWもいる。地縁・血縁を失った患者の支援は今後も増えていくだろう。

注）この事例では国民健康保険の被保険者証を発行してもらっているが、国民健康保険の資格取得日（効力が発生した日）がいつになるのかに注意する。入院してから手続きのために数日要するが、資格取得日が入院日まで遡及することは少ない。よって入院日から数日間の医療費負担について注意する必要がある。

事例　5
①「在宅介護を支えていくための関係機関との調整」　②木本さん　③70代前半女性　④脳梗塞　⑤B病院（一般病院）

事例の概要

木本さんは3ケ月前に脳出血で入院したが、人工呼吸器をつけていたために気管切開をした状態で退院することとなった。呼吸はできるようになったが、食事は摂れず胃ろうを造設し、呼びかけにはうなづく程度であった。痰がからめば吸引をする必要があった。入院1ケ月後に要介護認定を受け、要介護5の認定を受けた。主治医は高齢の夫に療養病棟への転院を勧めたが、夫は自宅での介護を希望した。夫は主治医の勧めでMSWに相談にきた。

夫は妻（患者）と未婚の息子との3人暮らしであったが、近所に娘がいるので3人で妻を自宅で介護したいという希望であった。MSWは自宅での介護に向けて調整をすることとなり、主治医に退院に向けてどういう準備をすればよいかたずねた。

主治医は①週2回の訪問診療、②気管切開部や胃ろう部のケアのために週2回の訪問看護、あとは介護にかかわることで③床ずれの防止（電動ベッドとエアマットの利用）、④訪問入浴（自宅の浴槽では無理）、という指示であった。

訪問診療については、木本さんのかかりつけの開業医に頼みたいという夫の希望で、主治医の紹介状を持ってMSWも一緒に依頼に行くと、開業医は快諾してくれた。

②から④については要介護認定を受けているため、自宅近くのケアプランセンターからケアマネージャーに相談室に来てもらい夫と一緒に話し合いを持った。ケアマネージャーからは週2回の訪問看護、ベッドとエアマットのレンタル、週2回の訪問入浴が提案され、さらに吸引が家族で対応できるのか、またおむつ交換や清拭などに夫の体力的な負担が生じないか、が話し合われた。その後ケアマネージャーは自宅で息子や娘とも話し合いを持ち、「退院前に吸引や清拭について病棟の看護師に教えてもらいたい」という要望が伝えられた。その後病室で数回看護師の指導を受け退院した。またケアマネージャーには木本さんの病状・看護要約・MSWの援助経過について夫の了解を得て情報提供を行った。退院後夫が介護をしている時

間帯に、清拭とおむつ交換のため訪問介護を週3回取り入れた。

　ケアマネージャーは開業医、訪問看護師、ヘルパー、訪問入浴事業所、更に患者家族も交えて自宅でサービス担当者会議を行い、事業者間の連携によって患者・家族をチームで支えている。半年後身体障害者1級の手帳も取得し、医療費助成の制度を受けている。

事例の展開

　急性期病院はある程度症状が落ち着けば退院となる。家族の思いとしては自宅で普通に看ることのできる程度まで入院をさせて欲しいと思っているが、この事例の様に胃ろう、気管切開、吸引が必要であっても状態が落ち着いていれば退院となる。ただ自宅に帰ることができるのか、療養型の病院や施設で医学的管理を受けるべきなのかは、家族が主治医と相談すべきことだが、家族は家の事情を相談しやすいMSWに相談することも多い。

　患者・家族の今後の生活を支えていくための社会資源の活用を考えたとき、いかなる制度が必要になるか、MSWは適切にみきわめ家族に伝えなくてはならない。

　本事例では入院して1ケ月後に介護保険の申請を行っている。要介護認定が申請してから30～40日くらいで結果が出ることからすれば、退院後の選択肢（施設や居宅サービス利用）を確保するためにも適切な判断だろう。（病状が不安定な場合は認定ができないこともある）また片麻痺などの後遺症が残った場合、身体障害者手帳の診断を受けることも考えられる。（障害の原因となる傷病が発生してからの期間を定めている自治体が多いため、いつでも診断ができるとは限らない）このように一般病棟に入院中は活用できなくても、将来活用できるかもしれず、申請を勧めることが患者・家族の将来に役立つ。

　「介護者がいない」などの理由で、他の病院や施設探しに追われるMSWは多い。療養型の病院は積極的な医療行為が必要でなければ受け入れてもらえないことが多く、介護老人保健施設や介護老人福祉施設では看護職

員の夜勤が行われていないところもある。特に吸引は「医療行為」であり、施設においても介護職員が行うことはできない。（法改正により国の定めた研修修了者は「できる」とされているが、修了者はきわめて少数である）また医療保険対応の療養型の病院は、子どもの扶養家族に入っている高齢者（住民税課税世帯等）の場合月18万円を超える負担となることも多い。受け入れ先がない、あるいはあまりに経済的負担が大きく入院・入所を断念し、在宅しか選択肢がないという場合もある。

　本事例では夫の強い希望での「在宅」となり、主介護者の犬を子どもらが支えていたが、選択肢がなくて「在宅」を選び、配偶者や嫁一人に介護負担が集中することも少なくない。
一人っ子や未婚の子が介護を担うしかないために「介護離職」に追い込まれるケースも増えている。いくら要介護認定を受けても在宅介護に使えるお金が月5千円くらいという家庭もあるだろう。社会資源を活用できなかったり十分活かしきれないこともあるだろう。

　しかしその時点で取りうる方法を本人家庭が決定できるように援助し、退院後の相談機関(本事例ではケアマネージャー)に本人家庭の同意をとって情報を引き継いでいくことが必要である。MSWは地域の病院やサービスについて常日頃から把握をしておくと、援助場面で役立てることができるが、相談の出来る体制・窓口、あるいは力になってくれる機関についても社会資源として把握しておくことも大切だ。

　特に在宅介護を担うケアマネージャーは、家族・主治医と種々のサービスを調整することが大切である。日頃からの連携を通して相談機関についても情報収集をすることが求められる。

4　成人、小児患者に対する支援

(1) てんかん患者への支援
　二十数年前にてんかん[1]の相談を受け始めて驚いたことは、クライエント

の多くが三十代、四十代にさしかかってから初めて来談するという現状であった。クライアントがてんかんの告知を受けて治療を始めたその時期ではなく、治療を続けまたは中断し数年かそれ以上の年月を経て初めて相談に訪れるという現象はいったい何を物語るのであろうか。その中でも筆者にとって大変衝撃的な出来事があった。

　あるお母さんが一通の病院の紹介状をもって来談された。30歳の息子さんのてんかんの紹介状は封がされたままで、数年前の日付が書かれ、所々皺（しわ）になっていた。常にバッグの中で持ち歩いておられたであろうその紹介状がそのお母さんや当事者の息子さんにとって何を意味するのか、頭の中で考えを巡らせた。何故記載日から数年も経っているのか。その時すでに成人だった息子さんはてんかんとどう向き合ってこられたのだろうか。そもそもお母さんは誰に相談されたかったのだろうか。あるいはいろんなところを回ってたどり着いたのがここなのかもしれない。息子さんのてんかんの状況は今どうなっているのだろうか。

　てんかんの事例では当事者の思いとは別に、家族など周りの人が代わって相談に訪れることが少なくない。本人の来談は、そうした状況を経て発作がコントロールされてきたので、これからの就職を考えたいということなのかもしれないし、あるいは発作はコントロールされていないが、親もだんだんと年老いていく状況の中で自分自身の生活について相談したいということなのかもしれない。てんかん相談を受けながら、何故診断直後か早々に本人の来談に結びつかないのか、と常に考えていたと思う。

　人口100人に一人といわれているありふれた疾患にもかかわらず、日本社会はてんかんについて理解のある社会とはいえない。てんかんについての誤解や偏見も多い。また、10代での発症が多いといわれるものの、外傷性のてんかんや脳卒中などの後遺症としてのてんかんなどでは成人の方が多く、最近では高齢者のてんかんが増えているという事実もあまり知られていない。てんかんは発作だけが起こる人、他の知的障害や身体障害、精神症状を伴う人と様々である。てんかんをもつ多様な状況の人の共通の接

点は医療現場であり、発症から早期に関わることのできる医療ソーシャルワーカー（以下　MSWと略す）が対応するのが適切であると考えられる。てんかん事例を通して、MSWの支援について考えていきたい。

事例6
①てんかんのある成人男性への支援事例：交通事故後にてんかんと診断された成人男性の就労支援と生活・社会的支援、②Aさん　営業職　③29歳　男性　④急性期病院

事例の概要

　Aさんは、半年前に仕事で会社の車を運転中、急に飛び出してきた小動物を避けて、道路わきの電柱に衝突し、頭を打って急性期病院に搬送された。救命救急センターで手術を受けたAさんは、急性期での治療を終え回復期リハビリテーション病棟への転院を経て、通院によるリハビリを受けながら職場復帰に向けて懸命に頑張っていた。もう少しで職場に復帰できそうだという時に、事故による頭部外傷の影響なのか何度か倒れるようになった。再び急性期病院の脳神経外科を受診した結果、てんかんと診断された。Aさんは仕事についての不安を訴えるようになったため、医師より患者支援センターのMSWに紹介があった。

事例の展開

MSW：私はMSWのTと申します。主治医の先生からお聞きになって来られたということでしたが、ここでは、Aさんが今抱えておられるお悩みについてお聞きした上で、どのようにするのがいいか、一緒に考えさせていただきたいと思っています。ここでお話しされたことが外部に漏れることはありません。もし必要が有る場合には、ご本人の許可をとってからお伝えします。おっしゃりたくないことを無理にお聞きすると言うことはありません。
A：はい、よろしくお願いします。実は、営業で回っているときに交通事故を起こして、こちらで手術を受けて、別の病院でリハビリを頑張っていた

んです。後もう少しというところで、度々倒れるようになったんです。検査でてんかんだと言われて、もう不安で、不安で…。

MSW：そうですか。リハビリをずいぶん頑張っておられ、あと少しで職場復帰と言うときにてんかんと診断されたわけですね。突然の告知に驚かれたことでしょう。不安になられるのも当然だと思います。

A：はい。まさか、私がてんかんだなんて。親も親戚もてんかんの人はいないと思うのに。会社に戻るのももう無理かなあ…。

MSW：発作が起こってしまって、これで職場復帰の話も無理だと？

A：ええ。てんかんだと、免許は返さないといけないって、聞きました。私は営業の仕事しかしたことがなかったので、事故のことでも会社には迷惑をかけて、これじゃあ、会社を辞めなきゃいけないですよね。

MSW：てんかんのことは会社にお話になったのですか？

A：いえ、でも、この前仕事仲間から電話がかかってきたときに、そろそろだね？と言われたので、ちょっと無理かもしれないと言ったら、どうして？と。それで、倒れたことを話さなければいけなくなって、私がてんかんかもしれないって、うすうすわかっちゃったみたいなんです。なんか、気まずい雰囲気になって、ちょっと同情的な感じもしたし…。そういうふうに感じてもきちんと言い返せない自分がいるんですよね。てんかんのこともわかっていないし。それからは、もういいやって、ちょっと投げやりになりかけていたんです。そうしたら、脳外科の先生から、そういう話を聞いてくれる人がいるよって言われて。

MSW：そうでしたか。確か、ご両親も他界されていたということでしたね。そんなふうにおひとりで思い詰めておられたんですね。それは、つらかったですね。これからのことを思うと不安な気持ちが大きいですよね。

A：はあ、そうなんです。

MSW：同僚の方にはてんかんということがわかってしまったけれど、会社の方には、てんかんで仕事を続けられるかどうかは確認しておられないのでしょう？

A：はい、まだ。言うのが怖いんです。今までなんとかうまくやっていたと思っていただけに。でも、これで決まりかなってと思うと、最後通告をされるのが怖いんですよね。自分でも先送りしているだけだと思うのですが。一方で、これからどうやって生活していけばいいのか。辞めるとなると、恥ずかしながら、貯金もありませんし。

MSW：そうですか。経済的なことも気になりますよね。あの、どうでしょう？初めから「辞める」ありきではなく、今回のことを私と一緒にもう一度整理しなおしてみるのはどうですか。

A：（はっとしたように頭をあげながら）え？どういうことですか？辞めなくていいってことですか？

MSW：てんかん発作が出たから仕事を辞めなければならないということにはならないですよね。運転ができなくなるかもしれないということと、会社を辞めなければならないということは別問題だと思うのです。Aさんが心臓の病気で発作を起こしたら、辞めなければなりませんか？

A：ああ、なるほど。不思議ですね。そんなふうに考えたこと、なかったです。僕は最初から会社に復帰するのは無理だと思っていたんです。

MSW：てんかんという病気は、まだまだ社会の中できちんと理解されているとはいえませんから、当然のことだと思います。でも、てんかんをもつ人は100人に一人くらいのありふれた病気ですし、7、8割くらいの方は、薬で発作がコントロールされています。また、てんかんになると知能が低下するとか、てんかんは心の病であるとか誤解されていることが多く、周りの人の無理解や偏見を生じさせたりしています。そうした状況の中で職場や社会でてんかんの人が疎外感を感じてつらい体験をされていることも残念ながらまだまだたくさんあるのです。

A：ええ、そのとおりです。てんかんで事故を起こした人がいたじゃないですか [2]。あの事故以来てんかんという言葉は会社ではタブーみたいな感じなんですよね。てんかんになったら、人生終わりだなんていう人もいましたからね。でも、こうしてお話ししているとなんだか、「てんかんだと、何で

悪いんだ！」っていう気がしてきました。

MSW：そうだったのですね。まだお話しされていないということならば、思い切って会社にお話ししてみたらどうでしょうね。もちろん、お一人で不安なようでしたら、こちらも一緒に同席してもかまいませんし。どなたか信頼できる方はいらっしゃいますか？

A：はい、そうですね。話すとしたら、入社以来、親のようにかわいがって下さっているＹ総務部長がいます。その人になら話してもいいと思います。でも、やっぱり一人ではちゃんといえるかどうか不安なので同席してもらえますか？

MSW：ええ、もちろんです。お一人だけで悩まれないで、是非私にも一緒に考えさせてくださいね。

A：ありがとうございます。本当はここに来る前にどうしようかと思ってたんです。主治医から、MSWという人がいるから相談してみたらと言われたけれど、仕事のことだし、話してもどうせダメだろうなとか、こんなことで悩んでるなんて、笑われないかとか。

MSW：そう思われて当然ですよね。お越しいただいてよかったです。ところで、主治医の先生から運転免許[3]のことについては何か聞かれていますか？

A：ええ、少し聞きました。発作が止まってからもすぐには運転ができないといわれています。うーん、やっぱり運転ができないのはつらいなあ。

MSW：そうですよね。ずっと、運転されてきたのですから。今から考えると先の話に思えますよね。

A：でも、主治医の先生は、今はてんかんの治療の方をがんばりましょうと言われています。確かに、てんかんの薬を飲み始めても数年かかるから、今は運転のことよりも、職場復帰の方が先ですよねえ。

MSW：Ａさんは、とても前向きに考えられる方なんですね。

A：そんなことはないですよ、でも、こうして聞いていただいたおかげで少し前に踏み出せそうです。それではＹ総務部長との日程が決まったらお知

らせします。

　その後すぐにAさんから会社に連絡を入れたところ、ちょうど、Y総務部長の方からも是非MSWに相談したいということであった。
　Aさんが信頼できる人という表現のとおり、Y総務部長は大変話のわかる人であった。今回のことで、Aさんを解雇するということはまったく考えなかったという。ただ、Aさんにとって今までの車を使った営業職が難しくなることでどうしたらいいかということ、また、会社側や職場の人たちがどのようなことに留意すればいいのかなどについて聞きたいという相談内容であった。そこで、会社としてもAさんの職場復帰に向けて話を進めたいと言うことを本人に伝え、本人の意向も聞きながら今後のことを決めていくことになった。Y総務部長とAさん、MSWの三者の面談を終えた。その後Y総務部長はMSWと直接話したいと申し出た。

MSW：私も是非Yさんとお話ししたいと思っておりました。不躾な質問ですが、Yさんはどうして、てんかんに理解がおありになるのでしょうか？すみません、このような仕事をしていると、Yさんのように理解がある方ばかりではありませんので、ついお聞きしてみたくなりました。
Y：いえ、てんかんのことはまったくといっていいほど素人です。ですから、今回もお話をお聞きして初めて知ったことが多いのですが。そうですね、私はAくんの人物を高く評価している一人です。彼がてんかんになったからといって、Aくんの評価が下がるわけではありません。入社して以来、会社のために大変よくやってくれています。人の嫌がるようなことも率先してできるような人間です。取引先の評判もよくて、それはお客様からの話をじっくり聞いたり、話ができるということだと思うのですが、おわかりのように大変人当たりもよくて。早くにご両親を亡くされてから大変苦労されたと聞きましたが、それもあるんでしょうね。会社としては、彼を失うということは考えておりませんでした。当初はどこからか解雇のような話も

240

うわさとして流れたりしたようですが。今は彼の立場をどうしていくかということをしっかり考えていかなければならないと思います。まあ、仕事柄どうしても遠くまで出掛けていくことが多いので、車が使えないのは厳しいですね。それで、ちょっと私も彼の今後をどうしようかと考えあぐねていたところです。

MSW：そうですね。確かに車を使えないというのは、不利ではありますが、それも、発作の状況次第では、将来的に車を運転できるようになる可能性もあると主治医から聞いています。ここ数年間は難しいと思いますが、将来的な可能性も含め、Aさんの今の状況で何ができるかということを考えていく必要があると思います。Aさんの人柄のことをおっしゃっていましたね。大変人当たりがよくて、人のいやがる仕事も率先してということでしたが、そのようなAさんの良さを発揮できるような部署というのはありませんでしょうか？

Y：そうなんですね。てんかんがあれば一生運転するのは不可能だと思ってましたが、将来的にそうした可能性もあるということなんですね。何も運転することにこだわらなければ、彼にできそうな業務はいろいろとありそうです。Aくんも、自分で営業の仕事は無理ですねって、さっき言っていたから、私も車を使う営業のことしか頭になかったんです。幸い会社にはたくさんの部門がありますから、きっとそんなところがあると思います。

それから、もちろん職場復帰してからのことですが、会社としては他にどのようなことに気をつけたらよろしいですか？わが社では、てんかんのことは何分初めてなので。

MSW：よく、てんかん発作が起こったら救急車を呼ぶのかとか、何かあったら命にかかわるので怖くて対応できないとか言われますが、通常、発作の時も見守るだけでいいんです。Aさんの場合は発作が、数秒から長くても2、3分程度意識が途切れるようですから、危険がないように見守ってくださることが大事です。発作の介助については「日本てんかん協会」という当事者団体がビデオ[4]を出していますから、お貸ししましょうか。それから

倒れる発作の方の場合だと、ある企業では少し休むところを用意してくだ
さっているということも聞いたことがあります。もちろん、少し休めばまた
仕事を再開することもできますので。発作を見たら周囲の人は誰だって驚
きますし、本人に話しかけても返事がない、どうしたらいいのか不安だし、
あわててしいますよね。怖いと感じる方もいるかもしれません。職場の方
も一緒にご覧になったらいいかもしれませんね。もちろん、Ａさんが職場
の人にてんかんのことを話してもいいということが前提になりますが。

Ｙ：わかりました。発作が起こったときの周りの人の関わり方はとても大事
なんですね。

ＭＳＷ：それから、規則正しい生活というのが基本となります。また長時間
の残業や睡眠不足、過労や過度なストレスというのが発作を引き起こしや
すいと言われています。まずは、きちんとお薬を飲まれて規則正しい普通
の生活をされることが大事です。おわかりにならないことがありましたら、
いつでもご連絡頂ければと思います。

Ｙ：今日はお時間をいただきありがとうございました。また会社の方で話を
詰めて、後日またお知らせします。

ＭＳＷ：いえ、どういたしまして。では、またご連絡お待ちしています。

　その後数年が経過し、Ａさんは職場復帰し顧客対応の仕事を続けていた
が、てんかん発作の他に、高次脳機能障害の症状が出るようになり、出勤
することができなくなった。この時も、ＭＳＷは、Ａさんから相談を受け、
Ａさんの今後について、一緒に考えていくことになった。Ａさんは、このま
ま会社での仕事を無理に続けていくよりも、自分にあったゆっくりした生活
をしていきたいと話した。ＭＳＷはＡさんに高次脳機能センターを紹介し
た。その後Ａさんは、精神障害者保健福祉手帳や障害年金を取得し、障害
者総合支援法の就労継続支援Ｂ型のサービスを利用することになった。Ａ
さんの何にでも挑戦する前向きさとその性格から、施設の仲間ともすぐに
打ち解けた。Ａさんは今、次の夢の実現へと進んでいる。Ａさんの夢は、

地域の障害者支援施設のカフェで提供するケーキづくりの仕事を任される
ことだという。Aさんにこんな特技があったことをMSWは初めて知った。
MSWはAさんのケーキを作っている姿を想像して、Aさんの相談記録を閉
じた。

〇利用できる社会資源
＊労働者災害補償制度
＊障害年金制度
＊精神障害者保健福祉手帳
＊自立支援医療（精神通院医療）
＊特別障害者手当
＊障害者総合支援法（障害福祉サービス）
＊税制上の優遇措置
日本てんかん協会のホームページ（https://www.jea-net.jp/epilepsy）の「使える制度」に利用
方法が掲載されています。

事例　7
①てんかんと発達障害のある子どもと母親への支援事例　②B子　③3歳　④てんかん・
発達障害　⑤急性期病院

事例の概要

　B子は、3歳くらいから熱性のけいれんを起こして近くの小児科を受診し
ていたが、てんかんが疑われたため、その医師から紹介されて、総合病院
の脳神経内科に検査入院をした。脳波やCT、MRIなどの検査の結果、て
んかんと診断された。医師は、B子のてんかん発作の状況や服薬、日常生
活の留意点などを丁寧に説明したが、母親がとても不安そうな表情を見せ
たため、MSWに介入の依頼を行った。

事例の展開

　母親は相談室に入ってくるなり、溜めていたものを一気に吐き出すよう
にMSWに訴えた。わが子がてんかんとは信じられない、家族になんと話

したらいいか、義母にどういわれるか、夫も真剣に子育てにかかわっていない、一人でこの子を抱えてどうしたらいいか。MSWはそんな母親の話を傾聴し、母親の感情や思いをそのまま受けとめた。母親は、自分の話をMSWに聞いてもらえたことで、少し落ち着きを見せた。MSWは、今はいろんなことで考え混乱されていると思います、これからは一人ではなく、一緒に考えて行きましょう、と伝えた。

　自分の気持ちを吐きだすことができたようで、母親は来室した時の様子とは打って変わって、表情も落ち着き次回の面接を予約して帰って行った。その後何回か面接を続けていくうち、母親は当事者団体である日本てんかん協会の行事や相談会にも参加して、大変意欲的になりてんかんについての理解を深めていった。特に母親のてんかんについての学びの姿勢には目をみはるものがあった。その後当初の不安も解決し、自らの意志で動こうとしているこうした母親の姿勢に安堵感を覚えたワーカーは、何かあったときには支援を再開することを約束し、いったん面接を終了した。

　ある日のこと、相談室の電話がなり、出てみると1年前に関わったB子の母親であった。

　母親の話によると、B子は抗てんかん薬を飲みながら、相変わらず発作も続いていたが、元気に保育園に通園していた。保育士からB子が椅子から立ち上がって歩き回ったり、突然教室を飛び出したりと多動な様子が見られるようになったと聞かされた。食事も偏食が多く、また突然耳を押さえてうずくまるようなことも多くなった。てんかんで通院している小児科医に相談したが、これらの行動はてんかんとは関係ないのではないかと言われ、改めて当院の小児科を受診し、発達障害があることが分かったとのことである。B子の母親はてんかん協会の活動を通して発達障害とてんかん発作のある子どもの母親との交流もあり、B子の困った行動に悩んでいたが、発達障害と聞いて、むしろその理由が分かってほっとしたと語った。今回、B子のてんかんの手術が可能かもしれないといわれているので、一度MSWに相談に乗ってほしいとのことであった。

　後日MSWが、B子の母親と面談し、乳幼児医療費補助⁶や高額療養費な
どてんかんの手術に際して使える可能性のある制度やサービスなどについ
て説明した。また、検査入院で1~2週間の入院になる際の付き添いなどに
ついては、病棟の看護師長に繋いだ。母親にはてんかん手術への不安など
もあったため、母親のその思いを傾聴し、主治医と連携をとり、主治医が
十分に説明をした上で母親が手術に同意できるよう進めていくことになっ
た。また、手術とは関係なく、障がいのある児童が利用可能な児童発達支
援のサービスがある。これについては、指定障害児相談支援事業所等の相
談支援専門員を紹介することになると考えられる。

○利用できる社会資源
＊自立支援医療（精神通院医療）
＊障害年金制度
＊児童福祉法による通所支援、障害児入所支援、居宅訪問型児童発達支援
＊重度心身障害（児）医療費助成制度
＊乳幼児医療助成制度
＊特別児童扶養手当、障害児福祉手当他

[注]
1　てんかんとは、種々の成因によってもたらされる慢性の脳疾患であって、大脳ニューロン
　の過剰な発射に由来する反復性の発作（てんかん発作）を特徴とし、それにさまざまな臨
　床症状及び検査所見がともなう。(WHO（世界保健機関）編：てんかん辞典より
2　日本てんかん協会HPより引用　http://www.jea-net.jp/tenkan/menkyo.html　＜てんかん
　のある人が加害者となる交通死亡事故の報道をきっかけとして、「改正道路交通法（改正道
　交法）」と「自動車の運転により人を死傷させる行為等の処罰に関する法律（自動車運転死
　傷処罰法）」の2つの法律が、2014年に施行しました。てんかんのある人やご家族の皆さん
　には、運転免許取得・更新に際して、ご心配・ご不安なことも少なくないと思います。協
　会にも多くの相談が寄せられています。自動車運転に関連して、ぜひ知っておいた方が良
　いことを次に示します。ご確認のうえ、皆さんも法令遵守を心がけてください＞と記載さ
　れている。
3　てんかん発作のある人の自動車運転免許の取得や免許更新については同協会のポスター
　を参照してほしい。https://www.jea-net.jp/wp-content/themes/jea-net/img/page/epilepsy/
　drive/document_pdf_01.pdf
　　しかし、てんかん発作のある人が運転免許を取れない場合には、代替移動手段の保障が十

分であるとはいえない状況にある。特に、精神障害者保健福祉手帳をもっていても、現時点では鉄道運賃の割引制度の対象となっていないのは非常に問題である。運転免許をもっていないことで、仕事の範囲が狭められるだけでなく、通勤や通院時の経済的負担も大きい。また、てんかんの人にとって公共交通機関が発達していない地域での生活を維持していくことは大変困難となる。MSWは、てんかん発作のある人の社会的排除の状況や制度・政策の不備についても敏感であってほしい。

4 日本てんかん協会編　ビデオとテキスト『てんかんと就労〜私は働きたい〜』独立行政法人　国立病院機構　静岡てんかん・神経医療センター　てんかん情報センター　epilepsy-info.jp　のページにてんかんに関する書籍やビデオなどの情報が掲載されている。

5 発達障害にてんかんが合併しやすいことは、広く知られた事実である。月刊　波　2013年8月　特集　発達障害とてんかん　林隆「てんかんと発達障害の関係とその付き合い方：医療の役割　37（8）:232　日本てんかん協会

6 広島市の場合、乳幼児等医療費の補助があるが、市によって異なる場合がある。

[参考文献]
・ 井上有史、池田仁編『新てんかんテキスト』南江堂、2012年
・ 中山和彦編『てんかんの生活指導ノート』金剛出版、2014年
・ 日本神経学会監修『てんかん診療ガイドブック2018』医学書院
　　https://www.neurology-jp.org/guidelinem/tenkan_2018.html
・ 眞砂照美「てんかんの人への臨床ソーシャルワーク　てんかん相談におけるワーカー・クライエントの双方向エンパワメントプロセス」『社会福祉科学研究』第5号153-162、2016年
・ NPO法人日本医療ソーシャルワーク研究会『2019年度版医療福祉総合ガイドブック』医学書院、2019年

※本二事例は実際の事例ではなく、筆者がてんかん相談の活動の中から着想を得て創作した架空の事例です。したがって、人や団体、機関などを特定したものではありません。また架空の事例のため、病状や制度利用など実際と大きく異なる部分があります。また、医療ソーシャルワーク教材としての学びやすさを考慮し、広島大学病院患者支援センターのMSWとしててんかん相談の経験豊富な田川雄一氏（現広島国際大学医療福祉学部）にご意見を頂戴し参考とさせて頂きました。書面を借りてお礼申し上げます。

（2）小児患者への支援

> 事例　8
> ① 障がいのある子どもの治療方針をめぐり、葛藤を抱える親への支援　②大山夢ちゃん
> ③ 1歳女児　④ダンディー・ウォーカー症候群、滑脳症、てんかん　④S病院

事例の概要

　大山夢ちゃんは、A県B市に住む1歳女児。家族は両親（30歳代）、兄（小学生）の4人である。父方祖父母は他界し、母方祖父母（60歳代）が自宅近くに在住。父は営業職、母は専業主婦。母方祖父は定年退職後のパート勤務で、祖母は専業主婦である。

　母は、妊娠中に近所の産院の胎児エコーで脳の異常を指摘され、総合周産期母子医療センターのあるS病院へ転医になった。産科の胎児診断では、「脳のしわがなく、他の身体の成長に比べて脳が低形成であることから、ダンディー・ウォーカー症候群[1]が疑われる。」という結果だった。両親は、中絶も考えたが、子どもの生きる可能性を信じ、出産に至った。

　出産後、夢ちゃんは人工呼吸器や酸素療法など多くの医療行為を必要とし、新生児特定集中治療室（NICU）へ入院した。新生児科医師から両親へ「今後も自力で呼吸をすることは難しく、人工呼吸器が必要になる。ほぼ寝たきりの生活が予想される。短命な可能性があるが、一生懸命生きている夢ちゃんを一緒にサポートしたい。」と説明があった。胎児診断の結果から、ある程度の覚悟を決めて出産に臨んだ両親だったが、大きなショックを受け、母はほぼ一日中、泣いて過ごしていた。

事例の展開

　出産の翌日、産科病棟の師長からMSWに、介入の相談があった。母は夢ちゃんや家族の将来について不安があり、「同じような障がいの子を持つ親が、どのように生活しているのか聞きたい。」と話した。そこで師長から、

「MSWという福祉の立場で制度に精通し、医療的処置を要する子どもの支援をする職員がいる。」と提案したところ、母が面談を希望した。

援助方法
①出産直後

　母の病室が個室であり、産後で体力・精神面の消耗を予想したため、MSWが病室へ出向き面接を行った。面接当初、母はベッドに横になり、MSWの顔をほとんど見ず、表情が窺いにくい状況だった。MSWの役割や来談目的を話し、母が出産直後で疲労していることを考慮して、しんどくなれば面接は途中で中断し、後日に何度かに分けて面接することも可能と説明した。

　MSWは、具体的な生活課題として目の向けやすい医療費の話題を会話の糸口にするのがよいと判断し、今回の入院で夢ちゃんにかかる医療費を軽減する制度として、「(未熟児)養育医療」を説明した。また、B市の「乳幼児医療助成制度(市町村により子ども福祉医療など名称や適用年齢が異なる)」が該当した場合の医療費の自己負担についても情報を提供した。母は、「先生から人工呼吸器がずっといると言われ、医療費が支払えるか心配だった。少し安心した。」と言い、安堵の表情が窺えた。母がMSWと視線を合わせたことで、さらに話を進めてよいとの手ごたえを感じた。

　そこから、母の妊娠中の心中を察すれば、悩んだ末の出産であろうし、医師からの説明を受け止めきれない気持ちは当然の過程であろうとのMSWの所感を述べた。すると、母は堰を切ったように、産院からS病院への転医、そして現在に至る経過と心情を話し始めた。その中で、「夫とは人工呼吸器を装着するほどの重症であれば、自分で生きられないのだから自然経過に任せたいと話し合っていたが、それを産科医に伝えていなかった。出産後に、新生児科医からの説明でこの子の状態では、人工呼吸器を一度装着したら(外すと生命維持ができないため)外せないことを知った。自分たちの手で子どもの命を絶つことは出来ないが、夢ちゃんの顔を見た

ら、何のために生まれてきたのだろうかと思ってしまった。罪悪感とこれ
からのことを考えると胸が押しつぶされそう。」と治療や夢ちゃんへの想い
が語られた。一時間ほど、傾聴し、人工呼吸器を装着した子どもと両親やきょ
うだいの生活について情報提供をした。

　面接当初、MSW と視線を合わせなかった母であったが、MSW が妊娠
中からの母の心情に想いをはせ、所感を述べたところから、面接場面は一
気に動きだした。

②今後の治療方針の説明場面から治療決定をするまで

　母の入院中に MSW は父と面接できなかったが、母の話では父は今後の
治療について、前向きに考えられない状態であることが推察できた。新生
児科主治医より MSW に対し、「治療方針をめぐり父から人工呼吸器を外せ
るかを検討してほしいと言われ、困惑している。治療説明に同席してほしい。」
という相談があった。数日後、両親と主治医、病棟師長、看護師、心理療
法士、MSW で面談した。主治医から、「院内の倫理委員会や顧問弁護士に
確認をしたが、人工呼吸器を離脱することは困難であるという結論に達し
た。ご両親には理解していただきたい。」と説明した。その後、主治医や病
棟師長、看護師は、両親に対し、人工呼吸器の装着は外せないこと、子ど
もの医療を受ける権利を説明し、両親の説得を試みたが話は平行線のまま、
長い沈黙があった。父は腕組みをし、母はうつむき泣いていた。

　そこで、MSW は初対面の父に対し、母との面談で父が夢ちゃんや家族
にとって最もよい選択肢が何かを悩み、母とも生まれてからの治療につい
て話し合っていたことに触れた。また、医師の話を聞くために仕事を休み、
時間の都合をつけ来院したことを踏まえ、父の治療中止の要望は親として
辛い発言であろうとの見解を伝えた。説明が始まってから、スタッフと一
切視線を合わせなかった父が、MSW の方へ向き直り、「自分が一番、真剣
に夢ちゃんのことを考えている。どんな親だって、子どもの命を絶つとい
う話を口にしたいわけがない。この辛い気持ちが解るのであれば、家族み
んなのために治療を止めてほしい。」と懇願した。MSW は、両親の置かれ

ている環境を確認するため、既存の家族である夢ちゃんの兄や母方祖父母は治療に対し、どのように考えているか、今後の治療や夢ちゃんの障がいについて相談相手がいるかを質問した。母は、「兄は会いたがっているが、夢ちゃんが短命なら会わせないほうが悲しませずにすむのではないか。祖父母は悲しんでおり、相談は申し訳なくてできない。ママ友や友人には言えない。」父は、「職場には子どもに障がいがあることは伝えたが、詳しいことは伝えていない。友人や親族には伝えない。」と、両親は周囲に相談できない状態のようだった。

　MSWは、本来であれば親として口にし難い、「治療の中止」を医師に求めた両親の心情を理解したことを再度伝え、兄の「夢ちゃんに会いたい」という気持ちに焦点をあてた。両親の教育方針等に配慮しながらも、「なぜ自分だけ夢ちゃんにあえないのか。」という兄の疎外感を親としてどう捉えるのかに話を向けた。母からは、「会わせることを相談してみる」との発言が聞かれた。治療については、医師の説明した通り、両親の意向に沿えないが、夢ちゃんが家族の一員として時間を過ごせるように支援したいことを伝え、面談は終了した。

③今後の退院先を検討する時期の支援

　生後半年を経過した頃、医師から母親へ今後の治療について説明があり、胃ろう造設と気管切開、喉頭気管分離それぞれの手術をすることになった。両親は医師から、長期間にわたる気管挿管は夢ちゃんの身体にダメージがあること、先々の施設または在宅への移行には、管理を行いやすい気管切開がよいだろうという説明を受けた。医師が自宅退院への意思確認を行ったところ、両親にはその意思があると確認できた。しかし、医療ケアが多く自宅で看る自信と心の余裕がないという話もあり、自宅準備と並行して施設入所の準備も進めることになった。

　医師の説明を受け、MSWから母親へ自宅退院の場合に利用できるサービスと施設入所について説明を行った。気管切開をし、人工呼吸器を装着していることから身体障害者手帳（呼吸機能障害）の手帳を申請する必要

があることを伝え、手続きの流れ、手帳交付後の利用可能なサービスについて情報提供した。両親は施設入所に数年の待機期間があることを知り、その間は自宅退院で過ごしたいと希望した。そこで医師から、S病院の外来通院患者で自宅生活について話をしてもらえる家族を紹介した。その家族の協力で、自宅での生活状況を聞くだけでなく、自宅を訪問して実際の生活をみる機会を持つことができた。病気は異なるが、親やきょうだいと一緒に自宅で生活している様子を目の当たりにし、自分たちにも出来ないか考えたいと話した。移動手段を確保するため、バギー（人工呼吸器や酸素ボンベなど必要な機材を載せられる車いす）の作成について話し合いを持った。また、父は職場に事情を説明し、平日の日中に看護師からケア（胃ろうの注入や痰吸引など夢ちゃんに必要な医療処置）の指導を受けるために来院するようになった。母は、祖父母に夢ちゃんを家に連れて帰りたいことを伝え、相談した。自宅退院への道のりは容易ではないが、両親と夢ちゃんは自宅退院を模索中である。

考察

②の時期、両親、特に父はこの話し合いの内容に十分に納得しているとは言い難い。しかし、スタッフから聞く父の面会の様子は、少しずつ変化が生じていることを語っていた。話し合い後も定期的な面会をしていた父は、当初は硬い表情で腕を組み、抱っこもぎこちない様子だった。数か月後、優しく抱っこし、頭をなでる様子がみられるようになった。それでも、スタッフの中には、「父は夢ちゃんを受け入れていない」と評価した者もいたが、MSWは異なる視点を持っている。父は仕事の都合上、土日など閉院日に面会に訪れているため、②の時期にMSWが父と面談をしたのは、この治療の話し合いの一度限りである。たった一度の面接ではあるが、父が視線を合わせ、話をしたその一回には大きな意味があると、心理療法士からフィードバックを受けた。細かい表情を読み、人の気持ちの揺れを理解することは容易ではない。しかし、この時、両親の言動を注視していた

MSWは、父の気持ちがわずかではあるが解れたように感じていた。

　ここでMSWは父のありのままの気持ちが医療者によって受け止められることが、父を癒したり、父の気持ちを揺さぶったり、感情を整理して本来のその人の持つ思考を取り戻させたりするのではないかと考えた。我が子の障がいを受け入れることは容易くないが、次の段階へ進むために必要な過程として捉えた。次の段階への移行にはそれなりに時間がかかるため、入院期間の長期化が懸念される可能性はあるが、気持ちの整理を助けつつ「待つ」ということが重要な場面もある。MSW自身が家族の揺れる心を理解することはもちろんだが、スタッフの理解を促進するためには家族の思いを代弁するだけでなく、家族の真の想いを引き出せるような問いかけにも工夫が必要であろう。ここでのMSWは支援者として、両親の気持ちに寄り添い、両親や家族の置かれた環境に目を向け、そこで得られた情報を医療スタッフやこれから支援に加わる地域の関係者にこの過程の意味をフィードバックすること。障がい受容については、、夢ちゃんや家族のライフコースやライフイベント、ライフステージのあらゆる場面で受容と葛藤が繰り返される可能性を示唆し、支援期間中の揺れ動く心情の理解とサポート機能を強化する役割もある。

人工呼吸器を装着した乳幼児が利用できる資源

　人工呼吸器を装着した子どもの場合、医療保険による訪問看護サービスや訪問診療（往診）、リハビリテーション、ショートステイ（短期入所）、保健師による相談、療育センターなどの療育施設への通所、ホームヘルプサービス、医療型児童発達支援（デイサービス）、障害者相談支援事業所などインフォーマルサービスを利用した在宅支援が受けられる。しかし、サービス利用には、回数や時間の制限、サービスを提供する事業所の人員不足や地域資源の偏在など課題がある。祖父母など両親に代わり、きょうだいの世話や家事、両親のストレスケアを担う人が不在の場合、定期的な休息（レスパイト）を目的とした入院や入所先の確保が必須となる。

　人工呼吸器を装着した子どもの入所を受け入れる施設は、医療型障害児者入所施設が中心である。待機者もおり、Ｓ病院の周辺地域では、3〜4年の待機期間を要する。

課題

　本事例では、母の入院中に社会資源の情報提供者として、介入することができた。もし、産科病棟の師長がMSWの役割や機能を正しく理解していなければ、このような支援機会には恵まれなかっただろう。また、親に自分たちの気持ちを表出しがたい状況があったり、社会的側面に目を向けた発言をしなかったりした場合、介入できなかった可能性もある。葛藤に寄り添うことは、ただ親の心を癒すということではない。障がいのある子どもを家族の一員として迎え入れられるよう、きょうだいも含めた既存の家族の生活を再構築していく支援でもある。MSWには、社会資源の紹介や退院促進の役割以外にも、心理的支援を社会的側面の支援につなげる役割があることを組織内に浸透させるその重要性が今回の事例から理解できる。しかし、このような事例で常にMSWに依頼が寄せられるわけではない。制度の紹介や退院支援を中心とした介入のみ期待され、MSWが本来関わり、支援の必要性が強い事例を見逃したり、他職種が紹介先としてのみ期待したりしないよう、今後も組織内での役割向上に努めたい。

1　ダンディ・ウォーカー症候群：原因不明の先天性障害。小脳の先天性形成障害に伴って後頭蓋窩（こうとうがいか）に液体の入った袋（嚢胞）ができる。多くは水頭症を合併する。また、小脳の欠損や脳梁の形成障害などを合併することがある。合併している他の脳の形態異常や全身性の先天的な病変によって、精神運動発達障害の程度はさまざまである。

[参考文献]
1）橋本洋子、NICUと心のケア、メディカ出版、2000.
2）横山佳世、病気の子どもをかかえ孤軍奮闘している親への対応、小児看護Vol.35、2012.

(3) リハビリ患者に対する支援

①患者夫婦のストレングスをリハビリへの意欲につなげ、夫婦の力を取り戻した援助
②井上さん　③50歳代　④脳出血、高次脳機能障害、言語障害　⑤B総合病院

事例の概要

　井上さんは、高血圧で数年前よりA市民病院に通院治療していた。深夜まで残業して帰宅。入浴後発症し、翌朝居間で倒れているところを妻が発見してA市民病院へ救急入院。緊急手術後1ヶ月でリハビリ目的にてB総合病院へ転院。現在回復期リハビリテーション病棟にて入院中。高次脳機能障害と言語障害もあり、発語が困難。理解力は不詳で意思疎通が困難な時もある。食事は配下膳すれば何とか自立。排泄は日中障害者トイレへ誘導、夜間はオムツ使用。立位・歩行は介助があれば少しの距離は可能。

　A市民病院のMSWから上記のような情報提供のみであったので、MSWは転入院時に井上さんの妻との面接の機会を持った。インテーク面接では、以下のような情報を得た。

　家族は、40歳代の妻と高校生の長女の3人暮らし。井上さんは公立図書館の館長。翌年図書館の移転準備のために早朝から深夜まで残業が続いていた。家族とはすれ違いの生活が数ヶ月続いていた。休日には庭のガーデニングや読書をしたり、近隣に住む実父の介護（脳梗塞で右片麻痺、ほぼ寝たきりの要介護状態）に通っていた。自宅の書類関係の手続きはほとんど妻から任せられて管理していた。妻曰く、寡黙傾向だが優しく気配りのできる性格。

　妻は元幼稚園教諭。出産後は退職し、現在は自宅で週3〜4日ピアノを教えている。自ら責任を持って物事をすすめるのが苦手。自分で決めることも苦手で、井上さんがいろいろとやってくれていたために頼っていた。

　妻は井上さんが深夜に倒れて朝まで気づかなかったことで自分を責め、親族からも責められた。面接時など「あんなにしっかりしていた人が、こんなになってしまって‥‥」と夫の状態を話しては泣くことが顕著にみられた。

事例の展開

① 援助経過

　病室での夫婦との面接では、井上さんが話そうという様子がみられるも言葉が出てこないので、妻は待ちきれずに先に話してしまうことが頻回に見られた。井上さんの変わった姿に妻は「夫はもう自分で何もできなくなってしまった」と否定的で、井上さんの動作がスムーズでないことを見てすぐ手を出してしまう状況であった。井上さんは、このような妻の態度に対して目をむいて「ウー‥‥」と大声をあげたり、手を振り上げようとした。妻はそんな井上さんの態度に「私がこんなにやってあげているのに、少しもわかってくれない。話も通じないし、夫にどうして良いかわからない」と嘆いた。夫婦の間にはこんなやりとりが続くなかで、井上さんのリハビリテーションに取り組む意欲がなくなってきているとリハビリスタッフからMSWに連絡があった。

治療方針と妻の混乱

　転入院1ヶ月経過後、主治医から今後の治療方針が妻に伝えられた。妻は主治医から大事な話があるとの連絡を受けて不安になり、MSWも同席した。主治医からは、井上さんの病状は安定し、これ以上の改善は期待できないので2ヶ月以内に退院予定として準備をしていくように告げられた。妻は聞いて頷いていた。主治医が退席してから、妻からMSWに「2ヶ月で退院と言われたけれど、今の夫の状態ではとても家では看られない。介護は自分がやらなきゃいけないとは思うけれど、話も通じない状態で、もうどうして良いかわからない。怖い。また、勤務先や生命保険などのいろんな手続きのことが出てきて、夫に聞いても分からないし訳がわからなくなっている。娘の進学のこともあるし、精一杯の状態‥‥」と涙ながらに訴えられた。

情報収集からアセスメント・プランニングへ

　ここで、MSWは、今まで明らかになってきた情報を整理してみた。井

上さんはリハビリテーションを一生懸命取り組んでいた。しかし、妻に訴えかけようとしているが、妻との意思疎通が思うようにできないし、妻が井上さんの状態を何もできなくなってしまったと言い、わかってくれないので意欲がなくなってきていると思われる。妻が阻害因子になっていると考えられる。

　一方、妻は夫が深夜に倒れて朝まで発見できなかったことで自分を責めていること、親族にも責められていること、夫との意思疎通が困難であり、「こんなになってしまって‥‥」と変わってしまった夫の状態を受け止められない状況と思われる。さらに、今まで夫に任せきりにしていた家の諸手続、娘の進学のこと、夫の介護のこと等々以前のマイペースの生活から一変し、すべて自分で考えて取り組まなければならなくなった。役割交替という家族システムの変化が生じ、問題整理がつかずに混乱と不安が顕著になっていると思われる。これらは井上さん夫婦にかかわる問題解決の阻害因子、マイナス因子の相互作用となっている。

　以上のようなことが、井上さん夫婦の問題解決能力、対処能力、生活力、環境への適応能力などを弱めていると考えられた。

　では、問題解決のプラスになる促進因子は何であろうか。今後の面接でストレングスを発見することが課題であった。

　井上さん夫婦のプラスの相互作用を見つけ出していくためには、夫婦一緒に協働作業として取り組んでいくことを目標とした。

妻への共感的理解、ストレングスの発見

　そこで、MSWは妻に「今あれこれ自分で判断が迫られていることが増えてきて、ご主人に相談したいのですね。ご主人の意見を聞きたいと思っているのですね。でもご主人がそんな状態ではないので困り果てているようですね。本当はご主人と意思疎通を図りたいと願っているのではないでしょうか」と要約、言い換え、感情の明確化、閉ざされた質問などのコミュニケーション技法を活用して話しかけてみた。

妻からは「はい、そうなんです。夫に以前のように話して欲しいのです。あれこれ言って欲しいのです」と応えが返ってきた。これが妻のストレングスと考えた。

井上さんとの面接、ストレングスの発見

つぎに、井上さん自身が今後の療養生活や家族との生活をどのように考えているのか、どのような生活を望んでいるのかを把握することが大切と考えた。妻がいるときは興奮したりして、井上さんの思いを的確に把握することができないかもしれないと考え、妻の来院していない時間に病室で本人と面接することにした。

井上さんには、発病してからの今までの気持ちといま望んでいること、そしてこれからどのような生活をしたいと考えているのか、一つひとつ質問してみた。

井上さんはやや驚いた様子だった。MSWは井上さんの思いや願いを知りたいこと、それに沿ってこれからの療養生活を少しでも実現できるようにお手伝いしたいことを伝えた。井上さんは、いままで病気になってからそんなことを誰からも聞かれたことがなくやや戸惑った様子だったが、聞いて欲しいと一生懸命に語り始めた。発語が上手くできないときは、「○○○ということですか」と閉ざされた質問技法を使ったり、紙にひらがなで書いて言葉を確認するなどの工夫を交えて共通理解を図るように配慮した。時折、感情失禁がみられたが、話した言葉をMSWがわかったときにはうれしそうであった。

井上さんが語ってくれた内容は次の通りであった。話したい言葉が出てこないこと、自分の体も思うように動かないことで死にたいほど惨めで辛い、妻に分かって欲しいと訴えているつもりだが、わかってもらえないのでどうしたらいいのかわからないこと、リハビリ訓練も自分なりに頑張ってきたけれど、言葉も通じないしどうしていいかわからないこと、これからは妻が助けてくれないと生きていけないこと、家に帰りたいこと、妻と娘と一緒に

暮らしたいという思いであった。

MSWのアセスメント

　井上さんの思いや願いは、妻にわかって欲しいこと、妻に助けて欲しいこと、家で一緒に暮らしていきたいことが明らかになった。MSWは、これが井上さんのストレングスであると判断し、井上さん夫婦のストレングスは夫婦の力を取り戻すことに結びつくものであると考えた。夫婦それぞれが悩み、苦しみを抱えている状況で、意思疎通が困難になっていることから夫婦としての力が発揮できない状態となっていた。そこで、次のことを井上さんに提案してみた。

井上さんへの働きかけ

　話してくれた井上さんの思いや願いを妻に話してわかってもらってはどうかと働きかけてみたところ、妻の前では言葉が上手く出てこない、話そうとしても時間がかかってしまい、妻が勝手に話してしまうのでできないと訴えた。そこで、MSWもその場に同席して良いか求めたところ、代わりに話して欲しいと頼んできた。井上さんには自分で話すことができる力があることを伝え、頑張るように励ました。

妻との事前調整（波長合わせ）

　夫婦同席面接に入る前に妻との事前調整を図った。妻には、高次脳機能障害や言語障害によって言葉が思うように出てこないが、夫には話せる能力があることを伝えた。そして、夫が話し始めたら、言葉が上手く出てこなくても時間をかけて待ってみること、夫のペースに合わせることを提案し、了解を得た。

井上さん夫婦との構造化面接

　夫婦との面接を構造化面接[1]として相談室で行った。夫婦には今回の面接

の目的を伝え、了解してもらったうえですすめた。

　面接中に井上さんが言葉につまずきながら、一生懸命話そうとしている姿勢をみて、MSWは妻にアイコンタクトしながら井上さん自身の語りが続くのを待つように促した。この面接によって、井上さんが妻に対して自分の思いや願いを伝えることができ、時間をかければ意思疎通ができることを妻が理解できた。妻も夫にわかりやすく確認しながらゆっくりと話しかけていくようになり、今後の生活のことなどを夫婦一緒に話し合うようになった。娘の進学のこと、家の諸手続のことなど妻の不安は一つひとつ解消されていった。

井上さん夫婦の変化

　やがて、井上さんは妻と話し合えることが楽しみになり、リハビリテーションに意欲的に取り組むように変わった。妻も井上さんに病室や病棟の廊下などで相談しては確認している様子であった。

　MSWは、主治医、病棟看護スタッフ、リハビリスタッフに井上さん夫婦のポジティブな変化を伝えて、井上さん夫婦を支援するためのケアカンファレンスの開催を呼びかけて実現させた。カンファレンスへの開催前には井上さん夫婦に事前調整を図り、発言しやすいように配慮した。カンファレンスの司会進行はMSWが担当した。カンファレンスには井上さん夫婦に主人公として出席してもらい、スタッフ一同を挟んで中央に座ってもらった。MSWはその横に座った。

　このような援助過程の中で、井上さん夫婦はできないことよりできること、できたことに目を向けるようになった。妻は介護方法を看護スタッフやリハビリスタッフに尋ねながら、家で井上さんを看ていくこと、家族として一緒に生活していくことに取り組んでいくようになった。

② MSWの援助の留意点

　本事例は、MSWの専門的価値、技術など多くの教訓を示している。以下、

簡潔にまとめておいたので専門性を高める教材として理解し、今後に生か
していただきたい。

a. 患者・家族の生活全体を総合的に捉え、理解した援助を考えること。

b. 人間の能力の発達の可能性を認識すること。

　　　リハビリテーション医学の視点に、病気が治ってたとえ障害が残っても、
　あきらめない、見捨てない、改善する可能性を見つけることが示されてい
　る。ソーシャルワークにおいても大切な視点である。[2]

c. 障害受容へのプロセスを理解して援助を考えること。

　　　障害の受容への段階は、「ショック期」「否認期」「混乱期（怒り・うら
　み・悲観抑うつ）」「解決への努力期」「受容（克服）期」の5段階である。
　患者・家族の状況、段階に応じた対応が求められる。[3]

d. ストレングス視点を明確にし、患者・家族の持っている力を問題の改善
　あるいは解決に発揮できるようにすること。

e. 医療チームで協働して患者・家族を支えていくこと。

　　　患者・家族の変化を迅速かつ的確に情報提供し、カンファレンスの開
　催などを通じて共通理解を図りながら、医療チームの一員として積極的
　に参画すること。

［注］
1　構造化面接とは、あらかじめ決められた質問項目に沿って行なわれる面接。
2　上田敏「リハビリテーションを考える」青木書店　1983ではリハビリテーションと障害者福
　祉の思想的基礎について理論的に学ぶことができる。人間を対象とするソーシャルワーク
　実践に共通する視点であり、示唆に富む。
3　上田敏「リハビリテーション－新しい生き方を創る医学」講談社　2003　p.184～p.195

(4) 難病患者への支援

事例　10
①家庭内における役割を持ちながら難病と闘う患者と家族　②高田さん　③40歳代　④
肺リンパ脈管筋腫症　⑤H病院

事例の概要

　肺リンパ脈管筋腫症は我が国では100万人に約1.9～4.5人の有病率であると推測されており、30代の女性に発症がみられる疾病であるといわれている。2009年度より特定疾患治療研究事業の対象疾患となり、2015年より指定難病の対象疾患である。

　高田さんは人工呼吸器を装着し、吸引が必要な状態であり、家族への介護負担や費用負担などの心配を抱えながらも大切な家族と一緒に過ごしたいと自宅への退院を希望。家族は、本人の病状を案じて退院することに不安を抱えていた。高田さんが在宅へ退院するにあたり、MSWは硬直した制度の狭間による現状の医療福祉問題が立ちふさがる中、試験外泊を通じ本人とその家族の不安に寄り添い、在宅で生活する意欲を支えていった。そして、在宅の療養条件の整備と支援体制をつくるべく、あらゆる社会資源の活用や院内チームの意思統一、関係機関との連絡調整に取り組みながらも、本人・家族の強い絆と、それによって心を突き動かされた関係者の協働により退院が実現できた。

事例の展開

① 高田さんと家族との出会い

　高田さんは病気の発病により、数年前から在宅酸素療法を行いながらの生活を余儀なくされていた。自身の病気と向き合いながらも、就職活動中の長女、学生である長男、次女、仕事で多忙な夫を支える一家の主婦の役割を担っていた。高田さんが病気の診断を受けてからは、夫や子供、両親が協力しながら支えていた。しかし、高田さんの症状も少しずつ進行し、以前のように家事をしづらくなったことや、それぞれ子どもたちも生活が多様になったこと、両親も高齢になったことで、生活を支援する介護サービスの利用について知りたいと主治医を通じてMSWへ相談が入った。

　高田さんは、すでに呼吸器機能障害1級で身体障害者手帳を取得していたため、MSWは障害者総合支援法の障害福祉サービスを紹介し、ヘルパー

が利用できるようＡ相談支援事業所との連絡調整を行った。

　MSWとしては、高田さんや家族のことを親身になって理解してくれる事業所担当者に関わってもらうことを目標とした。幸いにも、本人と家族が安心できる相談支援専門員とヘルパーが自宅を訪問してくれることになり、本人、家族からも定期的に利用したいという報告を受けた。

　誰しも、今ある生活に第三者が入ってくるということは、不安になり、慎重にならざるを得ない。高田さんの戸惑う姿も感じられた。それでも今の生活を続けていくために向き合わなければならないというある一つの決意が高田さんと家族の表情から伺えた。一所懸命に模索している高田さんと家族の目の前の不安を取り除き、安心に変えていけるようにと、MSWも慎重だった。MSWは一家のありのままの生活を共感することによって、自分自身に課せられる使命の重みを感じた。そして家族、Ａ相談支援事業所、Ｂヘルパー事業所による協力体制で、高田さんの新しい生活がスタートすることになった。

② 高田さんと家族におとずれた転機

　その後、高田さんの生活に再び転機が訪れた。高田さんは呼吸状態の悪化により入院することとなり、24時間人工呼吸器を装着する生活を強いられたのである。呼吸器があることで、ほとんどの時間をベッド周囲で過ごさなければならず、必要な医療行為や介護として、頻回の吸引、気管切開部の処置、清潔介助などの身体介護や、家事支援全般が必要とされた。呼吸器を装着することになり約2か月が経過した頃、主治医より高田さんに今後の方向性について考えようと提案があり、同居家族や両親、主治医、病棟スタッフらで協議した。主治医の意見としては、呼吸器を装着することで病状はいったん落ち着いているが、これから先、自宅療養をする場合には、常時誰かが傍にいた方が良いということであった。

　家族は高田さんと一緒に生活したい気持ちは強いが、はじめて行う吸引などの医療行為や、常に傍に寄り添わなければならないことへの不安もあり、本人にとっては安全で常時介護が受けられる病院で療養する方が良い

のではないかと悩んだ。高田さんは、家族にかかる介護負担や費用負担を気にかけながらも家族と一緒に過ごしたい思いから、利用可能な制度や費用負担が少なくてすむような方法はないか、自らもMSWへ積極的に情報提供を求めた。スタッフからも高田さんが在宅で利用できるサービスを検討してほしいと依頼があり、MSWは高田さんの在宅療養生活について再び検討していくこととなった。

③ 高田さんが置かれた状況と利用できるサービス

居住地の重度障害者医療費の助成制度については、所得制限の対象にかかり利用できなかった。しかし、難病法の対象疾患として自己負担が軽減されたことは唯一の救いだった。高田さんのような年代の家族は、確かに収入が安定してくる頃ではあるが、それとともに家計において子どもたちの学費や住宅ローンなど、支出が一番増える時期でもある。主婦である高田さんにとって、病気であり障害を併せ持ち、それによる生活のしづらさを抱える難病と立ち向かう上で、自分自身に必要となる費用の負担は精神的に重くのしかかる問題だった。

高田さんと家族は葛藤しながらも、スタッフからの助言もあり試験外泊を希望した。MSWは外泊に際して必要となる電動ベッド、床ずれ予防マット、ポータブルトイレ、車椅子、介護タクシーなどの手配を主治医より任された。自治体にも交渉したが、高田さんの障害（呼吸器機能障害1級）では、仮に退院になるとしても日常生活用具の受給について要件があてはまらないという回答だった。高田さんの気がかりだった費用負担軽減のため、地域包括支援センターや社会福祉協議会へ必要物品の手配について働きかけた。相談や交渉により、電動ベッド、床ずれ予防マット、ポータブルトイレは寄付やリサイクル制度を利用し、無料で調達できたが、障害福祉制度や難病制度の日常生活用具給付事業は障害の要件や所得制限によりほとんど利用できず、制度利用の難しさを痛感させられた。

福祉用具の搬入時や外泊時には、子どもたちを含め家族総出で協力体制がとられた。MSWはスタッフとともに付き添いを行うなど、制度利用が

困難な中でインフォーマルな支援体制づくりに努めた。

　試験外泊の試みを開始して約1か月が経過し、高田さんと家族はできるところまで在宅療養を行ってみようと決意を固めた。その想いを受け、MSWは退院後に必要となる資源をあらためて確認した。具体的には、往診・訪問看護の調整、障害福祉サービス利用時間の変更申請、吸引器、人工呼吸器が搭載できるオーダーメイド車椅子の申請、災害時、優先的に電力が復興されるための登録などである。各手続きは複雑で、家族で行うのは困難と思われたため、MSWは各関係機関とのやりとりが円滑に行われるよう障害福祉課や更生相談所と密に連絡をとり、助言を受けながら必要に応じて区役所へ代行申請を行った。また、相談支援専門員と連携しヘルパーの利用時間変更のための認定調査や車椅子作成のための更生相談所の訪問判定に立ち会うなどした。往診と訪問看護についても、主治医や本人、家族、相談支援専門員と相談し、CクリニックとD訪問看護ステーションの利用について調整を図った。

　さらに障害福祉サービス利用開始時より関わってもらっていたBヘルパー事業所へ、吸引行為を含めた身体介護を支援してほしいと交渉した。[注3]はじめは躊躇していたBヘルパー事業所も、高田さんや家族の一生懸命な姿を目の当たりにし、できるだけ協力したいという姿勢があらわれてきた。家族に加え高田さんに関わるヘルパー全員に来院してもらい、直接病棟から現状を情報提供し共有が図れるような場のセッティングに努めた。MSWはその連絡調整窓口となった。

④ 高田さんと家族の絆

　高田さんと家族は、互いに何より家族が大切であるという家族愛がとても強く、家族を想うが故の葛藤がそこにはあった。MSWは、高田さんと家族の心理的状況を受け止め、日々の気持ちの変化にできるだけ寄り添いながら関係者で共有して関われるよう、意見交換・連絡調整をし、その意思統一がなされるように援助した。MSWは家族の絆に心を動かされた。そして、制度が困難な状況下でもあきらめず、社会資源や利用可能な制度

の情報収集に努めた。関係者それぞれが主体的に役割を果たすためには、高田さんと家族のおかれた状況を共感的理解することが重要と考え、高田さんと家族を交えたカンファレンスを繰り返し開催した。

　在宅療養の方針が決定してから約2か月後、高田さんと家族、A相談支援事業所、Bヘルパー事業所、Cクリニック、D訪問看護ステーションとスケジュールを調整しながら、常時誰かが傍にいるという体制で高田さんは自宅へ退院した。家族の都合と調整しながら、2週間に1回の往診、週2回の訪問看護、週1回の訪問リハビリ、平日は毎日ヘルパーの訪問が受けられるよう計画について話し合った。

　在宅での医療行為の不安、障害福祉制度などの給付要件の問題、常時誰かが傍で見守ることなどの深刻な問題が立ちはだかる中、スタッフと地域の関係機関との連携、何よりも高田さんと家族の絆により退院が実現した。

⑤ 高田さんと家族との出会いから

　退院後、高田さんと家族はそれぞれが力を出し合い、在宅療養を継続していたが、ヘルパーの吸引以外の医療行為に対する対応や、定期的なレスパイト入院の必要性について、さらには高齢であった両親も傷病により介護保険の利用が必要となるなど、はるかに予想を超えた課題が浮かびあがってきた。在宅医療、在宅介護推進という社会の流れはあるものの、高田さんほどの重度の身体状況で不安なく在宅生活をしていくためには、現実は大変厳しい状況にある。緊急時に必要となる吸引以外の医療行為に、ヘルパーがどのように関わるのかという問題は避けられないばかりか、障害福祉サービス等から支給されるサービス量の限界、それぞれの介護・医療サービスにかかる利用料の負担があった。また、常時家族やサービス担当者が傍で見守る体制の確保は、高齢の両親には次第に体力的にも限界が見えはじめ高田さんにとっても心の負担であり、家族にとっても日々気が休まることがない。こうした様々な問題や課題が次から次へとあらわれ、決まりきった制度や仕組みの枠に当てはめられない状況が現実に浮上して

きた。硬直した制度の挟間を埋めていくには、関係者それぞれが柔軟な姿勢でのぞみ、行政へのフィードバックや各関係機関どうしが信頼関係とおかれた立場の相互理解で一つ一つの課題の解決に向けて取り組んでいくこと、また、高田さん家族のような強い絆が必要であることを考えさせられた。

　患者の生活を支援するという重要な役割を持つMSWには、傷病や障害が本人・家族の生活にどのような影響をもたらすのか、住み慣れた家で当たり前に過ごしていくために、どのような制度や資源を利用していくのか、そこにある多くの課題に敏感になり、柔軟な姿勢で対応できるような力量が求められる。そして、患者にとって現状の医療福祉問題が、一つでも早期に改善され、少しでも心の負担を取り除くことができるよう、MSWが代弁し声をあげていかなければならない必要性を感じる。今日、一人の患者をめぐってはあらゆる専門職と呼ばれる人々が支援するようになった。そのような中、MSWはいったい何を強みとしてその使命を果たすのだろうか。そこにMSWの存在意義があるのではないだろうか。

[注]

1　財団法人難病医学研究財団　難病情報センター　ＨＰ（平成31年10月）
　　http：//www.nanbyou.or.jp/entry/173
2　　平成26年8月27日の意見とりまとめ後、指定難病に係るパブリックコメント等を踏まえ、10月6日に厚生科学審議会疾病対策部会指定難病検討委員会を開催し、「指定難病に係る検討結果について」が改めてとりまとめられ、10月8日の疾病対策部会に報告し、了承された。
　　　これにより平成27年1月から医療費助成を開始する第一次実施分の指定難病については、110疾病を指定難病とすべきこととし、27年7月から、第二次実施分として196疾病を指定難病とし、平成29年4月から第三次実施分として24疾病を指定難病とし、平成30年4月から第四次実施分として1疾病を指定難病とし、令和元年7月から第五次実施分として2疾病を指定難病とした。
　　　http：//www.mhlw.go.jp/stf/shingiz/0000060748.html
　　　指定難病とすべき疾病の支給認定に係る基準について
　　難病対策の概要　　http：//mhlw.go.jp/content/000527525.pdf
3　介護職員等による喀痰吸引等の取扱いについて
　　　平成24年4月1日からは、改正後の社会福祉士及び介護福祉士法（昭和62年法律第30号の一部改正に基づき、喀痰吸引等を行おうとする介護福祉士はその養成課程において、ま

た介護職員等は、一定研修を受講後（経過措置者＊を除く。）、認定特定行為業務従事者の認定を受けるとともに、喀痰吸引等を行おうとする従事者が所属する事業所においても、登録喀痰吸引等事業者、登録特定行為事業者の登録が必要とされている。

　＊経過措置について

　平成24年3月31日までに、特定行為の従事者である（過去に従事した場合も含む。ただし、特別養護老人ホーム介護職員については、3月中に国の通知に基づく研修を開始した者も含む。）者か、国の定める研修を修了した者又は研修終了見込み者である者。

　以上の事例は初版の事例であるが、法制度の改変に伴う修正を行っている。以後は新事例を紹介している。

事例1　人生を悔いなく…Nさんとの出会いと別れ」

氏　　　名：N氏
年　　　齢：60歳代　男性
病　　　名：脱水症、C型肝炎、肝硬変、日常生活動作は自立
職　　　業：無職（元建築業）
社会資源の活用：生活保護、日常生活自立支援事業（地域福祉権利擁護事業申請のみ）

【援助内容】

　ある日、Nさんは救急搬送されてきた。看護師から呼ばれたMSWはベッドに横たわるNさんのそばに座った。白髪交じり、背中をぎゅっと小さく丸めて目を閉じていた。声をかけたMSWに向かって、Nさんはぽつりぽつりと話し始めた。「3日前に刑務所から出てきた。金も家もない。ずっと駅のすみっこで寝ていた。身体が言うこときかない。俺も親父の死んだ年齢になってしまった。もうあかん…」と涙ぐんだ。

　Nさんは小学校の頃から、父親が家族に暴力を振るい、数日間家に帰ってこないこともあり、病弱な母親は伏せっていることが多かったという。Nさんと弟はいつも空腹で学校にはほとんど行かずに近所で野菜を盗むなどして暮らしてきた。虞犯少年（将来罪を犯し、または刑罰法令に触れる行

為をするおそれがある少年）としてたびたび警察に保護されていた。18歳で少年院へ。出所後は主に建物の解体作業の仕事に就いた。日雇いでその日暮らしをしていたが、20代の後半に覚せい剤に手を染めてしまった。窃盗事件なども起こしこれまで10回以上服役していた。父親が亡くなったことだけは弟が連絡をしてきたが、家族とはすっかり疎遠になった。そして今日までの人生のほとんどを刑務所で過ごしてきたのだった。「悪い友達は大勢いる。でももう縁を切りたい。もう疲れた」と言う。古びたTシャツから出た腕には、桜の花模様がうっすらとのぞいていた。

　医師の診察後、脱水症で衰弱した状態だったため入院となった。MSWはNさんの涙と言葉を信じ「残りの人生を悔いなく送れるようにしたい」と思った。NさんはC型肝炎に罹患していた。入れ墨や覚せい剤などの回し打ちなどで感染する人もいると聞く。すでに肝硬変にまで進行しており、働くことは難しいと思われた。すぐに生活保護を申請した。数日して元気になったが、入院生活が窮屈になると「刑務所に戻ったほうがよっぽど楽やわ。あんたを一発殴ったらいつでも戻れるんや！」と看護師らにイライラした気持ちをぶつけた。そのたび、MSWはどきどきしながら「落ち着いて」と説得した。

　退院後、福祉事務所と相談しながら病院近くにアパートを探した。そしてNさんのひとり暮らしがスタートした。その日からMSWはアパートに何度も足を運んだ。Nさんは自転車を購入し当院に通院した。事情を知った病院の職員たちが応援してくれた。最初は布団とテレビしかなかった部屋だったが、食器や衣類、タオル、米や野菜までもが揃った。職員に笑顔を返すNさん。部屋は少しずつ生活感が充ちていった。新しく買った服は「安かった」と言いつつセンスよく着こなしていた。「散髪に行ってきた」「炊飯器買ってご飯を炊いた。うまかった」「電話がついた。今度あんたに電話するわ」と日々の生活を報告してくれ穏やかな日々が過ぎて行った。

　しばらくして、電話があった。「突然、友達が来た。どうやって住所を調べたんかわからない。金を渡して縁を切った」。その数日後にも「買い物の

帰りにまた金を落としてしまった。今月の家賃が払えなくなりそうだ」と電話があった。訪問すると「何度も金を落として金がないし楽しみが何もない。もうヤケや。電話の音にいらいらする。うるさい！」と電話線を抜いていた。固い表情のNさんと向き合って、3つの約束をした。①ヤケを起こさない（警察の世話にはならない）②電話の線は抜かない（連絡が取れなくなるのは困る）③しんどいこと困ったことがあったらすぐに病院に相談する。これらの約束事を紙に書いて部屋の壁に貼った。この時、いつもと違う様子が気になったが、きっと約束を守ってくれるだろうと思った。その後に起きる「事件」までは。

数日後、「身体が右に傾いてしまう。しゃべりにくい」と来院。CT検査をしたところ脳梗塞とわかり大学病院脳外科へ搬送された。幸い大事には至らず数日後に当院への転院となった。その時、「尿検査で覚せい剤反応がありましたので警察に連絡しました。すでにこちらで事情聴取を受けています」と報告があり、MSWは呆然とした。

3日後、転院してきたNさんは病室でずっとうつむいていた。MSWは「何をしてたのですか。本当のことを話してくれていなかったのですね」と、涙を流すNさんを問い詰めた。そういうことだったのか…！　なぜ突然来た友人に金を渡したのか、何度もお金を「落として」いたのか、電話の音を異様に怖がったのか、今から思えばおかしいことはいくらでもあった。なぜ気づけなかったのだろうとこれまでのことを振り返り悔やんだ。

最初、Nさんが言っていた「悪い友達」はその後もずっとNさんの近くにいたのだ。もしかしたら、寂しくて自分から電話をしたのかもしれない。MSWは、「私は何をしていたんだろう。自己満足していただけなのだろうか」と考えているうちに、怒りの気持ちがすーっと消えていった。そしてうなだれて、Nさんに「ごめんなさい」とつぶやいた。

1週間後、退院となったが、同日、刑事が自宅を訪問すると聞き同行した。刑事から「覚せい剤をやった以上、裁判を受けてもらわないといけない。裁判の結果、刑務所に行くのかこのまま自宅で経過をみるのかが決まる。

2万円も払って覚醒剤を買って、あの量なら5千円が相場だろうが完全に足元を見られてる」と諭した。Nさんは「すみません。もうしません」と頭を下げるばかりだった。「この人も悪いが、被害者でもあるのですよ。どうやって悪い関係を断ち切るのかです」と、刑事からMSWにも状況の説明がされた。MSWは「この方との関わりから、本当に悪い人を逮捕できないのでしょうか」と質問した。刑事は「覚せい剤っていうのはね、そんな甘いものじゃないんですよ」との応えであった。「くすり買う金あったらこんなに心配してくれる病院の人に菓子折りのひとつぐらい持っていかんとね」と、Kさんに話した。MSWは深いため息をついた。

　こんなことがあった後も執拗な「たかり」ともいうべき金銭の強要は終わらなかった。MSWは見えない相手に恐怖を感じながらKさんをどのように守るべきかを考え続けていた。生活保護費の支給日が近づいてきた。これまでから福祉事務所のケースワーカーからは「保護費を振り込みにすると本人に渡っているかわからないので、窓口で手渡すことにしたい」と聞いていた。しかし、これまで生活保護費を受けとった直後に「お金を落とした」と訴えてきていた。Nさんから初めて「保護費の受け取りについてきてほしいと懇願され、嫌な予感がしたが一緒に福祉事務所に出向いた。保護費を受け取って外に出たところで、いきなり不審な男がNさんに近づいてきた。保護費を持っていたMSWはあまりの恐怖にとっさに建物の陰に隠れた。残されたNさんは時折MSWを見ながら固まったまま、男に怒鳴られ続けている。MSWはすぐ警察に連絡をし、福祉事務所に飛び込みケースワーカーに伝えた。警察官が来て男を連れ立ち去ってからもMSWは足がガクガクと震えた。「ひとりにしてすみませんでした」と謝った。「気にしなくていい」とNさんは笑った。

　それ以来、Nさんは「お金を持っているのが怖い。使い方がわからない」と頻回にMSWを訪ねてきた。例の友達がアパートに来たり電話をしてくることはなくなったようだったが、気が弱くなって、見た目もひとまわり小さくなって見えた。社会福祉協議会の日常生活自立支援事業（地域福祉権

利擁護事業）を申請し、開始までの間、特例として病院で所持金を預かることにした。週に3回、1回3,000円を渡し、その都度使い道を確認した。その時には気軽に世間話もした。年末には「世話になったな。お歳暮」とスーパーの袋を差し出してきた。値札のついた数の子のパックだった。

　年が明け、病院の近くで選挙演説が行われていた。それを聞いたNさんは「世の中、大変なことになってるね」と言った。選挙通知書が届いたが「投票所の場所がよくわからない」とのことだったので詳しい地図を書いて渡した。選挙翌日「投票に行ってきた」というNさんに「久しぶりの選挙でしょう」と言うと「生まれて初めて」と。思わず目頭が熱くなった。

　春になると「デジカメを買った」と言う。「すごくきれいなので近所の桜を撮りたい。花見ってのをしたことがなくてね」というが、なかなかセンスのいい写真が収められていた。それをみた病院の職員たちから「上手ですね」と褒められ、Nさんの顔がほころんだ。

　すっかり桜が散ったころ、在宅のまま起訴されていたNさんのところに裁判所から「公判期日召喚状」が届いた。ああ、そうだったとMSWは気持ちがずんと重くなった。「覚せい剤で何度もつかまって入った刑務所。この年齢では生きて帰ってこられるかな」といいながら涙がぽろぽろとこぼれていた。その後「だれかに使ってほしい。もう乗ることもない」と自転車をもってきた。その横顔を見てMSWはとても悲しくなった。

　数日後、訪ねて来るはずのNさんが姿を見せなかった。自宅に電話をしたがずっと話し中。翌日も続いた。やっぱりおかしい。MSWはぞっとするような不吉な予感にとらわれた。家主の了解を得てアパートに行き、職場の上司と一緒に部屋のドアを開けた。言葉を失った。受話器を握りしめたまま血まみれで息絶えていたのだ。現場で検視をした医師の報告は「食道静脈瘤破裂による死亡」であった。「最近ものが飲み込みにくい」と数日前に診察を受けていた。肝硬変があると食道静脈瘤を発症しやすく、数日後に胃カメラの検査を受ける予定であったが、「怖い」と泣いていた。

　Nさんは「しんどいこと困ったことがあったらすぐに病院に相談する」と

いうMSWとの約束を守っていた。おそらく吐血して苦しくてどうしようもなく電話をしようとしていたのだ。どれだけ怖かっただろうかと思うと胸がしめつけられた。ずっと見守ってきた病院の職員たちも突然の訃報を悲しんだ。

　MSWはNさんと出会い、最初の涙を見た時から「残りの人生を、悔いなく送れるようにしたい」と援助を続けてきた。Nさんの壮絶な人生をすべて知ることはできなかったが、一緒に多くの人と出会い、笑い、花の美しさに感動したり同じ時を過ごしてきた。そして、人生初めての選挙など、短い間のささやかだが人間として当たり前の「生活」や「人生」をつくることに少し寄与できたのではないかと考えている。何よりNさんの人柄が周囲を元気にさせてくれた。人に頼りながら、孤独とたたかいながら一生懸命に生きようとする姿がMSWを前に歩ませてくれた。Nさんには今も感謝をしている。

【考察と課題】

　本事例の当時は、刑務所からの出所者を支援する制度はほとんどなかった。現在も高齢になるほど軽犯罪で再犯を繰り返す人が多く刑務所が高齢化していると言われ久しい。近年、法務省による行き場のない刑務所出所者に対する更生保護施設の受け入れ機能強化や「緊急的住宅確保・自立支援対策」が実施されるようになった。そして様々な機関や「人」が出所者支援に関わるようになってきている。そこにソーシャルワークが実践されることを期待したい。

　ところで、Nさんの長年の刑務所暮らしを含む生活の中に、おそらくソーシャルワークは対応していなかったのだろう。出所と同時に病院に搬送され、ふと父親が亡くなった年齢になって「老い」に向き合った場面でMSWと出会った。そして、Nさんは病院の中でだんだんと「人気者」になってきて、関わりや環境がここまで人を変えるのだとMSWは感動を覚えた。しかし一方で人間の心の闇の部分までは知りえることはできないのだ、と何

度もうちのめされることがあった。MSWはひたすらNさんを支えようとしたが、ひとりの力の限界を実感している。生活支援をもっと早くにもっと多くの人たちと行うべきだったのではないか等々、残念な思いが残った。

　さまざまな困難を抱えた人たちに対して、周りの人たちと協力し力を合わせながら、あきらめずに関わり続ける強さこそがソーシャルワークである。MSWは何年経験すれば一人前というものではない。あたたかく、しなやかでそれでいてぶれない軸を持ち続けられるよう学び続けなければならない。本事例のMSWはNさんと出会った時と変わらぬ気持ちでソーシャルワークの仕事を続けている。

　医療ソーシャルワーカーの倫理綱領には「われわれソーシャルワーカーは、すべての人が人間としての尊厳を有し、価値ある存在であり、平等であることを深く認識」し、「かけがえのない存在として尊重する」とある。社会的弱者と言われる人と向き合うことの多いMSWにとってこれらの言葉をいつも心にとめておきたい。

事例2　高度救命救急センターに搬送される高エネルギー外傷患者・家族における支援　～頭部外傷からなる重篤な意識障害～

氏　　　名	K氏
年　　　齢	20歳代男性
病　　　名	右急性硬膜下血腫、左側頭部頭蓋骨骨折、左大腿骨骨折、右腎被膜下血腫、左気胸
受 診 歴	10年前より統合失調症と診断され精神科へ通院中
家族構成	父親（無職）と2人暮らし。母親は数年前から脳梗塞で療養型病院にて長期療養中。
経済状況	障害年金受給中。父親も年金受給中。
社会資源の活用	精神障害者保健福祉手帳、自立支援医療（精神通院）

【経過】

　K氏27歳は総合病院の精神科を受診後、自宅近くの歩道橋にて飛び降りて頭部外傷。受傷時は脈を触れなかったため、心臓マッサージ施行されす

ぐに心拍再開となる。左後頭部に挫創あり、左下肢の変形もみられ意識レベルはJCS III－300（Japan Coma Scale：以下JCS）で当院の高度救命救急センターへ搬送される。

　JCSとは、意識レベルの評価であり、意識障害を定量的に表現する尺度として以下のように分類される。本事例でのJSCは3桁であるため、重篤な意識障害である。

JCS（Japan Coma Scale）

Ⅰ．覚醒している（1桁の点数で表現）
0　　意識清明
1　　見当識は保たれているが、今ひとつはっきりしない
2　　見当識障害を認める（場所や時間、日付がわからない）
3　　自分の名前・生年月日が言えない
Ⅱ．刺激に反応し、一時的に覚醒する（2桁の点数で表現）
10　　普通の呼びかけで開眼する
20　　大声で呼びかけたり、強く揺すったりすると開眼する
30　　痛み刺激を加えながら呼び続けるとかろうじて開眼する
Ⅲ．刺激しても覚醒しない（3桁の点数で表現）
100　痛みに対して払いのけるなどの動作をする
200　痛み刺激で手足を動かしたり、顔をしかめたりする
300　痛み刺激に対し、全く反応しない

　入院時のCTでは右急性硬膜下血腫・左側頭部頭蓋骨骨折あり。硬膜下血腫は手術適応にならず、頭部挫創に対しては縫合処置。その他、左大腿骨骨折・右腎被膜下血腫・左気胸を認めた。救命医師より頭部外傷の程度・瞳孔所見を考えると意識改善は難しいこともあり、キーパーソンで

ある父親とのインフォームド・コンセント（Informed Consent：以下IC）により蘇生は行わないという方向となる。その後は心停止などなくバイタルは安定し、予後も長期的になることで気管切開・胃瘻造設を行うこととした。

　数日後、意識レベルはJCSⅢ－200で声かけに対し反応は見られないが、開眼する・口を動かす等の動作がみられるようになった。胃瘻のトラブルもなく経過は比較的落ち着いている段階であったため、医師より家族へ転院の方向で話を進めていくとの話しがあり、医師の依頼より先にキーパーソンである父親から患者支援センターへ今後の方向性について話をしたいと相談依頼があった。相談当初、至って冷静であった父親は今後の転院先のことについて相談を希望。医師より転院を進められたことに承諾した父親であったが、面談を重ねていく内に転院を拒否するような姿勢をみせるようになる。医師からは、患者本人が若いことや気管切開をしていること、植物状態が長期化するという理由により、限られた医療機関しか選択肢がないことも説明。担当医は家族に了解を得たという結果を報告してくるも、父親の対応は積極的な治療は望んではいないが、リハビリができる医療機関や骨折した部位の手術が受けられる病院を紹介してほしいとIC時には父親から語られていない内容の希望があった。そのような中、入院継続が必要であるため集中治療病棟（Intensive Care Unit：ICU）から高度治療室（High Care Unit：HCU）に移動し、限られていた面会時間の制限が緩和されるようになった時点で、父親は本人の好きだった曲を聴かせることや声かけを毎日おこなって付き添いをした。父親と面談をする度、今日の状態をMSWへ報告し、目が開いたことや手が動いたことを喜びとして伝えてきた。

　父親は、「胃瘻は外れるようになるか」、「意識が戻れば骨折部位を手術してもらいリハビリしてもらいたい」、「ずっと継続して内服していた精神薬も飲ませたい」等の発言があり、意識レベル改善の可能性を強く願う姿がみられた。また、父親は転院の話しになると時折感情的になることもあった。

　その後、幾度となく面談を繰り返していくうち、将来の生活に関するこ

とや現在おかれている現状を何回か言葉に出すようになった。そのような中で、医療依存度が高く、在宅療養体制も時間を要すると医療スタッフ間で判断したため、自宅退院までは時間をかけて調整していくことを考えて療養型への転院支援を進めていった。しかし、転院先の選定は極めて困難であった。理由として、父親が希望する医療ニーズ、治療への期待、患者の年齢、入院の長期化、在宅療養の見込み、医療依存度、地域性など多くの条件をすり合わせていく必要があった。父親から、「転院については、市民病院や県の病院などであれば良いと思うんですがね。面接とかあれば行きますよ。骨折部位も治療してくれますかね？」、「精神薬を飲ませないといけない。精神の手帳や自立支援医療の更新もしないと…。あれはどうなりますかね？申請したいんですよ」と継続した形で訴えてくる姿は変化なかった。

　このままでは、転院先の選定もできないため、父親が希望している医療機関へは打診をして、可能であれば家族面談をおこなってもらう形をとった。最終的に転院する医療機関については父親の了解を得た上で、地域の療養型病院へ移ることとなった。転院した後も父親からの連絡があり、現状報告や今後考えている在宅生活、転院先の変更についての相談が続いた。

【課題】
・医療依存度の高さ
・年齢が若いために長期入院可能な医療機関の確保が困難
・在宅介護による父親の負担
・医療ニーズに対する父親の希望と受け入れ先の条件の不一致
・患者と母親の入院に伴う経済的問題
・利用可能な制度の検討

【考察】

　現状を受け入れられない父親と重度の後遺症が残る息子に対し、各場面での迅速かつ細やかな支援をおこなうことが重要であった。特に、転院先については患者が若年であること、医療依存度が高いこと、父親が希望する医療ニーズが受け入れ機関の条件に当てはまらず、転院先を確保することは極めて困難であった。そのため、父親自身が現在の状況と向き合えるように、受け入れ困難な医療機関であっても実際に見学に行って先方のMSWと面談をするよう提案した。父親の思いを受け止めながらも、家族が主体的に行動できることで、父親は現状を理解し、転院することができた。また、転院先と密に情報共有していくことや、双方の条件をすり合わせていく調整が重要である。

　次に、母親も長期入院していること、息子の入院も長期に渡って継続していくことを含めると経済的問題が挙げられる。これらについては、生活保護も視野に入れて検討をおこなった。また、救命病棟での在院日数は限られているために、転院先で身体障害者手帳の申請を依頼することや、重度心身障害者医療費助成へ繋げていけるよう支援した。これらについては症状固定と判断された場合に申請可能となる。

　今回の事例では、短い在院日数の中ではあるが、入院時から転院時までにおこなわれる家族との関わりではそのプロセスが重要であり、悲惨な体験の中にもMSWが介入することにより家族の力を戻すきっかけや、問題・課題を自ら跳ね返す能力（レジリエンス）を身に付けていく過程の支援に注目する必要がある。家族は現実が夢であればと思う中、転院という次へのステップに不安と疑問を抱かせながら突き放されるという思いがのしかかり孤立感を抱く。このような状況下で、福祉制度の説明をして、単に療養先を確保することだけがMSWの業務ではない。そうであれば、家族との関係は形成されず、医療者側のみの目標で進めていくことになりかねないであろう。

　嶋らの研究によると「救急医療におけるソーシャルワークの大きな特徴は、緊急時に問題が発生し、緊急的に解決しなければならないことが多い。

その中でも患者・家族は心理的危機状況にあると同時に、問題解決能力も低下しているためMSWが代行する必要性がある」と説明し、ただ転院支援をするという役割だけではないことが示唆されている。臨床現場でも医師からのICがあった後、MSWに多くの疑問（今後の治療経過・動作回復の見込み・意識の回復等々）を投げかけてくる家族は多い。混乱状態にある家族であれば、医師に対し疑問や不安に思うことも考える余裕がないために上手く伝えていくことができず、次への段階を決めていくことは困難である。そこでMSWとして地域への橋渡しや社会資源の活用・福祉制度の紹介のみだけで関わるのではなく、ショックと絶望感に襲われる家族の思いを受け止めながら、ソーシャルワーカーとしての視点や家族の力を取り戻す過程に着目する必要がある。

　本事例では、現状を受け入れられない父親と重度の後遺症が残る息子に対し、MSWとしても患者・家族への理解に繋げていくために、入院から退院までに起こる変化へ対応しながら各場面での細やかな支援をおこなうことが重要であった。指示的な関わりではなく、必要な情報を提供しながら物事を判断しにくい状況にある家族に納得できる説明を心掛けていくと同時に、不安や疑問を吐き出すことのできる環境作りが必要である。MSW側がこのような環境をつくることにより患者・家族は疑問や不安を穴埋めし、目の前にある現実と向き合いながら問題を解決していこうとする力を身に付けていくことができる。

　中には、医師がICをした時の状況を振り返り、その時感じたことを家族がMSWに投げかけてきたことを多職種へ代弁することや、再びICに繋げていく役割を担うことも考えられる。また、救命救急センターという役割の中で、時間をかけて転院支援をすることは、救急搬送されてくる患者の受け入れなどにも大きな影響を受けることもあるが、現状を理解するために、これらの動きは非常に重要なプロセスである。

　以上のような役割を担いながら、医療スタッフ側・患者・家族の双方向に働きかけることにより、短い在院日数においても患者・家族は将来に目

を向けることができる力を獲得することが可能となる。これは、本事例の
みではなく類似したケースにも同様のことが言えるであろう。また、入院
期間中に父親の気持ちの変化が大きく現れることはなかったが、転院後の
相談も受けた際には、「自宅で介護していきたい」という積極的な言葉も聞
けるようになった。高エネルギー外傷は突然の事故により引き起こされ、
高度救命においても早期転院や蘇生処置拒否（Do Not Resuscitate：DNR）
の確認など家族に与える心理的ダメージは非常に大きい。

　事例全体を通じて、高エネルギー外傷による交通事故や転落・仕事中に
おこる不慮の事故は患者の人生・家族の人生を大きく変える出来事となる。
三次救急という重篤な状態の患者を受け入れる役割を果たしているが、救
命現場では搬送される患者に対し、家族の思いは強い不安とパニックに陥
り、何が起こっているのか理解できず現状把握できないような状態にある。
一命を取り留めたとしても後遺症や障害によりショックと絶望を突きつけ
られる事態は患者のみならず家族をも計り知れない程の不安に陥る。場合
によっては「死」をも意味するような重篤な状態にあることで、現実を受け
入れられない家族にとって今後の経過も判断もつかない状況ともなる。

　そのような患者・家族を相手にすることは、高い技術や豊富な知識が必
要とされるが、MSW側も心理的サポートをおこなう上で事故当時の悲惨
な様子を共感的に聞いたりすることにより、聴き手であるMSWがバーン
アウトしてしまう危険性もあるため、自己によるコントロールも重要になっ
てくる。MSWは悲惨な体験の中でも、迅速な判断やアセスメントのもと、
院内外の連携体制の整備や社会資源（リソース）を活用するとともに、患者・
家族が自らの問題・課題を跳ね返す能力（レジリエンス）を身に付けてい
く過程を支援することも忘れてはならない。

※高エネルギー外傷
　「高所からの転落」「ある程度のスピード以上での自動車事故」など、「目に見える徴候がなく
　ても、受傷機転から考えて生命に危険のある損傷を負っている可能性が無視できない状態」
　を高エネルギー外傷としている。

典型例

①車外放出 ②車に轢かれる③車に跳ね飛ばされる

④自動車と自転車、歩行者の衝突⑤機械器具による巻き込み

⑥体幹部が挟まれる⑦高所からの墜落等

※上記内容は外傷病院前救護ガイドライン

（Japan Prehospital Trauma Evaluation and Care：JPTEC）のマニュアルより抜粋

引用文献

1）嶋あずさ,太田裕子,定光大海.「救急医療におけるMSWの役割」『Journal of Japanese Society for Emergency Medicine』14,437‐44,2011.

事例3　社会とのつながりを失い孤立した患者の支援を通して

氏　　　名：A氏	
年　　　齢：70歳代　男性	
病　　　名：低体温、左変形性膝関節症	
身体状況：J2	
精神状況：I	
経済状況：収入なし　年金かけておらずなし　来院時所持金　30円	

J2（障害高齢者の日常生活自立度）：何らかの障害を有するが、日常生活はほぼ自立しており独力で外出する

＊ 本事例は、入院当初は低体温や体力低下から何とか起き上がれる程度だったが、次第に普通に体を動かせる程度に改善した。

I （認知症高齢者の日常生活自立度）：何らかの認知症を有するが、日常生活は家庭内及び社会的にほぼ自立している

＊ 本事例は、入院当初は混乱から意味不明な発言や幻覚もあったが、すぐに改善し普通会話ができ判断ができるようになった。

【生活歴・家族背景・職業歴】

　Aさんは4人兄弟の末っ子。父は本人が2歳のときに死亡。母が4人の子どもを育てた。次兄が終戦後に死亡。家が貧しいため、兄たちは小さな頃から学校にも行かず働いていたため、本人は兄たちと遊んだことはなかった。ずっと一人で寂しかったという。地元の小学校・中学校を卒業。その後は丁稚奉公で自転車屋に7〜8年間住み込みで働く。その後、実家に帰

ることなく県外に出て7〜8年程いろいろな仕事に就く。20歳前のときに籍を入れようとしていた女性がいたが結婚できなかった。本人が25歳のときに母が死亡。その後、炭鉱の仕事を求めて違う他府県へ。鉱山が閉山となり失業。32歳頃より関東地方で生活。会社の寮に入り建設現場で働いた。入職した会社は安定していないところが多く、経営者が夜逃げをして失業することも何回かあった。10年程前から年齢的に仕事に就くことが難しくなってきたため、偽名を使い、年齢も5歳若く仕事を求めるようになった。左膝の痛みがあり病院にかかったが、健康保険証が作れず医療費は全額自己負担していた。3年ほど前まで会社寮に入り仕事ができていたが解雇。以降、仕事が見つからず住居もなくなったため、蓄えを使いながら友人宅を転々とする生活。その後、いよいよ蓄えも底をつき生活困難となる。「死ぬしかない」と思い、せめて最後に実家の墓参りをと、実家を目指し移動。実家に残る兄と奇跡的に再会できたが、兄の生活も苦しく頼ることはできないと考えた。兄の家を出て、仕事と住まいを求め大都市を目指し移動。途中所持金も尽き歩いて移動。駅や幹線道路で寝るようになる。何も食べず、歩き、ついには動けなくなった。その地で警察官から救急要請され本院に搬送された。

【援助経過】（入院〜生活保護申請、精神的に安定するまで）

（入院2日目）

　主治医より「昨日救急搬送された患者はホームレス状態で歩いて大都市を目指していた途中のようだ。病状的には低体温で貧血もかなりあり精密検査が必要な状態。社会的にも支援が必要だから介入をしてもらいたい」と介入依頼あり。Aさんと面接すると、「殺される、窓から監視されている」と何かに怯えているような発言。不安は何か問うと、「これから先のことが困る」と。所持金を問うと、「30円」と。この間の経緯を問うてみたが混乱しているようで難しかった。結婚歴はなく子どももおらず、親族とは疎遠な関係であることは分かった。入院医療費や生活費の心配があり、生活保

護制度の説明をし申請希望を確認。生活保護を申請した。

（入院3日目）

　病棟看護師に昨晩の様子を聞くと、「一晩経って、入院時と比べ別人のように穏やかになっている。貧血は数値の誤りがあり誤数値だった」とのことであった。Ａさんと面接すると、「すみません。こんなにしてもらって」と昨日のような被害妄想的な言動はない。落ち着いているためこの間の経過、生活歴を聞く。長年会社寮で住み込みで働いてきた。仕事を失うと同時に住居も失ってしまう現状が見えた。また、職に就きやすくするため、偽名を使い、年齢も5歳若く偽ってきたということも話してくれる。福祉事務所のケースワーカーとの面談に同席し、生活保護申請意思を確認、申請手続きをおこなった。Ａさんは今後について、「もし実家の兄が近くで暮らしてもよいと言ってくれるのならばそうしたい」との希望をもっていた。

（入院7日目）

　福祉事務所ケースワーカーより、「兄と連絡がついた。104で知ることができた。兄は支援は難しいが、病院からの連絡はしてもらってよいと言われていた」と。

（入院9日目）

　Ａさんと面接。点滴中だがだいぶ調子がよくなっているようで顔色もよい。兄との関係を聞く。「自分の好きなように生きて兄弟にも迷惑かけてきた。どうしたらよいか」との相談であった。

（入院15日目）

　リハビリも始まりだいぶ動きもよくなっている。「今後はやはり兄の家の近くに住むしかないかなと思う」という。サービス付高齢者向け住宅などのよい場所が実家近くにないか検討し、できれば本人の意向を叶えたいと考えた。

（入院20日目）

　実家近くにある同じ系列の病院MSWに相談の電話を入れた。住宅を案内してくれる公的機関（居住支援協議会や住宅案内センター等）を紹介さ

れた。

（入院21日目）

　実家にある居住支援協議会に相談電話すると協力が得られた。Aさんと面接し、居住支援協議会と相談していることを伝え今後の方向性について確認した。

（入院58日目）

　居住支援協議会の相談員より、「アパート候補が見つかった。家主から兄が保証人になってくれるなら大丈夫です」との連絡があった。Aさんと面談し、兄と一緒に相談してみることを確認した。Aさん同席の元、兄に電話を入れた。兄は80歳代とのことで「今までほとんど連絡を取ってこなかった弟、どこで何をしていたのかわからないが、保証人になれと言われても…」と否定的であった。MSWからはこの間の本人の経緯や本人の兄に対する想い、兄が心配している金銭面は生活保護で対応可能なことなどを説明する。その結果、兄が保証人になることの了解を得た。

（入院63日目）

　Aさんが兄に手紙を書く援助を行い送付。手紙の内容は、改めてこの間の経過と今の支援状況、実家近くのアパートにもし入所ができた後の生活費のこと、そして、本人の兄への言葉であった。Aさんからは、「向こうで住めるようになったら自分でボチボチ生活用品をそろえます。贅沢はできません。これだけ世話になったのだからきちんとしていきたい。お金を貯めて自転車が買えたら兄のところにいって謝りたい」と前向きな発言が出る。

（入院64日目）

　実家近くのアパート入居申請の段取りや生活必需品の用意、生活保護一時扶助申請段取り等具体的な手続きをしていく。

（入院66日目）

　兄より電話連絡あり、「（兄の）娘に相談したら、そんなかわいそうなことをして！と怒られました。同居も考えたいがどうだろうか」との相談であっ

た。兄の意向に感謝を示しつつも、兄との同居では生活保護が支給されないかもしれないことを伝え、本人さんには兄の近くでいろいろな支援を受けながらアパート生活をした方がよいのではないかと提案し兄も理解を示してくれた。

（入院76日目）

　この間、生活必需品の用意もでき、アパート契約も最終段階。福祉事務所ケースワーカーと実家近くのアパート生活からの生活保護引継ぎを確認。福祉事務所同士で生活保護が切れないよう連携を取る。Aさんにアパート契約書を確認してもらった。「兄に電話した。兄からは本当に生活できるのかなど心配していた。でも支援してくれる人がそっちに行ってもいるからと言ったくれたので安心した」とのことであった。

（入院77日目）

　実家近く居住予定のアパート地区担当の地域包括ケアセンターに電話相談。経過を伝え見守り支援を依頼し了解を得た。

（入院86日目）

　退院先アパート近くのクリニックに電話。当院と同じ系列のクリニックがたまたま近くにあったため、退院後の医療的なフォローを依頼し了解を得た。

（入院86日目）

　退院日。新幹線にて実家近くのアパートへ。到着駅からはアパート不動産屋が迎えてくれアパートまで送り届けてくれた。後日、紹介先クリニックの事務長より電話あり、「Aさん、元気にしていますよ。男の料理教室や患者の旅行会にも誘って来てくれています」と近況の報告があった。

【考察】

　Aさんの支援を通して、MSWは以下のことを学ぶことができた。一つは、人は変わることができる存在であること。そのためにはその人のあるがままを受け入れる努力と姿勢が必要であること。二つ目に、社会関係から離れ孤立することがいかに人間的でないかということを痛感したことである。

現代は孤立を防ぐ機能が弱い現実を感じざるを得ない。三つ目に、社会福祉という共通の基盤を持った者同士の連携である。今回は県外で住居を探し、そこに生活基盤を整える支援が必要であった。困難が予想されたが、さまざまな機関とのつながりで本人の希望が実現できた。関係者一同、Aさんの再出発を応援したいという共通の想いがあった。それは支援者側の熱意と冷静さとも関連していると感じた。

2　集団援助の実際

1　当事者団体・患者会への支援

　医療ソーシャルワーカーによるグループワークやソーシャルアクションとして位置付けられるものの中に、患者会や障害者団体への関わりや対応がある。ここではその代表的なものの1つとして透析患者に対するMSWの援助をとりあげる。
　腎不全患者に対する透析療法は基本的には通院治療が終生必要である。1週間に2〜3回、1回につき3〜4時間必要である。透析にともなうさまざまな治療や看護に加え、高齢化や重複する障害や病状が不安定なことなどにより、通院や更衣や食事、排泄、入浴などに介護を必要とする透析患者が増加している。透析患者数31万4180人（日本透析医学会、2013年末現況発表）

(1)　透析患者と患者会の歴史
　1960年代の 1954年頃の高度経済成長が始まって約10年たったころから、日本では各種の公害被害者の運動が広がり、疾病別の難病患者会が作られていった。こうした動向の中、透析患者は各地に患者会を作り、1971年「全

国腎臓病患者連絡協議会」（のち「全国腎臓病協議会」（略称・全腎協））を結成して活動を開始した。そして翌年、「金の切れ目は命の切れ目」といわれた高額の透析医療費に対して、身体障害者福祉法の更生医療が適用された。以降今日まで、自らの命をささえる患者会活動が続いている。（表1「社会保障の主な動向と透析医療と患者会活動の歴史」参照）全腎協の会員数は9万1,512人（2014年4月1日）で47都道府県組織、2,193病院単位患者会、308地域腎友会を要する。（表6-1参照）

「全国腎臓病協議会」

事業目的	① 腎臓病の予防、および治療に関する知識の普及と啓発事業
	② 腎臓病患者の自立を支援する事業
	③ 腎臓病に関する調査研究と政策提言
	④ 広報誌の発行
	⑤ その他、目的を達成するために必要な事業
主な事業内容	① 腎不全を語るつどい、講演会の開催
	② 通院介護支援事業
	③ 無料電話相談、相談会
	④ 実態調査
	⑤ 腎臓移植啓発キャンペーン活動
	⑥ 各種研究会の主催
	⑦ 研修会の開催
	⑧ 会報（隔月）、ブックレットの発行
関係団体	① （社）日本臓器移植ネットワークに加盟
	② 日本難病・疾病団体協議会（JPA）に加盟
	③ 日本障害者協議会（JD）に加盟
	④ 障害年金改正をすすめる会に加盟

（2）　結成当時の医療ソーシャルワーカーの関わり

　病院内の透析友の会や全腎協結成当時の様子は患者会リーダーの一人、元全腎協会長の前田こう一著「難病の海に虹の橋を　立ちあがる人工腎透析者・難病者たち」労働経済社　1982年にくわしく書かれている。記述のなかにこのような描写がある。

「……あの透析友の会結成の頃のことを、私は翌年の「病院報」に"地獄からよみがえった者たちの運動"と題する一文に書いた。

　……当時、私たちはみな入院していた。消灯後の暗いベッドで、私たちは白い天井を
みながら、それぞれの置かれている共通の状況について語り合った。（中略）
「……幾日も語り合ったのち、ともかく私たちは「前にすすもう」という結論に達した。困難だが、何もしないで死をまつよりは「閉ざされた社会」の扉を、思い切りたたいてみよう」（中略）
「……しかしながら、当病院だけの、それも八名ばかりの半死半生の透析患者だけでは、私たちが直面している諸問題の大きさからいってどうにもなるものではなかった。〈何から始むべきか〉。とにかく私たちは友の会を結成して、まず京都市内の各病院の透析患者に訴えてみようということになった。
　ちょうど、私たちが動き始めた前年の六月頃に、東京で全腎協を結成する動きがあらわれ、マスコミもまた透析患者の問題をとりあげはじめ、社会的にも難病問題が大きくクローズアップされはじめた。水俣病や四日市喘息、森永ヒ素ミルク中毒など、公害病認定患者のたたかいも一定の全国的昂揚期を迎えようとしていた。スミン、ベーチェット病などあらゆる難病患者が声をあげはじめていた……」

　当時、前田氏は相談室で医療ソーシャルワーカーに自身の苦しい胸の内や、病院内友の会の活動を経て、京腎協、全腎協に結集していく活動に対する熱き思いを何度も語っている。

そこに患者の話をこころ暖かく正確に聴き、患者会活動の大切さを語り合い、理解しあう、医療ソーシャルワーカーの姿があった。その基本的姿勢として「一人一人の問題を大切にし、徹底的にとりくむ」ことの大切さを患者会と医療ソーシャルワーカーの双方で確認しあっていった。

　また個々の患者と透析友の会との関わりは次のような患者のことばにも現されている。
　患者Ａ氏は、医療ソーシャルワーカーに自身の今後の社会生活について相談するなかで次のように語り、後日、透析友の会の機関誌にも以下のように書いている。

「この病院に来て透析治療により、一命が助かりました。しかし、私には半身マヒが残っています。毎日毎日、体の自由がきかず、死にたい、『神も仏もない』と言って愚痴ばかりこぼし、半身マヒの体ではどうしようもないとヤケになっていた私ですが……（中略）」
「私はこの頃、透析友の会の人たちとよくつきあうようになりました。以前、自殺したいなんて考えていたとき、叱ったり、なぐさめたりしてくれたのは透析友の会の人でした。
病院では他に将棋をしたり、道路で歩行訓練するときについていってもらったり、昨年末ぐらいからは友の会が主催している食事会にも出ていますし、他の病院との懇談会やハイキングにも一緒に行ってきました。それから腎不全対策費に対する署名集めや、行政との話合いにも行ってみたんです。今から思うと透析友の会の人たちをみて、半身マヒでも何とかぼつぼつ仕事を身につけて、社会復帰しようという気持ちをもったいまの私がうまれたのかなあ、とも思うんです」

　ここで医療ソーシャルワーカーは一人一人の患者の個別相談以外にも次のようなことに関わり対応している。

① 個別相談対応のなかで、必要に応じて透析友の会や（地方）腎協や全腎協の紹介もする。

② 友の会学習会の企画や講師などとしての参加。

③ 役員との定期的話し合いや、必要に応じて役員会への参加。

④ 食事会・レクレーション・総会などへの参加や企画など。

⑤ 病院全体の患者相談窓口として、双方の意向を正しく理解し、必要に応じて直接の話し合いの設定・調整をする。

（3）　医療ソーシャルワーカーによる各種の関わり

①「腎臓病患者の社会保障ガイドブック」

　全腎協が「腎臓病患者の社会保障ガイドブック」を発行しているが、その執筆・編集を担当しているのが「透析ソーシャルワーク研究会」の医療ソーシャルワーカーたちである。ガイドブックは以下のように発行されている。

　　1979年4月　初版発行

　　1987年3月　第2版第1刷発行（改定版）

　　1997年7月　3訂版発行

　　2002年3月　2001年度版発行

　　2007年9月　2007年度版発行

　2007年版についていえばA4版で300ページほどに及び、患者会だけでなくMSWやケアマネジャーなど、社会保障に関する個別相談専門員にとっても活用できる内容になっている。近年、社会保障制度が特に医療保障や福祉保障の領域で激変・変貌するなかで、正確な具体的な社会保障情報を膨大に集め、各種の制度を実際に活用する患者の立場に立って細やかに解説している。

　目次の[章]だけを追ってみても内容は以下のようになっている。

　医療保険・介護保険・年金保険・雇用保険・身体障害者福祉法・障害者自立支援法・透析者の医療費・身体障害者が利用できる主な福祉制度・身体障害者の就職を促進する制度・在宅生活を支える制度・施設の利用・

表6-1　社会保障の主な動向と透析医療と患者会活動の歴史

1967年	・透析医療へ医療保険適用
1970年	・(12月) 全国透析台数666台、全国透析患者数949人
	・(6月)「全国腎臓病患者連絡協議会（全腎協）」結成
1971年	○結成大会（東京にて約300人の患者出席）の決議
	(1) 透析医療のための費用を全額国庫負担に！
	(2) 透析患者は身体障害者として認定を！
	(3) 透析を必要とする患者数に見合った人口腎臓増設を！
	全国各地に腎センターを！
	(4) 長期療養患者の治療費などを国・自治体は保障を！
1972年	・身体障害者福祉法改正　腎機能障害者も内部障害者で認定
	透析医療に更正医療、育成医療適用
	・国による人口腎臓整備5か年計画の実施
1973年	・入院腎疾患患者治療費公費負担の実施
	・高額療養費支給制度
1974年	・学校検尿の実施
1977年	・全国初の腎バンク発足
1978年	・腎移植に医療保険適用
1983年	・「老人保健法」実施
1984年	・「健康保険法」改定実施　保健本人1割自己負担の導入等
	特定疾病療養費支給制度（高額療養費支給制度の特例）で透析患者と血友病
	患者の医療費自己負担は月額1万円に
1986年	・「国民年金法等」改定・厚生省が「腎移植推進月間」設定
	・「老人保健法」改定（老人保健施設創設）患者負担大幅増
1989年	・「高齢者保健福祉推進10カ年戦略（ゴールドプラン）」発表
1990年	・「老人福祉法等福祉関係8法」改定
	・JR、航空運賃などの身体障害者割引に内部障害者が適応
1992年	・「医療法（第二次改定）」成立（療養型病床群の新設など）
1994年	・有料道路の身体障害者に割引に内部障害者が適応
1996年	・社団法人設立「全国腎臓病協議会（全腎協）」に名称変更
1997年	・「介護保険法」公布（実施は2000年4月から）
1998年	・全腎協1,920病院単位患者会、会員数92,000人
2000年	・「介護保険法」実施
2006年	・「障害者自立支援法」実施
2013年	・「障害者総合支援法」施行

（出所）著者作成

生活保護・高齢者が利用できる制度・自治体単独の事業

② 要介護実態調査

　透析ソーシャルワーク研究会では1990年から会員所属の医療機関で、要介護透析患者実態調査を続けている。MSWは、日々の個別相談対応のなかで、透析患者の要介護問題がますます深刻になり、増大していることに直面。客観的データにもとづく問題の分析と社会的発言がますます必要になっていると考えた。

　この調査結果とその分析は、2004年6月の第49回日本透析医学会で発表された。次の3題の口演である。①透析者の要介護実態の全体像、②入院の要介護透析者の現状と課題、③通院の要介護透析者の現状と課題。以後、調査研究活動を継続している。

③ 要介護透析患者をめぐる社会的問題への発言　学会発表

　上記以外にも多くの社会的発言、学会発表などが行われている。以下に透析患者のその代表的な社会的問題、社会的不安の骨子をまとめておく。

介護透析患者の社会的不安

　透析患者の高齢化[※]と、糖尿病性腎症からの腎不全患者の増加※※などにより、介護を必要としている透析患者が急増している。介護が必要な透析患者は図のように身体的不安の特性に加えて、福祉や医療の問題が重複した社会保障領域の不安に直面している。

※ 日本透析医学会の2013年末の統計では、全透析患者の平均年齢は67.2歳、60歳以上は75％にのぼっている。

※ 上記と同じ統計のなかで、腎硬化症が最も平均年齢が高く74.6歳となっている。

※ 透析導入患者の主要原疾患は、糖尿病性腎症が43.8％と半数近くを占めている。

④ 社会保障制度上の問題

a. 透析患者は「介護老人保健施設」へほとんど入所できない。介護老人保健施設では定額の介護サービス費のため、透析はもちろんできず、検査や投薬の制限の問題があり、合併症治療もほとんどできない。介護老人保健施設入所者が施設から通院して透析を受ける場合、透析医療

は、診療報酬上の制限により保険請求ができない医療費がある。介護老人保健施設から透析を受ける病院への通院に、介護保険による通院送迎サービスの制度が利用できない。

b. 透析患者は「介護老人福祉施設（特養）」へほとんど入所できない。現状の利用者当たりの医師と看護師の人員体制では、透析患者の入所に不安があると入所ができない。多くの入所待機者がいる施設不足の現状では、透析患者の入所は、さらに困難である。介護老人福祉施設（特養）から、透析を受ける病院への通院に、介護保険による通院送迎サービスの制度が利用できない。

c. ごくわずかな人が入所できたとしても、入所後の居住費・食事の自己負担の問題も大きい。介護保険の施設サービス費用の1割負担に加え、この費用はさらに別に支払う必要がある。基礎年金の額を超えている実例もすくなくない。（低所得者減免有）

d. 医療機関の機能分化と、平均在院日数の短縮化が推し進められている。その中で、一生涯"透析という医療"が必要で、そのうえ種々の合併症を生じやすいという、透析患者の特性にみあった医療提供体制がない。

e. また入院・入所については、2006年に決まった医療制度改革で、療養病床の大幅な削減が推し進められようとしている。現状でも不十分な社会保障制度上の体制のなかで、ますます矛盾が深まり、社会的問題が大きくなっている。

⑤ 電話相談

　機関誌「ぜんじんきょう」に毎回、腎臓病患者のための「無料電話相談」の案内がでている。フリーダイヤルによる専門家（MSW，栄養士）による月例電話相談である。

　この生活・福祉相談を担当して、多くのMSWが協力している。

⑥ 本の出版など

MSWにより、多くの本も出版されている。

近年のものをあげておくと、以下のようなものがある。

　・「実践的　医療ソーシャルワーク論」2004年
　　　監修　ＮＰＯ法人日本医療ソーシャルワーク研究会
　　　編集　荒川義子　村上須賀子　金原出版株式会社
　・「医療ソーシャルワーカー新時代　地域医療と国家資格」2005年
　　　京極高宣　村上須賀子　編著　勁草書房
　・「医療ソーシャルワーカーのための社会保障論
　　　こころとからだと社会保障」2007年　木原和美　勁草書房

　このようにMSWは今や多様な領域に挑戦しているが、この活動で大切なことは、患者や障害者の生存権をまもる社会保障という視点を持つことである。

[参考文献]
1) 前田こう一（1982）『難病の海に虹の橋を　立ちあがる人工腎透析者・難病者たち』労働経済社
2) 松井二郎（1977）『難病と社会福祉』編集・発行　北海道難病団体連絡協議会
3) 大谷藤郎（1993）『現代のスティグマ』勁草書房
4) 厚生労働省（2003）「医療提供体制の改革に関する検討チーム」まとめ
　　『医療提供体制の改革のビジョン案』について
5) 社団法人全国腎臓病協議会（2005）『ぜんじんきょう』Ｎｏ．207
6) 透析ソーシャルワーク研究会（2005）『要介護透析患者実態調査検討部会　報告書』
7) 戸津崎茂雄（1995）「透析患者の通院について」『京都南病院医学雑誌』第14号
8) 木原和美（2007）『医療ソーシャルワーカーのための社会保障論』勁草書房

2　認知症高齢者に対する援助

　グループワークはソーシャルワークの一方法としての小集団活動理論である。小集団のもっている社会的重要性と、それが同時に個人の成長－ことに社会生活上の問題解決の能力を高めるのに有力な働きをするという考え方である。そして、各種グループを援助して、グループの相互作用（group interaction）とプログラム活動（program activities）によって、個人の成長と望ましい社会的諸目標が達成できるようにつとめることである。[1]

医療機関におけるグループワークではMSWの意図的な関わりが不可欠でありソーシャルワークのスキルが求められる。グループワークは認知症高齢者だけでなく患者会の活動などさまざまな領域において活用できる方法でMSWが専門性を発揮できる領域である。[2]

近年、平均在院日数の減少により、MSWが入院中の患者を対象としたグループワークを実施することが困難になりつつある。しかし地域包括ケアシステムが整備され始めており、施設でのデイサービスやデイケア、地域での認知症カフェ、サービス付き高齢者住宅の地域交流スペースなどでの実施が期待できる。地域包括ケアは高齢者が住み慣れた地域で可能な限り最期まで生活することを支える仕組みである。グループワークは認知症高齢者への継続的な援助方法として適しており地域での活用が望まれる。

（1）　グループワークの活用
① グループワークとグループ活動

グループワークでは、ソーシャルワーカー（以後、ワーカー）の意図的な関わりによって対人交流や集団の相互作用など、さまざまなグループの力動が集団の中にいる個人に影響を与える。活動の目的が単なる余暇時間の楽しみであるものをグループ活動、ワーカーの意図的な働きかけがあって仲間関係から得られるさまざまな目的をもつのがグループワークである。しかし、この両者に優劣をつけるものではない。利用者の状況や必要に応じて活用できる。[3]福祉現場においてはグループ活動の中で状況に応じてソーシャルワーカーの意図的な関わりがなされており、グループワークとグループ活動の相違については実際的な場面では厳密に区別されていないことも多い。グループワークはお互いの顔と名前が一致する位の小集団においてさまざまなプログラム活動を活用し、グループに参加するメンバーが抱えている困難の緩和をはかりメンバー個人の成長や変容に働きかける。

② 認知症高齢者に対するグループワークの意義

　認知症高齢者は重度の障害のため慣れ親しんだ生活や仕事、その他の社会生活がもたらしてくれた満足感が得られにくくなっていることも多いが、グループワークに参加することによって有用感や満足感が得られる機会となる。また、有意義な時間を過ごすこと、少しでも社会性を維持すること等さまざまな意義がある。有意義という言葉の意味は、有り余った時間を自分では活用できないために不安を持っている認知症高齢者が対人交流を深めることによって支えられているという感覚をもつことを指す[4]。グループの場で、参加している者同士が「喜怒哀楽を共有する[5]」ともいえる。そのために、現実認識を深めるグループやメンバー同士の友情を進展させたり、社会化を促進するうえで有効である回想を促すグループ、なじみの作業を取り入れたグループ、音楽、レクリエーションなど多種多様なグループワークがある。グループワークによって認知症高齢者の持っている力が見出されたり、新たな能力の開花が促されることもあり、家族や介護職員など周囲の高齢者観や介護観を変えることにつながる。「何も出来ない人」というマイナスイメージからプラスイメージへと改善されることが介護の質を向上させる。

(2)　グループワークの構造

　グループワークの構造は基本的には援助の手段となる援助媒体とプロセスとしての援助過程によって構成されている。援助媒体とは援助の道具と呼ばれるもので、グループワークに参加するメンバーが目標達成のために活用する手段である。①ソーシャルワーク関係、②仲間関係、③プログラム活動、④社会資源から成り立っている。認知症高齢者のグループワークを例示しながら、その構造を解説する。

① 援助媒体

a. ソーシャルワーク関係

　ソーシャルワーク関係とは、さまざまな困難を抱え援助を必要としてい

る人と援助に携る専門職との仕事上の人間関係である。個人的な関係ではないので援助者に求められる専門性の重要な要素であり、真に対等な立場で援助を行うための基本ともいえる。グループワーク関係とも呼び「ワーカーとメンバー間の意図的で理解に基づいた暖かい専門的援助関係」[6]をいう。グループワークではワーカーとグループ全体、ワーカーとメンバーというように援助対象が二つある二重構造になっている。

　そのような関係を通してグループ参加の目標を達成していく。援助においては集団の中の個人に焦点をあてて働きかけることが重要で対人交流を結ぶ能力が衰えている認知症高齢者には、メンバーとメンバーを結ぶワーカーの意図的な働きかけが不可欠である。認知症高齢者にとって最も精神的安定が得られやすいといわれているなじみの関係を大切に、強制、命令、指示のない自由な雰囲気の中で出来る限り受容し、肯定的に励まし、人間としての尊厳を保つことができるよう配慮し援助することが重要である。

b. 仲間関係

　仲間関係とは、グループにおけるメンバーの相互作用を通して作られるメンバー同士の関係をいう。援助者はワーカーだけではなくメンバーが援助者となることがある。専門的援助者との関係よりも仲間の援助は大きく、共感できる者同士が支え合う。認知症高齢者の場合、音楽やレクリエーションのグループでは、歌ったり手拍子を打つメンバーがいると同じように手拍子を打ったり、足でリズムをとったり、身体や首を振るなどで応えるメンバーが現れる。ひとりのメンバーの行動が他のメンバーに影響を与え相互交流がすすむ。このような時、ワーカーはともに手拍子を打ってその行動に同調し励ましたり、グループの雰囲気を盛り上げメンバー間の相互作用を促進するようにはたらきかける。作業グループでもメンバー間の話題をつないだり、メンバー同士が手助けするなど相互援助ができるよう配慮する。このようにグループワークではメンバーを結ぶワーカーの意図的援助が不可欠である。

　なお現在の高齢者にとって、戦争体験は忘れることができない体験であ

り、認知症があってもその記憶は鮮明である。空襲や戦災、被爆という過酷で特別な体験や思い出の共有によって、互いの話に共感し支え合う。筆者の経験では、ひとりのメンバーが中国からの引き上げの体験を語ると、メンバー全員が涙しながら聴き入った。そして朝鮮半島から夫を頼って日本にきたメンバーが体験を語り始め、最後にメンバー全員で朝鮮民謡の「アリラン」を歌ったことがあった。同じ戦争の時代を生きてきた者同士の仲間意識が生まれた場面であった。高齢者の多くは戦争の被害者であり、被爆者同様に激甚な被害や惨状を目撃したことによるPTSDが今も継続している。こころの被害は身体被害と同様に扱われるべき被害でありながら、その対策はとられることがなかった。悲惨な体験を聴くことがケアにつながる事が指摘されており、グループワーク の場がケアの機会となる。戦争を体験した高齢者には、その機会をより多くもつ必要がある。

c. プログラム活動

　プログラム活動とは、広義にはグループの目標に添ったプログラム素材を活用しグループ活動として展開するために計画し、実行し、評価する全過程をいう。狭義には、プログラム素材そのものを意味する。文芸、レクリエーション、社会体験、日常生活動作に関わるもの、手作業や手遊び等々である。このような多種多様なプログラム活動を用意し、メンバーやグループの目標に沿ってメンバーとともに計画していくことが望まれる。しかし認知症高齢者の場合、共に計画することは困難なので、事前に家族や関係者からそれまでの生活、仕事、趣味などの情報を得ておき、ワーカーがそれぞれにふさわしいプログラム活動を計画することになる。

　その際、メンバーの障害の程度も違うこと、また障害があってもひとりひとり異なった存在であることを理解しておくことが必要である。これまでの人生での経験や興味などを生活史から把握し、それぞれにふさわしいプログラム活動を提供することが重要である。また、昔から本人がなじんできたものが大切で、歌、踊り、ゲームなども幼稚な遊びにならないよう、昔の生活や労働経験に結びついたものを取り入れる。さらに季節の変化が

感じられるように、行事などを積極的に取り入れることも有効である。また、認知症高齢者は時間経過の認識が困難であり前回に行ったことを覚えていないので、連続性のあるプログラム活動より一回完結型でメンバーのニーズに添ったプログラム活動が望ましい。例えば、俳句や短歌を素材にした文芸的なプログラム活動や歌や踊り、ゲームなど様々なプログラム活動を工夫することが出来る。

　次に紹介するプログラム活動は（表6-2参照）、メンバーが椅子や車いすに座ったまま出来るものであるが、上半身の運動だけでなくメンバーが楽しめるようゲーム感覚も取り入れている。また、集団で盛り上がり楽しむことが出来るように工夫している。参加したメンバーのニーズに合わせて取り入れる音楽や内容を自由に変えて取り組むことも可能である。紙面の関係でプログラム活動の一部を紹介したが、昔の生活と労働をヒントにすると多様なプログラム活動を創意工夫することができる。MSWとして、スタッフやボランティアと共にメンバーのニーズに添ったプログラム活動を考案することは楽しい仕事である。（表6-3参照）

表6-2　プログラム活動の種類

	種類	内　容	備　考
運動	体操	歌体操・ラジオ体操	座位でも実施可能
	踊り	民謡踊り・フォークダンス・ワルツ・マンボ・ロック等々	若い人向きのロック調の踊りも自由に踊ることが出来るので好まれる。
ゲーム	ゲーム	タオル送りやボール送り競争	座位でも実施可能 雰囲気を盛り上げるために励ますことが重要。
芸術	文芸	俳句・短歌・詩・散文	五七五等の韻文にとらわれないで自由な創作を促す
	歌	小学唱歌・童謡・民謡・歌謡曲・詩吟	小学唱歌や童謡が好まれる
	読み語り	絵本・紙芝居・児童書・文学書	地域ボランティアの協力を得る。
	絵画	描画・ちぎり絵・塗り絵・絵手紙	クレヨンや色鉛筆を使用する。はさみの使用が困難であればちぎる。
作業	手作業	色紙での輪作り・タオルでてるてる坊主作り・おしぼりたたみ	昔行っていた家事労働を回想する機会とする。
会話	茶話会	煎茶や抹茶を点てる 世間話や昔話を語り合う	ワーカーがメンバーの話題をつなぐことが重要。
戸外	散歩 遠足	近隣の神社・仏閣への参拝 川辺・海辺等自然の中へ	弁当は病院や施設の栄養士・調理師の協力を得る。同行はボランティアの協力を得る
その他	季節の行事	花見・節句・七夕・盆踊り・月見・クリスマス会・正月	病院や施設の園庭等を活用する。四季の変化を感じることが出来るように各種行事を実施する。

＊以上のプログラム活動は一例であるが、認知症高齢者だけでなく広く高齢者一般に応用することができる。文芸のグループワークについては『認知症高齢者のグループワーク　～医療ソーシャルワーカーの実践～』(高菅出版、2008年)に詩歌集が収録されている。

表6-3　プログラム活動の例

題名　毛糸繰り	準備するもの　椅子・車椅子

実施方法　椅子や車椅子に座ったままで「子どもにこうやって毛糸を持ってもらっていましたね」「お母さんはこうして毛糸をクルクル巻いていきましたね」等々、やり方を思い出せるような言葉をかけながら、両手で毛糸をクルクルと巻く動作をしたり、両手を大きく広げて左右に振るなどして上半身を動かす。運動の要素も取り入れる。

援助の留意点　女性の参加者は無理なく実施することが出来るプログラム活動である。実施しないメンバー（男性に見受けられることがある）が存在しても無理強いしない。子ども達のために編んだセーターや手袋などを思い出せるよう援助し、メンバー同士が子育ての時代を思い出し共有できることが望ましい。

毛糸繰り

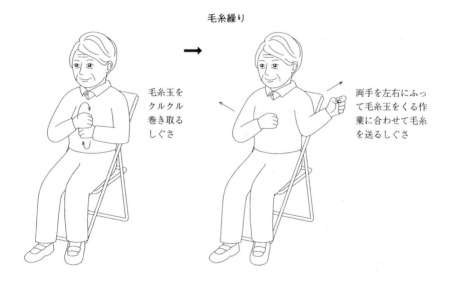

毛糸玉を
クルクル
巻き取る
しぐさ

両手を左右にふって毛糸玉をくる作業に合わせて毛糸を送るしぐさ

表・絵（筆者作成）

題名　温泉に行こう	準備するもの　椅子・車椅子・　紅白のタオル2本・「いい湯だな」のCD

実施方法　「いい湯だな」の曲を流しておく。紅白のチームに分かれて、向き合って椅子に座る。「いい湯だな」と歌いながら、首にタオルをかけてゴシゴシこする仕草をする。次にタオルを首にかけたまま両手でトントン（声を出して）と手拍子を打ち、横のメンバーにタオルを渡していく。先にタオルが最後の人に渡ったチームが勝ち。

援助の留意点　首にタオルをかけずに手や足をこする仕草をするメンバーもいるが、その人なりのやり方を見守る。やり方が理解できず、立ち上がったり歩き出すメンバーも制止したりやり方の強要をしない。ワーカーがさりげなく次のメンバーにタオルを渡すなどつないですすめる。いかにワーカーが雰囲気を盛り上げるかがポイントである。勝敗を争うゲーム的なプログラム活動は認知症高齢者には不向きといわれることもあるが、出来ないメンバーに恥をかかないよう配慮し集団でその場を盛り上げることができれば楽しむことができる。

＊いい湯だな：作詞は永六輔、作曲はいずみたく。デュークエイセスやザ・ドリフターズが歌ってヒットした楽曲で日本各地の温泉を歌っている。

温泉に行こう

紅白に分れて行うゲーム

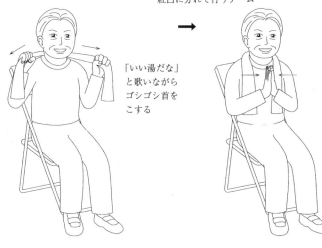

「いい湯だな」と歌いながらゴシゴシ首をこする

次にパンパンと手をたたいて次の人にタオルを送っていく

題名　つるべ汲み	準備するもの　椅子・車椅子

実施方法　立位が取れるメンバーは立って、椅子や車椅子に座った人はそのままで、井戸のつるべで水を汲む格好をして両手を上下する。桶をひっくり返す動作などを取り入れて両手や上半身の運動を行う。

援助の留意点　「重いつるべを汲み上げましたね」「夏は井戸の水が冷たくておいしかったですね」「井戸の中にはスイカや瓜などを入れて冷やしていましたね」など、昔の生活や労働を思い起こすような声かけをする。メンバーから思い出話が出ればメンバー全員で共有する。

つるべ汲み

つるべをくみ上げる動作
（上下に両手を交互に大きく伸ばす）

桶をひっくり返すしぐさ
（両手を交差する）

題名　肩たたき	準備するもの　椅子・車椅子

実施方法　椅子に座って、歌をうたいながら肩たたきをする。左右の方を左から右へ4回、4回、2回、2回、1回、1回とリズムをつけてたたき、最後にパチンと手拍子を1回打つ。これを繰り返す。スキンシップにもなってグループがなごやかな雰囲気になる。

援助の留意点　椅子や車椅子に座ったままで、左右や回数を間違えても指摘しないで見守る。立って行うメンバーや歩き出すメンバーも制止しないで危険がないように見守る。歌うだけ、その場にいるだけでもグループワークに参加しているととらえる。やり方の強要をせず、ワーカーがやり方を見せながら楽しく活動する。

＊ 古くから歌われた「隣組」の歌は一定のリズムがあって合わせやすいが、高齢者であれば

誰もがよく知っている歌を活用する。

*「昔の生活と労働をヒントにしたプログラム活動」は、メンバーと同世代のボランティアの
　発案を元に構成したものである。メンバーと年齢が近いボランティアは同じ時代を生きた
　生活者として共通することが多く、活動に示唆を得ることができる貴重な存在である。

d. 社会資源

　社会資源とはメンバーやグループの目標を達成するために活用される制度、サービス、人、組織などあらゆる資源の総称である。人的資源としては、ワーカーや病院、施設の職員だけでなく、地域のボランティアなど多くの人々が重要な社会資源である。音楽のグループではピアノ演奏のボランティア、文芸では地域の俳句指導者、昔話のグループには語り部のボランティアなどである。地域には、専門的知識や技術などを持った人達が大勢いる。ワーカーは常にそのような地域の情報を把握して、人的ネットワークを大切にしておくことが求められる。

　また、認知症があってもピアノなど楽器演奏ができる高齢者自身の力に注目し、グループの中で自己表現の機会を提供することも有効である。ワーカーがピアノを弾いたり詩作が趣味であるという特技を持っていれば、それらを活用することも可能である。

　筆者の経験ではグループワークの途中で失禁する人が出たり、徘徊する人に対応するなど、グループワークの運営に責任を持つ立場のワーカーは、自分自身の特技を活用することは困難であった。しかしスタッフの協力や徘徊を見守るボランティアの協力を得るなど、何らかの工夫を行うことでワーカーの特技を生かすことも可能である。

② 援助過程

　援助過程とはグループワークの進行過程をいい、通常以下の過程を進行する。①準備期、②開始期、③作業期、④終結・移行期と進む。この過程は支障なく終了に向かう場合もあるが、再び繰り返す事もある。グループのセッションの中でも、また長く継続するグループの過程でもこれらの

進行過程をたどることが多くなる。しかしメンバーの状態によっては、終了に至らず途中で他の機関へ紹介する場合もある。

a. 準備期

準備期は、ワーカーがメンバーそれぞれの病状や身体の状態、生活史、労働歴、趣味、家族状況などを把握し、どのようなプログラム活動に参加できるのかを判断しておくことが必要である。個人に関わる情報の保護に留意しながら、家族の了承などを得てグループワークに必要な情報を入手しておくことが必要である。

例えば、昔から歌うことや踊ることが好きだったという人は、歌や踊りなどのレクリエーショングループに、文章を書くことが好きな人には文芸グループに参加してもらうというように、その人にふさわしいプログラム活動を選択することが大切である。情報収集については、家族や介護職員、看護職員からも情報を得ておき、援助についての意思統一をおこなっておくことが必要である。グループワークを実践している時にメンバーにどのように声かけをすればよいのか、どのような話題を提供すればよいのかの参考になるからである。またグループ場面におけるメンバーの言動の意味を理解する上で役立つことが多い。

b. 開始期

長い入院生活などの場合、病院の環境を少しでも社会生活に近い状況に整えることが望ましい。生活の場である福祉施設では、利用者は普段着で過ごしているが、病院では病衣を着用していることが多い。グループワークでは患者も出来るだけ普段着に着替えて参加することが望ましい。着替えや移動を援助する職員は、これからグループワークの場に移動することを伝えながら介助する。メンバーが参加を嫌がる場合は強制しないこと、拒否を尊重するのは原則である。しかし、これまでの経験で何か嫌なことを覚えているなどはっきりした拒否の理由がない場合は、しばらく時間をおいて誘うなどの工夫が必要である。また、スタッフは移動には時間をかけてゆっくり同行することが重要である。慌ただしい移動は歩行障害もあ

る高齢者には危険を伴うだけでなく、これからどこへ行くのかわからない認知症高齢者は不安感を高めることになる。開始時には、ワーカーやスタッフが「いらっしゃい」「お元気でしたか」「お久しぶりです」等々、一人ひとりを歓迎している言葉かけをおこなう。メンバーの場所は、隣に座る人とのなじみの関係を大切にし、いつもと同じ座席に案内することを心がける。

c. 作業期

　メンバー全員が揃ったら、一人ひとり名前を呼び自分が誰であるのかの認識を持てるようにする。自分の名前を忘れている人も多いので、その場で「わからない」ということを本人が言わなくてもすむように配慮する。名前を忘れても文字を覚えている場合もあり、文字を見て自分の名前を思い出すことが出来るので、「○○さんですね」と名札を見せ確認するなどの方法を取り入れてもよい。　そして、今日は何月何日で何曜日かということを伝え、少しでも現実認識を深められるように援助する。また、どのようなプログラム活動においてもメンバーの出番をつくって自己表現の機会を提供する。途中で立ち上がったり、徘徊するメンバーが出ても危険がなければそのまま見守り、徘徊しているメンバーにも時々声をかけながら進行する。ワーカーからの話しかけは一方的にならないようにメンバーの反応を見ながら会話をすすめる。全く意味不明な応答をしていてもその話題で会話がすすむならそのまますすめる。グループワークの時間を楽しく安心して過ごしてもらうために、スタッフは最初から最後まで優しく明るい雰囲気で接する。

d. 終結・移行期

　終結期には「そろそろ終わりの時間が近づいてきました」と声をかけ、心の準備をしてもらう。そして、「おつかれさまでした」「ありがとうございました」と感謝の気持ちを伝え、次に集まるのが何月何日で何曜日かを伝える。そして迎えが来ることを知らせ、「これからお茶の時間ですね」と次の出来事につなぐ。

　病院では、メンバーの退院や転院、死亡が、また施設でも退所、死亡

などがグループワーク終結の要因となる。たとえ症状が改善し退院しても、在宅でデイサービスやデイケアなどに参加することによってグループワークを続けることが望ましく、継続して参加出来るように援助することが重要である。

　ところで、グループワーク参加の効果があったかどうかを評価することは、終結期だけでなく終結までの過程においてもおこなわれる必要がある。活動が長く続く施設の場合は特に重要である。評価はメンバーの状態の評価だけでなく、プログラム活動がメンバーにふさわしいものであったのか、援助内容や援助方法が適切であったのかなどの評価をおこなうことが重要である。認知症高齢者にとってのなじみのプログラム活動が、ともすればワーカーや他の職員にはマンネリ化の原因になりやすいからである。グループワークを新鮮な取り組みとするために、スタッフは定期的な会合を持ち病気や障害についての学習を深めるなど常に研鑽することが求められる。さらに個々のメンバーの事例検討をおこないグループワークの有効性やメンバーの変容などの評価を検討することも重要な課題である。

(3) ワーカーの役割

　グループワークにおけるワーカーの役割としては、メンバーが一定の目標に向かって課題達成できるよう側面援助する役割がある。さらにメンバーの目的に添った望ましい変化を起こさせる役割もある。そのような変化に向けてメンバーに働きかけるだけでなく、環境や制度へのアプローチも必要で目的達成に積極的に介入する。そして、メンバー同士の相互作用、相互援助を行う役割とメンバーのニーズと社会資源を結びつける役割もある。

　またメンバーの権利擁護に努め代弁、擁護する役割がある。ワーカーが代わってメンバーを弁護するだけでなく、発言の機会を保障するなど、メンバーが自己弁護し主張できるよう援助する役割も含めている。さらに、ワーカーはメンバーとグループの目標達成、問題解決のために側面的に援助することで共にグループに参加して同じように考え行動できる人でもあ

る。ワーカーは専門知識と技術をもってグループに参加し、メンバーと力を合わせ共に働く。従って、グループワークの過程はメンバーとワーカーの協働作業の過程といえる。ワーカーもメンバーと共に働き、共に経験し、共に学びながら共に成長する。

　以上、ワーカーの本来の役割に加え認知症高齢者のグループワークにおいては以下の役割がある。

① 認知症高齢者のグループワークにおけるワーカーの役割

a. メンバーの精神的安定が得られるよう、またその人らしい生活を援助する側面的役割がある。そのためには、出来るだけメンバーの生活史を把握し、その人らしい生き方や生活の仕方を送ることができるよう援助する。

b. メンバーの精神的安定や行動の変容に対してあきらめずに関わる。メンバーひとり一人の存在に価値をおき、ひとり一人にふさわしいプログラム活動を提供して働きかける行為そのものが人権を尊重することにつながる。

c. ボランティアなど地域の人々の協力を得るために、地域的なネットワークを持つことが求められる。

d. ワーカーは人間の老いや死に対する基本的視点を持つこと、今、この時を認知症高齢者と共に生きていることを大切に思うことが重要である。「知識や技能がどれだけ増加したか」とい観点ですすめられてきた日本の学校教育の影響を受けていると、認知症高齢者がどれだけ記憶を取り戻すことができたか、どれだけたくさん素晴らしい作品を完成したかというように「進歩することがいいことである」という視点でグループワークを実施することにつながってしまう。このような援助は認知症高齢者にとっては非常に有害なものである。

e. 認知症高齢者の「今」を支える専門性を持つことである。グループワークに参加して改善が認められても、加齢による身体の弱体化や内科的な疾患による状態の悪化などは避けられない。グループワークによる変

容が例え一時的であっても顕著な改善が認められなくても、参加したメンバーにとってグループでの時間が穏やかに過ぎていくのであれば、残された日々を人間としての尊厳に満ちたものに近づけることができるだろう。自然な流れとしての老いは、今日よりは明日の機能が低下し、確実に死に近づいていく、高齢者にとって「今」この時を支えることが大切である。[9]

(4) グループワークの有効性

　超高齢社会に突入したわが国では要介護高齢者のケアとして、特に介護が必要な認知症高齢者のケアは重要な課題である。近年、認知症高齢者ケアの方法としてさまざまな方法が試みられているが、ソーシャルワークの方法として長い歴史のあるグループワークも日常生活の行動や精神的安定をはかる方法として有効である。[10]

　筆者が実施した認知症高齢者へのグループワークにおいて、その有効性を確認している。まず、レクリエーショングループや文芸グループにおいて、参加群と非参加群を比較検討した結果、GBS（認知症の症状評価尺度[11]）の変化では、運動機能は非参加群が有意に悪化し、知的機能では参加群が有意に改善を示した。GBS全体でも参加者が有意な改善を示していた。作業グループでは紙で作る季節の花やうちわ作りなどの手作業を行ったが、参加メンバーとワーカー、メンバー同士の相互作用を参与観察を行った結果、ワーカーへの応答、他のメンバーへの自発的な言葉かけ、笑顔や手助けなどを観察すると、ワーカーへの応答が多いメンバーは他のメンバーへの自発語も多く、手助けなども多いことが認められた。さらにワーカーがメンバーへの意図的な関わりを行うことで他のメンバーとの交流や相互作用を促進し、会話や他のメンバーへの関心が増え作業終了後には満足感や有用感を観察することが出来た。

　このように、グループワークは認知症高齢者にふさわしいプログラム活動のもとに、個々のメンバーへの配慮をしながらワーカーの意図的な関わ

りがあれば、感情面や行動の変容を期待することが出来るアプローチである。グループワークの場面で無為に座っているだけだったメンバーが回を重ねる毎に、グループで楽しんでいる姿に変わることがある。明るく歌う、踊るようになる等の変化がみられ、長いプロセスでの変化が確認されたことがある。また、グループの場面だけでなく日常生活や認知症の改善が認められることもある。認知症高齢者にふさわしいプログラム活動のもとに個々のメンバーの持ち味を生かす配慮を行い、メンバーの自己表現を促すワーカーの意図的な援助があれば、情緒や行動の問題に対しグループ力動のもとに変容することを期待することが出来る。

　ところで、グループワークに参加したメンバーの変化した姿をみることによって家族やスタッフの患者観が変わることがある。介護や看護する職員は患者や利用者が「出来ない」「してもらわないといけない」という依存的な時に関わりを持つことが多いのでマイナス評価を持ちがちである。しかし、メンバーの持っている力を発見したり、新しい力を発揮する場面に出会うことで肯定的な評価に変化してくる。また、家族にも同様の変化をもたらすことがある。グループワークを参観した家族が「好きな歌を歌っている」「ダンスが出来る」と驚くことが多い。グループワークによって患者が変化し、周囲が患者の出来ることを発見することによって認知症高齢者に対する認識が変わるのである。

　認知症高齢者だけでなく、高齢者ケアには高齢者それぞれが個別の人生を生きてきたことを心に留めておくことが大切である。若い時代の活躍の姿は目の前の高齢者からは想像できないかもしれない。しかし、それぞれに若い時代があり、これまでの生活、人生の歴史の延長線上に「今」があることを理解しなければならない。人間としての尊厳を失わず最期までその人らしい生き方が継続出来るよう、そして今ある存在への敬意を払いながら援助を行いたいものである。

[注]

1　窪田暁子（1969）：グループワーク、誠信書房,pp11-27.
2　西田さおり（2014）：認知症高齢者を対象とするグループ回想法の医療機関における実践,p39.ソーシャルワーク研究,Vol40 No3,相川書房.において、筆者と同様にグループワークにおけるスキルの有効性とMSWの専門性に言及している。
3　浅野仁（1981）：老人のためのグループワーク,全国社会福祉協議会,p23.
4　ジャクリーンS・イーデルソン/ウオルターH・ライアズ（1988）：痴呆性老人のケアの実際,長谷川和夫・浅野仁監訳,pp105-106,川島書店.
5　矢内伸夫（1984）:老人デイケアセンターでの集団精神療法,季刊・精神療法,第10巻4号,p211,金剛出版.
6　川田誉音（1990）：グループワーク,p61,海声社.
7　中澤正夫（2007）:ヒバクシャの心の傷を追って,岩波書店,pp161-162.
8　川田誉音（1990）:同前,pp55-67.
9　高口光子（1992）：老人病院でのレクリエーション,ＰＴジャーナル第26巻第4号,p244,医学書院.
10　黒岩晴子（2008）：認知症高齢者のグループワーク　～医療ソーシャルワーカーの実践～,高菅出版.
11　GBS（1928）:Gottfries CG,Brane G,Steen G.A new rating scale for dementia syndromes. Gerontol.

［参考文献］
1）窪田暁子（1969）：グループワーク、誠信書房.
2）W・シュワルツ,S・R・ザルバ編（前田ケイ他訳）「グループワークの実際」相川書房,1978年.
3）大塚達雄他編著「グループワーク論」ミネルヴァ書房,1986年.
4）福田垂穂他編「グループワーク教室」有斐閣選書,1979年.
5）武田健・大利一雄「新しいグループワーク」日本YMCA同盟出版部,1980年.
6）窪田暁子「福祉援助の臨床」誠信書房,2013年.
7）蟻塚亮二「沖縄戦と心の傷 トラウマ診療の現場から」大月書店,2014年.

第7章 いのち、くらし、平和とソーシャルアクション

1 社会福祉と平和・安全

1 社会福祉と被爆者問題

(1) 社会福祉の理念

　社会福祉は広義には、社会全体の幸せの実現、世界全体の平和や安全を含めている。とりわけ、今日の社会福祉の発展において重要な課題は平和の問題である。わが国は世界で最初に激甚な原子爆弾（以後、原爆）の被害を受けたが、今後、原爆の被害は人類が経験したことのない人権侵害の極限であり、今後、原爆が使用されることがあれば人類は滅亡する。今、生きている被爆者は原爆地獄の体験から生まれた「人類の生き残りの道」を示すものとして理解すると反原爆は人類にとって共通の理念となる。医療ソーシャルワーカー倫理綱領や日本社会福祉士会倫理綱領では「日本国憲法の精神」、「平和擁護」を掲げており、平和擁護は社会福祉の理念である。社会福祉専門職（以後、福祉専門職）には生存権と人権を規定し平和条項をもつ日本国憲法の理念を推進する役割が求められている。国際ソーシャルワーカー連盟（IFSW）の新たなソーシャルワークの定義では、抑圧や不正義に挑戦し、社会を変革するソーシャルワークが強調されており、戦争政策を許さない立場で行動するソーシャルワーカーが求められているといえる。医療や社会福祉は人間の生命や生活を尊重する行為であり戦争とは対極にある。いのちとくらしを最も粗末にする行為が戦争であって、戦争は国家的な暴力、殺人、自然破壊であり基本的人権を侵害するものである。平和があってこそ社会福祉が実現する。本項では被爆者問題を手がかりに平和と社会福祉・ソーシャルワークについて考える。

(2) 平和の概念

　従来、戦争がないことが平和と考えられていたが、現在の平和学では「暴力のない状態」を平和という[2]。暴力とは、人々の「能力が豊かに花開くのを阻む原因」をいう。その暴力は三つに分けて考えられている。一つには直接的暴力、これは直接目に見えるような暴力のことで、殺人や戦争のような直接的な暴力である。二つ目は構造的暴力であり、発展途上国の貧困問題や悪い衛生状態、環境破壊、人権抑圧など、社会の仕組みや構造によってもたらされる暴力である。現代の世界には多くの構造的暴力の問題が山積している。三つ目は文化的暴力であり、戦争を賛美するような歌、子どもが遊ぶ戦争ゲーム、また根拠がないのに血液型と性格に関係があるような人間の見立ても文化的暴力といわれている[3]。このように考えると、平和は広く社会福祉の課題であるといえる。平和学の視点で被爆者を捉えると、直接的暴力としては原爆投下を受けたことがあげられる。そして、被爆者救済の制度が遅れ社会的孤立を強いられたこと、被爆者関連施策が被爆者の実態に合わず、未だに病気や傷害が原爆の影響であると認定されていない被爆者がいることなどは構造的暴力である。さらに差別や偏見という文化的暴力を受けてきており、被爆者は平和学でいう全ての暴力の被害者である。

(3) 教育の課題

　1999年、国際連合総会において「平和の文化に関する宣言と行動計画」が採択され、翌2000年は「平和の文化国際年」、2001年から2010年を「世界の子どもたちのための平和と非暴力の文化国際10年」とした。「平和の文化に関する宣言」では、あらゆるレベルの教育が平和の文化を建設するために主要な手段のひとつであると謳っている[4]。子どもたちが平和に生きることを選び取ることが出来るよう教育側の姿勢が問われている。それは、子どもたちの原爆被害の事実を知る権利と非核平和に発達する権利[5]を保障することである。

312

　福祉専門職の教育を行う大学においても同様で、教育の基礎となる人間視点として、世界の社会福祉、社会福祉学の歴史のなかでの被爆者問題は「平和の側面」として避けて通れない課題である。福祉専門職の資格として、田代は「7つの条件」をあげ、そのひとつとして「平和の実現に貢献する」ことを重要な柱としている。また「平和擁護」の理念を推進する福祉専門職の教育の課題としては、恒久平和の実現への「認識」があげられる。福祉専門職の教育について、中園は社会福祉方法論の技術の本質、あるいは「認識」と「技術」の関係、およびそれの習得過程のありよう（教育）に根本的な問題をなげかけている。被爆者の苦悩に共感し被爆者の生活史を見据えて援助を行うためには、原爆の投下によって広島、長崎で起こったことを知っていることが前提となること、「相談援助」の技術はそれを行使する者の歴史認識、社会認識、人間認識などに影響を受けて成り立っているものであることを指摘している。そして、被爆者と真にかかわりをもつために、ソーシャルワーカーはその専門家である前提として、原爆の投下が人間に与えた意味をどのように主体的に受けとめたか、そしてそれを自己の思想に内在化していったかが問われるといっている。

2　被爆者の実態

(1) 健康被害
　被爆者とは「原子爆弾被爆者に対する援護に関する法律」（以下、被爆者援護法）第1条の規定に該当する者であって、被爆者健康手帳（以後、被爆者手帳）の交付を受けた者をいう。
① 原子爆弾が投下された際当時の広島市若しくは長崎市の区域内又は政令で定めるこれらに隣接する区域内に在った者
② 原子爆弾が投下された時から起算して政令で定める期間内に前号に規定する区域のうちで政令で定める区域内に在った者
③ 前二号に掲げる者のほか、原子爆弾が投下された際又はその後におい

て、身体に原子爆弾の放射能の影響を受けるような事情の下にあった
　　者

④ 前三号に掲げる者が当該各号に規定する事由に該当した当時その者の
　　胎児であった者

　これらの条件を満たしていると、都道府県知事（広島・長崎市では市長）
が認めた場合、被爆者手帳が交付され初めて法的に被爆者と認められる。
この法律からはビキニ水爆実験被曝者[9]、被爆二世は除外、在日外国人は
対象とされている。

　被爆者手帳は原子爆弾の被爆者であることを示す証明書であるとともに
健康診断受診の記録など健康状況を記録しておくためのものでもある。ま
た、他の公費負担制度と同様に、病気やけがなどで医療機関において治療
を受ける場合、健康保険証とともに持参すれば無料で診察、治療、投薬、
入院等の医療給付が受けられる。そして、放射能や熱線などが原因となっ
て起こった病気やけがについて医療を受ける必要がある時は全額国の負担
で医療給付を受けることができる。但し、医療機関は都道府県知事が指定
した医療機関に限られる。

　現在、被爆者手帳の所持者は14万5844人、平均年齢82.65歳である[10]。高
齢期に至り、すでに多くが死亡し実数そのものは減っているが、被爆者の
中には国内だけでなく在外の被爆者を含め未だに被爆者手帳を所持してい
ない人達が存在している[11]。原爆は熱線、爆風、放射線の強大な威力によっ
て多くの人々を死傷させたが、当時だけでなく放射線は長期間にわたって
人体に影響を与え続けており、今も多くが健康被害を抱えている[12]。

　被爆60年の2005年はいくつかの被爆者調査の報告が行われた。その中
で、広島大学放射線医科学研究所の「近距離被爆者の追跡調査」は78人
（爆心500メートル圏内被爆）を37年間追跡調査した結果であった。特に癌
による死因が最多で4割を占めていること、1990年代より重複癌の出現が
目立ってきており、高齢期に至っての大きな問題となっている事が指摘さ

れていた。重複癌は癌の転移ではなく、新たな第2、第3の癌の出現であり、被爆者に特有であることや胃ガン、結腸癌、肺癌、皮膚癌、乳癌、前立腺癌等々の種類の癌が多いことが報告されていた[13]。今後は被爆者の高齢化とともに出現する疾患に対応した医療面での援護策が求められている。

(2)PTSDの継続

PTSD（Post-traumatic Stress Disorder；心的外傷後ストレス障害）は、第一次世界大戦で戦争神経症として発見され、その病名が作られたのは1970年代のアメリカである。ベトナム戦争で極限を超える悲惨な体験をした兵士の精神的後遺症が大きな問題となってからであった。日本においてPTSDの概念、心のケアの必要性が認識され広まるきっかけとなったのは1995年の阪神淡路大震災である。この概念は、戦後の日本においてはなかったもので、被爆者の心のケアは全くされずに現在に至っている。

これまで被爆者は原爆投下による精神的打撃、その後の後遺症、病気や健康、生活の不安、また就職差別や結婚における支障などさまざまな困難に直面してきた。当事者団体である日本原水爆被害者団体協議会[14]（以後、被団協）はいくつかの「原爆被害者調査」を実施してきたが、「惨苦の生」と表現される程の健康面の不安や精神的苦悩が明らかになっている[15]。2005年に実施された「被爆60年アンケート[16]」の結果では、今も健康不安を抱えている人は約9割、こころの傷は8割に達するという結果が出ている。物や音、においなど日常生活が当時の体験と結びつき、未だにPTSDが継続している状態と考えられている。「コンロのスイッチ入れて青い火を見た瞬間、閃光を思い出す」「雷が鳴ると動機がひどく動くことが出来ない」「暗闇を恐れる。暗いところへ入ると何かが迫ってくる気がする」「焼け跡のにおいが鼻に残り焼き魚がきらい」など多様な症状が継続している。また、今も被爆体験を家族にも話していないという人たちがいる。

精神科医の中沢正夫は、PTSDは多くの場合、時間の経過と共に回復するが、長く引きずるのは体験の激烈さに加え、身近な人が白血病や癌で亡

くなったり、原爆症を発症したり、日常的に「あの日に」呼び戻されること
から生じていると指摘している。こうした被爆者の「心の傷」の特殊性は、
原爆と放射能被害のすさまじさの証左でもあるといっている。[17]

　2007年に行われた広島県被団協の調査[18]によっても、健康面への影響では
当時病気への不安感があったとする人が72％を占め、日常生活での不安に
ついての問いには35％の人が「被爆者は短命だとのうわさに悩んだ」と答
えた。10％の人が「就職時に被爆者ということをかくして臨んだ」とし、戦後、
被爆者が差別にさらされ、仕事を見つけることが困難だった実態が裏付け
られた。筆者の研究[19]においても自分自身の体験を語らなかった被爆者の沈
黙の意味を探索したが、戦後68年たってもなお癒えず、被爆者を苦しめて
いる「こころの被害」が明らかになった。地獄をみた当時も戦後も、精神的
には過酷な環境におかれていた。日常生活では病への不安が継続し、さま
ざまな苦悩を抱えて戦後を生きてきており、原爆は当時もその後も過酷な
人生を生きることを強いていた。原爆や自身の体験を語る事をやめ、死者
や生者すべての平安を祈りながら日々を送っていた。戦争が、原爆投下が、
ひとりの子どもに、またその後の人生に何をなしてきたのか隠れていた被
害の一端が示された。被爆者は高齢期を迎えてもなお、こころのケアが求
められている。

(3) ひとり暮らしと要介護高齢者の増加

　被爆者の多くは健康面、精神面への影響だけでなく、当時の財産、職
場、家族、労働能力等々の喪失による生活困難を抱えてきた。そして、高
齢期に至った現在、被爆者への偏見、差別等による未婚、離婚による家族
形成障害[20]を背景としたひとり暮らし高齢被爆者の存在が大きな問題となっ
ている。先述の「被爆60年アンケート」において、戦後被爆者であること
によって差別を受けたことがある人は20％で、そのうち、結婚における差
別が84％、就職が17％であったことからも伺える。鎌田[21]は、原爆孤児は原
爆孤老[22]となっていること指摘している。

　広島市[23]を例にひとり暮らしの実態を見ると、2002年の被爆者数は8万2587人、平均年齢72.2歳であるが、65歳以上の人口でひとり暮らし高齢者の比率は、被爆者21.2％で非被爆者16.8％と高率であり、被爆による家庭破壊と無縁ではないと推測されている。[24]要介護認定者の出現率をみると、被爆者は22.0％で非被爆者の16.0％に比べ高く出現している。[25]このような状況下でひとり暮らし被爆者の孤独死の問題も起きている。2008年5月、長崎市で胎内被爆者であったひとりの女性の遺体が死後2日間経過して見つかった。近所の人がたまった新聞を不審に思い発見したが、死因は頭蓋内出血であった。[26]死亡した被爆者は63歳であったが、若い頃から被爆者は非被爆者より多くの病気に罹患しやすいことなどを考えると65歳前の被爆者への対策もより充実する必要があった。被爆者の高齢化問題は行政による経済的援護にとどまらず医療・介護についての総合的な援護策が必要である。

3　被爆者関連施策の変遷

(1) 立法化と救済の遅れ

　戦後、アメリカの占領下において原爆被害の公表は禁じられ、資料は没収、原子爆弾傷害調査研究所（以後、ABCC）[27]は調査のみで治療はせず、被爆者は無視された状態が続いた。[28]長い間、行政からの被爆者救済もなされず空白の10年と呼ばれた。[29]戦後の混乱期、国民健康保険制度も整備されておらず、国民の大半が適切な医療を受けることが出来ない状況にあったが、[30]原爆による傷害によって身体と心に傷を負った被爆者の状態はさらに深刻で想像を絶するものがあったと思われる。被爆者がこのような状況にありながら、戦後、被爆者関連施策の立法化は、生活保護法、児童福祉法、身体障害者福祉法など福祉三法に比べると極端に遅れていた。また、旧軍人、軍属に対する恩給の復活、戦傷病者戦没者遺族等援護法、未帰還者留守家族援護法等の施行に比しても著しい遅れがあった。同じように戦争

の被害を受けながら、被爆後10年以上経っても被爆者への対策は一切とられなかったのである。国が救済へ動き出したのは、1954年アメリカがビキニ環礁で行った水爆実験（第五福竜丸他、多数の漁船員の被曝、マーシャル諸島住民や実験に従事したアメリカ兵の被曝[31]）を大きな契機とした国民世論に押され、1957年、戦後12年目にしてやっと「原子爆弾被爆者の医療等に関する法律」（以後、原爆医療法）が制定された。

　その後、被爆者たちは原水爆禁止を求める世論が起こったことや国民の運動に励まされて被害の訴えをするようになってきた。そして全国的な被爆者支援や運動のもりあがりがあって、1968年第53国会において原子爆弾被爆者特別措置法（以後、特別措置法）が制定された。この法律が被爆者に対して諸手当を給付し「その福祉を図る」ことを目的としている点は、戦後23年目にしてようやく被爆者の生活面への給付に若干の前進があったことを示している。1994年には「原子爆弾被爆者に対する援護に関する法律」（以後、被爆者援護法）が成立した。しかし、この法律も上記の2法を一本にまとめただけで、国家補償を明記しない法律であった[32]。大半は旧法の内容と同じであり、被爆者の実態に即した救済策としては甚だ不充分なものであった。被害を「償う」という援護法の制定については、長年被爆者と支援者、MSWたちが運動を続けたが、1980年（昭和55年）12月11日に原爆被爆者基本問題懇談会（以後、基本懇）から意見書が出された。意見書では「財政難をもたらす」と被爆者援護法の制定に反対し「およそ戦争というその国の存亡をかけての非常事態の下においては、国民がその生命・身体・財産等について、その犠牲を余儀なくされたとしても、全て国民がひとしく受忍しなければならない」という内容が示された。空襲被害者等への戦後処理問題にはすべてこの受任論が引き継がれている。軍人、軍属以外で、一般住民に対して国家補償がされたのは沖縄である。沖縄戦の集団自決（強制集団死[33]）に日本軍の命令があったことから補償がなされた。

　ところで被爆者の救済が遅れた中で、原爆小頭症患者の援護はさらに遅れた。原爆小頭症患者は被爆者援護法には、疾病の名称として「近距離早

期胎内被爆症候群」とされ「胎齢早期に爆心地近くで直接被爆し大量に放射線を浴びた胎内被爆者」とされている。障害の状態としては、厚生労働省令で定める精神上又は身体上の障害として規定されている。原爆小頭症患者は、母親の早期妊娠期（2～4ヶ月）に近距離被爆したため、出生児から頭囲が小さく、身長や体重の身体的発育と共に知的な発育に遅れがある。また、病気にかかりやすく知的障害による社会適応の困難等々がある。しかし、長い間このような原爆小頭症患者は原爆医療法の対象からはずされていた。病気ではあっても治療法がないという理由である。ABCCの調査には協力させられたが治療はされず、当時原爆との因果関係も認められなかったのである。そして父親の多くが爆死またはその後の死亡により、母と子の単親家庭が多かった。何の援護もない中でひっそりと母子で暮らしてきた人たちが多く、母親は戦後の失業対策事業など不安定な就労を余儀なくされてきた。国が初めて原爆小頭症患者を認めたのは1965年、原爆医療法・第8条第1項の取り扱いについてであった。原爆小頭症患者の家族会である「きのこ会」や地域の関連団体や婦人会などが当事者と一緒にソーシャルアクションを起こした結果であった。この活動の支えになったのは作家山代巴をはじめとする「広島研究会」のメンバーや大牟田稔などジャーナリストたちの地道な調査活動と社会的な告発であった。[34] 一番若い被爆者である原爆小頭症患者も高齢になり親とは死別し兄弟姉妹の支援を受けて在宅での生活を維持しているが、在宅での生活が困難となる人が増えている。

〈被爆者関連法の制定〉

	＊戦時災害保護法（被爆2ヶ月後救護所閉鎖）
1946年	（旧）生活保護法
1947年	児童福祉法
1949年	身体障害者福祉法
1950年	生活保護法
1951年	対日講話条約（サンフランシスコ平和条約）締結

1952年	戦傷病者戦没者遺族等援護法、未帰還者留守家族援護法
1953年	戦傷病者戦没者遺族等援護法（改正）……沖縄住民に適用
1954年	アメリカがビキニ環礁で水爆実験（第五福竜丸乗員他が被爆）
	＊原水爆禁止を求める世論、原水爆禁止運動
1957年	原子爆弾被爆者の医療等に関する法律
	＊医療面への対応を規定
1958年	国民健康保険法施行
1961年	国民「皆」保険「皆」年金（無医地区、農村部、都市周辺部には適用が無かった）
1965年	厚生省の被爆者実態調査
1966年	日本原水爆被害者団体協議会
	「原爆被害の特質と被爆者援護法の要求」
	広島・長崎両市「原子爆弾被爆者援護措置要綱」
1967年	原子爆弾被爆者の医療等に関する法律に原爆小頭症患者認定
1968年	原子爆弾被爆者特別措置法
	＊「福祉を図る」ことを目的
1994年	原子爆弾被爆者に対する援護に関する法律
	＊特別葬祭給付金を支給

※筆者作成

（2）施策・制度の矛盾

　被爆者手帳の申請には、被爆事実を証明するもの、証人や機関の証明、本人の申述書等が必要である。しかし証人となる人々の多くは死亡しており、当時の状況とは大きく矛盾したもので被爆した事実が証明されることは非常に困難である。従って戦後何十年経ってもそれらの証明がないまま被爆者手帳が交付されない被爆者が大勢いる。また被爆者が様々な差別、偏見におかれてきたことから、証人や機関の証明が得られても被爆者手帳を申請しない人達も多い。

　なお放射能や熱線等が原因となって起こった病気やけがについて医療を受ける必要がある時は全額国の負担で医療給付を受けることができるが、被爆者援護法・第11条の規定によって、その病気や怪我が原爆の傷害作用によるものであり、現に治療を要する状態にあるという厚生労働大臣の認定を受けなければならない。これは医療特別手当や特別手当を受けるた

めの条件の一つとなる。しかし長い間、該当する疾患が決められており、内部（体内）被曝を無視した認定基準であったため、被爆後も残留する放射能など原爆被害の実態を反映しておらず、原爆症と認定された人はわずか1％に満たず極めて低いものにとどまってきた。[35] 2003年から提訴された原爆症認定集団訴訟（以後、集団訴訟）の大きな要因となってきたが、原告である被爆者が勝訴し続けた結果、2008年に国は新しい原爆症認定基準の見直しを行った。原爆の放射線の影響と病気との因果関係を数値で表すDS86[36]や原因確率[37]を実質的に廃止し、爆心地からの距離や疾病など一定条件を満たした被爆者を認定する新基準の採用を決めた。新基準は救護被爆者に放射線の影響を認めるなど認定の枠を広げた。しかし、被爆距離や滞在時間だけでなく、被爆状況や疾病で線引きがあり、残留放射線や内部被爆など個々の被爆状況が充分考慮されていないなど、多くの問題点が指摘されてきた。その結果、2013年に国が見直しを行い心筋梗塞や甲状腺機能低下症など「がん以外の疾病」の要件を緩和した。しかし、証明が難しく認定却下の主な原因とされた「病気が放射線に起因する」との条件を外した一方で被爆条件は狭め、直接被爆の場合、旧基準の「爆心地から3.5キロ以内」を、新基準では「2キロ以内」に縮小した。[38] 被爆者の高齢化を考えると一刻も早い認定判断とさらなる基準の緩和が求められている。[39]

　ところで、旧基準のDS86は単に被爆者の認定に使われていただけではなく、長い間原子力発電所の安全性基準にも使われてきた。原子力発電所の壁の厚さ、地域からの立地距離、あるいは放射性廃棄物の処理基準等はDS86にもとづいているため国の原子力発電政策に関わっていた。[40] 以上のことが、集団訴訟の過程で明らかになってきた。集団訴訟は被爆者に対する国の責任と被爆者行政を抜本的に改正するだけでなく、私たちが暮らす環境にも大きく影響するものであった。そして、集団訴訟によって数十年以上たっても原爆の被害が継続していることを世界に示したことは、どの国においても核兵器を使わせない運動としての意義が大きいものであった。[41]

　その他の問題として、国や県などの行政レベルでの事務の滞りがある。

原爆症の認定通知書が遺族に届くということも珍しくなく、高齢化が進む被爆者にとって深刻な問題となっている。集団訴訟において原告が勝訴し、認定基準が改定されたことから被爆地だけでなく各地で被爆者手帳や原爆症の認定申請が増えているが、行政側の事務量が増え対処が遅い問題点が指摘されている。[42] 高齢の被爆者の状況を考えると担当者数を増やすなど早急な対応が求められている。原爆孤老を含めた被爆者の高齢化問題は行政による経済的援護にとどまらず、被爆者の医療・介護についての相談事業、地域住民の声かけ・話し相手などの精神的な支援も含めた総合的な援護策が必要である。

4 被爆者への医療ソーシャルワーク

(1) 戦後の医療活動と相談活動

　広島や長崎では原爆によって医療施設や医師をはじめとする医療従事者も壊滅的な打撃を受けた。当時、広島市内には2,370名の医療従事者がおり、そのうち91％にあたる2,168名もの医療従事者が被爆し、298名の医師のうち270名が罹災した。[43] 爆心地から約700メートルの長崎医科大学は一瞬にして壊滅状態となり、受講中の学生約580中414名が死亡した。附属病院も含めると犠牲者は学生535名、教職員42名、職員看護婦など315名、計892名にのぼった。[44] 生死を分けた一瞬を奇跡的に生き残った医師や医学生たちが負傷しながらも、医薬品や医療機材もまったくない中で被爆直後の救護活動を行った。[45] 被爆後の混乱した状況下、国からの充分な救援や医療活動が行われなかったが、被爆地だけでなく各地から医師や医療従事者による支援が行われた。この全国的な医療活動支援が原爆医療法の法制化に大きな力となっていった。[46]

　医療ソーシャルワークの領域では、まだ日本にソーシャルワークが発展していなかったため、福祉専門職の援助が行き届いていない状況があった。[47] 被爆者は当事者として相談活動を行ってきた歴史が長く、その活動が被団

協等の当事者運動に結実していった。アメリカでは戦争の犠牲者や遺家族に対する援助の必要性からソーシャルワーク教育が進展した[48]。アメリカから日本にソーシャルワークが導入されながら、占領軍によって原爆被害が秘匿されてきたことから[49]、被爆者の援助をソーシャルワークの課題として追求しえなかったと思われる。そのため、全国的な被爆者の医療ソーシャルワークについての詳細な記録は充分ではないが、原爆被害者相談員の会（以後、「相談員の会」）は記録や資料作成に努力を続けている。それによると広島赤十字病院では相談員の会の創設者であるMSWが1968年に配属されている。

(2) 原爆被害者問題ケースワーカー懇談会の発足

　被爆者に対するソーシャルワークが部分的ではあるが組織的に取り組まれ始めたのは1975年頃からである。福祉専門職の資格制度がない時代であり、主に医療機関で相談業務に従事するMSWや事務職を兼務する職員によって担われてきた。この頃から被爆者関連法の制定の遅れや相談機関の不備等によって医療機関に持ち込まれる相談件数が増加してきた。相談業務を行っている人達は被爆者の医療問題、病気への不安や高齢化による生活問題等、複雑な相談内容に苦慮していた。そこで被爆者相談に従事する広島、長崎、東京のMSWたちが、被爆30周年にあたる1975年11月「原爆被害者問題ケースワーカー懇談会」を発足させた。そしてMSW達は実践研修会の開催や原水爆禁止世界大会に参加した。また修学旅行生を対象に被爆者問題の解説、市民福祉講座や日本被団協の相談講習会の講師など、多様な社会運動にも積極的に参加するようになった。1978年5月から国際連合で第1回軍縮特別会議が開かれた。その開催に向けて広島、長崎、ビキニにおける被曝の惨状を世界に知らせ、被爆国民の立場から核兵器廃絶を訴えることを目的としたNGO（非政府組織）主催の「被爆の実相とその後遺、被爆者の実情に関する国際シンポジュウム」（以後、国際シンポジュウム）が開催された[50]。MSWたちは国際シンポジュウムに向けて全国的な被

爆者訪問調査活動に取り組んだ。

(3)「原爆被害者相談員の会」の発足

1980年12月、厚生省の私的諮問機関である基本懇が「原爆被爆者対策の基本理念及び基本的あり方について」の答申を発表した。先述したが、この答申は戦争の犠牲は国民が等しく受忍すべきであるとして、被爆者が長年求めた国の償いとしての援護法制定要求を退けて現行の被爆者対策の後退すら示唆した。当時、被爆者の衝撃と怒りは計り知れないもので、MSWも被爆者と共に抗議行動を展開した。しかし、残念ながら意見書の内容を変更させることは出来なかった。この基本懇の意見への反発と危機感、焦燥感を乗り越えあるべき被爆者相談事業を行うために、1981年6月、「相談員の会」が発足した。広島県下のMSWや社会福祉施設のソーシャルワーカー、被爆者、研究者、弁護士、市民などによるボランティアの組織である。ところで、被爆者という言葉は、「原爆医療法」によってつくられた法律上の用語であり、被爆者運動のなかでは死没者・遺族、子ども、孫をも含む原爆被害者という言葉にこだわってきている。「相談員の会」としても被害の総体を表す原爆被害者の言葉を用いている。[51]

また「相談員の会」設立の背景にはビキニ水爆実験に反対する運動から発展した原水爆禁止運動が意見対立等によって分裂したことがあり、相談窓口が分かれる事態となったのである。以降、MSWたちは分裂で傷ついた被爆者への配慮をしながら、誰にも開かれた窓口として対応する努力を続けてきた。毎年8月6日の証言の集い、基本懇が答申を発表した12月11日には市民向けの被爆者問題シンポジュウムや講演会を開催している。その他、定期的な相談会、証言活動、学習会、調査研究活動、被爆体験記や事例集、機関誌の発行など、多様な活動を展開している。[52]MSWたちは所属する各機関の枠を超えて集まり地域活動として実践している。

(4)「きのこ会」への援助

　被爆20年後の1965年6月27日、原爆小頭症患者を持つ親の集い「きのこ会」が誕生した。主にジャーナリストが中心となって会の設立に尽力してきた。その「きのこ会」から「相談員の会」に社会福祉の専門職としての支援要請がなされたのが1983年であった。「きのこ会」の総会に2名のMSWが初めて参加した。そこでMSWは、原爆小頭症患者と家族は取り巻く環境もそれぞれに違い複雑多様なニーズを抱えていることを把握した。

　当時、施設としては原爆養護老人ホームのみが設置されていたが、MSWはふさわしい施設のあり方を検討し要望を上げていくことに取り組んだ。次いで被爆50年の1995年、広島での被爆者19名の医療福祉生活全般について聞き取り調査を実施している。その結果、社会資源の未申請が6割もあるという実態が浮かび上がり、障害者・高齢者福祉制度すら活用されていない大きな問題を把握し、MSWの視点での援助を開始している。その後、1996年にMSWの提案で「きのこ会を支える会」を発足させ、毎月一家族毎の関係者によるネットワーク会議を開いてきた。会議は現在も継続されており、長年きのこ会を支えてきたジャーナリストや作業所の関係者、MSW、行政関係者などが参加し相談活動、誕生会、会員との交流をすすめている。

5　被爆者相談援助活動におけるMSWの役割

(1) 組織・機関の機能の拡大

　MSWは被爆者が必要な健康診断や医療を受けることが出来るよう、所属する医療機関が認定指定医療機関や検査委託医療機関として指定を受けるよう働きかけることが必要である。そして、健康診断や健康相談にかかわる中で、被爆者援護法に基づく各種手当てなどの社会資源活用の援助やその他全般的な相談に応じることが求められる。MSWの業務も所属する医療機関の機能、活動内容に大きく影響を受けることになるが、MSWの積極的な働きかけで、所属する医療機関の機能を変え、被爆者のニーズ

に添える医療機関としてその機能を拡大し向上させることが重要である。近年、被爆者の医療に詳しい医師が少なくなってきており、医師に原爆症認定や健康管理手当の診断書などの依頼を行う際には、被爆者関連施策の制度説明を行うことが重要である。

(2) 健康管理、生活援助のための社会資源活用

　過去には被爆者対策の立法化の遅れがあったが、現在も行政の広報は充分ではなく、被爆者自身が制度を知らない場合もある。特にMSWの援助が必要となる領域である。被爆者援護法に基づく各種手当てなどは、国家補償がされていない被爆者の生活保障の観点からも社会資源として活用していくことが重要である。「相談員の会」が主催する相談会や弁護士会の法律相談会などにMSWも積極的に参加して活動する必要がある。未だに被爆者手帳を所持していない被爆者が数多く存在しており、高齢期になってますます申請が困難になる中、きめ細かい聞き取り調査や行政との交渉等の援助が求められている。

　被爆者の健康管理においては、放射能とのはっきりした因果関係が証明されにくいこと未だに健康な人からの発病があるので特に注意が必要である。被爆者が高齢化しており、日常的な健康上の訴えは、被爆していない高齢者と同じように老化に伴う疾患の出現である。しかし被爆者のおかれている特別の事情（疲れやすい、病気になりやすい、しかし放射能の影響が証明されにくいなど）を考慮し、被爆者の訴えには特に慎重に対応することが重要である。

(3) ソーシャルアクション

　2003年、集団訴訟が提訴されるまで、行政訴訟を起こす被爆者は過去の裁判から見ても極めて少なかった。しかし裁判闘争を経て被爆者対策が拡充していることから、医師が原爆との因果関係を認め、当事者が申請した事例をめぐる行政訴訟への援助もソーシャルアクションとしての意義が

大きい。原爆医療法や特別措置法の制定にいたる経過をみても、被爆者や
国民の原水爆禁止運動など全国的な運動のもりあがりの中で立法化が行わ
れてきている。被爆者の生活支援立法をめざした活動への援助も同様に意
義が大きい。これまでも長い間、広島、長崎のMSWらが日常の相談援助
活動を通して行政に積極的に働きかけ、支援者と共にソーシャルアクショ
ンの協働に取り組んできている。MSWには被爆者の実態や被爆者問題を
社会へ伝え、その思いを代弁し社会政策の不備を改善するために国や社会
に働きかける重要な役割がある。

　近年、気候変動問題が深刻であるが、戦後アメリカの水爆実験が行わ
れたマーシャル諸島でも地球温暖化による影響で海面が上昇している。数
十回にものぼる核実験では、放射能で汚染された土壌をクレーターの穴
に埋めていた。クレーターの上部はセメントで塞いでいたが底部は塞がれ
ていなかった。温暖化により海面上昇した波の影響でクレーター上部の劣
化、底部からの浸水によって太平洋上に放射性物質が漏れだすことが危
惧されている。アメリカはセメントの処理のみで、後はマーシャル諸島の
対応を求めるなど無責任な態度を取り続けている。マーシャル諸島の人々
は気候変動の問題に加え放射能漏れへの対応を迫られる深刻な事態に
なっている。放射能による環境汚染はマーシャル諸島の人々の問題だけで
なく世界中の人たちに影響する重大な危機である。核兵器は「持つことも
実験もしてはいけない」というソーシャルアクションを強めなければならな
い。

（4）被爆者に同行する

　被爆者手帳や原爆症認定の申請において、被爆者は過去の被爆した事
実を陳述しなければならない。特に原爆症認定の申請では被爆後の行動は
極めて重要である。どこの場所で被爆したか、被爆した瞬間どこにいたか
（屋外か屋内かなど）、爆心地からの距離だけでなく、放射能が多く含まれ
ていた黒い雨にあったかどうか、その後どのような行動をとったか、どこを

歩いたか、いつまでどこにいたかなど詳細な本人陳述が求められる。それ故に詳しく過去を振り返ることが求められる。振り返る過程で、回想は行きつ戻りつしながら過去と向き合うことになる。MSWは被爆者が被爆体験を振りかえり、自分にとっての被爆体験は何であったのか、沢山の方が亡くなり肉親が亡くなったその意味は何だったのか、被爆という出来事を自分の人生の歴史の中に位置づけ直す過程を共にする[55]。「からだ」「くらし」「こころ」に大きな傷を負って生きてきた被爆者を、その日々の出来事のなかで理解し、精神的に支える者の存在は大きい。被爆者の援助における生活史把握は単なる援助の手段としてだけでなく、被爆者が自分の苦悩というものを対象化する基本的な営為となる[56]。激烈な原爆の被害を受けた被爆者への医療ソーシャルワークが、過酷な人権侵害や不正義のもとに置かれた人々に貢献するソーシャルワークとして意味をもっている。

(5) 原爆被害の継承

　被爆者でありMSWである山田寿美子[57]は「被爆者と共に二度と再び被爆者をつくらないように訴えていくこと、被爆者が『生きていてよかった』といえる社会をつくっていくことだと思う」といっている。栗原淑江も自分史[58]作成の援助から学んだこととして「被爆者の方々が自分が苦しいから、年金が欲しいからということではなく、原爆による被害を二度と避けて欲しい、そういう国にしてほしいという思いで運動しているということが判った」といっている。生き残った被爆者は自らの体験から核戦争は人類の滅亡につながると反対運動に立ち上がり、苦しみ悲しんだ怒りや恨みを越えて核戦争を否定し平和の大切さを訴えている。生きていくことが原爆への問題提起であると被爆を越えて生きる被爆者[59]から学び、援助を通してともに平和な社会の実現に努力するためには、被爆者相談にたずさわったMSWは被爆の実相と被爆者の実情を語り継がなければならない。

(6) 援助の継続

328

　原爆投下は過去の出来事として片付けられるものではない。被爆者も過去の人ではなく、いまだに被害を受け続けている。MSWは相談援助の方法として生活史把握を軸としてきたが、被爆者の生活史の全体像をとらえることで分かってきたのは原爆被害の特異性である。未だ原爆被害の医学的特性や遺伝的な影響は充分には解明されていないが、長く後遺症や健康被害に苦しむ被爆者が多く援助を必要とする困難が次々と現れてくる。何か病気があればすぐ死と結びつく不安を抱え、子や孫まで放射能の影響を心配し健康不安の中に生きて、最期まで死と向き合わざるをえない終わりのない被害である。その為に、MSWは被爆者の生涯にわたる援助を継続しており、援助を通して社会福祉の理念である平和を具現化する活動を実践している[60]。

　2003年3月、イラク戦争の開戦にあたって、日本医療社会事業協会[61]と日本社会福祉士会は、国際ソーシャルワーカー連盟の一員として、アメリカ、イギリス、オーストラリア、スペイン大使館に宛てた「イラク危機に対する社会福祉専門職としての声明」の中で、生命の権利が人権の中で最も基礎的なものとの認識に立ち、紛争に対して平和的解決の努力を求めた[62]。人々の生命や健康を守る医療従事者や社会福祉関係者は戦争とは対極にあるもので、MSWも日本国憲法の「恒久平和」の基本理念の具現化を担う者であることを認識しておきたい。

6　社会福祉専門職の平和を求める声明

イラク危機に対する社会福祉専門職としての声明

アメリカ イギリス オーストラリア スペイン	大使館
私たちは非暴力による平和的解決を強く求めます。	

平和的アプローチこそ勇敢で、建設的で、賢明な方法です。

　私たち、日本のソーシャルワーカーはイラクへの国際的な軍事介入いう危機的な局面に対して、人権擁護の立場からその介入に断固反対します。

　軍事介入は常に悲惨であり、その犠牲となるのは子ども、女性、老人、障害者をはじめとする罪のない一般市民です。そして暴力は新たな憎しみを生み、暴力の連鎖となることは人類の歴史が証明しています。軍事介入は、この地球上の平和を促進する上で多くの禍根を残し、本質的問題の解決をさらに困難にする恐れがあります。なんとしてもイラク攻撃は避けなければなりません。

　国際ソーシャルワーカー連盟は長年紛争に対して非暴力的解決の方針をとソーシャルワーカーは常に平和を促進することに努めてまいりました。私たち、国際ソーシャルワーカー連盟に加盟する日本のソーシャルワーカーは、生命の権利が人権の中で最も基礎的なものとの認識に立ち、紛争に対して平和的解決の努力を求めます。私たちは貧困と障害に対する戦いを継続することによって、本質的に紛争とテロリズムの主要な源である社会的不公正を無くすことに努めており、武力による対決は望みません。

　日本のソーシャルワーカーは貴国に国際紛争への平和的な解決の努力を要請いたします。平和的解決への普段の努力こそが未来の人類に責任を果たすことであり、恒久的な世界平和の道を開くことができる唯一の手段です。平和的アプローチこそが勇敢で、建設的で、賢明な方法であります。

　歴史上この危機的な時期に、私たちは、世界で唯一の被爆国である日本の立場から、国際的緊張を緩和し、世界が発展、持続可能となるよう、貴国にその基本的役割を遂行していただくことを強く要請いたします。

　　　（社）日本社会福祉士会　　　　会長　　土師寿三
　　　（社）日本医療社会事業協会　　会長　　高田玲子

　2015年9月、戦争法とも呼ばれる安全保障関連法（平和安全法制）が、審議も充分つくされず多くの国民の反対を押し切り強行決定された。わが国と密接な関係がある他国が武力攻撃された場合に自衛隊が出動し支援する法整備である。多くの法学者が恒久平和主義など憲法の基本理念に違

反することを指摘した。圧倒的多数の福祉関係者、研究者はいのちと暮らしを脅かし戦争につながるとして反対した。社会福祉学会系の研究者も以下の共同声明を出し廃止を求めた。

社会福祉系学会会長共同声明「戦後70年目の8月15日によせて」　2015年8月10日

日本社会福祉学会会長	岩田　正美
日本医療社会福祉学会会長	岡本　民夫
社会事業史学会会長	大友　昌子
日本ソーシャルワーク学会会長	川廷　宗之
日本看護福祉学会会長	岡崎美智子
日本仏教社会福祉学会代表理事	長谷川匡俊
日本福祉教育・ボランティア学習学会会長	松岡　広路
貧困研究会代表	布川日佐史

1　戦後70年の節目にあたる本年、自衛隊法、PKO協力法、周辺事態法、船舶検査活動法、特定公共施設利用法、国家安全保障会議設置法、武力攻撃事態法、米軍行動関連措置法、海上輸送規制法、捕虜取扱い法の10の法律改正をその内容とする「平和安全法制整備法案」および新たな「国際平和支援法案」の審議が進められている。これらはすでに昨年の集団的自衛権についての閣議決定に沿ったものであるが、従来の自国防衛から、「存立危機事態」へも対応でき、外国軍の後方支援も可能な「積極的防衛」への経路が、国民の安全や他国からの脅威を理由に広げられつつあるといえる。湾岸戦争時に「カネは出すが血は流さない」と国際社会から非難されたともいわれたが、今回の法案は「血を流す貢献」を可能にする環境を整えるものと考えられよう。だがこうした「積極的貢献」が、ある国をめぐる脅威の抑止力になりえるかどうかは、世界の各地で、今日も続けられてきている戦争の実態から、冷静な判断が必要である。

　これらの法案が現行憲法に反し、法治主義をゆがめることについては、憲法学者を中心とした批判がある。ここでは社会福祉学の立場から次のような危惧を表明したい。①どのような正義の名の下においても、いったん始められた軍事活動は、それが「後方」支援であろうと、同盟国への支援であろうと、そこに巻き込まれた国々の人びとの命と日常生活を一瞬にして奪い、孤児や傷病・障害者を増やすだけでなく、それらの深い傷跡が、人びとの生活に長い影響を与え、しばしば世代を超えて受け継がれていく実態がある。②子ども、障害者・病者など「血を流す貢献」ができない人びとが、こうした事態の中で最も弱い立場に追いやられる。また民族や性別、階層の分断や排除が強められ、テロ等の温床にもなる悪循環が作られていく。③これらから生ずる「犠牲者」への援護施策とそのための財政その他の社会的コストは一時的なものではなく長期に要請されることに特に留意し

たい。戦後70年経ってなお、戦争犠牲者への援護行政が続けられ、またそれを巡ってアジアの諸国との対立が続いていることがその一端を示している。④財政再建を理由に社会保障・社会福祉費の削減が続いている今日、もし「積極的貢献」の負担増がこれに優先するようになれば、少子高齢化が深まる日本の社会福祉の未来は、更に暗いものとなろう。

2　他方で、日本社会福祉学会『社会福祉学研究の50年—日本社会福祉学会のあゆみ』(2004) 所収の論文「戦後社会福祉の総括」において、著者阿部志郎氏は、戦後社会福祉が「戦時の「万民翼賛体制」のもとでの厚生事業との断絶があり、国家主義の否定の上に、戦後の民主的な社会福祉が到来したと認識しがちである」とし、自らも含めて日本の社会福祉が戦争責任を自覚してこなかったし、「アジアの国々はもちろん、沖縄さえ視野におさめていなかった」ことを深く恥じていると率直に告白されている。その点が、ボランティア運動でさえ「罪責感」を基礎に再出発した戦後ドイツの社会福祉との「決定的相違」だとも強調されている。私たちは、この阿部氏の告白をあらためて真摯に受け止める必要がある。社会福祉は、一方で一人ひとりの生活に寄り添いながら、同時に「多数の正義」の名の下での支配体制に容易に組み込まれる危険を孕んでいる。このことに社会福祉研究者は常に自覚的でありたい。

3　日本社会福祉関連の各学会は、90年代より国際交流を活発化させ、特に東アジア3カ国ネットワークの実現に向けて努力してきた。また留学生への支援も強化しようとしている。こうした交流の中で、社会福祉の今日的課題の共通性とともに、文化・歴史的背景の違いについての理解も深められている。「戸締まり」に気を配るだけでなく、国を超えた共同研究や実践交流の積み重ねの中で、相互理解を深めていくプロセスをむしろ大事にしたい。残念ながら、最近の政治的「緊張」が、こうした地道な相互理解の努力に水をさすことがある。しかし、回り道のようでも、緊張を回避していく別の回路を模索することが、学会や研究者の役割であり、国際的な社会福祉研究の水準を高める上でも意味があると考える。

　戦後70年目の8月15日を迎えるにあたって、社会福祉研究者・実践者として私たちは、「血」ではなく「智」による、「抑止力」ではなく「協力」による未来社会を展望する努力を続けることを誓い合いたい。

［注］
1　池田真規 (2008.9.6)：被爆者と憲法，日本被団協新聞．
2　岡本三夫 (1999)：，平和学，pp100-116,法律文化社．
3　安嬉育郎 (2007)：平和をめぐる世界と日本の歴史—平和の概念について—,pp45-49,民医連医療,全日本民主医療機関連合会．

4 「平和の文化に関する宣言」第1条で、平和の文化とは、価値観、態度、行動や様式、生き方のひとまとまりとした概念として9項目にわたって示されている。そして「実践すること」「促進すること」を全面に出して、行動を呼びかけている。

5 高木昌彦 (1999):「非核平和に発達する権利」ダイヤ印刷,P155.
高木は、学生が非核平和に発達する権利として事実を知る権利があること、そのための教育を行わなければいけないと訴えている。教育はその権利の保障であること、非核平和に生きる権利、非核平和に発達する権利の行使であるという。

6 高木昌彦 (2000):医学史研究.76号,p667.高木は医学教育について言及しているが、基礎となる人間視点については福祉専門職教育と共通する.

7 田代国次郎 (2004):苦悩する社会福祉学,p161.社会福祉研修センター.

8 中園康夫 (1996):援助関係の基礎理論. 相川書房, pp169-170.

9 アメリカによるビキニ環礁での水爆実験では、1954年3月1日、ビキニ環礁周辺で操業していた第五福竜丸など日本のマグロ漁船1,000隻近くが被曝した。ビキニ水爆実験の被害者については、高知の高校教員と高校生の長年の調査がある。2014年9月19日、厚生労働省が、当時の厚生省が第五福竜丸以外の漁船の船体と乗組員に対する放射能汚染検査の文書がないといって公開してこなかった資料を初めて公開した。ビキニ環礁での実験で被災した漁船は1000隻以上といわれており、被害者救済と全容解明が求められている。(しんぶん赤旗,2014.9.20)

10 日本原水爆被害者団体協議会 (2018.3.31):居住地別被爆者健康手帳所持者数.

11 2006年4月29日、5月21日に行われた原爆訴訟近畿弁護団による「被爆者なんでも電話相談」「原爆症認定集団申請・集団訴訟110番」においても半数近くが被爆者手帳申請の相談であった。

12 被爆60年アンケート (2005):日本原水爆被害者団体協議会・朝日新聞・広島大学・長崎大学 (2005.7.17). 朝日新聞.
日本原水爆被害者団体協議会・朝日新聞社他、2005年3〜4月に実施された。これは日本原水爆被害者団体協議会、広島大学・長崎大学の研究チーム、朝日新聞社によって、広島・長崎の被爆者4万人を対象に健康状態、原爆被害への考えなどを尋ねるものであった。

13 鎌田七男 (2005):入試被爆・直接被爆のからだへの影響.原爆被害者相談員の会,被爆者問題シンポジュウム.

14 日本原水爆被害者団体協議会は、1956年に結成された原爆被爆者の全国組織であり、47都道府県にある被爆者の会が結集している。核兵器の廃絶と原爆被害への国家補償を要求し、被爆者の「いのち」「くらし」「こころ」の相談・世話活動を行っている。1985年と1994年の2回ノーベル平和賞の候補として推薦されている。(被団協資料参照)

15 日本被団協 (1985):原爆がもたらした惨苦の生に関する統計集

16 日本被団協、広島大学、長崎大学、朝日新聞 (2005):被爆60年アンケート報告,参照

17 中澤正夫 (2007):被爆者のこころの傷を追って、ｐｐ107−110岩波書店を参照

18 朝日新聞 (2008.5.23):「被爆者「空白の10年」耐えた」:今回の調査は、県被団協が結成50

年の2007年、県内在住の会員の被爆者に実施し、選択式で昭和45〜55年当時の生活実態など20項目を質問した。有効回答は6621人（回答率57%）。回答者の8割を73歳以上（被爆時12歳以上）が占めた。日本被団協代表委員を務める坪井は「アンケートでは、行政から見捨てられた被爆者が、健康不安やつらい差別に直面しながら懸命に生きた実態が浮き彫りになった。多くの人が病気におびえ、差別にさらされていた実態が明らかになったと分析している。

広島県原水爆被害者団体協議会（2008）：空白の10年においても被爆者の体験として示されている。

19 黒岩晴子（2013:）医療ソーシャルワーク研究第4号,pp62-74.

20 鎌田七男：前掲

21 鎌田七男：前掲

22 原爆孤老刊行委員会（1980）：原爆孤老,労働教育センター.を参照

23 広島市（2002）：在宅高齢者基本調査

24 三村正弘（2005）：介護保険と被爆者援護,ヒバクシャ.22号,pp36-44.

25 広島市前掲書

26 毎日新聞西部夕刊（2008.8.9）：「生まれながらの宿命─兄が人生語り継ぐ」

27 ABCC：The Atomic Bomb Casualty Commission）1946年、広島・長崎の原爆放射線被爆者における放射線の医学的・生物学的晩発影響の長期的調査の目的で米国によって設立。1975年には、財団法人放射線影響研究所（日米共同）として発足。（放射線影響研究所資料参照）

28 財団法人広島原爆障害対策協議会（1969）：被爆者とともに　─続広島原爆医療史─、pp118-130を参照
被爆に関する資料は、すべて公開されることなく進駐してきたアメリカ軍によって秘され本国に持ち帰られていた。その秘し方には以下の4段階があった。　1,TOPSECRET（機密）2、SECRET（極秘）　3、CONFIDENTIAL（秘）4、RESTRICTED（部外秘）1946年（昭和21年）2月21日付けで被爆者の医学的調査をまとめた東京大学の都築正男博士の報告書は、「TOPSECRET」となっていた。（「被爆婦人の集い」No148、大阪市原爆被害者の会婦人部、1985年6月）を参照

29 朝日新聞（2007．5．23）：被爆者「空白の10年」耐えた.

30 西岡幸泰（2001）：国民皆保険と高齢者医療制度再編、民医連医療No347、P12。
1961年当時でも「国民皆保険」達成と称されたものの内容が伴わず、無医地区、農村部、都市周辺部では健康保険証を所持していない人々が300万人を超えていたこと、保険給付は健保も国保も5割、3年で打ちきり、薬剤によっては保険適用がなされず「保険あって医療なし」という状況であった。

31 ビキニ水爆実験では周辺海域では当時、延べ約千隻が操業・航行していた。大勢の被害者が癌の発症などに苦しんできたが、救済がなされなかった。高齢となった被害者が船員保険の労働災害の適用や裁判への提訴など救済を求めた活動が行われている。被害者の

支援には1985年頃より高知県の高校生（幡多高校生ゼミナール）たちが続けてきた被害者の実態調査活動が大きな役割を果たした。太平洋核被災支援センターをはじめとした被害者の救済が続けられている（太平洋核被災者支援センター資料参照）。

32 高木昌彦,前掲書, pp143-145:被爆者の悲願だった国家賠償としての「援護法」であるが、国はその条文に核兵器の究極的核廃絶を挿入し、廃絶を先送りにしたものである。被爆者の高齢化に配慮したというが、真の援護法からはほど遠いものであった。

33 石原昌家他（2004）：「争点・沖縄戦の記憶」,p99.社会評論社.を参照。
島の人たちは「玉砕命令」と言っていた。「強制集団死」は1970年代朝日新聞記者が使用、「軍事的他殺」であることを指摘した。原爆投下による未曾有の惨事を経験した被爆者や東京大空襲や大阪大空襲など空襲による被害者がその戦災の補償、償いの法律である「援護法」を求めても国はそれに応じていない。沖縄の場合は最初から適用している。それは軍の管轄の元に置かれた軍属として組織的に一般住民を位置づけていたからである。

34 斉藤ともこ（2005）：きのこ雲の下から明日へ、ゆいぽおと。Pp138-141参照

35 原爆訴訟支援近畿連絡会（2003）：近畿原爆症裁判資料集（1）（訴状、原告意見陳述書）.p9.

36 原爆症認定集団訴訟大阪地方裁判所判決、:pp70-71：Dosimetry System 1986（1986年被曝線量体系）の略で、1986年にネバダの砂漠で行われた核実験の結果を基に距離・臓器毎の被曝線量をシミュレーションしたもの。重要な基礎データが軍事機密のベールに包まれているほか、特に遠距離地点での被曝線量が実際よりも小さく評価されているため、信頼性に問題があるといわれている。

37 原爆症認定集団訴訟大阪地方裁判所判決・前掲（2003）：pp71-83：アメリカの核実験の結果を基にしており、いずれの基準も被爆後の「黒い雨」などの放射性降下物や残留放射線による体外被曝、放射能を含んだ水や食物を摂ったり、塵や砂ぼこりなどを吸い込むことによる体内被曝など、これらすべて考慮していない。

38 日本原水爆被害者団体協議会（2013年）

39 朝日新聞（2008. 8. 6）：原爆症新基準「追い風」6割,救済不備残る不満.

40 尾藤廣喜（2006・12・16）：「京都原爆小西訴訟から原爆症集団訴訟へ～原子力発電所の問題が背景に～」大阪での青年学習会の講演.

41 原爆症認定新聞（2008.11）：原爆症訴訟支援ネット・兵庫49号.

42 朝日新聞（2008. 8. 6）・長崎新聞（2008.8.6）：認定申請4月～6月の3ヶ月で4千件を越え、2007年の1年間の件数を上回った。

43 ヒロシマ医師のカルテ（1989）：広島市医師会,p1,宇都宮印刷工業KK.

44 広島・長崎—原子爆弾の記録（1978）：子どもたちに世界に！被爆の記録を贈る会,P221.

45 小林栄一（2008）：被爆者医療ひとすじに,pp63-74,清風堂書店.

46 広島原爆医療史編集委員会（1961）：広島原爆医療史、第3章『地元における救援活動の実相』P427、P428、P641及び髙木昌彦前掲書、P155。

47 日本学術会議,第18期社会福祉・社会保障研究連絡委員会（2003）：ソーシャルワークが展開できる社会システムづくりへの提案.社会福祉・社会保障研究連絡委員会報告.p1.

48 一番ヶ瀬康子他日本社会事業学校連盟 (1998)：戦後社会福祉教育の50年．ミネルヴァ書房, p83.

49 高橋博子 (2008)：原爆投下1分後―消された残留放射線の影響―, pp3-8, アメリカ学会.

50 ISDA JNPC編集出版委員会 (1978)：被爆の実相と被爆者の実情―1977NGO被爆者問題シンポジュウム報告書, 朝日イブニングニュース社.

51 栗原淑江編集発行 (2009)：自分史つうしんヒバクシャ, 第193号.

52 舟橋喜恵 (1996)：原爆被害者相談員の会の歩み, IPSHU研究報告シリーズ・No23, pp237-254, 広島大学平和科学研究センター.

53 黒岩晴子『被爆者を援助しつづける医療ソーシャルワーカーたち』本の泉社, 2012年. に詳しい。

54「しんぶん赤旗」日刊紙　2020年1月6日付掲載

55 栗原淑江前掲書 (2001)：付録, 誰でも書ける被爆者の自分史.

56 石田忠 (1986)：原爆体験の思想化. 未来社. を参照。

57 原爆被害者相談員の会編 (1995)：被爆者とともに, p213, 中国新聞社.

58 栗原淑江 (2007.7.31)：佛教大学通信教育部夏期シンポジュウムでの報告.

59 大阪市原爆被害者相談室編 (2000)：ヒロシマを超えて, 平和への遺産シリーズNo16を参照.

60 黒岩晴子前掲書 (2012) に詳しい。

61 現 (公益社団法人) 日本医療社会福祉協会

62 日本医療社会事業協会 (2003.5.15)：日本の医療ソーシャルワーク史. 川島書店. pp263-264.

[参考文献]
1) 村上須賀子『新時代の医療ソーシャルワークの理論と実際』大学教育出版. 2005年
2) 斉藤ともこ『きのこ雲の下から明日へ』ゆいぽおと, 2005年.

2　災害時におけるソーシャルワークの実際

1. はじめに

　近年の我が国における災害発生時のソーシャルワーク研究については、日本ソーシャルワーク教育学校連盟が社会福祉分野を軸とした方法論の確立化に向けての研究が行なわれているのをはじめ、各々の分野における研究関係機関からも注目されるようになってきた。

　大規模地震の場合、発災直後に求められる取り組みは、要配慮者等の「救出救助」、「安否確認」や安全な場所までの「避難支援」、「緊急対応」等が挙げられる。この時期はまさに「いのち」を守るフェーズ（直接死対策）であり、福祉サービス事業に従事するソーシャルワーカーは、迅速な利用者への対応を図る必要がある。また、2日〜3日目にかけて一般の指定避難所の避難者数はピークを迎えるが、この時期に、医療・保健関係者は救護所の開設を行い、速やかに要配慮者（患者）の把握と適切な場所への避難支援を行うことが求められる。また、社会福祉施設等では、自治体の要請を受けて、福祉避難所の開設準備に取り掛かることになる。この時期のソーシャルワーカーは「いのち」を守るフェーズの真っただ中にあり、予断を許さない緊張した状況の中で業務を遂行することとなる。1週間〜2週間ほどとすると、災害ボランティアセンター等の取り組み等、外部からの様々な支援体制が入り、在宅被災者を中心とした支援が展開されていく。これ以降、避難生活を余儀なくされる場合は、「暮らし」を守るフェーズへと突入し、ソーシャルワーカーは、衛生管理、食事管理、健康管理等に留意しながら、要配慮者を中心とした生活環境の調整や暮らしの再建、復旧・復興のための支援を展開していく。復旧・復興期にかけては、地域復興計画への関与や新たな地域包括ケアシステムの構築等が求められ、コミュニティワークを駆使した取り組みが進められることになる。

2.　災害時のソーシャルワークにおいて大切にしたい視点

(1) 避難行動要支援者（要配慮者）の把握

　災害時において、ソーシャルワーカーはどのような点に留意し、活動を展開する必要があるのだろうか。まず、はじめに大切にしたい視点として挙げられるのが「直接死」に関することである。災害時は発災後、刻々と災害状況が変化し、それに応じた対応が急務となる。例えば、阪神・淡路大震災の際では、発災当日、救出・救助された604人のうち、486人が生

存救出（80.5％）されているが、2日目には452人のうち、129人しか生存救出（28.5％）することができていない。発災後3日目ともなると、238人のうち、たったの14人（5.9％）であった。また、救出・救助された者の約1/3は友人・近隣住民から助け出され、救助隊によって救助されたのは1.7％であるという調査結果もある。[1] 発災直後は、日頃からの顔見知りの関係性によって、いかに早く救出・救助を行うかが重要となってくることがわかる。そして、発災から3日をめどにソーシャルワーカーは速やかに要配慮者の安否確認を行うことが求められる。2011年に発生した東日本大震災では、岩手県、宮城県の地域包括支援センター、在宅介護支援センターの一部が発災当日である3月11日から安否確認作業を始めていることがわかっている。甚大な津波被害を受けた沿岸部では、津波・火災による二次災害のリスクや安否確認に回る物資不足等の課題があったにも関わらず、要配慮者の命をつなぐ活動が各地で展開された。[2]

　2013年、東日本大震災の教訓を受けて、災害対策基本法が改正された。改正のポイントとしてまず挙げられるのが「高齢者、障害者等の災害時の避難に特に配慮を要する者（避難行動要支援者）についての名簿作成」を市町村長の責務と課した点である。また、同年、避難行動要支援者の避難行動支援に関する取組指針が策定され、名簿の整備とともに対象者の避難に関する個別計画の策定を行うことが明記された。予め、避難行動要支援者の名簿を作成し、避難計画を作成することで直接死を防ぐことが目的であるが、ソーシャルワーカーがこの取り組みに関わる例が全国的にみられるようになった。大分県別府市では市のコミュニティソーシャルワーカーが事前に把握している要配慮者とともに個別計画の策定に関わる取り組みが進められているし、兵庫県でも介護支援専門員がケアプランを策定する際に個別計画を同時に作成する取り組みが始まっている。[3]

（2）人間（人権）の尊重

　東日本大震災時、医療処置や服薬指導の必要な要配慮者が多数避難し

ていたある福祉避難所では、ベッドにナンバーをつけることとなり、横10列、縦8列をAの1番から12番、といった形で区分し、「そこの人が○○の薬を飲んでいるらしい」「Bの1の人が佐藤○○さんよ」という形で情報の管理を行った。個人カルテについても整理したナンバーをふり、要配慮者にはリストバンドを装着してもらった。発災後、間もない対応としては致し方ない側面はあるが、こうした対応については、人権の観点からもできる限り早い段階で番号から「名前に切り替える」対応が必要である。また、過去の災害においても、一般の指定避難所に避難した知的障がいの子どもと母親が周りの理解がなかったために自家用車への避難を余儀なくされ、結果、母親がエコノミー症候群で死亡するケースも見られた。

　一方で、宮城県石巻市のある避難所では、発災後、最大で700〜800名の避難者を受け入れることとなったが、状況が落ち着いてくると避難者の要望により、集落ごとにかたまって避難生活を過ごす動きが見られ、大きな混乱なく避難運営を送ることができた。また、避難者の中で認知症等が原因で一般の居住空間で生活が困難な高齢者がいる家族については、周囲の避難者への配慮（排泄処理等によるプライバシーや臭いの問題等）から、トレーニング室を利用した介護者家族の避難スペースを確保し、介護者同士のコミュニティを形成しながら、窮地を乗り切った場面も見受けられた。[4]

　ソーシャルワーカーは、ソーシャルワーカー（社会福祉士）の倫理綱領にもあるように、まさしく「人間の尊厳」を守るべき価値とし、それが阻害される状況にある時は、真っ向からそのことに対して立ち向かっていくことが求められる。特に災害時は、自助による生命保持や生活再建が求められる中で、「見過ごされがちな」要配慮者の存在を今一度、顕在化し、人間としての尊厳の必要性を強く訴えかけていく必要がある。

（3）合理的配慮とユニバーサルデザイン

　2016年、全ての国民が、障がいの有無によって分け隔てられることなく、

相互に人格と個性を尊重し合いながら共生する社会の実現に向け、障がいを理由とする差別の解消を推進することを目的として障害者差別解消法がスタートした。本法において注目されるのが「合理的配慮」事項の明記である。合理的配慮とは、障がいのある人が障がいのない人と平等に人権を享受し行使できるよう、一人ひとりの特徴や場面に応じて発生する障がい・困難さを取り除くための、個別の調整や変更のことを指す。災害時においても、この合理的配慮を整備することが求められており、国は具体的な事例として、以下の項目を例示している。

- 列に並んで順番を待つことが難しいときには、列から外れて順番を待てるようにする
- 細かく決まった時間や多人数の集団で行動することが難しいときには、時間やルールなどの柔軟な運用を行うようにする
- 曖昧な情報や一度に複数の情報を伝えると対応できないときには、具体的な内容や優先順位を示すようにする
- 情緒不安定になりそうなときには、別室などの落ち着ける場所で休めるようにする
- ペースメーカーや人工呼吸器などが必要なときには、それらの機器の使用について配慮する

ソーシャルワーカーは、合理的配慮がなされるよう様々な場面で働きかけを行う必要があるが、災害時においても然りで、避難所等での環境が十分整備されていない場合等は、運営管理者に対し合理的配慮についての理解を求め、環境改善の取り組みを進めていかねばならない。

また、合理的配慮とともに注目されるのが、「ユニバーサルデザイン」である。ユニバーサルデザインとは、障がいのある、ないに限らず、できるだけ多くの人が利用可能なデザインのことを指す。京都府では、「避難所のユニバーサルデザインに向けた取組ガイドライン」を策定しており、一般避難所をバリアフリー化するだけでなく、「要配慮者相談窓口」や「静養室」、「授乳室」、「ベッドコーナー」、「補助犬コーナー」などを設置し、要配慮者

を含めすべての人が安心して避難できる環境とするためのユニバーサルデザインの推進を市町村に対して推奨している。ソーシャルワーカーはこうした動向にも注視し、避難所等の環境改善に努めなければならない。

（4）「要配慮者本人への働きかけ」＝（生きることをあきらめない視点）

　ソーシャルワーカーは災害をも見据えて、日常から要配慮者本人に対し、「生きることをあきらめない」というメッセージを常に投げかけ、あきらめてしまおうとする人が生まれないための社会的働きかけ（ソーシャル・アクション）が重要である。社会の制度や仕組みを豊かにしていくことは災害時の対策にもつながっているということを改めて認識することが必要である。我々は発災後、要配慮者の命と暮らしを守るための活動を展開するが、一方で要配慮者の可能性や彼らの潜在的な力にはあまり意識が傾注されてこなかったのも事実である。「エンパワメント視点」、「ストレングス視点」とは、その人には力がある、ということであり、その人には本来、力があってその部分を高めたり強調することにより、その人の能力が発揮できるよう支援を行う。はたして私たちは災害時に彼らの「力」を信じ抜くことができているだろうか。要配慮者を「患者」にしてはならない。避難所や福祉施設を「病院」にしてはならない。あくまでも要配慮者は「主体者」であり、避難所、福祉施設は「生活の場」だということを今一度、我々は肝に銘じたい。

　京都市北区のある学区では、日常から孤立しがちで、災害時にも困難が予想されるひとり暮らし高齢者の組織化を行い、彼ら、彼女らの「生きる力」の醸成をめざして、ソーシャルワーカーが日々、関わりながら支援をしている。この取り組みでは、ひとり暮らし高齢者自身にも様々な役割や可能性があるということを組織化活動を通じて実感してもらい、現在では、地域の活動や防災訓練等に積極的に関わり、災害時要配慮者にもできることがあるのだという事実を内外に広く周知している[6]。

　また、ある特別支援学校では、通常の授業の中で、災害に関する要素を

盛り込み授業カリキュラムを編成している。また、特別授業として災害への備えに関すること、避難所運営に関することを学び、生きる力をはぐくむ取り組みの一環として防災教育を実践している。[7]

(5) 災害にも強い地域包括ケアシステムの構築

　日常と災害は連動する、この事実に着目し災害をも見据えた地域包括ケアシステムの構築が重要である。日常からのあいさつ運動や見守り安心ネットネットワークの形成は、発災時の要配慮者に対する安否確認と連動する。また、高齢者や子育て中の家庭等を対象としサロン活動は災害時に要配慮者の居場所として機能している。地域の祭りや行事における各種団体の協働・連携の取り組みは例えば、災害時の避難所運営における基盤として活きるし、復興時期に被災者の心を一つにするための機会づくりとして有効である。このように、日常の活動・事業は災害時と密接に関係しており、日常のこうした基盤が豊かな地域ほど、災害対応力が高いことがわかってきている。[8]

　ソーシャルワーカーは、これまでの日常の営み、仕組みが災害対策を機に、さらに高次なものに高めていくため、日常と災害をつなぐ地域包括ケアの仕組みを住民とともに創り上げていくことが求められる。そして、Careが単なる「心身のケア」のみに終始するのではなく、「コミュニティケア」としての社会的認識を獲得することができるために、静かなる改革を進めていくことが重要である。

　2018年に発生した北海道胆振地震では、被災地域がブラックアウト（大停電）する事態となったが、この際、真っ先に命の危険にさらされたのが医療的ケアを必要とする要配慮者（以下、「医療的ケア児・者」）であった。こうした事態を教訓とし、2019年には医療的ケア児・者減災支援ネットワークが立ち上がった。本ネットワークは、日常から保健医療および福祉関係者等が医療的ケア児・者とその家族とともに減災活動に取り組み、個別の対策を進めるだけでなく、安心で安全な備えの取り組みや災害時支援の仕

組みづくりを目的として活動を展開しているが、最終的な到達目標として、災害時において、医療的ケア児・者への災害対策や合理的配慮を行うことが社会的認識として許容される社会（富や権利の再分配を前提とした豊かな社会）土壌の形成を掲げている。ソーシャルワーカーはミクロレベルでの働きかけはもちろん、このようなメゾ、マクロレベルにおける働きかけをも対象にしていることを自覚し、業務に従事することが求めれるだろう。

3. 災害時における事例

事例1

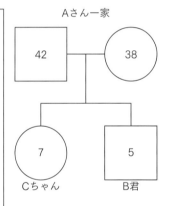

Aさん一家

- 7月、D市に台風○号が到来、○○川の氾濫により家屋が床上浸水し、避難所への避難を余儀なくされる。
- Aさん一家、4人家族。
- B君（5）男性、主たる病名はダウン症と心臓機能障がいで身障手帳1種1級所持、療育手帳B判定。現在は私立の保育所に通園している、その他、訪問看護を利用。これまでNICUへの入院歴あり、在宅酸素を自宅に常備した状態で生活していた時期有り。
- Cちゃん（7）女性、発災後、小学校は休校となり、そのまま夏休みに突入。発災当初、プールは使用不可、林間学校等の行事も中止となった。両親はB君の対応に追われているため、かなりのストレスがたまっている様子。

援助内容

本ケースにおいて、具体的な支援に入ったのは、D市の障害者相談支援センターに勤務するEソーシャルワーカーであった。発災後、ソーシャルワーカーのもとにAさん一家の母親から連絡が入った。母親の訴えは、家の1階は水に浸かった影響で生活ができない、避難所から戻り、2階にあがって生活をしようとしたが、臭いが我慢できず暮らすことができない。避難

所は大勢の人が避難しており、特段、障がい者への配慮がなされているわけではなく、独歩ができず環境の変化に弱いB君を抱えての避難生活は無理だと判断した。日頃、地域とのつながりが薄いAさん一家は、結果、被災した自宅へ戻らざるをえなかった。

　Eソーシャルワーカーが、Aさん一家に対し、まず初めに行ったことは住まいの確保であった。地域の民生委員を介して、B君の通う保育所に比較的近い空き家を紹介してもらい、早速、現地の確認に入る。「ここは使える」ということを確認し、大家にAさん一家の状況を説明した上で交渉に入った。その後、Aさん一家は暫時的にその空き家を借用することとなる。午前中に母親から連絡が入り、翌日には空き家の借用にまで至ったが、これは実に24時間のうちに調整が完了したことになる。今後のめどが立たず、混乱していた父親は住まいの確保ができたことで一定の落ち着きを取り戻すことができた。

　次に、Eソーシャルワーカーが行ったことは、B君の通う保育所や訪問看護事業所、行政機関等との連絡・調整であった。この際、保育所や訪問看護事業所は未だ再開ができずにいたが、だいたいのめどを確認し、再開後、すみやかにサービスが継続できるよう調整を行った。この際、Eソーシャルワーカーが大切にしたことは、「これまでの生活圏域を維持する」という視点であった。2011年に発生した東日本大震災級の街そのものが被災により大きな傷跡を残している場合は、ストレスケアの観点からいったんこれまでの生活圏域から離れることも有効であるが、今回の災害ではそこまでの大きな被害ではないと判断した。Eソーシャルワーカーはできる限り、B君をはじめとするAさん一家の日常性を保持できるよう、生活圏域内での住まいやサービスの調整を図っていった。

　あわせてEソーシャルワーカーは、Cちゃんのストレスケアにも動いている。ちょうど、発災後の子どもの居場所づくりを展開していた社会福祉協議会のソーシャルワーカーと連携し、これまでの生活圏域に設けられた「子どもの遊び場・学び場」をAさん一家に紹介し、Cちゃんが日中通えるよ

うにした。この居場所は夏休みの毎日、開設されており、Ｃちゃんはここ
に通うことにより、たまっていたストレスを存分に発散することができ、近
所の友だちやボランティアとの関わりの中で安心感を獲得していくことが
できた。ちなみに大規模な災害が発生した場合、被災した児童はPTSD対
策として、できる限り早期に、不安や恐怖、ストレスを外に吐き出す作業
が必要だと言われている。発災後、緊張と疲れで苛々することが多かった
Ｃちゃんは笑顔を取り戻していった。

考察

　災害時の支援を行う上で、「現在、何が一番のストレスになっているか」
をアセスメントすることが重要である。Ａさん一家にとってそれはこれまで
温かい家庭を築く上でよりどころになっていた我が家が一瞬のうちに崩壊
した「喪失感」であり、また、障がい児を抱えることで顕在化した公的な避
難施設からの「拒絶感」であった。この事実を理解したＥソーシャルワーカー
は、まず「住まいの確保」に着手し、Ａさん一家が安心して復旧のステップ
を歩むことができるよう環境整備を行った。

　また、風水害の対策で重要な点は、「事前避難の徹底」である。2019年6
月に避難情報の仕組みが大きく変更となり、これまでの「高齢者等避難準
備」、「避難勧告」、「避難指示」という3段階の発令から「警戒レベル」の5段
階の発令となった。避難情報をいち早く入手し、災害リスクの高いエリア
に居住する住民はいち早く避難を開始する。障がいのある児・者を抱える
家庭は、地域の各種団体、役員と日常から顔見知りとなり、災害が発生す
る前に声掛けや情報共有を図り、安全な場所へと避難を行うことが理想で
ある。しかし、医療的ケアが必要な層や重度障がい者がいる家庭ほど、日
常の生活が医療機関やサービス事業者との関わりで完結している可能性が
高く、地域住民との接点がほとんどないという例も少なくはないであろう。
本ケースにおいても、Ａさん一家は地域との関係性が薄かったため、存在
が特に可視化されることもなく、避難所内での合理的配慮がなされぬまま、

帰宅せざるを得なかった。Eソーシャルワーカーはこうした災害時の状況を見据え、日常から地域と彼らとの橋渡し的な役割として機能することが重要であるし、彼らの存在を地域において可視化し、災害時の合理的配慮への理解を促すことが重要である。また、災害時の被災者及び要配慮者支援の実際は、ある意味、「医療モデル」で展開される傾向が高い。Eソーシャルワーカーは障がいのある児・者を「患者」としては捉えず、改めて「生活者」としての地位を確立するための働きかけを常に心がけることが重要であろう。

　また、Eソーシャルワーカーは、B君のこれまでの生活圏域を意識しながら、支援対象者の調整を行っている。特に環境の変化への対応が厳しい障がい児・者にとって一番大切なのはこれまでの「日常性を保持する」という観点である。生活圏域を変更することは、これまでの日常性を奪うことであり、環境変化をもたらす大きな要因となることに留意し、ソーシャルワーカーは発災後のサービス調整を行う必要がある。

　最後に本ケースのヒントを提供いただいたソーシャルワーカーが、意思疎通が難しい障がい児・者に関わる際、大切にしていることはその人に「触れる」ことであると言っておられた。触れることで肌の緊張感や顔や表情の変化を感じ取ることができる。「触れる」という行為は彼らの「声を聴く」という行為そのものであり、「人格や人権を尊重する」姿勢につながるということを理解して支援にあたることが重要である。

事例2

- ・4月、F市を震源とする震度6強の地震が襲った。
- ・市内10か所で指定避難所が設置され、市内外から保健・福祉・医療機関の支援者が被災地へ駆けつけた。発災当初はDMAT（災害派遣医療チーム）や日本赤十字社の医療チーム等が緊急の救護所を立ち上げ、ケガ人や体調不良者の治療にあたった。1週間後、県内のDWAT（災害派遣福祉チーム）が市内の指定避難所を巡回し、支援体制の検討に入った。
- ・DWAT所属のGソーシャルワーカーは、特に高齢化が高く、支援団体の手が及んでいないH避難所の支援の必要性を感じていた。発災から10日後、DWATの提案により、H避難所内に「保健室」が設置された。

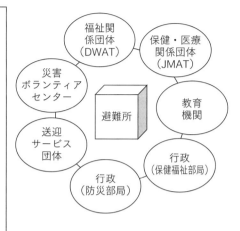

援助内容

　Gソーシャルワーカーは医療機関に所属しており、通常は医療ソーシャルワーカーとして業務に従事していた。発災後、所属していたDWAT事務局からの要請で、被災したF市へ入ることとなった。被災地にはすでに災害派遣医療チームであるDMATと入れ替わりでJMAT（日本医師会災害医療チーム）が支援活動を展開しており、他にも県内の看護協会や社会福祉士会等、職能団体による支援活動やJVOAD（全国災害ボランティア支援団体ネットワーク）等が調査及び支援活動に入っていた。[10]

　Gソーシャルワーカーたちは、まずF市の保健福祉部局を訪れ、現在の状況の把握に努めることにした。避難所の運営は同市の防災部局が担当しており、状況の把握には両部局の情報を総合的に収集する必要があり（両部局の連携体制はほぼ構築されていなかった）、全体像をつかむのに丸一

日を費やす結果となった。H避難所（小学校）については、ほぼ状況が把握されていなかったため、直接、避難所へ出向き、状況の確認を行った上で、市の防災部局等へ情報提供することになった。

　H避難所に到着し、まず目に入った光景は、避難所内に散見される犬や猫等のペットであった。また、館内の廊下には被災者が毛布をひいて横になっている姿や無造作に積まれた救援物資の箱の山があった。少し異臭が漂いはじめ、不衛生な状況が一目で理解できた。そして4月とはいえ、朝夕はまだまだ寒さが残る避難所にはマスクをして咳込む被災者も少なからずいた。Gソーシャルワーカーとともに被災地入りをしたDWATのメンバーは館内を分担し、くまなく巡回した後、入り口に集まり、今後の方針を検討した。

　検討の結果、出された対応案は以下の通りであった。
・避難所の環境改善（導線の確保、情報の伝達、プライバシーの保持）
・避難所内におけるルールの設定と運営協議会の組織化
・衛生管理、食事管理、健康管理の徹底（保健室を設置し、保健医療・福祉関係者が常駐する）
・H避難所で支援活動を行う支援団体の把握と連携・協力の体制づくり
・救援物資の集約と管理、被災者ニーズの把握

　早速、GソーシャルワーカーはH避難所の責任者である施設管理者（学校長）と行政職員に検討した支援案を伝え、実施の可否について判断を委ねた。その結果、まずは避難所の環境改善と衛生管理等の徹底に取り組むことになった。避難所の環境改善については、避難スペースにおける通路の確保（導線の確保）と入り口近くに情報掲示板の設置（情報の伝達）を行い、プライバシーの保持として、男女更衣室（女性更衣室は授乳室を含む）を空き教室を活用して設置することができた。

　衛生管理上、特に懸念されたペットについては、ひと昔前まで避難所にペットを連れてくることは原則禁止であったが、ペットが家族同然という価値観の浸透や独居高齢者の中でペットを飼育する人が増加しているとい

う話が出て、ひとまず校庭の隅にペット置き場を設けて共存できる道を模索することとなった。また、避難所の一日の流れや簡単なルールが設定され、情報掲示板へ貼りだされた。あわせて、夕方の5時に施設管理者、行政職員、その他主要な支援者と管内の自治会役員が集まり、その日の出来事の共有と起こった困りごとの対応について協議を行う仕組みが導入された。Gソーシャルワーカーはその協議に同席することとなり、毎回、記録を作成する役割を担った。

　DWATがH避難所に入り、3日が経った。その間、関係機関・団体との調整を行い、現在、使用されていない部屋を保健室として活用し、各専門職が常駐できる空間と被災者が気軽に相談に訪れることができる窓口を設置することが決定した。Gソーシャルワーカーは、保健室を拠点としながら、特に避難所内にいる要配慮者の把握と支援の見積りについて中心的な役割を果たすことになった。

考察

　現在、災害被災地には様々な外部支援者が入り、専門的支援を展開する仕組みが構築されつつある。介護・福祉分野においては都道府県ごとにDWAT（DCAT）が組織化され、災害時の支援体制の整備が行われる流れが生まれてきた。2016年に発生した熊本地震では、避難所や福祉避難所の支援として、地元の熊本県をはじめ、岩手県、京都府からもDWAT（DCAT）が派遣されている[11]。

　災害現場ではまず、医療関係者が被災者の命を守る活動を最前線で指揮する。これにより、これまでも多くの命を救うことができた。彼らが災害時要配慮者の命をつなぐために果たしてきた役割は本当に大きく、素晴らしいものである。その後、保健活動、引き続いて必要な方への医療活動の取り組みが進められて、特に要配慮者の心身のCure（治療）とCare（ケア）が提供されてきた。先にも述べたが、災害現場が医療モデルで展開していく傾向の中で、生活を基盤とした要配慮者、被災者の人たちの「日常性」

を保持するという視点（生活モデル）をソーシャルワーカーは忘れてはならない。災害時はこうした医療モデルと生活モデル、社会モデルのバランスをどう保っていくかが運営のポイントとなる。そのため、福祉関係者は早急に被災現場に駆け付け、医療関係者との関係性を形成しながら、チームアプローチにてその人の日常を取り戻してもらい、その人らしい暮らしを過ごしてもらうことを意識して活動を展開していく。

　また、外部支援者は基本的なスタンスとして被災地における物事の決定権を持たない。あくまでも被災地における最終決定を行う者は現地の被災者であり、外部支援者は決定に至るプロセスをサポートする役割である。今回も避難所において対応案は提示したが、決定は地元の責任者に判断を委ねている。

　そして、Gソーシャルワーカーは協議の場に同席し、毎回、会議記録を作成していた。発災時は特に状況が混とんとしていて、全体像をつかむことが非常に難しい時期といえる。その中で、ソーシャルワーカーは事実を記録し、関係機関との協議の中で全体像を少しずつ可視化していく。ここにソーシャルワーカーの専門性を見出すことができる。それは、潜在化する思いや課題を可視化していく技能であり、可視化されたものを今一度整理し、具体的な対策を立案していく計画策定の技能であるといえる。

　その他、Gソーシャルワーカーは避難所内の環境改善の取り組みを進めることができるよう、働きかけを行っている。ソーシャルワーカーは発災後、要配慮者の命と暮らしを守るために利用者のもとへいち早く駆け付けるが、それは一人でも多くの人々の命を守る（直接死への対応）のと同時に、避難生活期以降に発生する「関連死」を一人でもなくしていくためである。東日本大震災では3,000人以上の人が、熊本地震でも200人以上の人が関連死で命を落としている。ソーシャルワーカーはそのことに対して真摯に向き合い、自分たちの技能、経験を発揮しながら、要配慮者支援に努めなければならない。

　また、今回の事例のように日常的に行政施策やサービス体系が「縦割り」

化しているところは、そのことが災害時の復旧・復興の妨げになることが多い。本事例でみれば、防災部局と保健福祉部局の連携は見られなかった。これは、決して防災と医療・保健・福祉だけに限ったことではなく、例えば、警察、教育、商業、宗教等の分野も含め、連携・協力を模索することが重要である。

［注］

1　神戸市消防局「阪神・淡路大震災における消防活動の記録」(1995)、平成26年版 防災白書（図表2　阪神・淡路大震災における生き埋めや閉じ込められた際の救助主体等）から参考抜粋

2　峯本佳世子(2013)「地域包括支援センターにおける災害時支援の実態−東日本大震災被災地の災害時要援護者対策と災害時対応−」同志社政策科学研究, P161-174 参照

3　防災と福祉の連携促進モデル事業（兵庫県）として2018年から実施。ケアマネジャーや相談支援専門員が平常時のサービス等利用計画（介護保険、障害福祉サービス）を作成する際に、地域（自主防災組織や自治会等）とともに、避難のための個別支援計画（災害時のケアプラン）を作成するというものである

4　CLC『平成 23 年度　厚生労働省　老人保健事業推進費等補助金　老人保健　健康増進等事業　震災における要援護者支援のあり方に関する調査報告書』(2011)の石巻市遊学館の記述個所を参考抜粋した（執筆は筆者）

5　内閣府障害者施策担当「障害者差別解消法【合理的配慮の提供等事例集】」(2017.11)から参考抜粋

6　地域・大学協働研究会(2014)「地域・大学協働実践法」悠光堂, P119-120 参照

7　京都市立総合支援学校職業学科(2018)「地域と共に進めるキャリア発達支援」ジアース教育新社, P85-93 参照

8　石井布紀子(2017)「福祉教育開発センターシンポジウム『日常と災害時は連動する！日常の"この行動"が災害対応力を高める』」佛教大学福祉教育開発センター紀要15号,P23-30 参照

9　平成30年7月豪雨では、様々な防災情報が発信されているものの多様かつ難解であるため、多くの住民が活用できない状況であった。これを踏まえ、住民等が情報の意味を理解できるよう、防災情報を災害発生のおそれの高まりに応じて、居住者等がとるべき行動を5段階に分け、情報と行動の対応を明確化した。

10　被災地に対する外部支援として、DMATは災害現場における活動、病院支援、広域医療搬送、域内搬送等の災害医療を発災後3日〜1週間程度で支援を行い、DMATの撤退後は、ほぼ入れ替わりでJMATが被災地に入り、現地の医療体制が回復するまで医療支援を行う。また、2016年には、災害時の被災者支援活動が効果的に行われるため、地域、分野、セクター

を超えた関係者同士の連携の促進および支援環境の整備を図ることを目的として、特定非
営利活動法人全国災害ボランティア支援団体ネットワーク（JVOAD）が設立された
11 平成28年度社会・援護局関係主管課長会議資料「災害福祉支援体制の構築状況及び実践
事例」：岩手県、京都府、熊本県を参照

3 人間らしいくらしの実現

1 人間らしいくらしをめぐる諸問題

　医療福祉の現場では、低所得であるが故に保険料や医療費の負担がで
きず受診の機会が遅れてしまった人や、また、満足に食事ができず栄養失
調に陥っている患者や家族に出会う機会がある。あるいは、介護サービス
や障害者施策を利用しようにも、利用料の負担が困難なため支援計画を変
更せざるを得ない患者・家族がいる。MSWの主要な業務の一つとなって
いる退院援助においても、経済的問題があるために退院後の療養先の選択
肢が狭められる人たちは少なくない。

　このような経済的問題の解決を図る方法の一つに生活保護の利用があ
る。生活保護は憲法第25条で述べられた「健康で文化的な最低限度の生活
を送る権利」を保障する制度である。ここでの生活とは、単に生命維持が
できる水準を指すものではなく「健康で文化的」と示されている「人間ら
しいくらし」を意味している。しかし近年、私たちの暮らす社会には、経済
的問題と関わりながら様々な生活問題が起こっている。また「人間らしいく
らし」を保障するはずの生活保護にもいくつかの課題があり、その機能が
充分に発揮されているとは言い難い現実がある。本節では、私たちの社会
に起こっている現実の「くらしの問題」と生活保護に関わる問題を取り上げ
ながら、医療福祉の支援課題について考えてみたい。

（1）生活保護をめぐる諸問題

　世界には、干ばつに苦しみ、食べ物や飲み水が絶対的に不足している中で生活している人々や、あるいは校舎や教科書が不足していたり、家計を支えるために学校に通うことができず働かねばならない子ども、また戦争に巻き込まれ命を奪われる人や国を追われる人たちが大勢いる。わが国は世界的に見れば「先進国」と呼ばれる「豊かな国」の一つである。医療制度や義務教育制度は形として整っている。店頭には様々な食材や商品が並ぶ。しかし昨今、親の貧困によって食事をまともに摂れない子どもや医療を受けることができない子どもの問題が指摘されている。また、高齢者も介護保険の保険料や一部負担が重く、必要なサービスを利用することができない人もいる。働く年齢層であっても高騰する家賃の支払いが負担となり、悪質なシェアハウスに住まざるを得ない人もいたりするなど、人びとの人間らしいくらしと生命に関わる問題が生じている。

① 餓死事件

　2006年に北九州市で「おにぎりが食べたい」と書き残し、男性が餓死した事件があった。この男性は以前はタクシー運転手等として働いていたが、病気になり仕事を退職せざるを得なくなった。ガスや電気が止まる程の困窮状態に陥ったことから生活保護を申請し、無事開始となった。しかしその後すぐに福祉事務所から「仕事をして自立するように」という指導があり、3ヶ月後には生活保護が打ち切られた。男性は以前より糖尿病や肝疾患を患い、通院が必要な状態であったが、生活保護廃止後は通院も途絶えてしまった。そして、生活保護廃止から3ヶ月後に、自宅で死後約1ヶ月経過した状態で発見された。残された日記帳には、満足な食事を得られない状況や生活保護廃止時の福祉事務所の対応についての気持ちが綴られていた。[1]

② 介護殺人事件

　京都では、2006年に80歳代の認知症の母親を50歳代の息子が殺害するという事件が起こった。息子は西陣織の職人であったが、不況で仕事が減ってきたことや母親の介護に手を取られるようになり失業してしまった。

失業後は、困窮した生活を余儀なくされ、介護保険サービスの利用料が支払えなくなりサービス利用を中断した。福祉事務所に生活保護の相談をしたが「働いてください」などと言われ、受給はできなかった。しかし母親は昼夜逆転した状態になっており目が離せない。そのため就職活動は難航した。最終的にはアパートの家賃を滞納し、生活費も無くなったため、息子は「これ以上誰にも迷惑はかけられない」と思い詰めた。そして母親の車いすを押して住み慣れた京都市内を歩き回った後に母親を殺害し自分も自殺を図った。

　裁判では息子が献身的な介護をしながら仕事を探していたことや、生活保護の相談に行ったが受給にはいたらず、生活の困窮状態を改善できなかった状況が明らかにされ、執行猶予付きの判決がなされる。

　これらの事例からは、「豊かさ」を誇るわが国においても餓死者がいたり、満足に医療を受けられずに命を落としている人がいることや、また住む家を失った人がいるなど、「人間らしいくらし」が保障されていない現実があることを学ばねばならない。このような状況は、高齢者や疾病を抱える人びとだけではなく働いている若い世代にも発生しており、「ネットカフェ難民」等と呼ばれ社会問題化したこともある。人びとのくらしは疾病を原因に崩壊していくこともあるが、一方では「人間らしいくらし」が破壊されたことで心身を病んでいくこともある。疾病には、日常生活や地域活動、労働など様々な社会生活が関連している。「人間らしいくらし」が保障されるためには何が必要なのか、何が問題となり「人間らしいくらし」が阻害されているのか、広い視点から考える姿勢が求められている。

(2) 人間らしいくらしを守る生活保護

　私たちのくらしは、働いて賃金を得て、生活に必要な衣食住をまかなったり、健康保険や年金といった様々な保険料を支払う中で成立している。しかし、疾病や会社の倒産、離婚等様々な理由で働けなくなることがある。あるいは、後遺症や障害などが原因で、働き方の選択肢が狭められ低い水

準の給与しか得られない場合もある。このように様々な理由から衣食住の確保に困難が生じたり、必要な医療を受けられない状況から生活を守るために、様々な社会保障制度が用意されている。その中でも生活保護は「最後の砦」と称されるように、他のあらゆる手段・制度を利用しても生活が維持できない時に、「健康で文化的な最低限度の生活」を保障する制度である。

　生活保護をめぐってはこれまで様々な問題が指摘され議論されてきたが、その内容は①生活保護の申請に関わる問題、②生活保護が保障している生活水準の問題に大きく分けることができる。

　まず、①生活保護の申請に関わる問題について考えてみよう。生活保護はそもそも、「補足性の原則」といって、生活保護を申請する前に持っている資産や他の制度を最大限に利用することが求められる。

　特に1980年に暴力団員の不正受給が問題になったことをきっかけに、翌1981年には「生活保護の適正実施の推進について」、いわゆる「123号通知」が発行された。この123号通知は、暴力団関係者だけではなく全ての生活保護申請者や受給者に包括的な同意書を取り、資産調査や銀行等への照会を行い、厳格に不正受給を取り締まろうとするものである。しかし全ての生活保護申請者に資産調査の同意書を取り付けることは、全員が「不正受給をしようとしている」と疑っているのと同じであり、その意味では申請者にスティグマを与えることに繋がる。さらに、123号通知の徹底は、福祉事務所の役割を生活保護申請者の「相談窓口」から「不正受給を取り締まる窓口」へと変化させることになった。そのため、生活に困窮し福祉事務所へ出向いても、なかなか申請が受理されない、といった事態が生まれてきた。いわゆる「水際作戦」と呼ばれる対応である。

　このような状況の下、窓口に相談に訪れても「家賃が高いので、引越してから相談にきてください」「病気であれば、医師の診断書を貰ってから、また相談にきてください」といった指導がなされ、申請を受理されない事例があったり、生活保護申請後、開始決定が出るまでの間、生活困窮状態

にあるにも関わらず就職活動を助言指導する、といった対応がなされた事例も報告されている。[4]

　さらに、2014年7月に改正生活保護法が施行され、申請手続きの厳格化や扶養義務の強化が規定されることになった。この法改正により、必要書類が整わないことによって適時に申請が受理されない、あるいは親族や勤務先に連絡が入ることを躊躇するために申請しないことを選ぶ、といった事態が発生する可能性が危惧されている。

　次に②生活保護が保障している生活水準の問題について考えてみよう。生活保護の基準に関しては、2004年からの老例加算の廃止、続いて母子加算の廃止が実施された。これは生活保護を受けていない世帯の所得よりも母子世帯・高齢世帯の生活保護基準が上回ることがその理由とされた。その後、多くの当事者・関係者の運動により母子加算は2009年12月より復活したが、老齢加算は廃止されたままである。老齢加算廃止については全国的に訴訟運動が展開されていた。京都の高齢者3人と北九州市の29人が「国が『老齢加算』が廃止したのは、生存権を保障する憲法に反する」として訴えを続けて来たが、2014年10月に最高裁において「国の『老齢加算』廃止の決定は、国の裁量権を逸脱しておらず、合憲である」という判決が出された。母子加算とは異なった結果となり、高齢者の生活水準は低い水準に据え置かれた。

　そして、デフレによる物価下落などを理由に2013年8月より3年かけて生活保護基準額が切り下げられることになった。引き下げの直後である2014年4月からは消費税が8％に増税されたこともあり、生活保護受給世帯の生計は非常に厳しいものとなった。生活保護を利用する人々は食費を削ったり、光熱費を節約するなど、困窮した生活を余儀なくされている。このような事態に対して当事者と支援者が生活保護基準引き下げに対して集団審査請求を行うなど、様々なアクションを起こした。2014年から佐賀県14人、熊本県49人の提訴を皮切りに、広島県（63人）や北海道（142人）、埼玉県（25人）、大阪府（51人）などで、多くの生活保護利用者が原告となり、生活保

護基準の引き下げは違憲であるとして、国・自治体に対して裁判を起こした。2019年現在全国29地裁、約1,000人が訴えを起こす大きな裁判になっている。

　生活保護における加算廃止、生活扶助費の引下げはどのような意味を持つのだろうか。一つは、生活保護基準額の減額は、「最低限度の文化的な生活」の質が引き下げられたことに他ならない。そして、これは生活保護受給者の生活を直撃しただけではなく、これまで生活保護基準と同等程度で生活していた人を生活保護から排除してしまうことにも繋がっており、生活保護を利用する人々のみならず社会全体へ及ぼす影響は大きい。

　2013年からの引き下げにとどまらず、国は2015年には冬季加算と住宅扶助基準の引き下げを実施した。また、2018年からはさらなる生活保護基準引き下げを実施している。冬期加算は11月〜3月までの気温が低い期間に暖房の燃料代や防寒具の購入等で費用がかさむことに対して支給されてきた。国は一般低所得世帯の冬期の支出よりも、生活保護の冬期加算額の方が高い調査結果がでた、として引下げの根拠としている。

　また、住宅扶助基準についても、部屋の平米数が狭く、建物が古く設備が整っていない住宅に対して住宅扶助基準額が限度額いっぱいまで支給されていることや、限度額より低い水準の家賃でも国が決める最低基準（国交省では単身世帯では25㎡を基準としている）を満たす賃貸住宅がある、として、切下げを決定した。しかし、これについても多くの問題が指摘されている。

　まず、冬期加算については、北日本等では現在の冬期加算であっても日中は暖房を切って暖房費用を節約していたり家計の工夫が必要な状態で、決して現在の冬期加算額が高いとは言えない。実際、国の調査結果については、生活保護を利用できるのに利用していない「漏給世帯」が含まれている。こうした生活保護基準以下で暮らす世帯の支出と比較すると冬期加算額の方が高い結果となることが予想される。しかしそれでは本当に必要な冬期加算額を計算できるとは考えにくい。

　また、住宅環境と暖房費も関係する。古くて、省エネ対策がされていな

い暖房器具しか持っていない世帯や、すきま風が入るような古い木造住宅に住んでいる世帯では暖房費用は多く必要となる。しかし生活保護世帯において高額な暖房器具の買い替えは頻繁にできることではない。また暖房環境を理由にした転居費用は生活保護から支給されることは難しく、転居費用を自己で負担することも現実的には困難である。こうした状態を考慮し、冬期加算の引下げは本当に妥当かどうか、今後さらに検討する必要があるだろう。

　住宅扶助基準額についても、生活保護を利用する人の中には保証人がいないなどの理由で、住宅環境が水準以下の部屋を選ばざるを得ない状況もある。あるいは高齢者や障害をもつ人などは、バリアフリーなどのその人の状態に応じた住環境を選ばなければ、生活そのものが成り立たない。このように、「安い家賃の住宅がある」といわれても実際は選択できないことが少なくない。また無料低額宿泊所などでは狭い居室で住宅設備が整っていなくても住宅扶助の上限額を家賃として設定していることもある。住宅扶助基準見直しの前に、こうした諸矛盾の解決がなされる必要があるだろう。

　2015年4月からは生活困窮者自立支援法が施行されるなど、生活保護をめぐる状況は大きな変化の中にある。今後は「人間らしいくらし」を守る生活保護の状況を丁寧に理解していくことが求められている。

(3) 生存権を求める生活保護裁判と支援課題

　生活保護をめぐる諸問題をいくつか見てきたが、これらの問題に対して生活保護を利用する人自らが立ち上がって、問題改善に取り組んでいる例が多くある。（表7-1参照）その中でも最も有名なのは「朝日訴訟」である。1957年に提訴された裁判であるが、この裁判の意義は今日においても非常に大きい。

① 朝日訴訟の経過

　1940年に結核を発症した朝日茂さんは、治療が長期化したため退職し、1942年に早島光風園（後の国立岡山療養所）へ入院した。その後、預貯金

もなくなったために生活保護を受けながら入院生活を送っていた。当時は
まだ有効な薬は手に入らず、栄養価の高いものを食べてゆっくり静養する
しか治療法はなかった。そもそも戦中戦後の食糧難の時代でもあり、提供
されていた入院中の食事は現在のものと比較すると非常に貧しかった。さ
らに当時の日用品費は毎月600円しかなく、これは生活必需品の購入を、
例えば肌着は2年に1度、パンツは1年に1枚、チリ紙は1日に1枚半という低
い水準として想定した金額であった。朝日さんは、病院給食だけでは栄養
が不足してしまうことから、病身をおして働いたり、農家へ食べ物をもら
いにいくなどして療養生活を維持していたという。現在では考えられない
ことであるが、当時は入院患者が病室で内職をしていたのである。

　1956年（昭和31年）、福祉事務所は35年間も交流が途絶えていた朝日さ
んの兄を探し出し、毎月1500円の仕送りをするよう指示した。そしてその
内900円を医療費の一部負担として徴収した。朝日さんは、せめて手元に
1000円残して欲しい、600円の日用品費では入院生活で困難をきたしてい
る、と不服申し立てをしたが認められなかったため、1957年に裁判で訴え
ることになった。

　当時は、福祉事務所の決定について裁判を起こすこと等は前代未聞のこ
とであり、周囲からの理解を得ることも大変だった。しかも朝日さんの結
核は非常に重度化しており、毎日喀血や血痰をくり返しながらの裁判闘争
であった。

　この「朝日訴訟」は「生存権裁判」「人間裁判」とも呼ばれている。それは
生活保護の内容が憲法25条で保障する「健康で文化的な最低限度」という
基準を満たしているかどうか、すなわち「生存権」を保障するものであるか
どうか、人間らしく生きることを問うものであったことに由来している。第
一審判決では朝日さんが勝訴したが、第二審判決では逆転敗訴し、その後
3ヶ月後に、無念にも朝日さんは上告後死去し、最高裁は朝日さんの死亡
をもって訴訟の終結を宣言した。（1967年5月24日判決）

　第一審判決は浅沼裁判長によって言い渡された。判決は、生活保護法

は憲法第二五条にもとづく具体的な効力規定である、「健康で文化的」とは「人間に値する生存」「人間としての生活」といえる内容でなくてはならない、最低限度の水準は予算の有無ではなく優先的に確保すべきもの、と明快に述べた。現場検証に訪れた浅沼裁判長は、ベッドの朝日さんに向かって、「憲法は絵にかいた餅」ではないということばをかけた。

　裁判の結果だけを見れば「負けた」と見えるかもしれない。しかしこの「生存権裁判」により、生活保護基準が非常に低水準に据え置かれている実態を広く国民が知ることとなった。そして一人の結核患者の「お金を手元に残せるようにしてほしい」という訴えの本質が、「人間らしいくらし」の内容を問うものであったために、同じ困難の中で苦しむ患者や生活保護利用者、さらには低賃金で働き貧困にあえぐ労働者の訴えに広がった。特筆すべきは当時の患者同士の連帯として、日本患者同盟（1948年結成）という当事者組織の支援が大きかったことであろう。日本患者同盟は戦後の劣悪な療養環境の改善を求めたり、患者同士で生活相談に取り組んでいた、セルフヘルプグループである。アメリカからセルフヘルプグループが持ち込まれる前に、戦後日本の中で同様の動きが始まっていた。朝日さんの訴えは同じ病いを抱える患者の訴えとなり、さらにその他の運動団体の支援、労働組合、議員も動いて一大運動となった。そして支援者も繋がり合いながら、国民の生存権を守る全国的な運動へと変化し、1961年（昭和36年）には日用品費が47％値上げされるなど、具体的な改善も行われるに至った。

② 訴訟の意義と支援課題

　朝日さんの起こした裁判には、人間らしいくらしの崩壊と実現を考える上で、重要なことがいくつか含まれている。まず、何が朝日さんを裁判に訴えさせたのだろうか。朝日さんの願いと要求を振り返りながら、私たちは、このような深刻な生活問題や生活保護裁判から、医療福祉における支援課題について考えてみよう。

　まず一つは、患者・家族が抱える生活への願いを知ることである。人はみな、自分らしく生きていきたい、より良い自分になりたいという願いを持

ち、そして「人間らしいくらし」を実現しようとしている存在である。朝日さんは、当時は不治の病いであった結核に苦しみながらも、「良くなりたい」「元気になって働きたい」を願う一人の人であった。死を常に考える生活を送りながらも、病状の変化に一喜一憂する一人の生活者であった。このような朝日さんの「病いから回復したい」という願いが、「人間らしい生活を保障してほしい」という要求を生み出したと言えるだろう。疾病とともに生きることの困難と希望について当事者の声から出発していくことが支援においては最も重要である。[6]

　次に、患者・家族の生活問題の内容や、願い・要求の実現を阻害している要因の分析、つまり生活問題のアセスメントが問われる。問題の渦中にいる患者・家族が問題の本質や、解決手段を見いだすことは困難な場合が多い。従ってMSWには、なぜ患者・家族が大変な問題を抱えているのか、抱えている問題はどのような内容なのか、ということを共に考え明確にする作業が求められる。大野勇夫は「生活アセスメント」の実践について、「ともに伝えあう」「ともにわかり合う」「ともに取り組む」「ともに育ち合う」の「四とも」という共同作業を提示している。[7] このような作業を通して、患者・家族は自らの問題状況を理解すると同時に、MSWも生活問題の本質を知ることとなる。

　そして、3つめには、アセスメントとも関わるが、生活問題や患者・家族の願い、要求を阻害している要因について、社会問題との関連で捉えることである。ともすれば、患者・家族の生活問題の原因を「努力していない」「贅沢な願いを持つからだ」と個人的なものに求めてしまうこともある。しかし「努力していない」ように見える姿の背景には、頑張って働いても貧しさから抜け出せない労働政策の課題がある。また「贅沢な願い」とされる具体的な内容は、「健康になりたい」「安定した生活を送りたい」といった「人間らしいくらし」の実現への願いそのものである。これまで「当たり前」とされてきた概念や慣習にとらわれること無く、「当たり前」を再検討しながらより豊かな「人間らしいくらし」とは何か、考えることも重要である。そ

して生活問題の内容を明確にしつつ、患者・家族が「人間らしいくらし」を営む権利を社会から侵害されているという事実に着目し、問題発生の原因となる社会を変える志向性が、より豊かな「人間らしいくらし」を実現するためには必須の視点である。

4つめは、患者・家族が自らの生活問題を解決し、願いや要求を実現する主体となるような支援が求められる。先に述べた「四とも」の「ともに育ち合う」について大野は「人は伝え合い、わかり合いつつ、共同の作業を経験することにより成長発達する。それは実践的な経験法則である。したがって、アセスメントもサービス給付も共同で行われるとき、相談者も相談担当者も成長する。人間や生活問題への認識を発展させる」と説明している[8]。患者・家族がMSWの前に現れた時には、生活問題の渦中で苦しみ疲れ果てているかもしれない。しかし患者・家族とMSWが問題解決過程を通して相互にかかわり合い影響し合う中で、自らの可能性や力に気づき、自らの人生を生きる主体者として成長していくのである。そしてそれは患者・家族だけではなく、MSW自身の成長にも繋がる。

先述したように、朝日さんの一人の結核患者としての願いや要求は、朝日さん自身が自分の人生を主体的に生きようとしていた中から生まれてきたものであり、同時に、朝日さんの抱えていた苦しみや貧困が、国民全体の苦しみと同じであると朝日さん自身が認識し、確信していたことから生み出された。そして朝日さんの裁判を通して、国民も自らの貧困や生活問題が朝日さんと共通していることを認識した。だからこそ「人間裁判」の運動は大きく広がったのである。

そもそも、ソーシャルワークは「社会変革と社会開発、社会的結束、および人々のエンパワメントと解放を促進する、実践に基づいた専門職であり学問である。社会正義、人権、集団的責任、および多様性尊重の諸原理は、ソーシャルワークの中核をなす。ソーシャルワークの理論、社会科学、人文学、および地域・民族固有の知を基盤として、ソーシャルワークは、生活課題に取り組みウェルビーイングを高めるよう、人々やさまざまな構造に

働きかける」と定義されている。[9]患者・家族の生活問題を通して、社会の矛盾を解決していくことは、この定義を踏まえたMSWの大きな役割の一つである。近年、わが国では、仕事を複数かけもちして働きながら子育てをしている母子世帯、日雇い派遣労働で不安定な生活を強いられるネットカフェ難民、ホームレス等、貧困問題が深刻化している。このような状況の中で、MSWは患者・家族の生活問題から「人間らしいくらし」を営む権利が阻害されている現実とその原因を捉える役割が期待される。そして個別の支援を丁寧に展開すると同時に、「人間らしいくらし」の国民的合意を形成することを視野にいれたソーシャルアクションの展開が求められている。

表7-1　主な生活保護裁判

年	裁判名	内　容
1957年	朝日訴訟	福祉事務所が35年間交流の無かった兄に仕送りするよう指示した上、仕送りの1500円の内900円を医療費の一部として徴収した事に対し、朝日茂さんが「生活保護基準額が低すぎ、憲法が保障する健康で文化的な最低限度の生活が保障されない」と訴えた。一審判決では勝訴したが、高裁・最高裁では敗訴した。しかし、裁判を支援する運動が全国的に広がり、生活保護基準の改善等に繋がった。
1969年	藤木訴訟	藤木イキさんは長期入院中であったが、生活費や医療費の支払いが困難となったため生活保護を申請した。しかし、別居し、他の女性と同棲していた夫と同一世帯と認定され、申請が却下されたことを不服として、裁判で訴えた。一審判決で勝訴が決定したが、裁判費用を生活保護で支給すべきとして第二藤木訴訟が提訴された。
1990年	柳園訴訟	ホームレスとなっていた柳園義彦さんは結核や白内障治療のため入院し生活保護を受給した。白内障の治療のため転院し、治療後に元の病院へ戻ろうとしたが満床であったため通院治療に切り替えたところ、「居住実態不明」という理由から生活保護が廃止されたため、それを不服として訴えた。裁判途中で柳園さんは死亡されたが、支援者が裁判を引き継ぎ、一審判決で勝訴が確定した。
	加藤訴訟	重度障害者であった加藤鉄男さんは、将来介護費用が必要になると考え、生活保護費を節約して80万円あまりを貯金していたが、これが収入認定され「葬儀費用」等に当てるよう指示され、生活保護費も減額された。そのため加藤さんは保護費の減額と、保護費の使用目的が制限されたことを不服として訴え、一審判決で勝訴した。

年	裁判名	内　　容
1991年	中島訴訟 (学資保険 裁判)	中島さん一家は両親が病気のため仕事ができず生活保護を受給していた。中島さんは「せめて子どもには高校へ進学させたい」と願い、生活保護費を節約して毎月3000円学資保険の保険料を支払っていたが、福祉事務所より保険の解約の指示があり、さらに解約金を収入認定され生活保護費が減額された。そのため中島さんは処分の取消と損害賠償を請求し、提訴した。裁判途中で中島さんが無くなったため、長女の中島朋子さんが裁判を引き継いだ。一審判決では敗訴したものの、高裁・最高裁で勝訴判決がなされた。この裁判の支援も全国的に広がり、2005年度から高校就学費用が生活扶助の一つとして支給されるようになった。
1994年	林訴訟	日雇労働者の林勝義さんは、不況や足の痙攣で仕事ができなくなり、野宿生活を余儀なくされてしまい、生活保護申請を行った。しかし「働けるから」と一日だけの医療扶助しか認められず、野宿生活を続けざるを得なかった。そのため林さんは福祉事務所を管轄する市を訴えた。一審判決では勝訴したが、二審判決は逆転敗訴。そして最高裁で争っている間に林さんは亡くなった。
1994年	増永訴訟	母子家庭で働きながら子育てをしていた増永三代子さんは、勤め先の交通の便が悪いこと、また長女の急病時に対応せざるを得ない事等から、弟の車を借用していたが、福祉事務所は「増永さんが福祉事務所の指示・指導に違反している」とし、生活保護を廃止にした。増永さんは「生活保護を廃止されたら生活できない。また車が無いと生活に支障をきたす」と訴えた。一審判決では、車の保有は認められないが、保護廃止は安易に行うべきではない、と処分（保護廃止）の取消を認めた。
1995年	高訴訟	高信司さんは24時間の介護が必要な重度の身体障害者だが、自立した生活を送っていた。生活保護費には必要な介護人を雇う為の「他人介護料」が加算されていたが、しかしそれだけでは24時間オ介護体制の維持が困難であった。その上、母親が生前に掛けていた心身障害者扶養共済制度からの月額2万円の年金が収入認定され、生活保護費が減額された。高さんは他人介護料が低い上に、年金を収入認定されては自立した生活が営めない、と裁判に訴えた。一審判決、二審判決、ともに勝訴した。その上生活保護裁判では初めてとなる最高裁判決での勝訴も勝ち取った。

年	裁判名	内　　　容
1998年	佐藤訴訟	佐藤邦夫さんはアパートで生活しながら日雇い労働に従事してきたが、長引く不況や病気のため働くことができなくなり、アパートを出て野宿生活を余儀なくされた。市へ相談したところ、生活保護法に基づかない施設へ入所することになった。しかし佐藤さんは難聴であり、入所者等とのコミュニケーションがうまく取りづらく施設に馴染みにくかったため、再度市へ居宅保護の申請をした。ところが市は再度更生施設での収容保護しか行わなかったため、佐藤さんはこれを不服として訴えた。 一審判決、二審判決ともに勝訴したが、この裁判によってホームレスの人には施設への収容保護しか行わなかった市の対応が転換され、アパートでの居宅保護の道が開かれることとなった。
2006年	高齢加算廃止・母子加算削減処分取消等請求事件	高齢世帯や母子世帯の保護費には、高齢期や子育て期には生活費や物資が多く必要となることから、これまでは生活扶助費に老齢加算・母子加算が上乗せされて計上されてきた。しかし2004年度から老齢加算は毎年減額され、2006年度から廃止された。また同様に母子加算についても、2005年度より高校生以上の子どもを対象とする加算が段階的に減額され、2007年度には全廃となっており、また高校生以下の子どもに対する加算も2007年度より減額され、2009年度には全廃される予定となった。そのため、全国各地で高齢世帯や母子世帯から不服審査請求が提起された。そして2005年に京都、秋田、広島、2006年には新潟、福岡、2007年に青森、東京、兵庫、北海道で提訴され、現在裁判が進み、2009年には母子加算は復活されることになった。高齢加算については、2014年10月に京都市、北九州市の原告に対して「国の『老麗加算』廃止の決定は、国の裁量権を逸脱しておらず、合憲である」という判決が出され、加算復活は叶わなかった。
2008年	新宿区ホームレス生活保護裁判（七夕訴訟）	失業を契機に新宿の西口地下通路で路上生活を余儀なくされていたYさんは、アパートでの生活を希望し新宿区福祉事務所に3度の生活保護申請を行った。しかし「稼働能力不活用」などを理由に3度とも却下処分を受けたため、東京都知事に対して、新宿区福祉事務所の「生活保護却下の取り消し」と、「保護開始決定の義務づけ」を求め、東京地方裁判所に提訴した。その後2011年に①新宿区福祉事務所長のした生活保護却下決定の取消、②居宅保護の方法による生活保護開始決定の義務付を命じた。これにより、ホームレス状態からの保護申請時には半強制的に施設入所が指示されることがあったが、「居宅保護」が当然の権利として認められた。

年	裁判名	内　　容
2010年	枚方生活保護自動車保有訴訟	両股関節全廃により歩行困難な佐藤さんは、日常生活に不可欠であり、資産価値のない自動車の保有を理由に生活保護を廃止された。さらに再申請も却下されたため、廃止処分・却下処分の取り消しを求めて枚方市を相手取り、大阪地方裁判所に提訴した。2013年、大阪地裁は「生活保護を利用する身体障害者がその保有する自動車を通院等以外の日常生活上の目的のために利用することは、被保護者の自立助長及びその保有する資産の活用という観点から、むしろ当然に認められる」として、佐藤さんの訴えを全面的に認める判決を出した。
2014年	生活扶助基準引下取消全国訴訟	2013年8月、2014年4月、2015年4月の三回に渡り、段階的に最大10%の生活保護基準額の引き下げが進められていることに対して、「生活扶助の切り下げは健康で文化的な最低限度の生活を保障した憲法に違反している」として、全国29カ所、約1,000人（2019年現在）が減額の取り消しを求めるとともに国に1人あたり1万円の賠償を求める訴訟を提訴している。

全国生活保護裁判連絡会ホームページ（http://www.ocn.ne.jp/~seiho/Kampf.html）及び、日本弁護士連合会編『検証　日本の貧困と格差拡大』日本評論社　2007年より筆者作成

[注]

1　北九州市での餓死事件については、藤藪貴治・尾藤廣喜『生活保護「ヤミの北九州方式」を糾す』あけび書房、2007年が詳しい。

2　毎日新聞　2006年6月22日

3　この事例では、事件の8年後に息子は自殺をしている。裁判官からは「母親の分まで生きるように」と言われたが、苦しみから逃れることはなかったのかもしれない。クローズアップ現代＋「No.3799　2016年4月28日（木）放送　そして男性は湖に身を投げた～介護殺人悲劇の果てに～」

4　生活保護問題対策全国会議等の活動で、様々な「水際作戦」の実態が明らかになっている。

5　朝日訴訟記念事業実行委員会編『人間裁判　朝日茂の手記』大月書店、2003年より

6　生活保護を利用する当事者の声として和久井みちる『生活保護とあたし』あけび書房2012年、難病と共に生きる人々の声として蒔田備憲『難病カルテ　患者たちのいま』生活書院　2014年等が出版されている。ぜひ目を通してほしい。

7　生活アセスメント研究会編『福祉・介護に求められる生活アセスメント』中央法規、2007年

8　大野勇夫、同上

9　社会福祉専門職団体協議会「ソーシャルワークのグローバル定義（最終案日本語版）」http://www.jacsw.or.jp/06_kokusai/IFSW/files/SW_teigi_01403.pdf

[参考文献]

1）井上英夫・藤原精吾・鈴木勉・井上義治・井口克郎編（2017）『社会保障のレボリューション　いのちの砦・社会保障裁判』高菅出版

4　公害被害者をうみださない社会の実現

1　森永ひ素ミルク中毒事件の発生と経過

(1) 事件の発生と守る会運動
① 事件の発生

　1955年6月頃から8月にかけて、近畿地方以西の西日本一帯で人工栄養児に原因不明の病気が集団的に発生した。8月初旬頃から医療関係者の間で、罹患した乳児がいずれも森永ドライミルクを飲用していると指摘する声があった。しかし、企業への遠慮などから、速やかな対応はされなかった。8月22日になって岡山大学付属病院小児科教室（浜本英次教授）は、乳児の症状がひ素中毒症に類似しているため、疑いをもっていた森永乳業徳島工場製のMF印ドライミルクのひ素分析を法医学教室に依頼した。その結果、死亡児の剖検によってひ素が検出され、同時にドライミルクからも乳児が飲めば当然亜急性ないしは慢性ひ素中毒を起こす量のひ素が検出された。8月23日のことである。

　報告を受けた岡山県衛生部は、厚生省と連絡をとるとともに、翌8月24日に乳児の奇病がひ素中毒症であり、それらの患児が飲用していたMF印ドライミルクにひ素が混入していたことを発表した。新聞・ラジオは一斉にこの大事件を報道し、人工栄養児を持つ親はわが子の健康を案じて医療機関や保健所に殺到した。厚生省は、森永MF印ドライミルクの回収と販売停止、徳島工場の閉鎖を命じ、ひ素混入の経過の究明にのり出した。8月28日になって、乳質安定剤として使用していた第2燐酸ソーダにひ素等の不純物が含有されていたことが判明した。これは、日本軽金属清水工場でボーキサイトからアルミニウムを製造する過程で、燐酸ソーダその他ひ素化合物などを含む物質が産出され、それが市場に出回り、協和産業で精製されたものの有毒物質を大量に含む物質だったのである。この物質を

添加物として使用するにあたって森永乳業は、安全性の検証を行っていなかった。また行政側も、その流通の過程において適切な措置をとれる機会があったにもかかわらずとらなかったことが判明している。

被害児の数は、1956年6月9日の厚生省発表によると、1万2131名にのぼり、うち130名が死亡した。世界史上類例のない事件であった。

② ひ素ミルク中毒の症状と後遺症の不安

ひ素中毒症になった乳児たちの症状は次のようであった。初発症状としては発熱、睡眠不良、倦怠感、不機嫌の症状を示した者が多く、次いで皮疹、粘膜刺激症状（カタル症状）である咳、流涙、下痢、嘔吐等が出現し、少し後れて黒皮症が現われ、発病後1カ月程度で皮膚の落屑が起こるのが一般的な経過であった。発熱はほとんどの例に見られ、相当長期にわたって在続した。

ひ素中毒の特徴である黒皮症（色素沈着）、肝臓の腫脹、脾臓の腫脹も認められた。重症になると腹部膨隆・鼓腸があり、腹水や黄疸が出始めると予後は不良であった。

ひ素中毒に原因する諸症状の他に、吐乳や下痢のため栄養不良と脱水症状が伴い、全身症状を悪くし著しい体重減少をもたらした。著明な貧血も特徴的な症状の1つであった。

これらの症状は、ひ素入りミルクの飲用を中止し、治療を開始すると急速に回復していった。しかし、神経症状や、事件発生後次々に発表された死亡児の病理解剖所見で指摘された脳の点状出血や小出血の存在は、中枢神経系の後遺症が発生する可能性を疑わせるに充分なデータであった。脳細胞は一旦破壊されると再生しないからである。それにもかかわらず、この問題は慎重に検討されることなく放置された。検診にあたった医師の中には経過観察の必要性を強調したものも数少なくなかったが、その体制はとられず、被害児は1969年の丸山報告に至るまで遂に追跡検診を受けることはなかった。

③「森永ミルク被災者同盟全国協議会」の闘い

　事件が発表されたわずか3日後の8月27日に、岡山日赤病院で「被災者家族中毒対策同盟」が結成された。被害児の親たちは次々に組織をつくり、9月3日には岡山全県下の被害児の家族700名が集まり総決起集会を開き、森永乳業との交渉を開始した。その後、他の府県でも府県単位の組織がつくられ、9月18日にはこれらの代表が集まって「森永ミルク被災者同盟全国協議会」（以下「全協」）を発足させた。「全協」は短期日のうちに28都府県に散在する被害者の約半数を組織したが、その後8カ月間にわたる闘いは悲壮なものとなった。

　「全協」は、①治療費などの全額負担、②後遺症に対する補償、③死亡者250万円などの慰謝料を森永に要求した。この「全協」の要求内容と世論を背景にした行動力に危機意識をもった森永側は、厚生省に対して指導を求めた。厚生省は森永の要請を受け、有識者5名を構成メンバーとする「五人委員会」をつくり、「解決」を図ろうとした。メンバーの人選は森永には委員会発足前に通知されていたが、「全協」には知らされていなかった。また、このメンバーの中に森永と関係のある人物がいたり、委員会費用は日本乳製品協会という企業団体が負担したりしていた。このことからも、この委員会が公平中立でなく森永に味方するものであると言われても仕方がない「第三者機関」であることがわかる。「全協」はこの委員会を認めなかった。

④「五人委員会」の意見書と「全協」の解散

　12月15日に「五人委員会」が発表した意見書は、①死亡者には25万円、②患者には1万円、入院患者には2千円を上限とする追加金を支払う、③後遺症はほとんど心配する必要はないなど、会社に都合のよいものであった。加えて、親たちの真の願いである子どもの回復と後遺症に対する配慮の要求が世間に理解されないまま慰謝料などの補償金問題だけがマスコミ報道されたり、森永の負担能力の限界という宣伝もあったりする中、「全協」の闘いはゆきづまりを見せ始める。厚生省は「全協」の要求を受け全国一斉精密検診を実施すると約束したが、森永は五人委員会の意見書を盾に強

硬な姿勢を崩さず、「全協」の要求を聞こうとはしなかった。

　やがて、生活をかかえた若い親たちに疲労の色が濃くなり、「全協」組織に対する会社のゆさぶりも加わり、戦術の転換を余儀なくされたのである。妥結案※を受け入れた「全協」は、1956年4月23日に解散し、8カ月にわたる闘いの幕を閉じた。

　しかし親たちの不安は消えなかった。いたいけない乳児がこれだけ激しい中毒症状を示し生死の境をさまよったにもかかわらず、外見的に回復したとはいえ、今後順調に生育できるのか、後遺症は残らないのかという心配が脳裏から消えなかった。それにもかかわらず、全入院患者に2千円、通院患者に5千円という追加金が送られ、これだけの大惨事であった事件はすでに幕を引かれていた。それからは、被害児を連れて医者に行っても「森永ひ素ミルク中毒の子ども」と言っただけで、多くの医者が冷たい態度になるか迷惑そうな顔をした。

（※・妥結案）①森永乳業は、厚生省の精密検診実施に努力する。将来医学上後遺症と認むべき事例が確認されたときには誠実にして妥当な補償を行なう ②全協はその結成の目的を達したものとして解散する ③森永乳業は50万円を解散後に支払う。

⑤ 1年後の精密検診と「西沢委員会」

　厚生省は、「全協」との約束のとおり、1956年3月26日に一斉精密検診の実施を指示する公衆衛生局長名の通達を各知事宛に発送した。

　これより先、厚生省の依頼を受けて、日本医師会は小児保健学会会頭で大阪大学医学部の西沢義人教授を委員長とする6人よりなる小委員会（西沢委員会）を設け、診断基準並びに治療指針の作成について審議した。11月2日に答申が厚生省に提出されたが、その内容は診断基準や治療指針の他に治癒判定基準・後遺症についても言及していたが、これまでの死亡被害児の解割所見などを慎重に検討することなく出されたずさんなものであった。後遺症の危険性については軽視され、その発見と対策についての配慮に欠けるものであったと言わざるをえない。

　厚生省の通達による全国一斉の精密検診は、事件発生からほぼ1年後に

各府県で実施されたが、治癒の判定には上記の西沢委員会の答申にある基準が利用された。各地で実施されたものの、受診者は被害者の半数の6733名にとどまり、検診内容も、親たちが期待した精密検診とはかけ離れた簡単な診察が多かった。そのうち6643名は「治癒」の判定を受け、「要観察者」90名も翌年には28名となり、1959年には全員「治癒」とされた。　親たちは子供の健康に不安を抱きつつも「全快」の診断を信用して、以後全国的な運動を起こすことはなかった。

⑥ 岡山県森永ミルク中毒の子供を守る会

　1956年4月23日に「全協」が解散した後、各地の被災者同盟も消滅していったが、岡山ではその年の6月24日に「岡山県森永ミルク中毒の子供を守る会」（以下「守る会」）が結成されていた。主には、被害児たちの今後の健康管理、救済措置の完遂、共に闘った親たちの親睦融和を願っての集いであった。　やがてこの運動が現在の守る会の母体となるのである。会の名称も、1962年8月28日に「岡山県」の文字を除いて「森永ミルク中毒のこどもを守る会」となった。

　「守る会」は発足後13年間にわたって苦しい孤立無援の闘いを続けた。

(2) 恒久対策の実現へ

① 丸山報告

　1969年10月30日に岡山市で開かれた第27回日本公衆衛生学会において、大阪大学医学部衛生学教室の丸山博教授らは、「14年前の森永ＭＦ砒素ミルク中毒患者はその後どうなっているか」と題して、被害児67名の追跡訪問調査の結果を発表した。

　それに先立って、10月18日、丸山報告は「14年目の訪問」と題する冊子にまとめられ学内の教材として提出された。　これを受けて10月19日の朝日新聞が一面全部を使った衝撃的な報道を行った。これは、丸山教授の指導の下に、保健婦、養護教諭、医学生、医学者等で「森永砒素ミルク中毒事後調査の会」をつくり、一軒一軒被害児の家を訪問し、親から直接に中毒

時の状況、成長過程や現状を聞きとっていったものをまとめたものである。その結果、67名の訪問被害児のうち50名に何らかの異常が認められたのである。被害児に何らかの後遺症が存在することを疑わせるのに十分なものであった。

　丸山報告はマスコミの大きくとりあげるところとなり、事件は再び社会問題化した。森永乳業にとっても、行政当局にとってもまさに青天の霹靂（へきれき）ともいうべき出来事であった。

② 森永ミルク中毒のこどもを守る会

　早速に各府県で被害者の親たちの再結集が始まった。そして1969年11月30日、各地から150名の親たちが集まり、多数の支援者・マスコミが参加し見守る中で、「森永ミルク中毒のこどもを守る会」第1回全国総会が岡山市で開催された。現在の組織に直接つながる守る会全国組織の実質的な発足であった。守る会は基本方針とも言える4つのスローガンを掲げて運動を開始した。a. 全国の被害者はこの会に結集し、一致団結して要求貫徹のためたたかおう。b. 人道的医療陣の協力で後遺症を究明しよう。c. 完全治療、完全養護を要求してこどもを元に返してもらおう。d. 世論を動員して森永の企業責任を追究しよう。

　丸山報告が出された1969年頃の社会情勢は守る会にとって有利であった。高度経済成長政策の歪みが国民の健康を蝕み、水俣病、四日市ぜんそく、イタイイタイ病、スモン病、大気汚染などが次々と問題化し、公害反対の運動が盛り上がりつつあった。そうした情況の中で、医療・保健・教育・法律家を中心に様々な団体や個人が「対策会議」を各地で結成し、全国的に連絡を深めて強力な守る会の支援組織を形成していった。マスコミも被害者側に好意的な報道とキャンペーンを続けた。

　こうした情勢の下で、森永ミルク中毒事件の恒久的解決を望む世論が盛り上がった。このことは事件発生当時の状況とは決定的に異なる点であった。[1]

③ 森永乳業との交渉

372

　第1回全国総会以後しばらくの間、守る会は運動の中心を組織の整備強化と後遺症の究明に置いた。不用意に森永乳業と接触することを意識的に避けていた。それは、事件発生当時の組織内の弱点を突かれて揺さぶりをかけられたという苦い経験から汲み取った教訓でもあった。しかし、被害者の実態の究明が進むにつれて、一日も早く救済措置をとらなければならない被害児が次々と現われてきた。守る会は議論の末、交渉に踏み切ることにした。そして森永乳業との第1回交渉を1971年12月12日に実施した。

　以後、本部交渉は7回、現地交渉は各地において頻繁に行われた。そして現地の緊急を要する具体的な要求はある程度解決されていった。ところが1971年7月11日に奈良県橿原市で開催した第8回本部交渉において、開会冒頭、森永乳業は本部交渉の中断を一方的に宣言した。

④「恒久対策案」の作成

　第8回本部交渉で交渉が中断した後、守る会は予備交渉を行って森永乳業に本部交渉の再開を要求し続けた。その結果、1971年11月28日に第9回本部交渉が岡山市で開催された。この交渉で森永乳業は恒久措置案を提示することを約束し、12月19日に守る会に持参した。

　その案は「当時の患者で今後健康がすぐれずお困りの方に対し、因果関係を問わず道義的責任を全うするため実施する」というもので高姿勢なものと守る会は受け止めた。守る会は全面的に拒否し、同時に守る会自身の手で「森永ミルク中毒被害者の恒久的救済に関する対策案（以下「恒久対策案」）を作成することを決定した。「恒久対策案」は、1972 年8月20日の守る会第4回全国総会で決定された

　「恒久対策案」は、前提として①救済の対象は全被害者②森永乳業の責任③国、地方自治体の責任④被害者の実態の究明と被害者手帳の交付⑤被害者の生存権、生活権、教育権の回復擁護　を挙げている。被害者側が自らの手で作成した「恒久対策案」は公害運動史上初めてのものであり、公害被害者救済のための新しいパターンを提示して世に問うたものであった。

⑤ 不売買運動と訴訟

　守る会は森永との交渉で、「恒久対策案」の実現をせまった。ところが森永は「15億円の枠内で救済の進展を図る……」と述べ、「恒久対策案」を受け入れようとしなかった。そればかりか、守る会との交渉に責任ある役員が出席しないなど、不誠実な態度に終始した。ついに守る会は、森永製品の不売買運動を国民に呼びかけると同時に、民事訴訟を提起する決定をした（1972.12）。

　これに先立って、すでに弁護士65名からなる「森永ミルク中毒弁護団」が結成されていた。守る会の訴訟提起を受けて、弁護団はただちに活動に入った。守る会は弁護団とも協議を重ねて、この裁判は守る会全体の代表訴訟であり、個々の原告個人が賠償金を受け取るものではない、「恒久対策案」実現を目的とするものであることを明確にした。　そして第1波を大阪地裁に（1973.4）、第2波を岡山地裁に（1973.8）、第3波を高松地裁に（1973.11）提訴した。

⑥ 国との交渉一被害者手帳の発行と未確認被害者の認定

　守る会は、被害者救済のためにはあらゆる機会をとらえて、そのきっかけをつかむ努力を重ねた。1972年4月3日、守る会は理事長以下三役・常任理事が齋藤昇厚生大臣に面接し、被害児の現状を説明するとともに国のとるべき対策について要請した。すべての被害者に被害者手帳を交付すること、事件発生当時に中毒患者の名簿に登録されなかった未確認被害者の確認作業を国の責任で進めること、それらの作業を通じて被害の実態を究明することであった。

　同年6月26日の再度の大臣との面接の場で、齋藤昇厚生大臣は守る会の要請を了承し、被害者手帳の交付と未確認被害者の認定を国の責任で行うことを約束した。

(3) 三者会談とひかり協会の設立
① 三者会談の開始と確認書の締結

　訴訟が原告（被害者側）に有利な形で進行し、不売買運動も効果を見せ始めていた頃、厚生省の山口敏夫政務次官から「被害者の恒久救済を早期に実現するために、話し合いのテーブルにつかないか」との非公式の打診が守る会の2人の幹部にもたらされた。

　2人の幹部は真意を確かめるために私的な立場で山口次官と会い、次いで厚生大臣の意向を聞いた。大臣は未確認問題の早期処理と被害者証明書の発行を約束した。その会見のあと山口次官以下厚生省関係者の同席のもと、2人は森永乳業の大野社長らと会って、会社の意向を質した。その場でついに大野社長は、因果関係を認める立場に立つことを約束したのである（1973.8）。

　こうして2人の幹部は一連の経過を守る会常任理事会に報告し、承認され、以後守る会として交渉を進めることになった。9月に入り、山口次官から大野社長に「守る会の『恒久対策案』を包括的に認める立場に立って、今後誠意をもって一刻も早く話し合いの場に臨むように」との書簡が送られた。会社側は「『恒久対策案』を包括的に認める立場にたって、誠意を尽くさせていただくことを確約申し上げます」と回答した。これらの状況変化を受けて、守る会は全国理事会を開催し、話し合いの場につくことを承認した。

　守る会、厚生省（国）、森永乳業の三者が被害者の恒久救済体制確立に向けて、1973 年10月、第1回三者会談が開かれた。 その後、第2回、3回、4回と精力的に開催され、お互いの誠意が確認され、そして同年12月23日には「三者会談確認書」が作成され、厚生大臣、守る会理事長、森永乳業社長がそれぞれ署名捺印して成立した。

② 訴訟の終結と不売買運動中止

　三者会談が開かれ、救済機関となる「ひかり協会」設立の準備が進んでいる一方で、訴訟では相変わらず「因果関係不明論」「法的無責任論」をめぐって激しい攻防を繰り広げていた。国と森永乳業は、三者会談では責任を認めることを前提としながら、法廷では従来どおりの主張をくり返し、

その基本的姿勢の矛盾は弁護団や原告団のみでなく守る会会員や世論からも不審と疑惑をもたれていた。

　この点について、協会設立後の1974年5月8日、大阪地方裁判所の第15回口頭弁論において、弁護団は国及び森永乳業に対して釈明を求めた。国及び森永乳業は、19年間にわたり救済を講じなかったことを陳謝し、三者会談の確認事項、ひかり協会設立についての基本的態度に相違ないことを表明した。守る会はこの釈明と回答を得て「訴訟の取下げ」と、不売買運動の中止を決定した。訴訟はその意義を十分に果たして終了したが、事件の本質の究明と事件の解決に与えた影響は非常に大きいものがあった。

③ ひかり協会の設立

　第5回三者会談で成立した三者会談確認書に基づく被害者救済機関としての財団法人ひかり協会は、1974年4月25日、民法第34条の公益法人として設立許可された。また、公益法人制度改革に対応して、ひかり協会は、2011年4月1日に公益財団法人に移行した。

(4) 被害者の立場に立った救済事業の実施

① 守る会意見の尊重

　次のような事業と運営、体制により被害者の立場に立った救済事業が実施されている。

a. 財団法人ひかり協会設立発起人会 (1974.4.17) 議事録

　「本財団の運営にあたっては、被害者及び守る会を主体とする被害者の親族等の意見を尊重する」ことが確認されている。

b. 事業内容

　守る会より毎年、次年度のひかり協会の事業計画・予算に対する意見・要望が提出され、ひかり協会理事会は、その意見・要望を踏まえた事業計画・予算を決定し、実施している。

　また、救済の原則や長期の事業方針などの重要事項は、守る会が提言等を決定し、ひかり協会理事会との懇談を経て、理事会が決定し、具体化

されている。

c. 運営

　毎年、守る会役員とひかり協会理事が二者懇談会を開催し、救済事業に守る会の意見・要望を反映させている。

　また、現地においても毎年、守る会都府県本部役員とひかり協会現地事務所職員が定期的に現地二者懇談会を開催し、守る会の意見・要望を現場の救済事業に反映させている。

d. 体制

　ひかり協会の役員等の守る会推薦は、評議員20名の内、5名、理事10名の内3名（3名とも常勤）、監事2名の内1名となっており、法人運営全体で、守る会の組織的な意向が尊重される体制となっている。

e. 救済の原則

　個々の被害者に対する救済事業は、「救済とは自立・発達を保障する事業」「個別対応こそ生きた救済であること」「総合的事業であること」を原則として、実施されている。

② 被害者の状況

a. 被害者全体の状況

　被害者数は、13,451名（2019年3月現在）である。このうち約5,490名がひかり協会と常時連絡を希望しており、この被害者が救済事業の対象者（アンケート①対象者）となっている。

　被害者集団の医学的特徴は、脳性まひ・知的障害・てんかん・脳波異常・精神障害などの中枢神経系の異常が多いこと、ひ素中毒特有の皮膚変化である点状白斑とひ素角化症が一部に見られること、虚弱でいろいろな身体的愁訴をもつ被害者が多いことなどである。

　特に中枢神経系の障害・症状が多いことは、乳幼児の中毒であるこの事件の大きな特徴で、中毒当時ひ素により直接的、間接的に受けた変化が、成長に伴って種々の形で現れたものと考えられている。

　また、「ひ素ミルクによる急性中毒の乳幼児への輸血等の医療行為によっ

て、C型肝炎ウイルスの混じった血液を介して感染する機会が多く、アンケート①対象者に慢性肝炎・肝がんが多い。感染の時期が乳幼児期であり早かったことを考えると、被害者における慢性肝炎、肝がんの発症年齢は一般より早くなる」と指摘されている。

b. 障害のある被害者の状況

　障害のある被害者には、ひかり協会から生活保障・援助のひかり手当等を支給しているが、この手当対象者の障害の内容は（図7-1）のとおりとなっている。

　加齢に伴って、長時間の介護態勢、日常的な健康管理（睡眠・食事・運動・服薬・医療的ケアなど）や入院時の対応、日中活動の場の変化（就労から作業所・在宅など）への対応、孤独感や不安感によるストレス性の行動への対処など、様々な課題が出現している。

　また「第一次10ヵ年計画（2001～2010年）の総括」では、対象者全体の約24%（肢体障害では44%）が障害の重度化（二次障害を含む）が進み、また全対象者の64%が生活習慣病（糖尿病とその合併症、高血圧、がん、心疾患など）やウイルス性肝炎の発症・重症化するなど、健康課題が大きくなっている。

　今後、主治医との連携を軸に健康課題の情報を共有化し、役割を明確にした地域での支援ネットワーク（主治医・行政保健師・訪問看護師・訪問リハビリ・ヘルパー・ひかり協会の相談員等）の確立が重要である。

　ひかり手当等対象者の現在の生活の場は、（図7-2）のとおりとなっている。将来の方向としては、親族との同居が減って、単身生活やグループホーム等の共同生活が増加し、地域での自立生活をめざす被害者が多いのが特徴となっている。

　社会生活の状況は在宅・就労が多いが、障害・症状の悪化に伴う退職等によって在宅になった被害者も多く、日中活動の場の確保も今後の課題である。

③ 被害者全体に対する救済事業

a. 相談事業

　ひかり協会には全国で7つの地区センター事務所がある。そして、各地に地域救済対策委員会があり、被害者は各種専門家による相談、援助を受けることができる。

　また、高齢期を迎える被害者の健康や生活の変化に対応した、総合的な相談活動を実施している。具体的には、行政や関係機関、専門家の協力を得て、公的制度の活用と適切な情報提供、治療促進や病気の重症化を防ぐ対策、自主的健康管理を促進する様々な援助を行うための相談事業を実施している。

　2013年2月には、改正及び新しく出された厚生労働省通知等によって、
ア．ひかり協会から都道府県に対して提出する森永ひ素ミルク中毒被害者対策対象者名簿に、障害のある被害者のみでなく、行政協力を希望するアンケート①対象者全員を登載できる。
イ．対策対象者名簿の写しを該当市町村まで交付できる。
ウ．被害者の介護サービスの利用や施設入所等への協力について、適切な対応が行われる。
　など、行政による相談対応の仕組みづくりが進展している。

　このように、「相談活動は被害者の人権を守り、自立と発達を保障する救済事業実施の基本である」と位置づけて重視している。

b. 保健・医療事業

ア．自主的健康管理の援助事業

　生活習慣病の予防と早期発見を進めるためには、本人自身が主体的に取り組むことが不可欠であるが、仲間同士で励まし合い、連帯して取り組むことも重要である。そのため、守る会と協力して被害者の中から救済事業協力員（以下、協力員という）を委嘱し、検診受診や協会主催の健康懇談会などへの参加を促す「呼びかけ」活動を実施している。

　また協力員が、健康問題などで困っている被害者の状況やニーズをひかり協会事務所へ伝えることにより、救済事業として必要な対応が速やかに

できるようにしている。「呼びかけ」活動とともに、健康懇談会や自主的グループ活動なども活用して、「被害者同士が連帯して健康を守るネットワークづくり」を進めている。

イ．医療事業

　生活習慣病などによる受療率の高まりに対して、医療事業を適切に行うため、医療費は保険診療の自己負担分を全額援助している。

　被害者のがん罹患とひ素との関係については、ひ素が発がん性物質のひとつであることから、がん罹患については特に注目して疫学研究を継続している。

④ 障害被害者に対する救済事業

a. 生活の保障・援助事業

ア．将来設計実現の援助事業

　障害・症状があるため就業や家庭生活に困難を抱える被害者が、希望する将来設計を実現するため、「私の将来設計と協会援助プラン」を作成している。「生活の場」「後見的援助者」の確保など、高齢化を迎える障害のある被害者の様々な課題に対して、関係機関や専門家、行政、守る会の協力を得て、地域の支援ネットワークづくりを進めている。

　また、障害福祉及び介護保険のサービスや成年後見制度等の活用を進めて、必要な介護体制や後見の確保を援助している。

　さらに、二次障害の不安を抱える肢体不自由の対象者に対する二次障害の予防・進行防止や、糖尿病など生活習慣病を抱える知的・精神障害の対象者に対する症状の改善・重症化防止など、様々な健康問題への取組を重視している。

イ．ひかり手当、後見・介護費の事業

　障害・症状が重度であり就業が極めて困難な被害者に対して、生活基盤を確立し、自立と発達を保障するため、基準に基づいて日常生活の経済的基盤を保障する「ひかり手当」、及び日常の生活に必要な後見・介護の確保や権利擁護などのための「後見・介護費」を支給している。

b. 自立生活促進事業

　地域での自立生活を進めるため、生活訓練事業を活用して親族との同居生活からの移行を準備する援助を行っている。

　また、就労保障は生活基盤の確立と自立・発達を具体化する上で重要な課題であり、一貫して重視している。

　このように、地域で自立生活を行う上で、被害者が障害のために抱える多くのハンディキャップを軽減し、自立生活への移行の促進と安定を図っている。

⑤ その他の事業

a. 調査研究事業

　森永ひ素ミルク中毒事件の医学的・社会的特徴を踏まえ、長期的な展望に立った救済事業を実施していくため、国の協力も得て、ひかり協会として独自に必要な研究を行う事業である。1983年から実施している「死因とがん罹患状況」の疫学研究は今後も継続し、必要に応じて三者の合意をもって公表することとしている。

b. 飲用認定事業

　森永ひ素ミルク飲用者の認定に係る事務要領にしたがって、都道府県の窓口の協力を得て申請の受付を行い、ひかり協会の認定委員会において審査を行っている。

c. 自主的救済活動促進の活動

ア．自主的グループ活動

　自主的グループ活動は、被害者の自立と発達に役立ち、また連帯して健康を守るネットワークや障害被害者の地域での支援ネットワークづくりを進めるために、自主性・主体性、連帯の促進を図る自主的なグループ活動に対して、助成金を支給している。

イ．ふれあい活動

　ふれあい活動は、施設入所やグループホーム入居、また地域で生活しているが障害・症状のために社会参加が困難な障害のある被害者を、グルー

プで訪問する活動である。障害被害者の生活や思いを知る機会として、守る会の組織的協力も得ながら進めている。

まとめ

　守る会に結集する多くの被害者は、事件にあったことは大変に悲惨なことであったが、同じ被害者として長きにわたって交流や親睦が深められ、また、協会関係者や行政、専門家など多くの方々に支えられていることに安らぎを覚え、今後に展望をもたれている。

　本書を通じて、事件の被害者や患者などのいわゆる社会的弱者にとって、保健・福祉・介護などの専門家やスタッフによる支援が、家庭生活や地域での自立生活を支え、生きがいのある人生につながっていることの理解を深められればと願っている。

　また、公害被害者に関係する行政や専門家、各分野の方々による支援の大きな広がりが、公害被害者をうみださない社会の実現に欠かせない役割を果たすものと考える。

図7-1　ひかり手当受給者の障害・症状の状況（2019年3月）

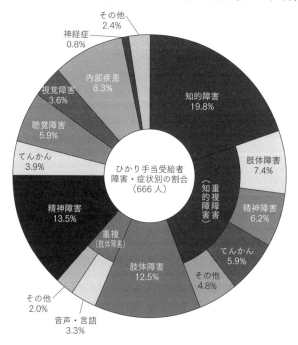

図7-2　生活の場（2019年3月）

公益財団法人ひかり協会資料（2019年）
「森永ひ素ミルク中毒被害者の恒久救済実現に向けて」

[注]
1　その後、名称を改め「森永ひ素ミルク中毒の被害者を守る会」、以下「守る会」　URL
https://www.mhhm.jp

5 性的マイノリティ支援

　昨今、性的マイノリティ、性的少数者という言葉を聞く機会が増えてきている。メディア等でも取り上げられることも増え、社会的にも認識が高まりつつある。しかし、実際に職場等で性的マイノリティは見えて、ともに働く存在となっているだろうか。

　ここでは同性愛を中心に現状を整理しながら、MSWとしてどんな支援やかかわりができるのか考えたい。

1　性的マイノリティを支援するための3つの視点

(1) 性的マイノリティの人権確立運動概史

　ここでは同性愛の人権確立運動の変遷を取り上げる。なぜこうした運動が起きたのか知ることからスタートしたい。

　同性愛者は自らの存在を社会の中で肯定できず、時の権威である宗教や科学が彼らを劣位に位置づけ、排除を正統化する理由となった。常に権威や権力よって語られることはあっても、当事者である同性愛者は自らを語れなかった。性と権力のありようは、フランスの哲学者のミシェル・フーコーの『性の歴史』に明快に示されている。フーコーは「性の歴史はセックスに関する規範形成の歴史であり、監視と処罰で身体管理の歴史だった」と述べ、①非科学的な性道徳の名の下に、教育を通して「自慰」を禁止（自慰有害論を肯定）、②女性の身体に対して「母性」というイデオロギーで管理（母性を本能と思い込ませ「妻」「母」役割の固定化）、③性的マイノリティたちへは精神医学という科学の下で「変態性欲」「性的異常者」として治療や処罰の対象にする、④国家は人種政策、優生学、家族計画などで人口と生殖を管理する、など4つの方法で人々の身体を管理したという。

　同性愛は社会でどう語られてきたのか。その歴史を概観すれば、①「変

わり者」→②「罪」「異常性欲・性的倒錯」→③「人権」へと変遷した。『キリスト教と同性愛』によると、14世紀まではゲイピープルは特に問題とされずに「変わり者」であったという。それが宗教観によって「罪」意識が植え付けられ、近代科学が興隆すると、精神医学によって「性的倒錯」となった。日本でも江戸時代までは「男色」は趣味の一つにすぎなかった。明治初期の文明開化で西洋諸国から精神医学が輸入されて「異常性欲」「性的倒錯」とされた。1920年代、第一次世界大戦後のドイツでは、同性愛者を「第三の性」として擁護する「科学的人道委員会」などの動きがあった。しかし、ナチスドイツの台頭で流れは止まり、逆に粛清対象になってしまった。

　実際に同性愛が人権問題になったのは、社会への当事者たちの抵抗や運動による。同性愛者は「人間としての権利」を主張できなかった。当事者たちが、どう運動を進め、「語られる立場」から「語る立場」へと変化したのか。

　特に、障害・疾患のレッテルが貼られていた②から③への過程は、1969年「ストン・ウオール事件」を契機に、「自らが語る」視座の明確化であった。事件はその象徴であり、1970年代以降、「同性愛の脱病理化」を運動の柱に据え、同性愛者の可視化とコミュニティづくりとして進んだ。同性愛者の語りは、精神医学に影響を与え、アメリカ精神医学会では精神疾患から削除、同性愛は「性的指向の一つ」に過ぎないものと定義された。

　また、1980年代のエイズと同性愛のかかわりは特異であった。エイズは当初、「ゲイキャンサー」といわれ、ゲイではない人には関係ないとされ、対策も大幅に遅れた。コミュニティでは多くのゲイの人たちがいのちを失ったが、ゲイコミュニティの結束を生み出した。

　日本では1990年代からゲイの社会運動が進み、メディアでも取り上げられる機会が増えた。だが偏見も強く、例えば教育現場では性非行として下着盗みと同等と扱わていた（文部省『生徒の問題行動に関する基礎資料』、のちに削除へ）。「府中青年の家事件」は日本で初めて同性愛者の人権を問うて、「人権としての同性愛」の確立に大きく寄与した。平行して、同性愛者の可視化を目指すゲイパレードも1994年より東京ほか地方都市でも開

催、「ゲイはおしゃれでかっこいい」ゲイブームが起こったのも1990年代前半の特徴だ。2000年以降、ゲイをめぐる運動の多様性、メディア戦略も進み、多様性を意味する「ダイバーシティ」を企業戦力に位置づける動きも出てきた。

　また、ネットによる情報化社会の影響は同性愛者が自ら情報を得て発信の可能性をもたらした。同時に消費に旺盛な存在としての同性愛者の存在への認識も進み、市場価値としての同性愛者がクローズアップされる一方で、メンタルヘルス不全や自殺などの課題も多くある。現在、ネット社会による情報過多の状況とともに、実際の地域や職場で生活している。端的に言えば、働く同性愛者の姿がなかなか見えない状況の中で、個々の同性愛者がそれぞれの環境に身をおきながら、社会との関係を持って生活している。

　さて、MSWが扱う問題は、あらゆる患者の生活問題である。同性愛者の生活問題についても、彼らがどのように置かれ、生活問題に直面するのか考える視座を持ち合わせておく必要がある。運動概史からのポイントは「同性愛者は語る存在ではなかった」点である。当事者の語りによってその人の生活が見える、ということだ。今まで社会はどう同性愛者を認識してきたか。自分はどの程度彼らを認識してきたか。今一度、考えてみてほしい。同性愛についてわからない自分に素直に向き合い、当事者とともに学びあえる関係性ができる専門職としての姿勢も求められる。

　以下では、どのように性的マイノリティと向き合って援助するのか、そのための基礎的な知識や考え方を深めてみたい。

(2) 性的マイノリティの基礎知識

　ここではセクシュアリティの基礎知識と同性愛者の置かれる困難等を整理する。性には4つの側面があると言われる。それらは、①社会・文化的性（gender role; 性役割）、②生物学的性（sex; セックス）、③性自認（gender identity; ジェンダー・アイデンティティ）、④性愛・恋愛の対象としての性（sexual orientation; 性的指向）である。①は社会的文化的によって、さら

には地域によっても性の持つ役割は異なるという。②は生物学的な性であり、性器や性ホルモンによって個体を定める性である。だが実際には個体差があり、インターセックス（半陰陽）の存在が、生物学的性のありようも実は二つではないことを示す。③は個体がどんな性のあり方を自己認識しているかを示す。④は性愛や恋愛の対象が、異性、同性、両性の程度を示しているものであって、必ずしもすべての人が完全な異性愛や同性愛ではなく、人間はバイセクシュアルな要素を持つという。

2　同性愛者が置かれる困難状況

(1) 直面する困難

　この社会は、男女の異性愛が基本となって制度化されている。同性愛者が抱える困難等は、ネット調査のほか、学校での生徒を対象とした事例検討からの研究がいくつかある。学校での調査を見てみると、同性愛の生徒たちは学校の中でさまざまな困難に直面するが、特に①自己受容・アイデンティティ獲得の困難、②自己開示・人間関係づくりの困難、③自己イメージ形成・ロールモデル獲得の困難をあげている。①は自分が同性愛者であることを素直に受け入れず、自分を確立できない状況をいう。うちなる同性愛嫌悪が、異性愛の社会に同調するべきとの認識や、同性愛が忌避され、いじめの材料となる現実を認識し、自分が同性愛者であることが受け入れられない状況をさす。自分が自分である不安を常に抱え、アイデンティティの獲得を困難にしている。②は自分の性を素直にそのまま出して他者との関係づくりが非常に困難な状況をさす。自己開示とは自分のありのままのことを相手に伝えることだが、相手に対して「返報性」をもたらす効用が知られる。例えば、自分の好きな異性の話をする時、話された相手は自分も相手に好きな異性を知らせたい気持ちにさせるが、これが「自己開示の返報性」である。③は同性愛者がどんな社会的存在であるかを認識できないことだ。同性愛者として認識した当事者は、自分をどう捉え、将来を具体

的に展望すればいいのかわからず悩む。日常生活の中で、地域や職場で同性愛者と公言して働く当事者はほとんといない。異性愛をもととした福利厚生制度が充実した職場環境では、例えば結婚休暇などはそれを取得する人たちが、いわば「異性愛者である」という公言である。地域や職場に普通に暮らす同性愛者が見えない状況は、ロールモデル獲得できない状況である。こうして同性愛の生徒たちが困難に直面し、学校や家庭において、いじめ、家出、不登校、最悪の場合は自殺をも招来し、自尊感情の低下につながっているという。[2]

　ここでは異性愛の抑圧の結果として、うつや自殺を見るだけではなく、異性愛者であってうつや自殺に追い込まれる人たちとも同じように考えてみたい。

　異性愛の抑圧が同性愛者にプレッシャーとなるさまざまな問題を、ここでは湯浅（2007）の「五重の排除」から考えてみよう。湯浅はつながりを「ためがある」と簡潔に表現した。同性愛者にとって、「ため」はどうあるのか。調査が示すように、うつ、自殺企図との事象を同性愛者が社会で陥る最悪のケースなどだが、これら当然、湯浅のいう「ため」がなくなる結末でもある。筆者はかつてフィールド調査で繁華街に集まるゲイユースにインタビュー等をして論考をまとめたが、[3]湯浅のいう「ため」が同性愛者であるがゆえになくなってしまう可能性があるものがいくつもあった。

　特に顕著なのが「家族福祉からの排除」である。同性愛者の場合、家を飛び出して出てしまうと、親からの援助は期待できないなどだ。また「セクシュアリティを知られたくない」から、人とのかかわりに距離を置いて過ごすことも多い。いわば「ためがない」状況を必然的につくってしまう。

　同性愛は差別問題を切り口として考えることがる。例えば、在日韓国朝鮮人、被差別部落出身者などを考えると、必ず身近な人である親や同郷の人たちは強い絆にある仲間である。しかし、同性愛者は親が同性愛者である可能性は低い。これは、親子関係や地域社会等とのつながりを避けるなど、地域や組織とに距離ができてしまう状況をつくる。

　また、高校中退等で家を飛び出し、セックスを売って生計を立てる同性愛者も、年を取ると不安が大きくなる。売れなければ寮から退去しなければならない。そうなれば、所持金も少なく保証人もない状況で、家を借りるには大きなハードルとなる。職探しの現実は厳しく、職歴のブランクで正規の仕事に就けず、派遣労働や日雇いや飯場のような寮付きの仕事へ行くしかない。「教育課程からの排除」「企業福祉からの排除」、さらに「公的福祉からの排除」もが見られる。また、無防備なセックスや違法薬物の使用等などで自分の存在を確認するのは、いわば「自分自身からの排除」とも共通する。

　「五重の排除」と同性愛者の置かれる困難な状況は、当然重なりが多い。困難に直面する同性愛者をいかに想像できるかの視点もMSWに必要だ。こうした視点を持つことで彼らの気持ちに寄り添った援助につなげることができるはずだ。

(2)「ともに働く」という視点

　メディア等に登場する当事者と、困難を抱える当事者とは、当然、社会的背景が大きく異なる。しかし、援助者の「同性愛者のステレオタイプ」が、被援助者となる同性愛者の援助を阻害することもよくある。

　運動概史においてゲイパレードを例示した。多くの同性愛者は、たとえゲイパレードに参加して、そこでは多くのゲイの中でゲイであるゲイを表現できる楽しいひと時を享受しても、地域や職場に戻れば「だんまり」のままだ。つまり、ゲイのままでいかに日常生活、職場等で「働いて社会とつながる」かが難しい。差別的言動があり高いストレスに悩むなどの現実もあり、不利益を職場環境等で受けると認識して働く同性愛者はとても多い。同性愛者の置かれる困難で示したように、異性愛を制度化した福利厚生制度は無言の圧力にもなりかねない。メディアで取り上げられる市場価値を持つ同性愛者や公言して同性婚を主張する当事者とは、その人の置かれる社会的経済的背景が大きく異なると認識が必要となる。「運動を進めている

当事者」とは実は足場が違う。同性愛を公言できる人は、タレントや弁護士、自営業などと、実は組織に属さず経済的に独立して生活できる人たちが多いのが特徴である。

　そもそも会社などの「組織で働く」意味は、組織にある理念や目標を共有し、組織に求められる自らの役割を果たすことが第一義だ。自らの権利要求をする場ではない。しかし、同性愛者であることは制度的に不利益を被る。だからこそ「ともに働く仲間」の視点での制度改革が必要になる。人口の5.2%[4]とも言われる同性愛者は身近に地域や組織で働いている。彼らが組織や地域のために力を発揮できるように「ともに働く」視点をMSWがリードして示すことは、直接的にも間接的にもソーシャルアクションにつながる。

(3) 自己覚知と日常的なつながりを再考する

　運動概史、基礎知識、ともに働くとの3つの点から性的マイノリティ支援について考えた。同性愛者であるがゆえに困難に直面することも多いことは事実だ。ここでは特別視して対応することなく、彼らの置かれる状況を、関係性をつくりながら把握し、相談援助を進める基礎・基本をおさえることが必須となる。その際に自己覚知を再認することは言うまでもない。なによりも援助する対象としてではなく、実は日常の職場で働く同僚、仲間にも存在する視点を持ちながら、地域や職場において人間の性の多様性を学びあうことが特に重要だと指摘したい。性的マイノリティ支援の実践は、実は援助者の基本となる人権感覚とともに、被援助者の社会的経済的背景を見る視座を再認識させてくれるものとなる。

3　事例
親と断絶した無保険の若者

事例の概要

　Aさんは26歳男性、数週にわたって発熱、寝汗、倦怠感を繰り返すが売

薬でごまかしてきた。しかし次第に耐え切れなくなり、同居している友人に付き添われ、病院へ相談となった。

　保険証がないこと、今しんどくてしょうがないことなどが話された。病院はお金のことは後でなんとかなるとして、Aさんの入院を前提とした治療のために検査を開始。本人の承諾を得て、HIV検査も含めた一通りの検査を行ったが、Aさんは血液検査に対して大きな忌避感があった。「先生、俺…」と口ごもることが多々あり、MSWが生活保護も視野に健康保険取得や今後の治療や生活について面談をすることとなった。

　Aさんは現在無職。つい最近知り合った友人の家に2週間ほど前に居候させてもらっているという。「友人」についても、実際のところどんな人なのかわかっていない。「安心そうな人だったし、向こうもうちに来ていいって話してくれたからラッキーだった」という。

　18歳に高校を中退して家出。大阪に出てきてからは水商売で生計を立ててきて、一時はアパートを借りるなどできたが、水商売で稼げなくなり、寮からも退去させられ、その後にサウナやネットカフェ、ファーストフードで夜を過ごしていたという。

　「俺、昔にA肝（A型肝炎）やアメ赤（アメーバ赤痢）とかやってるから、こういうのわかるんだ」と。続けて「俺、サウナで友だちと知り合ったんだ。ゲイが集まるところの。前もあんな病気したから、今回もそこで病気もらったんだよ」という。話を詳しく聞いていくと、水商売というのは男性相手の売春で、お金がなかったAさんには「てっとり早く現金収入を得るにはそれしかなかった」。つまり、Aさんは18歳から25歳くらいまではセックスワーク[5]によって生計を立ててきたが、25歳を超えると「売れなくなってきて」寮となっていたアパートからも出ていかざるを得なくなった。幸いなことに、最近知り合った友人が部屋を提供してくれた。そんな矢先の出来事だった。

　MSWは福祉事務所に生活保護への対応で一報を入れた。病院では一連の検査を行ったが、Aさんが予想していたようにHIV抗体検査では陽性反応が出た。病院ではHIVに関する治療に応需できないために、他院に紹介

になった。彼が住所、保険なし、また本来は頼るべきはずの親も絶縁状態の中、知り合った友人が医療機関に彼をつなげたことが、彼の生活環境を大きく変えるきっかけとなった。転院先で生活保護となった。

考察

　事例は、親子関係が断絶状態で住む場所が安定せず、無保険状態の若者への対応である。筆者はかつて性的マイノリティの子どもたちの教育環境に関する研究を進めて、性的マイノリティの子どもたちの置かれる社会環境について、彼らの語りを集めて分析したことがある。彼らの語りを聞くと、親との関係が悪く、学校や地域でのつながりを自分から絶ってしまう人が少なくなかった。その経験と今の現場対応から気がついたのが、性的マイノリティは「飯場での日雇いや派遣労働者が多いのではないか」という問題意識である。よく若いゲイが繁華街において寮完備のセックスワークで生計を立てることは、ゲイの情報媒体（ネット等）で知られている。親元を離れて都会で生活したいゲイにとっては、住む場所が確保できるので「思い切り」ができれば、すぐにでも家を出られる。しかし、「体売ってまでは…」とためらう人も多くいる。そこで彼らにとって親元を離れることができるメリットのある「寮完備の派遣労働」は、そう「思い切り」を必要とするものではなく、比較的容易に選択できるものにもなる。

　また、セックスワークで生計を立ててきたゲイも、年を取ればそのような生き方ができなくなる。そうなれば寮からも退去しなければならない。退去すれば住む場所を失うため、住む場所と一緒の仕事を探すが、セックスワークによる職歴のブランクでは仕事探しは難しい。そうすると必然的に経歴を深く問われない派遣労働や日雇いや飯場のような寮付きの仕事へ行くしかない。事例からは、寮を退去したのちに、ネットカフェやサウナを転々としたことがわかる。

　家出をした若者がセックスワークに捕捉されて生活が維持されている現実は何もゲイに限らない。貧困女性のセーフティネットが性風俗となって

しまっている状況と変わらない。実際、男性においてもそうした背景があることをしっかり認識することも必要である。

　また、HIV陽性者については言及が必要だろう。男性間性的接触による陽性者の7割を占めているという。以前は治療が難しかったが、現在では早期に適切な治療を受けることでウイルスが検出されない状態になって、コンドームなしのセックスをしても感染しない。当然、日常生活、就労については健常者と同様に可能である。

　最近でもHIV陽性者が警察官、看護師や社会福祉士での採用に際してHIV陽性であることが理由で退職強要や内定取消などの事件も起きて裁判となったケースがある。これらはすべて違法であり、HIV陽性者の人権侵害である。HIV陽性であることで看護師や社会福祉士といった職を辞す必要性はまったくない。[6]地域や職場にも当然HIV陽性者が存在し、ともに働いていることを改めて認識することも大切である。

[注]

1　1992年、動くゲイとレズビアンの会が東京都教育委員会所轄の府中青年の家の理由を同性愛者の団体であることを理由に拒否した事件。1995年地裁判決、1997年高裁判決ともに堂宇性愛者の権利を擁護し、都の宿泊拒否は許されないと断罪し、原告であるゲイ団体の勝訴が確定した。諏訪の森法律事務所「府中青年の家裁判」に詳しい。

2　宝塚大学日高庸晴教授らの調査によると、同性愛・両性愛の男性は異性愛の男性と比べ、自殺企図率が約6倍も高いと示した（『毎日新聞』2013年2月18日朝刊「境界を生きる：同性愛のいま（1）」）。同性愛者の自尊感情の低下や自殺企図のリスク等は、同性愛者に対してインターネットによる量的調査して明らかにしたことがHIV感染予防介入や自殺予防介入における基礎資料として知られる。「ゲイ・バイセクシュアル男性の健康レポート2」http://www.j-msm.com/report/report02/　等に詳しい。

3　筆者は「当事者のための当事者による『ゲイスタディーズ』の立場」から、ゲイとしてさまざま当事者からの聞き取りを行った。杉山（2006）や杉山貴士（2009）「性的マイノリティの人権確立について」『季論21』第4号にはそうした一端を紹介している。

4　「電通総研LGBT調査2012」（http://dii.dentsu.jp/project/other/pdf/120701.pdf）では、性的マイノリティの出現率が5.2%という結果を示している。

5　セックスワークとは、異性、同性を問わず相手に金銭を介して性行為を行うこと。性労働とも言うことがある。セックスワークについては性を売る側の性的自己決定をめぐって諸説あるが、本論ではセックスワークを自己決定というより、むしろ生活していくために他

に選択肢がなく自身が決定せざるを得ない状況における「選択」として捉え、つまり、その人の置かれた環境が強制したもので、本当の意味での自己決定ではないと考える。

6　例えば、日本社会福祉士会・日本医療社会福祉協会・日本ソーシャルワーカー協会は連名で「HIV感染を告知しなかったことを理由に、ソーシャルワーカーとしての内定を取り消されたとして男性が病院側を提訴した判決に対する　見解」（2019年9月24日）の声明を発表した（https://www.jacsw.or.jp/05_seisakuteigen/files/019/0190924.pdf）。また日本看護協会では「HIVに感染した看護職の人権を守りましょう」（https://www.nurse.or.jp/nursing/shuroanzen/safety/infection/）と表明している。

[参考文献]
1）「人間と性」教育研究所編（2002）『同性愛・多様なセクシュアリティ　人権と共生を学ぶ授業』子どもの未来社
2）杉山貴士（2006）「性的違和を抱える高校生の自己形成過程　学校文化の持つジェンダー規範・同性愛嫌悪再生産の視点から」『技術マネジメント研究』第5号、横浜国立大学技術マネジメント学会
3）杉山貴士（2011）『性の学びと活かし方　はたらく・つながる・自分らしい性を生きる』日本機関紙出版センター
4）藤井ひろみほか（2007）『医療・看護スタッフのためのLGBTIサポートブック』メディカ出版
5）NPO法人虹色ダイバーシティ編（2014）「事業主・人事・法務のための職場におけるLGBT入門」
6）湯浅誠（2007）『反貧困　すべり台社会からの脱出』岩波新書
7）「特集 尼崎医療生協の岸本貴士さんによる対談：一人ひとりに寄り添うためには？性的マイノリティの生活課題をてがかりに」日本医療福祉生協連『医療福祉生協の情報誌comcom（コムコム）』2019年12月号
8）第33回日本エイズ学会学術集会・総会を前に、同会の会長も務める松下修三・日本エイズ学会理事長（熊本大学教授）が日本記者クラブで会見（2019年10月23日）（https://www.jnpc.or.jp/archive/conferences/35512/report）

IV
医療ソーシャルワーカーの
継続学習

第8章　医療ソーシャルワーカーの継続学習

1　専門職としての継続学習の源泉

(1) 社会福祉士法制定後の変化

　医療ソーシャルワーカー（MSW）の継続学習については、「社会福祉士及び介護福祉士法」および、専門職団体の倫理綱領に明記されており、倫理的・法的な責務と言える。重要な事柄であるので、該当の文言を確認しておこう。

　まず、「社会福祉士及び介護福祉士法」（平成28年改正）には次のように定められている。

第四七条の二
　社会福祉士又は介護福祉士は、社会福祉及び介護を取り巻く環境の変化による業務の内容の変化に適応するため、相談援助又は介護等に関する知識及び技能の向上に努めなければならない。

　2007年に制定された日本医療社会福祉協会の倫理綱領は、「前文」、「価値と原則」、「倫理基準」、「医療ソーシャルワーカーの行動基準」の4部構成となっており、前半の3部（「前文」、「価値と原則」、「倫理基準」）は社会福祉専門職団体協議会共通のもので、行動基準は日本医療社会福祉協会が、保健医療分野におけるソーシャルワークの特殊性を考慮して、倫理綱領に追記したものである。まず「価値と原則」には次のように記されている。

5（専門的力量）
　ソーシャルワーカーは、専門的力量を発揮し、その専門性を高める。

　続いて、医療ソーシャルワーカーの行動基準には次のような記述がある。

Ⅱ-1.（最良の実践を行う責務）ソーシャルワーカーは、実践現場において、最良の業務を遂行するために、自らの専門的知識・技術を惜しみなく発揮する。

　最良の業務を遂行するために、人間関係や環境を整えておくという業務の基盤つくりにも気を配ると同時に、社会情勢、法制度の改変、世論や価値の変動にも常に機敏に対応し、最新の知識や技術を得るよう努力する。

　社会の価値観、経済状態などの変化により、最良の業務も変化し、あるいは制約を受ける。また医療ソーシャルワーカーも人間であるから、体調や精神状態に不調をきたすことがある。しかしどのような場合も、最良の業務を遂行しようと努力はしなくてはならないし、最良の業務を遂行できないからといって、クライエントの援助を拒否することのないようにする。

Ⅳ-5.（専門性の向上）ソーシャルワーカーは、最良の実践を行うために、スーパービジョン、教育・研修に参加し、援助方法の改善と専門性の向上を図る。

　専門職として成長し続けるためには研鑽を続けなければならない。医療ソーシャルワーカーは援助方法の改善と専門性の向上のためにさまざまな研鑽の機会を求め、スーパービジョン、教育、研修などに参加する。「経験に頼る」援助はよりよい援助にはなり得ない。

　これらを読むに、MSWは最良の実践を行うために、生涯にわたる専門的な知識・技術の向上と専門性の向上に対する責務があるといえる。加えて、MSWは、人と社会に向き合う専門職である。人々が暮らすこの社会は、政治経済構造や文化、宗教、歴史等様々な要因が複雑に絡み合い、常に変化をしているし、その状況に応じて人々の暮らしや価値観も変化をしたり、多様化したりする。私達MSWはその変化に適切に対応しつつも、時に批判的に捉えなおし、ソーシャルワークの根源的な価値である社会正義と社会開発に向けた活動を展開する。そのためには、生涯を通じて豊かな人間性を育み、専門職としての発達を進めてゆく必要がある。資格の取得は、継続学習の新たなスタートラインに立つことを意味する。ここでは、資格を取得し実践現場に出たMSWの継続学習の枠組みを示し、自らが主体的・意図的に自己の専門的力量を伸ばしてゆくことができるよう、その基礎的な事柄を中心に述べる。

2　継続学習に重要な要素

　継続学習を進めてゆくためには次の5点が重要である。1つは継続学習の計画を立てることである。2つ目は学びの機会の確保、そして3つ目に自分なりの学びのスタイルの認識が挙げられる。この3つを上手く機能させるためには、4つ目として、どの方向に向かって学びを重ねるのか、道標が必要である。そして最後の5つめが学びの振り返りである。

(1) 学習計画をたて、実行し評価する―学びの円環的プロセス―

　学校教育は、定められたカリキュラムに沿って学習を重ねてゆく。それぞれの科目には学習の目的や目標が設定されており、学習はどちらかと言えば与えられる傾向が強い。しかし社会人になると、その後の継続学習は自分自身でデザインしてゆかなければならない。成人学習の礎を築いたノールズは、成人の学習の特性を、①依存的なパーソナリティから自己決定的な自己概念への変化、②経験が学習への資源になる、③学習へのレディネスは社会的役割の発達段階に向けられる、④学習の応用の即時性を求める、⑤教科中心的から課題達成中心的へ、と集約している。このような特性をもつ成人であるMSWの継続学習は、経験することや物事へ参加することから得る学びを重要なものとして捉えている。

　ソーシャルワークの援助展開を思い出してみれば、情報収集⇒アセスメント⇒プランニング→介入⇒評価⇒終結へ展開している。これは継続学習のプロセスとも通じるところがあることに気づく。つまり、キャリアイメージを思い描く⇒現状の把握(自己の現状の能力評価、周囲の環境の評価等)⇒継続学習の計画立案⇒継続学習の実行⇒継続学習の評価⇒次なる目標の再検討といった具合である。継続学習の計画は、基本的には中長期的な計画と年間の計画を立てるのが良いだろうが、長期的な計画は当然のことながら、キャリアやライフコースの変化に影響を受ける。計画を立てながらもその都度見直して、計画の変更を検討するなどの「あそび」をもっ

ても良いだろう。

(2) 学びの機会の確保－多様な学びの機会の活用―

　MSWにとっての学びの機会としては、まず何より実践がある。クライエントの置かれた状況の理解、クライエントの発する言葉、非言語的な感情の表出、それに対応しようとするMSW自身の行動や感情の動き。MSWは実践を通じて様々な事を感じ、考え、悩む中から成長の糸口を見いだす。それと同時に、様々な外部環境に触発されて学びが生じることも指摘されている。

　そもそも社会人の継続学習は、「人材育成」として主に職場で行われることが主流とされてきた。これは、高度経済成長期に学生を一括採用した雇用主が新人を集合的に教育し、適切な部署へ配属し、様々な部署を経験させて長期的にジェネラリストを養成する（あるいは、その中から幹部職候補を発掘する）という、職場主導の教育であった。OJT(On the Job Training：職務を通じた訓練)、Off-JT(Off the Job Training：職務を離れた訓練)、SDS(Self Development System：自己啓発援助制度)の三本柱で展開される従来的な人材育成は、終身雇用が主流であった時代に機能したフレームであった。しかし、人材の流動化が進む今日の労働環境では、職場が人材を育成することと並行し、働く個人もまた自分自身の能力形成を自律的、戦略的に行う必要がある。特にMSWは就職した医療機関によっては少人数あるいは一人職場という環境も十分考えられる。また、職場での人材育成プログラムが確立されている職場もあれば、そうでない所もあり、必ずしも恵まれた環境に身を置けるとは限らないのが実情である。

　そこで、ソーシャルワーク関連の専門職団体は継続学習を支援するために、研修機会や全国大会での優れた実践の発表機会、研究論文の投稿の機会などを提供している。あるいは、大学もリカレント教育として継続学習の機会を提供している。科目等履修、大学院への進学なども継続学習の一つの機会であろう。また、友人や知人などと個人的な学習会を企画・開

催することも考えられる。他にももちろん、専門書や論文を読んだり、様々な講演会やワークショップの情報を入手して参加してみたり、ボランティア活動や社会活動に参加するなど、積極的に学びの機会を確保してゆくことが重要である。もちろん、職場から推薦されて各種の研修会などに参加することも考えられるし、病院の運営方針や病院機能に関わって修了すべき研修などもある。このような業務命令としての研修もまた、自分自身の専門性の向上やキャリア形成のなかに位置づけてゆくことができる。

　また、2012年からスタートした認定社会福祉士制度は、①高齢分野、②障害分野、③児童・家庭分野、④医療分野、⑤地域社会・多文化分野が設定されており、MSWの場合は医療分野ということになる。日本医療社会福祉協会でも独自に認定医療社会福祉士の認定を行っている。現時点でこれらの認定資格は診療報酬等には反映されていないが、このような資格を目指すことも、継続学習の一環として捉えることができる。MSWの学びの機会は日々の仕事や研修への参加だけではなく、多様なものであり、その多様さがMSWの専門職としての幅を広げるものになるだろう。

(3) 自分なりの学びのスタイルの認識

　これまでの学生生活を振り返り、自分自身がどのように学びを重ねてきたかを思い返してみよう。自分で参考書や資料、文献を読み、調べることが多い人、先生や友人に質問してみることが多い人、好奇心旺盛に色々な行事に参加して見聞を広める人、仲間内で集まって学習会をすることを楽しいと思う人、他にもさまざまなスタイルがあるかもしれない。どれか一つのスタイルのみということはなく、様々なスタイルが混在している場合もあるだろう。逆に、自分で調べるのは苦手なので、あまりしない、あるいは、とにかくいろいろなところに出かけて行っても、参加をすることで満足して終わってしまう、という人もいるかもしれない。

　人に聞くことも大事だが、自分で調べることで身につくことや、新たな疑問につながることもあるだろう。好奇心旺盛に様々なところへ出かけて

ゆくことは、自分の視野を広げることにもなるだろうが、そのようにして得られた知見を職場で話し合い、共有することや、自分の実践に照らし合わせてみてどうだろうかと振り返ることも重要である。重要なことは、自分の学習スタイルの傾向を把握しておくことで、加えて、どれか一つに偏るのではなく、バランスをとることである。

(4) 学びの道標を見つける

　自分は何のために学びを重ね、どこに向かってゆくのか。これがなければ、ただ闇雲に突き進むことになり、いずれ道に迷い、疲れ、息切れを起こしてしまうかもしれない。だからこそ、自分がどのようなMSWになりたいのか、理想のMSW像を描くということは特に新人期に重要である。実習先で、あるいは新人期に出会うかもしれない先輩の姿からロールモデルを見いだすかもしれないし、仕事を通じて磨かれる援助観の形成なども含まれる。なりたいMSW像を思い描くことは、継続学習の原動力となり、また学びを加速させるものである。

　そのためには、職場外に飛び出し、他のMSWや他分野で活躍するソーシャルワーカーと出会う機会を多く持つのが良いだろう。大学の同窓の集まりや、専門職団体の交流機会等を通じて、魅力的な先輩ワーカー、相談ができる先輩ワーカーを見つけ出すことは継続学習のみならず、自分自身のキャリア形成に貢献する。

　同時に、「ソーシャルワーク専門職のグローバル定義」にあるように、MSWという職業の中核的責務である、「社会変革・社会開発・社会的結束促進、および人々のエンパワメントと解放」に向けて、私達自身はどのような力をつけてゆく必要があるのかについても考えを巡らせる必要がある。

(5) 自分の実践と学びのプロセスを振り返る──省察とポートフォリオの活用

　学習の道標を見つけ、自分なりの学習スタイルを踏まえて、計画を立て、学習機会を上手に活用して学びを重ねてゆく。この一連の学びのサイクル

は振り返りをしなければ、自分にとって有用な知識に転換されず、次の学びへは繋がっていかない。学校教育で、「テストは受けっぱなしにせずに、復習をしなさい」と言われたことが無かっただろうか。継続学習も同様で、やりっぱなしでは十分な効果が得られないものである。学んだことを身に着けるためには、振り返りが欠かせない。

　ドナルド・ショーンによると、人は、行為の中の省察によって知を形成したり、認識をしたりし，行為の結果について省察をしているという。特に専門職と呼ばれる存在は，数多くのケースの積み重ね（実践）の中でも（あるいは，実践を後から）省察し，より複雑多様な実践状況に対応できる。MSWにとって、省察という行為は、継続学習の上では非常に重要なものとして捉えられている。そして、継続学習における省察に活用されるのが、「ポートフォリオ」と呼ばれるものである。ポートフォリオは、もとは「紙ばさみ」や、「書類入れ」を指す言葉だが、教育や人材育成の領域では、学習プロセスの記録として活用されている。現在の自分から目指すMSW像を書き出し、研修会の参加を記録したり、その中で気づいたことや考えさせられた事、参加した学会で知った先駆的な実践の情報等を視覚的にまとめるなどの作業は、自分自身の成長の軌跡を描き、将来に向かって次の計画を立てる手助けをする。

　以上の5点は，学習者であるMSW自身に向けられることであるが、これと呼応して重要なのが、学びの環境である。日々の多忙な業務の中で学びを重ねてゆくことは、決して簡単なことではない。学びを重ねているMSWを応援する周囲の人々の姿勢、育児や介護などライフコースの変化にも対応できる継続学習の仕組みつくりとともに、職場の理解と支援、学習文化の醸成も重要な要素である。また、遠隔地でも学びの機会を得られるような、e-ラーニングの普及も望まれるであろう。

3　ソーシャルワーカーの継続学習─その先にあるもの

　かつて筆者の大学時代の同級生が実習前の演習で発言した言葉だが、ソーシャルワークを学ぶ多くの学生の心に残るものであろうと思うので、紹介しておく。

　「私が今勉強しているのは、自分のためではない。これから出会うであろうクライエントのためである」

　これは、社会福祉士援助技術現場実習に臨む彼女の、その時の心構えであったが、この言葉は現任のMSWにも十分に示唆に富む言葉である。学ぶことのモチベーションは人によって様々であるが、その学びの先には常に患者や家族がいることを私たちは忘れてはならないのだ。核家族化、未婚率の上昇、少子高齢社会、経済の低成長、社会保障関連の様々な制度改革などの影響を受け、人々の抱える生きるうえでの困難さは、さらに混迷を極めている。そのような人々に向き合うMSWの実践現場もまた、複雑に絡み合う様々な課題を丁寧にほぐしてゆかねばならない。日々の業務に忙殺され、専門職としての継続学習が疎かになってしまいがちではあるが、学ぶことやめてしまえば、専門職としての自分を保つことは困難になる。

　なぜ私たちはこの職業を選んだのか、なぜ私たちはこの職業であり続けるのか、MSWとしてどのような社会を創造し、そのために力を集めてどのように実践を積み重ねてゆくのか、継続学習とは自分自身の人生やMSWとしての自分に向き合う作業でもあるのだ。

[注]
1　特定非営利法人 日本ソーシャルワーカー協会、公益社団法人 日本社会福祉士会、公益社団法人 日本精神保健福祉士協会、公益社団法人 日本医療社会福祉協会の4団体を指す。
2　たとえば、厚生労働省から都道府県がん診療連携拠点病院、地域がん診療連携拠点病院

に指定されている病院には、がん相談支援センターを設置することが求められている。がん相談支援センターには専従・専任のがん相談支援員を最低各1名配置することが定められており、看護師やMSWが配置されることが多い。がん相談支援員は、国立がんセンターが主催するがん相談支援員基礎研修Ⅰ～Ⅲを修了することが必須要件となっている。

3　日本社会福祉士会「ソーシャルワーク専門職のグローバル定義」（日本語訳確定版）
（http://www.jacsw.or.jp/06_kokusai/IFSW/files/SW_teigi_japanese.pdf 2019.7.20)

4　日本社会福祉士会では、一部e-ラーニングによる講座の配信が行われている。

[参考文献]
1）保正友子(2013)『医療ソーシャルワーカーの成長への道のり　実践能力変容過程に関する質的研究』相川書房.

2）石山恒貴(2013)『組織内専門人材のキャリアと学習―組織を越境する新しい人材像―』日本生産性本部生産労働情報センター.

3）Knowles, M, S (1980) The Modern Practice of Adult Education from Pedagogy to Andragogy, Association Press.（＝2002, 堀薫夫・三輪健二監訳『成人教育の現代的実践―ペダゴジーからアンドラゴジーへ』鳳書房. 再版発行2008)

4）日本医療社会福祉協会(2007)「医療ソーシャルワーカー倫理綱領」https://www.jaswhs.or.jp/images/pdf/rinri_2007.pdf, 2019.7.7)

5）Rutter, L　(2013) Continuing Professional Development in Social Work, SAGE Publications.

6）Schön, D, A. (1983) The Reflective Practitioner: How professionals think in action, Basic Books.（=2007, 柳沢昌一・三輪建二監訳『省察的実践とは何か―プロフェッショナルの行為と思考』鳳書房.)

7）鈴木敏恵(2006)『目標管理はポートフォリオで成功する』メジカルフレンド社.

8）高橋満・槇石多希子編『対人支援職者の専門性と学びの空間　看護・福祉・教育職の実践コミュニティ』創風社.

事例

　「5年後、10年後の私を思い描いて…」

事例概要

　Aさんは大学で様々な講義を受ける中で、MSWの仕事に興味を持つようになった。医療現場で仕事をすることは、医学的な知識も必要になるし、退院支援の仕事はとても大変そうに思えたが、大学にゲストスピーカーとしてやって来た現場のMSWはとても格好よく見えたからだ。そして3年生の夏、社会福祉士現場実習で急性期病院を実習の場に選択した。初めて目にするソーシャルワークの現場では、今までの自分の生活では接する機会のなかった様々な状況に触れ、改めてMSWになりたいと思うようになった。4年生の冬に社会福祉士国家資格を受験し、見事に合格をしたAさんは、内定していた医療法人で、どこに配属されるのかと期待を膨らませながら4月を迎えた。ところが、配属された療養型病院ではAさんが配属になる直前に、たった一人のMSWが退職してしまっていたという。Aさんは、新人でありながら一人職場に配属されることになった。

　Aさんは途方に暮れて、大学の先生に相談をした。すると、同窓のMSWが大学で医療福祉の実習を担当している数名の先生と学習会を行っているので、参加してはどうかと誘ってくれたのだ。そこでは、大学病院や大きくて有名な法人で働くMSWや、同じゼミの同期も参加していた。同期のMSWは、「今月から電話の取次ぎを任されたんだ」とか、「今度初めてカンファレンスに参加させてもらうことになったんだ」と、日々の奮闘ぶりをAさんに教えてくれる。Aさんは同期の皆から置いてけぼりになってしまっているようで、とてもショックをうけた。そして、このままでは先輩達のようなMSWになれない、何とかしなければ、という危機感から、自分が一人職場に配属されて、ソーシャルワーカーとしての仕事を教えてくれる人がいないことを先輩たちに相談した。すると、ある一人の先輩が「県の医療ソーシャルワーカー協会が新人研修をしてるけど、1年間通年のプ

ログラムで、結構内容もいいよ」と教えてくれた。Aさんは薬にもすがる思いで県の医療ソーシャルワーカー協会に入会し、同時にMSWの実務に関する本をたくさん購入した。

Aさんの継続学習の展開

　Aさんがまずしたことは、仕事をするにあたって自分が何に困っているのかを洗い出すことだった。Aさんの困りごとは主に次の3点であった。

1. 面接技術やアセスメントなど援助展開に関する技量不足
2. ソーシャルワークについて相談できる先輩や上司の不在
3. ビジネスマナー全般に関する知識不足

一方、心強いと思えることは次の2点であった。

1. 医療的知識について、医師や看護師、他の専門職等に質問できる職場環境である
2. 入院相談や退院支援の基本的な業務については、当面の間は看護師長が教えてくれることになった
3. 退職したMSWが、業務マニュアルや地域の社会資源MAPなどを資料として残しておいてくれた

以上のことから、Aさんは現在の自分の不安は、ソーシャルワーカーとしての力を伸ばしてゆくことが難しい環境にあること、そのために専門職としての自分に自信が持てないことに起因すると考えた。加えて、新人研修などを十分に受けていないため、基本的な社会人としてのマナーも身につける必要があると考えた。

　そこで、次に上記の3点に向けた具体的な計画を立て、実行した。一つ目は、先輩MSWに教えてもらった県医療ソーシャルワーカー協会に入会し、新人研修に申し込むことであった。この研修で、MSWの業務の基本的な流れを理解することができた。また、研修で出会った受講生とのネットワークができ、精神的な支えを得ることができた。加えて、研修の講師はベテランのMSWで、Aさんの置かれている状況を説明すると、わから

ないことがあればいつでも相談に乗ってくれるということで、ここでも新たな繋がりを得ることができた。加えて、MSWの専門職団体だけではなく、社会福祉士会にも入会をし、ネットワークと学習の機会構築に努めた。また、大学の同窓で行っているMSWの学習会にも積極的に参加を継続した。そして、友人から別の学習会(主には事例検討を行う学習会)にも誘われ、そちらにも積極的に参加した。この学習会では、事例検討を通じて主にアセスメントの視点について学ぶことができた。

2つ目のビジネスマナーについては、書店でわかりやすいビジネスマナーに関する本を一冊購入し、通勤の合間に読むことから始めた。名刺の渡し方や、文書の書き方などの基本は本から学び、不足する部分はインターネットで調べ、営業職、事務職として働く両親にも教えてもらうことにした。

また、県医療ソーシャルワーカー協会の研修をきっかけに、様々な研修会に出席するようになり、協会の運営に参画するようになった。そこでは、他の病院のMSWの実践の状況や、地域の新しい情報などを得ることができ、視野を広げることができた。

Aさんの継続学習を通じた変化

Aさんは、学生時代の実習期間中、巡回担当をしてくれたB先生のことがとても記憶に残っていた。実習に行き詰ったAさんの話を丁寧に聴き、どのようなアクションを起こしてゆくかを一緒に考えてくれた先生は、Aさんにとって初めて出会った、憧れのソーシャルワーカーであった。「先生のようなMSWになりたい」、この思いが、新人の一人職場という過酷な状況でAさんを何とか踏みとどまらせていた。何度も辞めてしまいたいと思ったが、今やめてしまえば、もう二度とMSWとして働きたいと思えなくなってしまうかもしれない。今は頑張るときだと自分に言い聞かせた。そして、Aさんは学生時代の実習を思い返してみて、日々の実習の記録は振り返りにとても有効だったことを思い出したのだ。そこでAさんは、ケースの個人情報は書かないことを絶対のルールとして、日々の自分自身の仕事や

MSWとして感じたこと、考えたことをノートに書き留めることにした。これによって、MSWとしてどう考えたらいいのか、どう行動したらいいのかなど、新人の自分にはまだわからないことが明確になり、同窓との勉強会で先輩や先生に質問したり、研修会で出会ったMSWに対しても、より積極的に、的確に質問ができるようになった。

　その一方で、大学の同期と比較しては焦ったり、ケースの展開がうまくいかずにいると落ち込むことも多く、同じ職種が院内にいないことで、MSWとしての考えや葛藤を相談できない状況に、精神的にもつらい時期が続いた。看護師長はAさんを気遣い、「私は看護師で、ソーシャルワーカーさんのことはよくわからないけど、あなたはちゃんと福祉を勉強してきたのだから、自信を持ちなさい」、「私は看護師の視点からアドバイスはできるけれど、この病院にはあなたと同じMSWはいないから、研修には積極的に出かけて、勉強してきなさい」と、学ぶことの後押しをしてくれた。研修会の内容によっては、受講費用を病院が補助してくれる場合もあった。Aさんは、休日は積極的に研修会や学習会に参加する一方で、趣味の時間を確保するなどメンタルヘルスにも気を配るようにした。

　そうするうちに、2年目になるころには入院相談や退院支援の基本的な業務は、一通りこなせるようになり、相変わらず一人職場ではあったが、5年目を迎える頃には医師や看護師からも信頼される存在になっていた。この頃からAさんの中ではMSWとしての支援とは何かが分からなくなってきていた。日々の仕事は、時に失敗したり、うまくいかないこともあるが、概ね滞りなくできてはいる。しかし、診療報酬の改定の波に押されて、療養場所を探すのに右往左往している患者やその家族を見ていると、今自分が行っている実践は、大学で学んできたことに照らし合わせて、正しいのだろうか、自分はちゃんとMSWとして仕事ができているのだろうか、そのような漠然とした疑問が頭から離れない。Aさんは、改めてソーシャルワークとは何かを考える必要があるように思い始めた。

　そんなAさんに、県の社会福祉士会で知り合った先輩ワーカーから、県

社会福祉士会が主催する研修で、実践報告をしてみないかという提案がもたらされた。自分の実践の振り返りにもなるし意見交換ができる機会なので、それも勉強になるのではないかということであった。実践報告などしたこともないし、どうしたら良いかもわからないが、せっかく提案をしてくれたのでやってみようとＡさんは実践報告に向けて準備を始めた。

　この経験を通じて、Ａさんは専門書や論文を読む機会が増え、ハウツー本だけではなく、専門書に触れる機会を持つことも重要なのだと思うようになった。そして、やはりソーシャルワークをもう一度深く勉強しなおすための計画を立ようと考えるようになった。また、これまで個別援助の中でのソーシャルワークを考えていたが、地域の関係機関との連携や、入職後から数度経験した診療報酬の改定に影響を受ける病院経営の様子などを肌で感じ、メゾ・マクロなどより広い視点からソーシャルワークを考える必要があるのではないかと思うようになった。

　Ａさんは現在、認定社会福祉士の取得に向けて継続学習を重ねており、いずれ大学院に進学したいと考えている。

事例の考察

　この事例は、新人の一人職場ということでかなり特殊な事例である。しかし、Ａさんは自分の置かれている状況を冷静に判断し、問題解決に向けた計画を立てることができた。そして、専門職団体の研修会だけではなく、個人的な学習会にも積極的に参加し、また大学の先生とのつながりも維持していた。そのようにして人的なネットワークを構築し、職場にいない先輩MSWの代替機能を外に求めてゆくことができた。

　また、Ａさんは研修参加や、学習会参加、本やインターネットの活用、得られた人的資源への積極的な質問やコンサルテーションなど、様々な資源や機会を駆使して継続学習を重ねていることが読み取れる。Ａさん自身が自分の学習スタイルをどれほど認識しているかは、この事例からは明らかではないが、自分の困りごとを周囲に相談できたことで他者から解決の

糸口を得ることができている。また、一般的な知識等については書籍を手に取るなど、自ら調べる力も持っていることがうかがえる。特に新人期は、分からないことのほうが多い状況であるので、誰かに聞く、書籍などを通じて一般的な知識を習得するという方法は妥当なものであろう。しかし、Aさんはさらにそこから発展して、振り返りを習慣化していた。疑問に対して得られた答えを、再度自分の中で反芻して捉えなおす。この思考の過程が、より深い洞察へとつながるきっかけといえる。だからこそ、Aさんは日々の仕事を通じて、「改めて、ソーシャルワークとは何なのか」という疑問を持つに至ったのである。

　何よりもAさんが挫折せずにMSWであり続けることができているのは、学生時代の実習で出会った巡回担当の先生や、Aさんを支えてくれる大学時代の先生や同期の仲間、研修で出会った他院のMSW達の存在であろう。そして、職場の他職種がAさんを見守ってくれていたことも大きなポイントであると考えられる。

継続学習のための環境

　MSWを含むソーシャルワーカーにとって、継続学習は職業倫理にも掲げられる重要な事柄である。しかし、そのプロセスは自分で組み立ててゆかねばならず、簡単なことではない。継続学習の一義的な責任は、MSW自身にあるだろうが、MSWが継続学習を重ねてゆけるような環境の整備は重要なことである。学びを継続しようとするMSWを、周囲が肯定しサポートすること、職場の支援、継続学習のための学びの機会の豊富さと多様さ。このように、継続学習ができる環境を整えることは、専門職団体だけではなく、事業者や大学等を巻き込みながら、ソーシャルワークに関係する団体全体が協力して取り組んでゆく課題であると考えられる。

■ 執筆者紹介 (50音順、所属、担当章)

木 原 和 美	(元) 京都南病院医療社会事業部	3章1・2, 第6章2
岸 本 貴 士	尼崎医療生活協同組合理事会事務局	第6章1, 第7章5
黒 岩 晴 子＊	佛教大学社会福祉学部社会福祉学科	
	第1章1・2, 第5章1・4, 第6章,2, 第7章1	
後 藤 至 功	佛教大学福祉教育開発センター	第7章2
是 澤 雅 代	京都民医連あすかい病院地域医療連携室	第6章1
髙 木 成 美	広島市民病院医療支援センター	第6章1
田 川 雄 一	広島国際大学医療福祉学部医療福祉学科	第5章5, 第6章1
竹 森 美 穂	公立学校共済組合近畿中央病院地域医療福祉センター	第8章
中野加奈子	大谷大学社会学部コミュニティデザイン学科	第6章1, 第7章3
永野なおみ	県立広島大学保健福祉学部人間福祉学科	
	第1章3, 第2章1・2, 第5章2	
八 谷 直 博	玉島協同病院医療福祉相談室・地域連携室	第6章1
平 松 正 夫	公益財団法人ひかり協会	第7章4
福 井 敦 子	社会福祉法人京都山城会・西木津ぬくもりの里	第5章5
古 寺 愛 子	広島市民病院医療支援センター	第6章1
眞 砂 照 美	佛教大学社会福祉学部社会福祉学科	第6章1
室 田 人 志	(元) 同朋大学社会福祉学部社会福祉学科	第5章3, 第6章1
結 城 み ほ	(元) 社会福祉法人石井記念愛染園附属愛染橋病院・医療福祉相談室	
	第6章1	
渡 鍋 宏 史	医療法人なぎさ会グループホーム白馬	第4章1・2・3, 第6章1

412

新版　人と社会に向き合う医療ソーシャルワーク

2020 年 3 月 31 日　初版第 1 刷発行

編著者　黒岩晴子
発行者　坂手崇保
発行所　日本機関紙出版センター
　　　　〒 553-0006　大阪市福島区吉野 3-2-35
　　　　TEL 06-6465-1254　FAX 06-6465-1255
本文組版　Third
　　編集　丸尾忠義
印刷製本　シナノパブリッシングプレス
　　　　Ⓒ Haruko Kuroiwa 2020 Printed in Japan
　　　　ISBN978-4-88900-977-4